# A BIBLIOTECA DE MACHADO DE ASSIS

*JOSÉ LUÍS JOBIM*
(organização)

# A BIBLIOTECA DE MACHADO DE ASSIS

*Jean-Michel Massa*
*Glória Vianna*
*Ana Lucia de Souza Henriques*
*Maria Elizabeth Chaves de Mello*
*João Cezar de Castro Rocha*
*Ivo Barbieri*
*Claudio Cezar Henriques*
*John Gledson*
*José Luís Jobim*

2ª EDIÇÃO

*Copyright* © José Luís Jobim e outros, 2001
Reimpresso em 2008, ano de centenário
da morte de Machado de Assis

Direitos de edição da obra em língua portuguesa
no Brasil adquiridos pela TOPBOOKS EDITORA. Todos
os direitos reservados. Nenhuma parte desta obra
pode ser apropriada e estocada em sistema de banco
de dados ou processo similar, em qualquer forma
ou meio, seja eletrônico, de fotocópia, gravação
etc., sem a permissão do detentor do copyright.

*Editor*
José Mario Pereira

*Editora-assistente*
Christine Ajuz

*Organização e apresentação*
José Luís Jobim

*Capa*
Adriana Moreno

TODOS OS DIREITOS RESERVADOS POR
Topbooks Editora e Distribuidora de Livros Ltda.
Rua Visconde de Inhaúma, 58 / gr. 203 – Centro
Rio de Janeiro – CEP: 20091-000
Telefax: (21) 2233-8718 e 2283-1039
E-mail: topbooks@topbooks.com.br

*Visite o site da editora para mais informações*
www.topbooks.com.br

# SUMÁRIO

*Introdução* — José Luís Jobim...................................................... 9
*A biblioteca de Machado de Assis* — Jean-Michel Massa............. 21
*Quarenta anos depois* — Jean-Michel Massa................................ 91
*Revendo a biblioteca de Machado de Assis* — Glória Vianna....... 99
*Machado de Assis, leitor de Ossian* —
    Ana Lucia de Souza Henriques ............................................. 275
*Machado de Assis, leitor de Lawrence Sterne* —
    Maria Elizabeth Chaves de Mello ......................................... 303
*Machado de Assis, leitor (autor) da Revista do IHGB* —
    João Cezar de Castro Rocha ................................................. 315
*"O lapso" ou uma psicoterapia de humor* — Ivo Barbieri ........... 335
*Machado de Assis, estudioso de língua* —
    Claudio Cezar Henriques....................................................... 349
*Uma lição de história: "Conto de escola" de Machado de Assis* —
    John Gledson ......................................................................... 359
*Machado de Assis, membro do Conservatório Dramático*
    *Brasileiro e leitor do teatro francês* — José Luís Jobim......... 373

# INTRODUÇÃO
*José Luís Jobim*

Se fizéssemos uma pesquisa entre os professores de Literatura Brasileira, para verificar quais são os autores de maior prestígio entre eles, provavelmente Machado de Assis estaria em todas as listas. É espantoso, portanto, que, mesmo sendo uma unanimidade nacional — com uma fortuna crítica de milhares de artigos e livros —, ainda haja tanta coisa a ser feita sobre o seu patrimônio literário.

Um exemplo gritante de ação imediata e necessária sobre este patrimônio diz respeito ao que restou da biblioteca deste escritor. Este acervo, hoje sob a guarda da Academia Brasileira de Letras, necessita de cuidados urgentes, para que parte substancial dele não se perca definitivamente. Esta seria a hora de os responsáveis pela alocação de verbas públicas ou privadas fornecerem os meios necessários para que as próximas gerações ainda possam usufruir do que restou da biblioteca de Machado. Infelizmente, o máximo que podemos fazer é esperar que a falta de interesse (e verbas) das instâncias que poderiam e deveriam zelar pela conservação de nosso patrimônio cultural não condene esta coleção à deterioração completa.

O título deste livro homenageia o trabalho pioneiro de pesquisa e organização do acervo machadiano, realizado pelo professor e pesquisador Jean-Michel Massa há quase quarenta anos. Este trabalho, originalmente publicado em francês na *Revista do Livro*, em 1961, encontra-se virtualmente inacessível ao público em geral, razão pela qual o republicamos na íntegra, com apenas uma diferença relevante em relação ao que veio à luz naquele periódico: o ensaio introdutório de Massa foi traduzido para o português, pela professora Claudia Maria Pereira de Almeida (UERJ). Deste modo, cremos ao mesmo tempo ter preservado o caráter histórico original e permitido o acesso de um maior número de leitores a ele.

Além disto, pudemos ainda contar com um novo texto do professor Massa, que enriquece o de 1961, inclusive retomando o próprio contexto em que foi escrito há quatro décadas. Embora, para os interessados na obra do bruxo do Cosme Velho, nenhuma homenagem ou agradecimento seja suficiente para expressar a importância de que se revestiu *La bibliothèque de Machado de Assis*, não nos furtaremos a assinalar que ela foi o ponto de partida para a tematização de uma série de questões que, sem ela, talvez não tivessem sequer sido formuladas. Neste livro, de certa forma também retomamos a *bibliothèque*, para explorar suas potencialidades.

Assim, depois dos ensaios de Massa, o leitor encontrará notícia mais recente sobre o acervo, produzida pela professora Glória Vianna, que refez o inventário dos livros, recuperando 15 que estavam dispersos em outras coleções, e se incorporaram aos 718 listados por Jean-Michel Massa em 1961. Infelizmente esta pesquisadora também constatou que 42 volumes da lista original de Massa estão extraviados. Devemos a Glória Vianna, também, a pesquisa sobre a história desta biblioteca, inclusive levantando o que sobre ela se encontra nas atas das reuniões da Academia Brasileira de Letras.

É bom lembrar que, hoje, já podemos nos dedicar à exploração desta coleção, para, entre outras coisas: estabelecer comprovações de hipóteses sobre a vida literária da época machadiana, através das dedicatórias dos livros oferecidos a Machado de Assis; ver quais teriam sido lidos e quais não, por estarem uns mais desgastados e outros com as páginas ainda coladas; etc.

Na verdade, a pesquisa sobre o que restou da biblioteca de Machado de Assis pode fornecer subsídios para várias questões: 1) o levantamento de obras que ele leu e a comparação de seu universo de leitura com os padrões da época, no Brasil e na Europa; 2) a comprovação (ou não) de hipóteses já levantadas por críticos, teóricos e historiadores da literatura sobre as influências de outros escritores em Machado; 3) o estabelecimento da relação de Machado com o pensamento "científico" da época (psiquiatria, lingüística etc.); 4) a verificação das opiniões expressas em anotações à margem dos livros; 5) a reconstrução histórica do papel das obras do acervo no horizonte da época em que Machado viveu.

O levantamento das obras que ele leu e a comparação de seu universo de leitura com os padrões europeus e brasileiros da época não é algo que nos informe apenas sobre as idiossincrasias de Machado. Se não concebermos a sua seleção de autores e obras como um ato absolutamente individual, atribuível exclusivamente a ele, podemos considerar que esta apresenta aspectos privados e públicos, ao mesmo tempo, pois também se inscreve em uma tradição cultural na qual se enraízam os critérios que fundamentam a escolha feita.

Contudo, podemos constatar que a distância temporal torna difícil para o público de hoje conhecer as condições de produção, circulação e recepção das obras vistas como relevantes à época machadiana, ou até entender os critérios de relevância adotados então.

Atualmente, é quase impossível compreender a dimensão do horizonte de leitura oitocentista, à luz da qual se deu a própria escolha dos volumes desta biblioteca, sem a mediação do historiador literário. Isto porque o leitor de agora não tem o mesmo horizonte de expectativa, derivada de uma pré-compreensão do gênero, forma e temas das obras oitocentistas que eram familiares a Machado e seu público, mas que não fazem mais parte de nosso repertório ao fim do século XX. Para reconstruir aquele horizonte — o que nos permitiria, entre outras coisas, conhecer que tipo de saber prévio, de pré-compreensão de gêneros, formas e temas seria familiar a Machado e seu público —, é necessária a intervenção de um pesquisador, cujo trabalho poderia também permitir-nos ter uma imagem daquilo que, na obra de Machado, representa uma continuidade ou diferença em relação ao padrão vigente em seu contexto de produção.

Se o sentido da escolha dos autores e obras desta biblioteca pode parecer-nos estranho ou imperceptível, isto provavelmente se deve ao fato de que, para nós, ao final do século XX, diversos autores e obras que gozavam de grande prestígio e influência à época de Machado já não fazem mais parte do repertório de obras a que damos importância. Assim, se quisermos saber como a obra machadiana se posiciona em relação ao sistema de referências intelectuais de seu tempo, é fundamental conhecer melhor o horizonte no qual ele arquitetou sua escritura.

O conhecimento do que restou do universo de obras da biblioteca de Machado de Assis nos permite saber, pelo menos parcialmente, quais os assuntos, quais os gêneros, quais os autores lidos por Machado, a partir dos quais/ com os quais/ contra os quais ele elaborou sua escrita. Como os leitores contemporâneos, com freqüência, não têm noção do papel que certos assuntos, obras e autores desempenharam no passado, uma das tarefas que cabe aos estudiosos da literatura é recuperar, para o público de hoje, o contexto intelectual vivenciado por Machado. Assim, poder-se-á perceber em que medida Machado atendia a uma tendência dominante no gosto de sua época e em que medida se contrapunha a ela.

Do mesmo modo, podemos também presumir que os leitores da época de Machado tinham as suas preferências por assuntos, gêneros, autores, e que os contrastes e analogias entre as preferências de Machado e as do público de sua época podem nos fornecer subsídios preciosos para o entendimento da obra do bruxo do Cosme Velho.

Quando tomamos nomes como o de Ossian, por exemplo, podemos verificar facilmente que não consta do repertório de leitura do público contemporâneo. No entanto, no acervo da Biblioteca Nacional existem diversos exemplares (em várias línguas) dos poemas atribuídos àquele pseudo-autor, publicados no século passado:

> Ossian. *The poems of Ossian with dissertations on the era and poems of Ossian, and a life of the translator, James McPherson.* Glasgow: Richard Griffin & C. 1824. 2 v. in-12

> Ossian. *Poèmes gaéliques recueillis par James MacPherson.* Traduction revue sur la dernière édition anglaise et précédée de recherches critiques sur Ossian et les Calédoniens, par P. Christian. Paris: Lavigne Libr. Édit. (Imp. Hippolyte Telliant), 1842. In 12.

> Ossian. Barde du troisième siècle. *Poèmes gaeliques recueillis par James MacPherson.* Traduction revue sur la dernière édition anglaise et précédée de recherches antiques sur Ossian et les Caledoniens. Par P. Christian. Paris: [s. ed.] 1844. In 12.

> Ossian. Barde du IIIe siècle. *Poèmes gaéliques recueillis par James MacPherson.* Traduction revue sur la dernière édition anglaise par P. Christian. Paris: [s.d.]1858. In 8º.

Ossian. Barde du III<sup>e</sup> siècle. *Poèmes gaeliques recueillis par James MacPherson*. Traduction revue sur la dernière édition anglaise par P. Christian. Paris: [s.d.]1867. In 8°.

Ossian. *Gedichte rhythmish übersetzt von J.S. Rhode*. Wai: Auton Doll, 1814. 3 v.

Ossian. *Poesie di Ossian, figlio di Fingal, antico poeta celtico...* dall'abate Melchior Cesarotti. Niza: Societá Tipografica, 1780. 2 v. in-8°.

Só a sua tradução para o francês (com, pelo menos, 5 edições ao longo do século XIX), para o alemão e o italiano já indicaria, mesmo para um leigo, que provavelmente se trata de uma obra de repercussão na Europa, durante o oitocentos. No Brasil, além de citações explícitas, como a de Álvares de Azevedo, em "Idéias íntimas",[1] ou a de M. Odorico Mendes, no título do poema *A morte de Ossian*,[2] é interessante assinalar que José Bonifácio publicou uma tradução de fragmentos de Ossian, em 1825.[3] Francisco Otaviano também empreendeu uma tradução em 1843, que acabou sendo publicada apenas em 1872, mas provavelmente circulou antes de sua publicação, já que o autor era parte ativa no meio literário de sua época.[4] Acrescente-se que a edição de 1872,[5] prefaciada por Salvador de Mendonça, grande amigo de Machado, teve apenas sete exemplares, com os destinatários constando na folha de rosto: D. Eponina Otaviano, Francisco Otaviano, José de Alencar, Eduardo de Andrade Pinto, Salvador de Mendonça, Luís Barbosa, Henrique Brown. Também o prefácio de Salvador de Mendonça é uma carta a José de Alencar. Tudo isto agora poderá ser recuperado para um

---

[1] "Ossian o bardo é triste como a sombra/ Que seus cantos povoa." In: POESIAS completas de Álvares de Azevedo. Rio de Janeiro: Ediouro, 1965, 121. Note-se que Azevedo também usa Ossian como epígrafe em "Crepúsculo das montanhas" (53).
[2] V. Joaquim Norberto de Sousa Silva. *Bosquejo da história da poesia brasileira*. Belo Horizonte: Editora UFMG, 1997 [1841], 66.
[3] V. *Poesias avulsas de Américo Elísio*. 1 v. in-8°. Bordéus, 1825.
[4] Provavelmente é ele o "Dr. Otaviano", tradutor da epígrafe a que se refere Álvares de Azevedo. Cf. POESIAS completas de Álvares de Azevedo. Rio de Janeiro: Ediouro, 1965, 37.
[5] F. Otaviano. *Os cantos de Selma*. Rio de Janeiro: Tipografia da República, 1872. Há um exemplar na biblioteca da Academia Brasileira de Letras. Segundo a ata da reunião da ABL de 4 de maio de 1916, este foi oferecido ao acadêmico Pedro Lessa por Alfredo Pujol.

público mais amplo, para que se possa entender por que há uma tradução italiana de Ossian na coleção machadiana. O trabalho da professora Ana Lúcia de Souza Henriques, investigando que tipo de papel exerceu Ossian no oitocentos, não só esclarece, para o leitor contemporâneo desinformado, quem foi este personagem literário, mas também contém em anexo a tradução dos *Cantos de Selma*, empreendida por Francisco Otaviano, permitindo acesso dos pesquisadores e do público em geral a esta raridade bibliográfica.

Outro ponto importante desta pesquisa sobre a biblioteca de Machado é, como já dissemos, a comprovação (ou não) de hipóteses já levantadas por críticos, teóricos e historiadores da literatura sobre as influências sofridas por este autor. Será que uma pesquisa que seguisse a linha do trabalho interessantíssimo de Gilberto Pinheiro Passos (*As sugestões do conselheiro — a França em Machado de Assis*: Esaú e Jacó e Memorial de Aires. São Paulo: Ática, 1996.) não se beneficiaria com a informação de que 55,53% dos livros deste acervo são escritos em francês, enquanto somente 23,95% o são em português? E a possibilidade de verificar quais autores franceses faziam parte deste conjunto — que engloba também autores "estrangeiros", como Shakespeare, traduzidos para o francês —, também não beneficiaria esta linha de pesquisa?

Creio até que, para a comprovação cabal do acerto ou desacerto de hipóteses formuladas sobre a intertextualidade em Machado, esta biblioteca pode ser um importante ponto de apoio. Como exemplo, poderíamos evocar um dos mais brilhantes ensaios já publicados sobre a relação entre Machado e Sterne, o trabalho de Luiz Costa Lima, intitulado "Sob a face de um bruxo".[6] Costa Lima adota a premissa de que há marcas claras de intertextualidade com Lawrence Sterne, no tecido narrativo machadiano. Pois bem, além do que o autor de *Dispersa demanda* observou implícito na obra do bruxo do Cosme Velho, à época da escritura daquele ensaio, poder-se-ia acrescentar, em corroboração às suas conclusões, que há na biblioteca:

>*The life and opinions of Tristram Shandy*. London: E. Moxon son and company, 1849.

---

[6] In: Luiz Costa Lima. *Dispersa demanda*. Rio de Janeiro: Francisco Alves, 1981, 57-123.

*A sentimental journey through France and Italy*. E. Moxon son and company, 1861.
*Sterne Inédit*. (Le Koran, oeuvres posthumes complètes) Paris: Librairie Nouvelle, 1853. 1 v. 286 p.

Este último texto, presente de Arthur de Oliveira ao amigo Machado, encontra-se em estado lamentável, sem capa. Como o leitor de Sterne já terá percebido, trata-se de uma obra apócrifa, que, segundo Jean-Michel Massa, teria sido na verdade escrita por Richard Griffith. Contudo, a pergunta a ser feita é a seguinte: — Por que Arthur de Oliveira teria escolhido presentear Machado com este volume? Provavelmente porque conhecia a sua predileção por este autor e acreditava estar brindando o amigo com algo muito especial. Afinal, como poderia ele saber que estava com efeito comprando um apócrifo, se até um retrato de Sterne aparece nesta edição, para enganar os incautos?

Também é relevante assinalar que, para o leitor brasileiro contemporâneo, a importância de Sterne e do *Tristram Shandy* para a época de Machado não é auto-evidente. Assim, o trabalho de Maria Elizabeth Chaves de Mello é extremamente importante, para melhor compreensão do papel deste autor inglês no ambiente de produção e circulação de obras literárias em que se inseriu a escritura machadiana.

E a relação de Machado com obras "científicas" da época? As traduções francesas das obras alemãs do Dr. Louis Büchner (*La vie psychique des bêtes*. Paris: C. Reinwald, 1881. 499 p.; *L'Homme selon la science*. Paris: C. Reinwald, 1872. 438 p.) ou da obra de Pierre Siciliani (*Prolégomènes à la psychogénie moderne*. Paris: Gerner Baillière et cie. 1880. 176 p.), entre outros, podem atestar a preocupação de Machado com temas "científicos". No livro de Th. Ribot (*Les maladies de la mémoire*. Paris: Germer Baillière et cie. 1881. 169 p.), encontra-se assinalado na página 7 o capítulo "a memória como fato biológico" com as cores vermelho e azul, e marcado com fita de leitura capítulo sobre a amnésia. Será à toa que dois livros capitais da obra machadiana têm no título as palavras "memórias" e "memorial"?

O trabalho de Ivo Barbieri busca recuperar o horizonte da relação de Machado com as obras de psiquiatria e com a ciência positivista de sua época. Visto que Machado repetidamente tematizou, de modo irônico ou sarcástico — como em *O alienista* — as teorias e práticas "científicas" vigentes no oitocentos, torna-se mais importante retomar esta questão neste final de século em que a própria prática da psiquiatria volta ao centro da discussão.

Por outro lado, o trabalho de João Cezar de Castro Rocha visa a equacionar as implicações da presença da coleção da *Revista do Instituto Histórico e Geográfico Brasileiro* na biblioteca machadiana, com as respectivas conseqüências, derivadas do projeto daquele Instituto, que se queria ao mesmo tempo científico e nacionalista.

Em seguida, muda-se o foco para a acentuada auto-consciência lingüística demonstrada por Machado em toda sua obra, e sua relação com a biblioteca, na qual havia não apenas a presença de dicionários, mas também a de obras sobre a ciência da linguagem, entre as quais uma de Max Muller, em quem Pinheiro Chagas se apoiou para fazer críticas a *Iracema*, de José de Alencar.[7] Nada mais pertinente, portanto, do que o trabalho de Cláudio Cezar Henriques sobre *Machado de Assis, estudioso de língua*.

Fechando este volume, temos ainda a análise textual e contextual feita por John Gledson do *Conto de escola*, uma das narrativas curtas mais famosas de Machado — primeiramente publicado na *Gazeta de Notícias* do Rio de Janeiro em 1884, e depois na coletânea *Várias Histórias* (1896) —, assim como a minha análise e contextualização histórica de Machado como membro do Conservatório Dramático Brasileiro e leitor do teatro francês.

Neste último texto, busquei de forma sintética esclarecer o que pretendia ser e o que efetivamente era o Conservatório Dramático Brasileiro — uma espécie de "censura" com "boas intenções" —, bem como o sentido da atuação de Machado naquele órgão, entre 1862 e 1864. Ao enfocar os escritores sobre cujas peças o autor de *Esaú e Jacó* emitiu parecer, concentrei-me nos franceses e no contexto da época, dando especial atenção à peça *Les lionnes pauvres*, de Émile Augier, não só por esta ter sido objeto de parecer do bruxo do Cosme Velho, mas tam-

---

[7] Cf. Pós-escrito. José de Alencar. *Iracema*. Rio de Janeiro: F. Briguiet & Cia. 1936, 191-213.

bém porque Augier teve problemas com a censura francesa, os quais descreve e comenta na edição em livro.[8]

Considerando que em 1999 se comemoraram os 160 anos do nascimento daquele que muitos consideram o maior escritor brasileiro, certamente é interessante também considerar este livro como parte das homenagens devidas ao fundador da Academia Brasileira de Letras.

Para terminar, agradecemos à ABL, nas pessoas de seus ex- e atual presidentes, professores Arnaldo Niskier e Tarcísio Padilha, ao bibliotecário Luís Antônio de Souza — sem cuja competência e interesse este trabalho não teria sido possível — e a todos os funcionários daquela instituição, que tornaram nossa tarefa possível.

Dedicamos este livro à memória do acadêmico Antônio Houaiss, pelo apoio e incentivo ao projeto.

---

[8] As traduções do francês foram feitas pela professora Maria Elizabeth Chaves de Mello (UFF), a quem agradeço. Agradeço também a João Cezar de Castro Rocha, João Roberto Faria, Maria Antonieta Jordão Borba e Roberto Acízelo de Souza pela leitura crítica. Finalmente, agradeço a Bethania, *for more than words can say*.

# A BIBLIOTECA DE MACHADO DE ASSIS

*Jean-Michel Massa*

# I

Quando da recente comemoração do cinqüentenário da morte de Joaquim Maria Machado de Assis, alguns artigos de jornais haviam evocado a existência da biblioteca do célebre autor brasileiro. A imprensa publicou entrevistas, realizadas na casa de seus herdeiros, nas quais eram citados nomes de autores e títulos de obras. O estudo dessa biblioteca não pertence pois ao campo do inédito, pois nem sua existência nem sua localização eram desconhecidas. O objetivo do presente trabalho é submeter "sob uma forma menos esquemática" uma lista, que se pretende exaustiva, do que resta dessa biblioteca em 1960 e submeter aos "machadianos" os problemas que se colocam a este respeito. Agradeço à Sra. Leitão de Carvalho por sua cordial recepção em sua casa na Tijuca quando estive no Brasil. Sou-lhe particularmente reconhecido por ter-me autorizado a fazer o inventário da biblioteca do ilustre falecido.

Infelizmente esta biblioteca está incompleta, já que por duas vezes foi amputada. Uma parte, que devia contar com cerca de duzentos volumes, foi doada no dia seguinte à morte do autor e, até o momento, não foi possível reencontrá-la. Por autro lado, durante a última guerra, os livros em brochura dessa biblioteca, guardados em uma garagem durante a ausência dos herdeiros, se deterioraram e foram destruídos sem que fosse feito um levantamento. Os descendentes de Carolina Machado de Assis me informaram que, entre as obras das quais eles guardavam alguma lembrança, estavam Lamartine, Victor Hugo, Alexandre Dumas, George Sand, Prosper Mérimée, Gustave Flaubert e as obras completas de Pierre Loti. A literatura russa era representada pelas obras de Tolstoi. Finalmente, os seis volumes das obras completas de José de Alencar.

Dessa biblioteca, hoje, restam apenas os volumes encadernados. Geralmente, as obras publicadas pelos editores de língua alemã e inglesa são encadernados. As obras escritas nessas duas línguas devem estar mais ou menos completas. Quanto aos livros em língua francesa, alguns já haviam sido encadernados pela editora ou pela livraria. Quanto aos outros, o cuidado empreendido pelo bibliófilo para lhes assegurar uma forma mais durável atesta o interesse que ele atribuía a estes textos.

# II

    Diante dessa massa babilônica de obras, livros, revistas, de todos os gêneros, proveniências e formatos, como proceder?

    Em primeiro lugar, olhar com cuidado os volumes, auscultá-los à procura de eventuais notas manuscritas de Machado de Assis, de impressões de leitura rabiscadas às margens das obras que compunham sua biblioteca. Machado de Assis teria podido assim nos revelar, ainda que sem querer, uma parte de sua biografia intelectual, a única que seria importante conhecer melhor. Ora, ele não anotava nos livros que lia. No máximo algumas linhas inocentes nas páginas de *garde* de algumas obras. Arthur Azevedo, entretanto, copiou um quarteto de Machado certamente inédito oferecendo-lhe as obras de Byron. As outras indicações e as notas indicadas no inventário de sua biblioteca não foram escritas pelo escritor brasileiro e provêm de livros comprados em segunda mão. Elas são mencionadas apenas a título de informação. A colheita é parca. Machado neste campo como em muitos outros passou discretamente, na ponta dos pés. Ele preferiu deixar a lembrança de um escritor cuja vida importava pouco.

    Em seguida, separar os livros comprados pessoalmente por Machado de Assis dos que lhe foram dados por amigos, com dedicatórias, e por conhecidos. Essa pesquisa atingiu resultados melhores do que a anterior, pois foi possível pinçar aqui e ali algumas indicações sobre suas amizades pelas dedicatórias e ver aparecer, graças aos livros que lhe ofereceram os mais chegados, os gostos do escritor. Melhor ainda, os que ele se esforçou em conservar da biblioteca de um amigo seu. Assim, por intermédio de Arthur de Oliveira, ele se abriu a um tipo de obra que certamente não lhe era familiar. Arthur de Oliveira possuía em sua biblioteca um certo número de livros do campo do Oriente e do Extremo-Oriente que foram dados a Machado de Assis pela viúva do falecido. O próprio Machado escreveu com sua letra fina nestas obras: "Foi-me dado pela viúva de Arthur de Oliveira, como lembrança deste meu amigo. M. de A.".

O teatro de Alfieri lhe foi dado por Arthur Napoleão, Dickens por Salvador de Mendonça, Byron por Arthur Azevedo, Schopenhauer por Capistrano de Abreu, com dedicatórias cujo texto deverá ser estudado logo com cuidado. Eis alguns testemunhos preciosos. Todos são textos não brasileiros em língua estrangeira. Essa unanimidade mostra que tais presentes agradavam a Machado de Assis, mais aberto do se estimava até então às literaturas estrangeiras, não apenas em tradução, mas também em suas línguas de origem. Talvez alguns vejam nisto uma ponta de esnobismo. Será tarefa da crítica confirmar ou não, verificando se é possível, provável ou certo que Machado de Assis tenha lido esses textos estrangeiros.

Alguns autores ofereciam suas obras a Machado de Assis: Antônio Feliciano de Castilho e José Feliciano de Castilho, Júlio de Castilho, Valentim Magalhães, J. M. Pereira da Silva, etc. O Presidente da Academia de Letras devia receber mais livros de literatura quotidiana do que os que se encontram em sua biblioteca.

Muitos laços uniam Machado de Assis à Livraria/Editora Garnier: um contrato de exclusividade para a publicação de suas obras, um local de encontro para a igrejinha, ou melhor, o grupo literário que Machado de Assis dirigiu e animou no fim de sua vida. Muitos livros de sua biblioteca provêm da Livraria Garnier. Mas ele adquiriu várias outras obras junto a outras lojas: citamos entre outras, Lombaerts, Lachaud, Laemmert, J. G. de Azevedo, N. Alves, Lopes do Couto, Faro e Lino, J. de Serpa Pinto, Quaresma, etc. A maioria ficava entre as paralelas rua São José e rua do Ouvidor, mas Machado não hesitava em comprar livros fora da Garnier. Sempre que a obra permitia, o nome da livraria era indicado.

Talvez estas indicações possam ser utilizadas por algum pesquisador que se interesse pelo conhecimento do comércio e circulação de livros no fim do século XIX, campo ainda pouco explorado e pobre em documentos.

Finalmente, classificar os livros. Por em ordem uma biblioteca é uma aventura na qual a todo momento se corre o risco de semear uma discórdia póstuma entre os escritores, pois toda classificação provoca injustiça. O que vai prevalecer: o gênero, a língua ou a nação? Ainda por cima, qualquer que seja o critério adotado, será certamente difícil comprimir este ou aquele escritor no carcan rígido de uma seção. A classificação que vai se seguir, mostra o esforço em manifestar essa ondulante diversidade por meio de uma dupla pertença de certas obras a vária seções. Cada volume tem apenas um número, mas em razão de seu caráter ou de sua natureza ele aparece em dois lugares diferentes. Escolhendo como regra a língua de origem de uma obra, foi possível criar domínios, retomando a expressão de Valéry Larbaud, que destacam melhor as diferentes civilizações. Cada domínio foi dividido em diferentes grupos a fim de melhor reunir os livros. Em todas as seções foi adotado o sistema alfabético.

O domínio grego, o domínio latino, o domínio oriental e do extremo-oriente, o domínio italiano, o domínio espanhol, o domínio luso, logo dividido em domínio português e domínio brasileiro, o domínio inglês, o domínio germânico, o domínio francês se organizaram por eles mesmos, aceitando as obras correspondentes. Se fosse fácil então agrupar em um domínio bíblico e religioso as obras sobre os problemas espirituais, domínio inserido entre o domínio latino e o domínio oriental, numerosas obras de autores de segunda zona ou de nacionalidade indefinida vagueariam incertas do domínio que poderia aceitá-las. Estes escritores foram reunidos em um primeiro domínio — *obras gerais* — no qual estão reunidas as obras de lingüística, de antropologia, de direito, de sociologia pouco marcadas por sua língua de origem. Elas são vizinhas de Erasmo e Spinoza que nenhum domínio reivindicou. Por outro lado, as obras de tendência filosófica marcadas pelo gênio de um país se integram ao domínio nacional: Platão, Maquiavel, Spencer, Schopenhauer e Descartes são alguns exemplos. A exemplo de Dante, teria sido possível agrupar os pensadores em um mesmo Inferno. Uma classificação deste tipo pode ser justificada, pois um estudo aproximando Machado de Assis dos grandes nomes da Humanidade, através das escolhas de sua biblioteca, pode ser tentado. Todavia, como nossas pesquisas se inscrevem preferencialmente no campo da literatura comparada, uma classificação baseada nas línguas e nas nações era para nós mais vantajosa e, de qualquer maneira, mais clara, pois permitia um maior número de divisões.

Embora hoje ela esteja incompleta, truncada, a biblioteca de Machado vive uma existência própria e independente, equilibrada. Na verdade, a escolha dos livros é uma criação pessoal do escritor. Os livros foram selecionados pelo autor em função de seus gostos, de suas aptidões. Há poucos livros medíocres, mesmo entre os dos escritores cujos nomes a posteridade esqueceu. E, no entanto, ele não havia herdado uma biblioteca de família ou se aproveitado de uma tradição familiar. Também a palavra autodidata, que conserva algum sentido pejorativo, não seria conveniente a Machado de Assis para definir o caráter de sua biblioteca. Por sua origem e por sua originalidade esta *"librairie"* — como dizia Montaigne — de Machado é marcada pelas qualidades do espírito de seu inventor. Jamais fútil, séria e profunda sem ser austera, é uma biblioteca de qualidade de um homem de qualidade.

# III

Os rápidos comentários que acompanham a apresentação de cada um destes domínios representam impressões, esboçam algumas hipóteses de pesquisa. São comentários eminentemente provisórios. Sua exatidão deverá ser confirmada, invalidada ou matizada por um estudo comparativo das obras de sua biblioteca e das obras do autor. Pode-se, todavia, esperar que a inter-relação dos resultados das pesquisas neste domínio levará, em alguns anos, a uma compreensão exata e a um conhecimento mais lúcido da obra de Machado de Assis, permitindo então aproximá-lo do homem que foi.

## *Domínio II. III*

Duas ausências nos domínios grego e latino: Demóstenes e Cícero. Embora hoje esteja incompleta, sua biblioteca não devia ser rica em oradores: certamente o gênero oratório não agradava ao gosto do escritor de contos brasileiro, ele mesmo pouco orador e até anti-orador. Por outro lado, nos outros gêneros são encontrados os maiores escritores, épicos, trágicos, cômicos, filósofos, historiadores. A escolha de autores latinos é da mesma qualidade. As obras de crítica ou de "pequena história" estão reunidas sob o título "em torno do domínio ..." Neste, como em outros, elas são pouco numerosas. Machado se saciava diretamente com os textos que ele julgava e apreciava por ele mesmo, sem as muletas da crítica.

*Domínio IV*

No mesmo domínio bíblico dividem o espaço obras de tendências diferentes: a *Bíblia*, as *Confissões* de Santo Agostinho e algumas obras que ilustram polêmicas religiosas que animaram o fim do século XIX, testemunho do interesse do leitor pelos problemas espirituais e suas eternas incidências políticas. Não esqueçamos ainda que Machado de Assis conhecia bem Renan, de cuja obra ele possuía uma grande parte.

*Domínio V*

A eventual presença do domínio oriental na obra de Machado de Assis é um problema ainda virgem na crítica deste autor. Uma comparação atenta dos textos em questão e das obras de Machado de Assis trará, talvez, uma luz nova sobre certos aspectos de sua obra e de seu pensamento.

*Domínio VI*

Entre os grandes escritores italianos, somente Boccacio e Petrarca estão ausentes. A presença de Dante na obra de Machado de Assis será objeto de nosso próximo trabalho. Seria útil medir a influência possível de Leopardi, referindo-se à edição que possuía o autor, aprofundando assim a interessante hipótese de Otto Maria Carpeaux e estendendo-a às outras páginas das *Operette Morali*. A presença de Maquiavel permitiria um hipótese? Machado de Assis leu Alfieri?

*Domínio VII*

O domínio espanhol, europeu e americano tem a pobreza de um albergue castelhano. Por quê?

## Domínio VIII

O domínio luso está bastante incompleto, mas nós não devemos nos surpreender demais. Sua biblioteca podia conter apenas suas obras preferidas. Sabe-se que ele era leitor assíduo do "Gabinete Português de Leitura". Todavia, nas prateleiras portuguesas e brasileiras de sua biblioteca observa-se um equilíbrio entre literatura, geografia, história e problemas da atualidade, aos quais, pelo que parece, Machado de Assis atribuía um interesse necessário e suficiente.

## Domínio IX

Por outro lado o domínio de língua inglesa é semeado de pontos de interrogação. Conhecer a lista de autores que Machado de Assis tinha o hábito de ler permitirá confirmar, com maior certeza, a presença inglesa em sua obra. É preferível deixar com especialistas qualificados o cuidado de falar disto. Eugênio Gomes obterá freqüentemente a prova dos nove de suas pesquisas, já que estas são atestadas por uma edição precisa. De Lamb, por exemplo, sabe-se agora que foi por intermédio de obras escolhidas traduzidas em francês que Machado deve ter conhecido o ensaísta inglês. É preciso encontrar o eco da filosofia inglesa, muito presente nas prateleiras desta biblioteca, na obra do escritor brasileiro. Na estranha construção do Humanitismo, Spencer, Darwin não trouxeram, eles também, sua pedra?

## Domínio X

O mesmo se passa no domínio germânico. Schopenhauer ocupa a maior parte. Poder-se-ia julgá-la por suas peças. Mas a leitura de Hegel e de Hartmann não devia ser comum no fim do século XIX no Brasil. Em todo caso, o que dela tirou Machado de Assis? Talvez tenha sido para ler Schopenhauer no original que Machado, por volta dos cinqüenta anos, tenha começado a estudar alemão. Ele conhecia perfeitamente o francês, lia fluentemente em inglês. Teria ele atingido conhecimento suficiente de alemão para ler Sacher-Masoch e Jean-Paul no original? O caráter olímpico que alguns gostam de querer encontrar na obra de Machado de Assis, seria influência da leitura de Goethe? Eis aí outras tantas novas interrogações.

## *Domínio XI*

Com exceção de uma tradução em português de La Fontaine — livro com as conhecidas gravuras de Gustave Doré —, aliás oferecida a Machado de Assis, todo o domínio francês está na língua original. Teria sido possível dar maior destaque ao domínio francês se anexássemos a este as obras estrangeiras traduzidas em francês: Erasmo, Spinoza, os orientais, os filósofos ingleses e alemães, etc. A influência do veículo lingüístico utilizado na difusão das idéias é conhecida. É um aspecto de uma influência indireta francesa que não pode ser negligenciado. Como para os outros domínios, será preciso, nesta galeria quase completa, identificar as obras que podem ter inspirado Machado de Assis. Aliás, com exceção da Idade Média, o panorama é quase perfeito. Molière é o único ausente da lista. O exemplar deve ter-se perdido, pois o profundo conhecimento deste autor é atestado por numerosas referências. Dentre todas as tradições francesas é talvez a tradição das moralidades que mais tocava a Machado de Assis. Afrânio Coutinho indicou, em uma obra de sua juventude, algumas vias. Montaigne, La Fontaine, Descartes, Pascal, La Rochefoucauld, Chamfort, Vauvernagues, Montesquieu, Voltaire, Diderot levantam tantas questões quanto há autores. Aí assim como nos outros casos é necessário ler ou reler essas obras atentamente antes de falar mais.

Não esqueçamos, entretanto, que a ausência de um livro das prateleiras desta biblioteca não significa que Machado não o tenha lido e, mesmo, não o tenha possuído nas prateleiras de sua biblioteca quando esta estava completa. Da mesma forma, sua presença não prova nada além de um eco, uma reminiscência, uma pista, um ar familiar que vem confirmar sua presença ou sua lembrança na obra de Machado de Assis. Esta longa lista de livros, apesar de seu aspecto rígido e da impressão de segurança que ela proporciona, é apenas um frágil fio de Ariadne. Em todo caso, ele é preferível à ignorância na qual nos encontrávamos até então para situar as leituras de Machado de Assis e suas possíveis influências em sua obra. Importa, todavia, manejá-lo delicadamente dentro do labirinto machadiano.

O objetivo deste trabalho será atingido se este inventário se tornar uma etapa obrigatória, uma referência útil para qualquer pesquisa sobre as influências estrangeiras na obra de Machado de Assis.

Faculdade de Letras de Rennes. França.

Tradução: Claudia Maria Pereira de Almeida<br>Revisão: Jean-Michel Massa

# La Bibliothèque de Machado de Assis

## I — Ouvrages Généraux

1. BROUGHAM, Lord. De la démocratie et des gouvernements mixtes traduit de l'anglais par Louis Régis, précédé d'une étude sur Lord Brougham. Paris, Sauton, 1872 [*Garnier*].
2. BÜCHNER, Louis. La vie psychique des bêtes par le Dr. (...). Ouvrage traduit de l'allemand par le Dr. Ch. Letourneau. Paris, C. Reinwald, 1881. [*Garnier*].
3. BÜCHNER, Louis. L'homme selon la science, son passé, son présent, son avenir par le Docteur (...). Traduit de l'allemand par le Docteur. Ch. Letourneau. Paris, C. Reinwald, 1872. [*Livraria L. B. de A. A. Lopes do Couto*].
4. COLAJANNI, N. Le socialisme par (...). Traduit sur la deuxième édition italienne revue et augmentée par M. Tacchiella. Avec une préface de G. Sorel. Paris, V. Giard et Brière, 1900.
5. ERASME. Éloge de la folie d'(...).Traduit par De La Veaux. Dessins de Hans Holbein. Paris, Delarue, (s.d.) mais 1877. [*Garnier*].
6. FOUILLEE, Alfred. Critique des systèmes de morale contemporaine par (...). Paris, Librairie Germer, 1883. [*Livraria académica J. G. de Azevedo*].
7. HOVELACQUE, Abel. La linguistique par (...). Bibliothèque des Sciences contemporaines. Deuxième édition revue et augmentée. Paris, C. Reinwald, 1877. [*Lombaerts*].
8. JHERING, Rud. Von. La lutte pour le droit par (...). Traduit de l'allemand par M. de Meulenaere. Paris, Librairie Marescq aîné, Chevalier Marescq et Cie., 1890.

9. LABOULAYE, Edouard. Études morales et politiques par (...). Cinquième édition. Paris, Charpentier, 1871. [*Garnier*].
10. LEFEVRE, André. La philosophie par (...). Paris, C. Reinwald, 1870. [*Nicolau Alves*].
11. LUBBOCK, Sir John. Les origines de la civilisation. Etat primitif de l'homme et mœurs des sauvages modernes par (...). Traduit de l'anglais sur la seconde édition par Ed. Barbier. Paris, Germer-Baillière, 1873.
12. MARGERIE, Amédée de. Philosophie contemporaine par M. (...). Paris, Librairie académique Didier, 1870. [*Librairie française, rua do Crespo, Pernambuco*].
13. MÜLLER, Max. La science du langage par (...). Traduit de l'anglais par Georges Harris et Georges Perrot. Deuxième édition revue et corrigée. Paris, A. Durand et Pedone Lauriel, 1867. [*Garnier*].
14. QUATREFAGES, A. de. L'espèce humaine par (...). Cinquième édition. Paris, Germer-Baillière, 1879. [*Garnier*].
15. RIBOT, Th. Les maladies de la mémoire par (...). Paris, Germer-Baillière, 1881.
16. SICILIANI, Pierre. Prolégomènes à la psychogénie moderne par (...). Traduit de l'italien par A. Herzen. Librairie Germer et Baillière, 1880. [*Nicolau Alves*].
17. SMILES, Samuel. Self-Help ou caractère, conduite et persévérance illustrés à l'aide de biographies par (...).Traduit de l'anglais par Alfred Talandier sur le texte et corrigé par l'auteur. Troisième édition. Paris, Henri Plon: Londres, John Murray, 1866. [*Garnier*].
18. SPINOZA, B. de. Œuvres complètes de (...). Traduit et annotées par J. G. Prat. Première série. Paris, Librairie Hachette, 1873. [*Livraria académica J. G. de Azevedo*].
19. SPINOZA, B. de. Œuvres complètes de (...). Deuxième série. Paris, Librairie Hachette, 1872. [*Livraria académica J. G. de Azevedo*].
20. STARKE, C. N. La famille primitive, ses origines et son développement par (...). Paris, Félix Alcan, 1891.
21. TOPPFER, R. Réflexions et menus-propos d'un peintre genevois ou essai sur le beau dans les arts par (...). Tome premier. Paris, J.-J. Dubochet, Lechevallier et Cie, 1848.
22. TOPPFER, R. Réflexions et menus-propos d'un peintre genevois ou essai sur le beau dans les arts par (...). Tome second. Paris, J.-J. Dubochet, Lechevallier et Cie, 1848.
23. TYLOR, Edward. La civilisation primitive par (...). Traduit de l'anglais sur la deuxième édition par Mme. Pauline Brunet. Tome premier. Paris, C. Reinwald, 1876. [*Livraria académica J. G. de Azevedo*].

24. TYLOR, Edward. La civilisation primitive par (...). Traduit de l'anglais sur la deuxième édition par Mme. Pauline Brunet. Tome second. Paris, C. Reinwald, 1878. [*Livraria académica J. G. de Azevedo*].
25. WHITNEY, W. D. La vie du langage par (...). (sans nom de traducteur) Paris, Librairie Germer-Baillière, 1875. [*Garnier*].
   *Dans les marges du livre on trouve quelquers notes au crayon qui ne sont pas de l'écriture de J. M. Machado de Assis.*
   *page 245. 'Ad augusta par angusta voilà ce qui est bien.'*
   *Sur une théorie de l'onomatopée donnant naissance aux mots puis aux signes, l'annotateur de l'ouvrage écrit:*
   "J'en discorde profondément. Le langage n'a pas été d'abord abstrait. Par un vice de méthode les linguistes sont allés toujours généralisant les significations à cause de la nécéssité de trouver des ressemblances entre des langues distinctes. Naturellement en suivant cette marche on n'obtiendra en dernière instance que des racines à signification très générale et abstraite."
26. WRIGHT, Thomas. Histoire de la caricature et du grotesque dans la littérature et l'art par (...). Traduit par Octave Sachot. Nouvelle édition revue et corrigée. Paris, Garnier, (s.d.). [*Lombaerts*].

## *II — Domaine Grec*

### I — TEXTE ET TRADUCTIONS FRANÇAISES

27. XENOPHON. Premier livre de la Cyropédie. Les auteurs grecs expliqués d'après une méthode nouvelle par deux traductions françaises. L'une littérale et juxtalinéaire représentant le mot à mot français en regard des mots grecs correspondants, l'autre correcte et précédée du texte grec avec des sommaires et des notes par une société de professeurs et d'héllénistes. Paris, Librairie Hachette, 1883. [*Laemmert*].

### II — TRADUCTIONS FRANÇAISES

28. ARISTOPHANE. (Théâtre). Traduction nouvelle avec une introduction et des notes par C. Poyard. Neuvième édition. Paris, Librairie Hachette, 1892. [*Livraria académica J. G. de Azevedo*].
29. ARISTOTE. La morale et la politique d' (...).Traduites du grec par M. Thurot. Paris, Firmin Didot, 1823. [*Lachaud*].

30. ARISTOTE. La morale et la politique d' (...).Tome II. Paris, Firmin Didot, 1824.
31. ESCHYLE. (Théâtre). Traduction nouvelle par Leconte de Lisle. Paris, Alphonse Lemerre, (s.d.). [*Garnier*].
32. ESCHYLE. Théâtre d' (...). Traduction d'Alexis Piéron. Huitième édition revue et corrigée. Paris, Charpentier, 1870.
33. HERODOTE. Histoires d' (...). Traduction nouvelle avec une introduction et des notes par P. Piguet. Cinquième édition. Paris, Librairie Hachette, 1881.
34. HOMERE. Iliade. Traduction nouvelle par Leconte de Lisle. Paris, Alphonse Lemerre, (s.d.). [*Garnier*].
35. HOMERE. Odyssée. Traduction nouvelle par Leconte de Lisle. Paris, Alphonse Lemerre, (s.d.). [*Garnier*].
36. LUCIEN DE SAMOSATE. Œuvres complètes de (...). Traduction nouvelle avec une introduction et de notes par Eugène Talbot. Tome premier. Troisième édition. Paris, Librairie Hachette, 1874. [*Garnier*].
37. LUCIEN DE SAMOSATE. Œuvres complètes de (...).Tome second. Troisième édition. Paris, Librairie Hachette, 1874. [*Garnier*].
38. PLATON. Œuvres de (...). Apologie de Socrate, Criton, Phédon, Georgias, précédés d'un argument de M. Pellissier. Traduction nouvelle par A. Bastien. Paris, Garnier, (s.d.)
39. PLATON. Œuvres de (...).L'État ou la République. Traduction nouvelle par A. Bastien. Paris, Garnier, (s.d.) mais 1889.
40. PLUTARQUE. La vie des hommes illustres par (...). Traduites en français par Ricard. Tome premier. Paris, Firmin Didot, 1838.
41. PLUTARQUE. La vie des hommes illustres par (...). Tome second. Paris, Firmin Didot, 1836.
42. PLUTARQUE. Traités de morale de (...). Traduction Ricard, revue et corrigée par M. Alexis Pieron. Tome premier. Paris, Adolphe Delahays, 1847.
43. PLUTARQUE. Traités de morale de (...). Tome second. Paris, Adolphe Delahays, 1847.
44. SOPHOCLE. Les tragédies de (...). Traduites en français par M. Bellaguet avec une notice sur Sophocle par M. Ed. Tournier. Paris, Librairie Hachette, 1879.
45. THUCYDIDE. Histoire de la guerre du Péloponèse. Traduction nouvelle par Ch. Zevort. Tome premier. Deuxième édition. Paris, Charpentier, 1869. [*Garnier*].
46. THUCYDIDE. Histoire de la guerre du Péloponèse. Traduction nouvelle par Ch. Zevort. Tome second. Paris, Charpentier. [*Garnier*].

### III — AUTOUR DU DOMAINE GREC

47. FUSTEL DE COULANGES. La Cité antique. Étude sur le culte, le droit, les instituitions de la Grèce et de Rome par (...). Sixième édition. Paris, Librairie Hachette, 1876.
47. bis. HERODIEN. Histoire romaine depuis la mort de Marc-Aurèle jusqu'à l'avènement de Gordien III. Traduit du grec par Léon Halévy. Paris, Firmin Dudot, 1860. [*Garnier*].
*Avec la dédicace suivante.*
*À Monsieur le Comte Alfred de Vigny de l'Académie Française.*
*Hommage respectueux de Léon Halévy.*

## III — *Domaine Latin*

### I — OUVRAGES GENERAUX

48. MOMSEN. Histoire romaine. Traduite par de Guerle. Tome premier. Nouvelle édition. Paris, C. Marpon et E. Flammarion, (s.d.) [*Garnier*].
49. MOMSEN. Histoire romaine. Traduite par de Guerle. Tome second. Nouvelle édition. Paris, C. Marpon et E. Flammarion, (s.d.) [*Garnier*].
50. MOMSEN. Histoire romaine. Traduite par de Guerle. Tome trois. Nouvelle édition. Paris, C. Marpon et E. Flammarion, (s.d.) [*Garnier*].
51. MOMSEN. Histoire romaine. Traduite par de Guerle. Tome quatre. Nouvelle édition. Paris, C. Marpon et E. Flammarion, (s.d.) [*Garnier*].
52. MOMSEN. Histoire romaine. Traduite par de Guerle. Tome cinq. Nouvelle édition. Paris, C. Marpon et E. Flammarion, (s.d.) [*Garnier*].
53. MOMSEN. Histoire romaine. Traduite par de Guerle. Tome six. Nouvelle édition. Paris, C. Marpon et E. Flammarion, (s.d.) [*Garnier*].
54. MOMSEN. Histoire romaine. Traduite par de Guerle. Tome sept. Nouvelle édition. Paris, C. Marpon et E. Flammarion, (s.d.) [*Garnier*].

### II — TEXTES ET TRADUCTIONS FRANÇAISES

55. AUGUSTIN SAINT. Les Confessions de (...). Traduction française d'Arnaud d'Andilly très soigneusement revue et adaptée. Avec une introduction par M. Charpentier. Paris, Garnier, (s.d.).
56. CATULLE. Œuvres de (...) Tibulle et Properce. Traduction de la collection Panckoucke par M. M. Héguin de Guerle, A. Valatour et

J. Genouille. Nouvelle édition très soigneusement revue par M. A. Valatour. Paris, Garnier, (s.d.).

57. HORACE. Odes et Épodes. Les auteurs latins expliqués d'après une méthode nouvelle par deux traductions françaises. L'une littérale et juxtalinéaire représentant le mot à mot français en regard des mots latins correspondants, l'autre correcte et précédée du texte latin avec des sommaires et des notes par une société de professeurs et de latinistes. Tome premier. Paris, Librairie Hachette, 1872. [*Livraria académica J. G. de Azevedo*].

58. HORACE. Odes et Epodes. Les auteurs latins expliqués d'après une méthode nouvelle par deux traductions françaises. L'une littérale et juxtalinéaire représentant le mot à mot français en regard des mots latins correspondants, l'autre correcte et précédée du texte latin avec des sommaires et des notes par une société de professeurs et de latinistes. Tome deuxième. Paris, Librairie Hachette, 1874. [*Livraria académica J. G. de Azevedo*].

59. LUCRECE. Œuvres complètes de (...) avec la traduction complète de Lagrange revue avec le plus grand soin par M. Blanchet. Paris, Garnier, (s.d.) mais 1893.

60. PETRONE. Œuvres complètes de (...) avec la traduction française de la collection Panckoucke par M. M. Héguin de Guerle et précédée des recherches sceptiques sur le Satyricon et son auteur par J-N. M. de Guerle. Paris, Garnier, (s.d.).

61. PLINE LE JEUNE. Lettres de (...) traduites en français par de Sacy et J. Pierrot. Nouvelle édition revue avec le plus grand soin par M. Gabarat-Dupaty. Paris, Garnier, (s.d.).

56. PROPERCE. Œuvres de Catulle, Tibulle et (...). Traduction de la collection Panckoucke par M. M. Héguin de Guerle, A. Valatour et J. Genouille. Nouvelle édition très soigneusement revue par M. A. Valatour. Paris, Garnier, (s.d.).

62. QUINTE-CURCE. Œuvres complètes de (...) avec la traduction française de la collection Panckoucke par M. M. Auguste et Alphonse Trogon. Nouvelle édition revue avec le plus grand soin par M. E. Pessonneaux. Paris, Garnier, 1865. [Garnier]

63. TACITE. Œuvres complètes de (...). Traduction de Dureau de Lamalle. Tome premier. Annales. Nouvelle édition revue avec le plus grand soin par M. Charpentier. Paris, Garnier, (s.d.).

64 TACITE. Œuvres complètes de (...). Traduction de Dureau de Lamalle. Tome premier. Histoires. Nouvelle édition revue avec le plus grand soin par M. Charpentier. Paris, Garnier, (s.d.).

56. TIBULLE. Œuvres de Catulle, (...) et Properce. Traduction de la collection Panckoucke par M. M. Héguin de Guerle, A. Valatour et J. Genouille. Nouvelle édition très soigneusement revue par M. A. Valatour. Paris, Garnier, (s.d.).

## III — TRADUCTIONS FRANÇAISES

65. TITE-LIVE. Histoires romaines de (...). Traduction nouvelle avec une introduction historique et des notes et une table historique et géographique par M. Gaucher. Tome premier. Paris, Librairie Hachette, 1867. [*Garnier*].
66. TITE-LIVE. Histoires romaines de (...).Tome deuxième. Paris, Librairie Hachette, 1867. [*Garnier*].
67. TITE-LIVE. Histoires romaines de (...).Tome troisième. Paris, Librairie Hachette, 1867. [*Garnier*].
68. TITE-LIVE. Histoires romaines de (...).Tome quatrième. Paris, Librairie Hachette, 1867. [*Garnier*].

## IV — TRADUCTIONS PORTUGAISES

69. SANTO AGOSTINHO. Confissões do grande doutor da Igreja (...). Traduzidas na lingua portugueza por hum devoto. Edição clássica. Rio de Janeiro, Garnier, 1905.
70. OVIDIO. Arte de amar de Publio (...) Nasão. Traducção em numero egual de versos por António Feliciano de Castilho. Tomo I. Rio de Janeiro, Eduardo e Henrique Laemmert, 1862.
*A J. M. Machado d'Assis, o poeta d'alma, e esperançoso ornamento das lettras do Brasil. O. António Feliciano de Castilho e José Feliciano de Castilho.*
71. OVIDIO. Seguida pela Grinalda da arte de amar por José Feliciano de Castilho. Tomo II. Rio de Janeiro, Eduardo e Henrique Laemmert, 1862.
72. OVIDIO. Seguida pela Grinalda da arte de amar por José Feliciano de Castilho. Tomo II. Rio de Janeiro, Eduardo e Henrique Laemmert, 1862.
73. VIRGILIO. As Georgicas de (...) por Antonio Feliciano de Castilho. Paris, A. Lainé et J. Havard, 1867.
*Ao Principe dos Alexandrinos, ao Auctor dos Deuses de Casaca, a J. M. Machado d'Assis, F. Castilho.*
74. VIRGILIO. Eneida Brazileira ou tradução poetica da epopea de Publio (...) Maro por Manuel Odorico Mendes. Paris, Typographia de Rignoux, 1854.

## V — AUTOUR DU DOMAINE LATIN

75. BADER. La femme romaine. Étude sur la vie antique par Mlle. Clarisse (...). Paris, Librairie Didier, 1877. [*Garnier*].
47. FUSTEL DE COULANGES. La Cité antique. Etude sur le culte, le droit, les instituitions de la Grèce et de Rome par (...). Sixième édition. Paris, Librairie Hachette, 1876.
47 bis. *Vide*: Autour du domaine grec.
77. PELLISSON. Les Romains au temps de Pline le Jeune, leur vie privée par Maurice (...). Paris, A. Degorce-Cadot, 1882. [*Livraria contemporanea Faro e Lino*].

## *IV — Domaine Biblique et Religieux*

55. AUGUSTIN, SAINT.
69. AGOSTINHO, SANTO.
78. BIBLIA, A. (...) sagrada contendo o Velho e o Novo Testamento, traduzida em portuguez segundo a vulgata latina por António Pereira de Figueiredo. Londres, Officina de Harrison e filhos, 1866.
79. BURNOUF, Émile. La science des religions par (...). Paris, Maisonneuve, 1872. [*Garnier*].
80. COHEN, J. Les déicides, examen de la vie de Jésus et des développements de l'eglise chrétienne dans leurs rapports avec le judaisme par (...). Nouvelle édition revue et corrigée et considérablement augmentée. Paris, Michel Lévy, 1864.
81. FRANCK, Ad. Philosophie du droit ecclésiastique: des rapports de la religion et de l'état par (...). Paris, Germer-Baillière, 1864. [*Garnier*].
82. JANUS. Le pape et le concile par (...). Traduit de l'allemand avec l'autorisation des auteurs par Giraud-Teulin. Paris, Librairie Internationale, 1869. [*Garnier*].
83. NOLDEKE, Th. Histoire littéraire de l'Ancien Testament. Traduit de l'allemand par M. M. Hartwig Derenbourg et Jules Soury. Paris, Sandoz et Fischbacher, 1873. [*Garnier*].
612 a 620. RENAN Ernest. *Vide* DOMAINE FRANÇAIS.
83 bis. STAP, A. L'Immaculée Conception. Études sur l'origine d'un dogme. Nouvelle édition. Paris, Librairie Internationale, 1869. [*Dupont et Mendonça*].

# V — *Domaine Oriental*

## I — OUVRAGES GENERAUX

84. BURNOUF, F. Introduction à l'histoire du Boudhisme indien par (...). Deuxième édition rigoureusement conforme à l'édition originale et précédée d'une notice de M. Barthélémy Saint-Hilaire sur le travaux de M. Eugène Burnouf. Paris, Maisonneuve et Cie, 1876.
 *En travers de la page de garde: Signature de Arthur de Oliveira.*
 *Au bas de cette même page: 'Foi-me dado pela viuva de Arthur de Oliveira, como lembrança deste meu bom amigo. M. de A.'*
85. MASPERO, G. Histoire ancienne des peuples de l'Orient par (...). Quatrième édition refondue. Paris, Librairie Hachette, 1886. [*Livraria academica J. G. de Azevedo*].
86. MILLS. Charles. Histoire du Mahométhisme contenant la vie et les traits du caractère du prophète arabe par (...). Traduit de l'anglais sur la deuxième édition par M. P. Paris, Bouland et Cie, 1825.

## II — TRADUCTIONS FRANÇAISES

87. CHANTS POPULAIRES DU SUD DE L'INDE. Traduction et notices par E. Lamairesse. Paris, Librairie Internationale, 1868.
 *Ouvrage signé sur la page de garde: Arthur de Oliveira.*
88. KALIDASA. Œuvres choisies de (...). Traduit en français par Hippolyte Fauche. Contient Çakountala, Raghou-Vança, Megha-Douta. Paris, Librairie Internationale, 1865. [*Garnier*].
89. RIG-VEDA. Bibliothèque orientale. Chefs-d'œuvres de la Perse, de l'Égypte et de la Chine. Tome premier. (...) ou le livre des Hymnes, traduit du sanscrit par A. Langlois. Deuxième édition revue, corrigée et augmentée d'un index analytique par Ph. Ed. Foucaux. Paris, Maisonneuve et Cie, 1872. [*Garnier*].
 *En travers de la page de garde: Signature de Arthur de Oliveira.*
 *Au bas de cette même page: 'Foi-me dado pela viuva de Arthur de Oliveira, como lembrança deste meu bom amigo. M. de A.'*
90. SADI. Gulistan ou le parterre des roses par (...). Traduit du persan sur les meilleurs textes imprimés et manuscrits par Ch. Defremery. Paris, Firmin Didot, 1858. [*Garnier*].
91. VALMIKY. Le Ramayana poème sanscrit de (...). Traduit en français par Hippolyte Fauche. Tome second. Paris, Librairie Internationale, 1864. [*Garnier*].

92. VALMIKY. Le Ramayana poème sanscrit de (...). Traduit en français par Hippolyte Fauche. Tome premier. Paris Librairie Internationale, 1864. [*Garnier*].

### III — AUTOUR DU DOMAINE ORIENTAL

93. STERNE INEDIT. Le Koran œuvres posthumes complètes traduit par Alfred Hédouin. Édition accompagnée de notes et ornée du portrait de Sterne. Paris, Librairie nouvelle, 1853.
*Sur la page de garde: Signature de Arthur de Oliveira.*
*D'après "The Dictionary of national biography", cet ouvrage est un apocryphe.*
*L'auteur en est Richard Griffith.*

## VI — *Domaine Italien*

### I — TEXTES ITALIENS

94. ALFIERI, Vittorio. Tragedie di (...). Illustrate da Guido Gonin. Milano-Parigi, Edoardo Sonzogno, 1870. [*Lombaerts*].
*Sur la page de garde on lit la dédicace suivante:*
*'Vai livro fatidico para as mãos de teu digno êmulo. Se eu te aprecio elle melhor te comprehende. Offce Arthur Napoleão dos Stos. Rio 5 de Agosto 1874.'*
95. ALIGHIERI. Dante. La Divina Commedia di (...) com spiegazioni tratte daí migliori commetari e colla vita di Dante da Giovanni Boccaccio. Parigi, Fratelli Firmin Didot, 1868. [*Garnier*].
96. AMICIS. Edmondo de. La vita, militare, bozzetti di (...). Nuova edizione riveduta e completamente rifusa dall'autore con l'aggiunta di due bozzetti. Milano, Fratelli Treves, 1880.
*Lembrança ao Am. Machado de Assis Turin 1882. (pas de signature).*
97. ARIOSTO. L'Orlando Furioso. Volume primo. Paris, Firmin Didot, 1872. [*Garnier*].
98. ARIOSTO. L'Orlando Furioso. Volume secondo. Paris, Firmin Didot, 1872. [*Garnier*].
99. GUICCIARDINI, Francesco. Storia d'Italia di (...), conforme la celebre lezione del professore Giovanni Rosini con note. Volume primo. Milano, Tipi Borroni e Scotti, 1843.

100. GUICCIARDINI, Francesco. Storia d'Italia di (...), conforme la celebre lezione del professore Giovanni Rosini con note. Volume secondo. Milano, Tipi Borroni e Scotti, 1843.
101. GUICCIARDINI, Francesco. Storia d'Italia di (...), conforme la celebre lezione del professore Giovanni Rosini con note. Volume terzo. Milano, Tipi Borroni e Scotti, 1843.
102. LEOPARDI, Giacomo. Opere di (...). Canti, Frammenti, Operette morali. Leipzig, F. A. Brockhaus, 1877. [*Laemmert*].
103. OSSIAN. Poesie di (...). Antico poeta celtico. Tomi 1, 2. Pisa, presso Nicoolò Capurro, 1817.
104. OSSIAN. Poesie di (...). Tomi 3, 4. Pisa, presso Nicoolò Capurro, 1817.
105. SANCTIS, Francesco de. Storia della letteratura italiana di (...). Vol. I. Quarta edizione. Napoli. Cav. Antonio Morando, 1890.
106. SANCTIS, Francesco de. Storia della letteratura italiana di (...). Vol. II. Quarta edizione. Napoli. Cav. Antonio Morando, 1890
107. TASSO, Torquato. La Gerusalemme liberata e l'Aminta di (...). Paris, Firmin Didot, 1867. [*Garnier*].
108. VARCHI, Benedetto. Opere di (...). Per la prima volta raccolte com un discorso de A. Racheli intorno alla filologia del secolo XVI e alla vita e agli scritti dell'autore. Aggiuntevi le lettere di Gio. Battista Busini sopra l'assedio di Firenze. Volume primo. Storia fiorentina. Lettere. Trieste, Sezione letterario-artistica del Llyod austriaco, 1858. [*Garnier*].
109. VARCHI, Benedetto. Opere di (...). Volume secondo. L'Ercolano, La Varchina, Prose Varie e sonetti. Trieste, Sezione letterario-artistica del Llyod austriaco, 1859. [*Garnier*].

## II — TRADUCTIONS FRANÇAISES

110. MACHIAVEL. Essai sur les œuvres et la doctrine de Machiavel, avec la traduction littérale du Prince et de quelques fragments historiques et littéraires par Paul Deltuf. Paris, C. Reinwald, 1867. [*Garnier*].
111. MANZONI. Les fiancés. Histoire milanaise du XVIème siècle. Traduction nouvelle par le marquis de Montgrand. Paris, Garnier, 1877. [*Garnier*].
112. TASSE, LE. La Jérusalem délivrée, traduction française par le Prince Lebrun, précédée d'une notice sur la vie et le caractère du Tasse par Suard. Nouvelle édition revue d'après les meilleurs écrits. Paris, Garnier, (s.d.).
*Une fleur au chant XX.*

113. TASSE, LE. La Jérusalem délivrée suivie de l'Aminte traductions nouvelles par Auguste Desplaces. Sixièmes éditions précédées d'une notice sur la vie et les ouvrages du Tasse. Paris, Charpentier, 1861.

### III — AUTOUR DU DOMAINE ITALIEN

114. GEBHART, Émile. L'Italie mystique. Histoire de la Renaissance religieuse au Moyen-Age. Troisième édition. Paris, Librairie Hachette, 1899. [Garnier].
115. GREGOROVIUS, Ferdinand. Lucrèce Borgia par (...). Traduction de l'allemand sur la troisième édition par Paul Regnaud. Tome premier. Paris, Sandoz et Fischbocher, 1876. [Garnier].
116. GREGOROVIUS, Ferdinand. Lucrèce Borgia par (...). Traduction de l'allemand sur la troisième édition par Paul Regnaud. Tome second. Paris, Sandoz et Fischbocher, 1876. [Garnier].
117. PASQUINO ET MARFORO. Les bouches de marbres de Rome. Traduits et publiés pour la première fois par Mary Lafon. Deuxième édition. Paris, Librairie Internationale A. Lacroix, 1877. [Garnier].
118. RICCI, Corrado. L'ultimo rifugio di Dante Alighieri com illustrazioni e documenti. Milano, Ulrico Hoepli, 1891.
    *Edizione di 400 esemplari eseguiti per conto di Ulrico Hoepli, editore in Milano, numerati progressivamente all'atto della tiratura e questo è il numero 286.*

## VII — Domaine Espagnol

### I — TEXTES D'ESPAGNE

119. CERVANTES, Miguel de. El ingenioso hidalgo Don Quijote de la Mancha. Nueva edición, corregida y anotada por Don Eugenio de Ochoa. Paris, Librería de Ch. Fouraut, (s.d.). [Garnier].
120. CERVANTES, Miguel de. Novelas ejemplares de (...). Leipzig, F. A. Brockhaus, 1883. [Garnier].
121. MORATIN. Comedias de (...). El viejo y la niña. La comedia nueva, o el café. El Barón. La mojigata. El sí de las niñas. Paris, Baudry, Librería europea Dramard-Baudry y Ca. 1866. [*Livraria classica de Nicolao Alves*].

## II — TEXTES D'AMERIQUE LATINE

122. MATTA, Guillermo. Poesias de (...). Cuentos en versos, fragmentos de un poema inedito. Tomo primero. 2.ª edicion. Madrid, Imprenta de la America, 1858.
123. MATTA, Guillermo. Poesias liricas. Tomo segundo. 2.ª edicion. Madrid, Imprenta de la America, 1858.

## III — TRADUCTIONS FRANÇAISES

124. CHEFS-D'ŒUVRE DU THÉÂTRE ESPAGNOL. CALDERON. Première série. Traduction nouvelle avec une introduction et des notes par M. Damas-Hinard. Tome I. Maison à deux portes, maison difficile à garder. Le médecin de son honneur. La dévotion à la croix. L'alcade de Zalamea. De mal en pis. La vie est un songe. Paris, Librairie de Charles Gosselin, 1845.
125. CHEFS-D'ŒUVRE DU THÉÂTRE ESPAGNOL. Tome II. Le pire n'est pas toujours certain. Bonheur et malheur du nom. À outrage secret, vengeance secrète. Aimer après la mort. Le geôlier de soi-même. Paris, Librairie de Charles Gosselin, 1843.
126. CHEFS-D'ŒUVRE DU THÉÂTRE ESPAGNOL. Tome III. Louis Perez de Galise. Le secret à haute voix. L'esprit follet. Les trois châtiments en un seul. Le prince constant. Le schisme d'Angleterre. Paris, Librairie de Charles Gosselin, 1841.

## VIII — *Domaine Portugais*

### I — OUVRAGES DE LANGUE

127. D. FRANCISCO DE S. LUIZ. Ensaio sobre alguns synonymos da lingua portugueza por (...). Primeiro tomo. Quarta edição. Lisboa, Typographia da Academia, 1863.
128. D. FRANCISCO DE S. LUIZ. Ensaio sobre alguns synonymos da lingua portugueza por (...). Tomo segundo. Lisboa, Typographia da Academia das Sciencias, 1828.

## II — OUVRAGES GENERAUX DE CRITIQUE ET D'HISTOIRE

129. BRAGA, Theophilo. Historia de Camões. Parte I. Vida de Luiz de Camões. Porto, Imprensa portugueza, 1873. [*Livraria J. G. de Azevedo*].
130. BRAGA, Theophilo. Historia de Camões. Parte II. Eschola de Camões. Porto, Imprensa portugueza, 1874. [*Livraria J. G. de Azevedo*].
131. BRAGA, Theophilo. Historia do theatro portuguez por (...). A baixa comedia e a opera. Seculo XVIII. Porto, Imprensa portugueza editora, 1871. [*Nova livraria económica J. G. de Azevedo*].
132. BRAGA, Theophilo. Historia dos quinhentistas por (...). Vida de Sá de Miranda e sua Eschola. Porto, Imprensa portugueza, 1871. [*Livraria J. G. de Azevedo*].
133. BRAGA, Theophilo. Manual da história da litteratura portugueza desde as suas origens até ao presente por (...). Porto, Livraria universal de Magalhães e Moniz, 1875. [*Livraria académica J. G. de Azevedo*].
134. CASTILHO, Julio de. Antônio Ferreira, poeta quinhentista, estudos biographicos-litterarios por (...). Tomo primeiro. Rio de Janeiro, Livraria de B. L. Garnier, 1875.

    *Ao talentoso poeta, leal collega, e prestimoso amigo, J. M. Machado d'Assis, offerece, no proprio nome e no dos Viscondes de Castilho, Antonio e Julio, J. F. de Castilho Barreto e Noronha.*
    *Rio de Janeiro, 15, março 1875.*
135. CASTILHO, Julio de. Antônio Ferreira, por (...).Tomo segundo. Rio de Janeiro, Livraria de B. L. Garnier, 1875.
136. CASTILHO, Julio de. Antônio Ferreira, por (...).Tomo terceiro. Rio de Janeiro, Livraria de B. L. Garnier, 1875.
137. HERCULANO, A. Historia de Portugal desde o começo da Monarchia até o fim do reinado de Affonso III por (...). Tomo primeiro. Quarta edição. Lisboa, casa da viuva Bertrand e Ca. 1875. [*Garnier*].
138. HERCULANO, A. Historia de Portugal desde o começo da Monarchia até o fim do reinado de Affonso III por (...). Tomo segundo. Quarta edição. Lisboa, casa da viuva Bertrand e Ca. 1874. [*Garnier*].
139. HERCULANO, A. Historia de Portugal desde o começo da Monarchia até o fim do reinado de Affonso III por (...). Tomo terceiro. Quarta edição. Lisboa, casa da viuva Bertrand e Ca. 1878. [*Garnier*].
140. HERCULANO, A. Historia de Portugal desde o começo da Monarchia até o fim do reinado de Affonso III por (...). Tomo quarto. Quarta edição. Lisboa, casa da viuva Bertrand e Ca. 1874. [*Garnier*].

141. HERCULANO, A. Opusculos. Questões publicas. Tomo II. Lisboa, Livraria Bertrand, 1873.
142. HERCULANO, A. Opusculos. Controversias e estudos historicos. Tomo III. Lisboa, Livraria Bertrand, 1876.
143. OLIVEIRA MARTINS, J. P. Historia da civilização iberica por (...). Terceira edição emendada. Lisboa, Livraria Bertrand, 1885. [*Livraria luso-brasileira*].

### III — LA LITTERATURE CLASSIQUE

144. BARROS, João de. Espelho de casados pelo Doctor (...). 2.ª edição conforme a de 1540. Porto, Imprensa portugueza, 1874.
*Tiragem de 210 exemplares N° 154.*
145. CAMÕES. Versão francesa dos Lusiadas de (...) pelo Duque de Palmella D. Pedro de Sousa Holstein com o texto original. Porto, Typographia central, 1880.
*Tiragem de dusentos e oito exemplares numerados e rubricados no 183. Avelino Anto Mendes Cerdeira de M. J. do Santo Amorim Rio de Jnr. 1881.*
146. FREY AMADOR ARRAIS. Diálogos de (...). Bispo de Portalegre, revistos, e acrescentados, Nova edição. Lisboa, Typographia rollandiana, 1846.
147. GAMA, Vasco da. Roteiro da viagem de (...), em 1497. Segunda edição por A. Herculano e o Barão do Castello do Paiva. Lisboa, Imprensa Nacional, 1861. [*Nova livraria economica J. G. de Azevedo*].
148. LUCENA, Padre João. Tomo primeiro. Rio de Janeiro, B. L. Garnier, (s.d.).
149. LUCENA, Padre João. Tomo segundo. Rio de Janeiro, B. L. Garnier, (s.d.).
150. LOPES, Fernão. Chronica de El-Rei D. Fernando por (...). Vol. I, 1895; Vol. II, 1895; Vol. III, 1896; Bibliotheca dos classicos portuguezes.
*Les trois volumes sont reliés ensemble.*
151. LOPES, Fernão. Chronica de El-Rei D. Pedro I por (...). Lisboa, Bibliotheca dos classicos portuguezes, 1895.
152. RESENDE, Garcia de. Chronica de El-Rei D. João II por (...). Vol. I. Lisboa, Bibliotheca dos classicos portuguezes, 1902.
153. RESENDE, Garcia de. Chronica de El-Rei D. João II por (...). Vol. II. Lisboa, Bibliotheca dos classicos portuguezes, 1902.
154. RESENDE, Garcia de. Chronica de El-Rei D. João II por (...). Vol. III. Lisboa, Bibliotheca dos classicos portuguezes, 1902.
155. SOUSA, Fr. Luiz de. Annaes de El-Rei Dom João Terceiro por (...),

publicados por A. Herculano. Lisboa, Typographia da Sociedade propagadora dos conhecimentos uteis, 1844. [*Livraria J. G. de Azevedo*].
156. VICENTE, Gil. Obras de (...), correctas e emendadas pelo cuidado e diligencia de J. V. Barreto Feio e J. G. Monteiro. Tomo primeiro. Hamburgo, Officina typographica de Langhoff, 1834.
157. VICENTE, Gil. Obras de (...). Tomo segundo. Hamburgo, Officina typographica de Langhoff, 1834.
158. VICENTE, Gil. Obras de (...). Hamburgo, Officina typographica de Langhoff, 1834.

### IV — LA LITTERATURE MODERNE

[129. 130. 131. 132. 133. BRAGA, Theophilo.]
159. DEUS, João de. Flores do campo, 2ª edição correcta. Porto, Livraria Universal de Magalhães e Moniz, 1876.
160. EÇA DE QUEIROZ. A correspondência de Fradique Mendes. (Memorias e notas). Porto, Livraria Chardon, 1900.
161. GARRETT, V. de Almeida. Versos de (...). I. Lyrica. Quarta edição. Lisboa, Imprensa Nacional, 1869. [*Livraria Academica de J. de Serpa Pinto*].
162. GARRETT, V. de Almeida. Versos de (...). II. Fabulas. Folhas cahidas. Quinta edição. Lisboa, Imprensa Nacional, 1869. [*Lopes do Couto e Cia*].
163. GOMES DE AMORIM, Francisco. O amor da patria. Lisboa, Empreza Horas Romanticas, 1879. [*Garnier*].
[137. 138. 139. 140. 142. HERCULANO, A.]
[143. OLIVEIRA MARTINS, J. P.]
164. PATO, Bulhão. Paquita por (...). Seis cantos. Lisboa Typographia franco-portuguesa, 1866.
165. REBELO DA SILVA. Contos e Lendas. Lisboa, Livraria de Mattos Moreira E Comp. 1873 [*Livraria do Povo Quaresma e Cia*].

## IX — *Domaine Bresilien*

### I — OUVRAGES D'HISTOIRE

166. FR. RAPHAEL DE JESUS. Castrioto lusitano ou história da guerra entre o Brazil e a Hollanda durante os annos de 1624 a 1654 por (...). Paris, J. Aillaud, 1844. [*Lopes do Couto*].
167. SCHNEIDER, L. A guerra da triplice Aliança (Imperio do Brazil,

Republica Argentina e Republica Oriental do Uruguay contra o governo da Republica do Paraguay) (1864-1870). Traduzido do allemão por Manoel Thomaz Alves Nogueira. Rio de Janeiro. Typographia Americana, 1875.
168. SOUTHEY, Roberto. Historia do Brazil traduzida do inglez de (...) pelo Luiz Joaquim de Oliveira e Castro e annotada pelo Conego Dr. J. C. Fernandes Pinheiro. Tomo primeiro. Rio de Janeiro, Livraria de B. L. Garnier, 1862. [*Livraria luso-brasileira de A. A. Lopes do Couto*].
*Lembrança de velha e immoredoura amisade — A Machado de Assis — Off.ce*
*Fevro 1876 Arthur Napoleão.*
169. SOUTHEY, Roberto. Historia do Brazil traduzida do inglez de (...). Tomo segundo. Rio de Janeiro, Livraria de B. L. Garnier, 1862. [*Livraria luso-brasileira de A. A. Lopes do Couto*].
170. SOUTHEY, Roberto. Historia do Brazil traduzida do inglez de (...). Tomo terceiro. Rio de Janeiro, Livraria de B. L. Garnier, 1862. [*Livraria luso-brasileira de A. A. Lopes do Couto*].
171. SOUTHEY, Roberto. Historia do Brazil traduzida do inglez de (...). Tomo quarto. Rio de Janeiro, Livraria de B. L. Garnier, 1862. [*Livraria luso-brasileira de A. A. Lopes do Couto*].
172. SOUTHEY, Roberto. Historia do Brazil traduzida do inglez de (...). Tomo quinto. Rio de Janeiro, Livraria de B. L. Garnier, 1862. [*Livraria luso-brasileira de A. A. Lopes do Couto*].
173. SOUTHEY, Roberto. Historia do Brazil traduzida do inglez de (...). Tomo sexto. Rio de Janeiro, Livraria de B. L. Garnier, 1862. [*Livraria luso-brasileira de A. A. Lopes do Couto*].
174. SOUZA SILVA, J. Norberto de. Historia da conjuração mineira. Estudos sobre as primeiras tentativas para a independência nacional por (...). Rio de Janeiro, Livraria de B. L. Garnier, (s.d.).

## II — LITTERATURE BRESILIENNE

175. ALENCAR, J. de. Il Guarany ossia l'indigeno brasiliano, romanzo storico di (...). Traduzione dal portoghese di G. Fico. Vol. I. Milano, Serafino Muggiani e comp, 1864.
176. ALENCAR, J. de. Iracema, lenda do Ceará. —, H. Garnier, (s.d.), mais 1903.
177. ALVARENGA, Manoel Ignacio da Silva. Obras poeticas de (...). Tomo primeiro. Rio de Janeiro, B. L. Garnier, 1864.
178. ALVARENGA, Manoel Ignacio da Silva. Obras poeticas de (...). Tomo segundo. Rio de Janeiro, B. L. Garnier, 1864.

179. DURÃO, Fr. José de Santa Rita. Caramurú, poema epico do descobrimento da Bahia por (...). Rio de janeiro, B. L. Garnier, (s.d.).
180. EPICOS BRASILEIROS. O Caramurú por Fr. José de S. Rita Durão. Nova edição. Lisboa, 1845.
180 b. EPICOS BRASILEIROS. O Uruguay por José Basilio da Gama. Nova edição. Lisboa, 1845.
181. MAGALHÃES, Valentim. Vinte contos por (...). Rio de Janeiro, Edictora A Semana, Bibliotheca d'A Semana.
— *Au dessous du portrait de l'auteur signature. Valentim Mag-es.*
— *Ecrit de la main de l'auteur.*

*A Machado de Assis*

*Honremos altamente esse que ensina*
*A subjugar os metros revoltosos;*
*Esse que faz os ares sonorosos*
*Com a doce voz da lyra peregrina;*

*Esse que da poesia os puros gósos*
*Liberalmente aos corações propina,*
*E tem da fórma a religião divina*
*Apostolado aos crentes sequiosos;*

*Esse que arranca aos rigidos vocabulos*
*A musica rebelde e fugidia;*
*Que da lingua os diamantes corta e lavra,*

*Tange a Rima os aureos tintinabulos.*
*Honra ao mestre da Prosa e da Poesia,*
*Ao vencedor da Idea e da palavra.*

*6–8bro–86 Valentim Mag-es.*

182. MANGABEIRA, Francisco. Ultimas poesias. (Obra postuma). 1.ª edição. Bahia, Oficinas dos dois mundos, 1906.
183. NABUCO, Joaquim. Minha formação por (...).—, H. Garnier, 1900.
184. VARELA, L. N. Fagundes. Anchieta ou o evangelho nas selvas. Poema de (...). Rio de Janeiro, Livraria Imperial, 1875.
*Avec une signature de l'auteur*

III — MACHADIANA.

185. MACHADO DE ASSIS, J. M. Americanas. —,—, 1875.
186. MACHADO DE ASSIS, J. M. Helena. —,—, 1876.
187. MACHADO DE ASSIS, J. M. Historias sem data. —, Garnier, 1884.
188. MACHADO DE ASSIS, J. M. Historias sem data. —, Garnier, 1884.
189. MACHADO DE ASSIS, J. M. Papeis avulsos. —,—, 1882. [*Lombaerts*].
190. REVISTA BRASILEIRA. Primeiro anno. Tomo I. Rio de Janeiro, N. Midosi, 1879. (Junho a Setembro de 1879).
    *p. 79. Circulo vicioso.*
    *p. 225-289. Antonio José e Molière por Machado de Assis.*
191. REVISTA BRASILEIRA. Primeiro anno. Tomo I. Rio de Janeiro, N. Midosi, 1879. (Outubro a Dezembro de 1879).
    *p. 138-150. A assuada de Machado de Assis.*
192. MACHADO DE ASSIS, J. M. Varias historias. —,—, 1896. [*Laemmert*].
193. ANCHIETA, Joseph de. III centenario do veneravel (...). Conferência, —, Aillaud e Cia, 1900.
194. JABOTAM, Fr. Antonio de Santa Maria. Novo orbe serafico brasilico ou Chronica dos frades menores da provincia do Brasil por (...). Impressa em Lisboa em 1761 e reimpressa por ordem do Instituto Histórico e Geográfico Brasileiro. Volume I. Rio de Janeiro, Typographia Brasiliense de Maximiano Gomes Ribeiro, 1858.
195. JABOTAM, Fr. Antonio de Santa Maria. Novo orbe serafico brasilico ou Chronica dos frades menores da provincia do Brasil por (...). Parte Segunda (Inedita). Volume I. Rio de Janeiro, Typographia Brasiliense de Maximiano Gomes Ribeiro, 1859.
196. LAMBERG, Mauricio. O Brazil vertido do allemão por Luiz de Castro. Rio de Janeiro, Edictor Lombaerts, 1896.
197. MELLO MORAES, Alexandre José de. Ensaio chorographico do Imperio do Brasil por (...). Rio de Janeiro, Empreza Dous de Dezembro, 1854.
198. MEMORIAS PARA A HISTORIA DO EXTINCTO ESTADO DO MARANHÃO. Coligidas e annotadas por Candido Mendes de Almeida. Historia da Companhia de Jesus. Tomo primeiro. Rio de Janeiro, Typographia do commercio de Brito e Braga, 1860.
199. MURTINHO, Dr. Joaquim. Introduções aos relatorios do (...). —,—, 1900-1901.
200. NABUCO, Joaquim. Um estadista do Imperio. Nabuco de Araujo. Sua vida, suas opiniões, sua época por seu filho, por (...). Tomo segundo. 1857-1866. Rio de Janeiro, H. Garnier, (s.d.) mais 1900.

201. NABUCO, Joaquim. Um estadista do Imperio. Nabuco de Araujo. Sua vida, suas opiniões, sua época por seu filho, por (...). Tomo terceiro. 1866-1878. Rio de Janeiro, H. Garnier, (s.d.) mais 1899.
202. REBOUÇAS, Antonio Pereira. Recordações da vida parlamentar do advogado (...). Volume I. Rio de Janeiro, Typographia Universal de Laemmert, 1870.
203. REBOUÇAS, Antonio Pereira. Recordações da vida parlamentar do advogado (...). Volume II. Rio de Janeiro, Typographia Universal de Laemmert, 1870.
204. RECENSEMENT GÉNÉRAL DE LA RÉPUBLIQUE DES ÉTATS-UNIS DU BRÉSIL. RECENSEAMENTO GERAL DA REPUBLICA DOS ESTADOS UNIDOS DO BRAZIL. Em 31 de Dezembro de 1890. Distrito Federal. Rio de Janeiro, Ministerio da industria, viação e obras publicas. Typographia Leizinger, 1895.
205. SILVA, J. M. Pereira da. Os varões illustres do Brazil durante os tempos coloniais por (...). Terceira edição muito mais augmentada e correcta. Tomo primeiro. Rio de Janeiro, Garnier, 1868.
*Ao Ilmo Sr Machado de Assis como testemunha da sympathia e admiração [un mot illisible] talentos exquisitos com agra. P da S.*
206. TOMBO DAS TERRAS MUNICIPAIS que constituem parte do patrimonio da illustrissima camara municipal da cidade de São Sebastião do Rio de Janeiro. Organizado pelo Dr. Roberto Jorge Haddock Lobo. Tomo primeiro. Rio de Janeiro, Typographia Paula Brito, 1863.
207. WRIGHT, Marie Robson. The new Brazil its ressources and attractions historical and industrial. Philadelphia, George Barri and son, (s.d.).
*Ao distinto Machado de Assis offerece Alfredo Wanda (?).*
*14 de 7bro de 901.*
*Le nom de Machado est cité parmi les écrivains.*
*Le président des Etats-Unis du Brésil était le Dr. Manoel Ferraz de Campos-Salles.*

V — LES REVUES

208. ANNAES DA BIBLIOTHECA NACIONAL DO RIO DE JANEIRO. Vol I. 1876-1877. Rio de Janeiro, Typographia G. Leuzinger e filhos, 1878.
209. ANNAES DA BIBLIOTHECA NACIONAL DO RIO DE JANEIRO. Vol II. 1876-1877. Fasciculo n I. Rio de Janeiro, Typographia G. Leuzinger e filhos, 1877. [*Lombaerts*].
210. ANNAES DA BIBLIOTHECA NACIONAL DO RIO DE JANEIRO.

Vol III. 1877-1878. Rio de Janeiro, Typographia G. Leuzinger e filhos, 1877. [*Lombaerts*].
211. ANNAES DA BIBLIOTHECA NACIONAL DO RIO DE JANEIRO. Vol IV. 1877-1878. Rio de Janeiro, Typographia G. Leuzinger e filhos, 1878. [*Lombaerts*].
212. ANNAES DA BIBLIOTHECA NACIONAL DO RIO DE JANEIRO. Vol V. 1878-1879. Rio de Janeiro, Typographia G. Leuzinger e filhos, 1878. [*Lombaerts*].
213. ANNAES DO PARLAMENTO BRASILEIRO. Assemblea Constituinte, 1823. Tomo primeiro. Rio de Janeiro, Typographia do Imperial Instituto Artistico, (s.d.).
214. DOMINGO, O. Jornal hebdomadario, critico e litterario. Editor e proprietario A. R. dos Santos.
    *49 numeros reliés en un seul volume.*
    *A partir du n.º 13. Editor e proprietario A. Azevedo.*
215. IRIS. Periodico de religião, Bellas-Artes, Sciencia, Lettras, Historia, Poesia, Romance, noticias e variedades collaborado por muitos homens de lettras redigido por José Feliciano de Castilho Barreto e Noronha. Volume I. Anno de 1848. Rio de Janeiro, Typographia de L. A. Ferreira de Menezes, 1848.
216. IRIS. Periodico de religião, Bellas-Artes, Sciencia, Lettras, Historia, Poesia, Romance, noticias e variedades collaborado por muitos homens de lettras redigido por José Feliciano de Castilho Barreto e Noronha. Volume II. Segundo semestre de 1848. Rio de Janeiro, Typographia de L. A. Ferreira de Menezes, 1848.
217. IRIS. Periodico de religião, Bellas-Artes, Sciencia, Lettras, Historia, Poesia, Romance, noticias e variedades collaborado por muitos homens de lettras redigido por José Feliciano de Castilho Barreto e Noronha. Volume II. Anno de 1849. Rio de Janeiro, Typographia de L. A. Ferreira de Menezes, 1849.
218. LUZES DA RAZÃO. Jornal philosophico academico-portuense. O Porto, Typographia Alexandre da Fonseca e Vasconcellos.
    *28 de Julho de 1867 a 15 de Junho de 1871.*
[190. REVISTA BRASILEIRA.]
[191. REVISTA BRASILEIRA.]
219. REVISTA BRASILEIRA. Primeiro anno. Tomo primeiro. Rio de Janeiro. Laemmert et Cia, 1895.
219.b REVISTA DO INSTITUTO HISTORICO E GEOGRAFICO DO BRAZIL. Tomo I. Segunda edição. Rio de Janeiro, Typographia universal de Laemmert, 1856.

220. REVISTA TRIMESTRAL DE HISTORIA E GEOGRAPHIA ou JORNAL DO INSTITUTO HISTORICO E GEOGRAPHICO. Tomo segundo. Segunda edição. 1840. Rio de Janeiro, Typographia imparcial de J. M. Nunes Garcia, 1858
221. REVISTA TRIMESTRAL DE HISTORIA E GEOGRAPHIA ou JORNAL DO INSTITUTO HISTORICO E GEOGRAPHICO. Tomo terceiro, 1841. Rio de Janeiro, Typographia de D. L. dos Santos, 1860.
222. REVISTA TRIMESTRAL DE HISTORIA E GEOGRAPHIA ou JORNAL DO INSTITUTO HISTORICO E GEOGRAPHICO. Tomo quarto, 1842. Rio de Janeiro, Typographia João Ignacio da Silva, 1863.
223. REVISTA TRIMESTRAL DE HISTORIA E GEOGRAPHIA ou JORNAL DO INSTITUTO HISTORICO E GEOGRAPHICO. Tomo quinto, 2ª edição. 1843. Rio de Janeiro, Typographia João Ignacio da Silva, 1863.
224. REVISTA TRIMESTRAL DE HISTORIA E GEOGRAPHIA ou JORNAL DO INSTITUTO HISTORICO E GEOGRAPHICO. Tomo sexto, 2ª edição. 1844. Rio de Janeiro, Typographia João Ignacio da Silva, 1865.
225. REVISTA TRIMESTRAL DE HISTORIA E GEOGRAPHIA ou JORNAL DO INSTITUTO HISTORICO E GEOGRAPHICO. Tomo séptimo, 2ª edição. Rio de Janeiro, Typographia João Ignacio da Silva, 1866.
226. REVISTA TRIMESTRAL DE HISTORIA E GEOGRAPHIA ou JORNAL DO INSTITUTO HISTORICO E GEOGRAPHICO. Tomo VIII. 2ª edição. Rio de Janeiro, Typographia João Ignacio da Silva, 1867.
227. REVISTA TRIMESTRAL DE HISTORIA E GEOGRAPHIA ou JORNAL DO INSTITUTO HISTORICO E GEOGRAPHICO. Tomo IX. 1847. Rio de Janeiro, Typographia João Ignacio da Silva, 1869.
228. REVISTA TRIMESTRAL DE HISTORIA E GEOGRAPHIA ou JORNAL DO INSTITUTO HISTORICO E GEOGRAPHICO. Tomo X. 2ª edição. 1848. Rio de Janeiro, Typographia João Ignacio da Silva, 1870.
229. REVISTA TRIMESTRAL DE HISTORIA E GEOGRAPHIA ou JORNAL DO INSTITUTO HISTORICO E GEOGRAPHICO. Tomo XI. 2ª edição. 1848. Rio de Janeiro, Typographia João Ignacio da Silva, 1871.
230. REVISTA DO INSTITUTO HISTORICO E GEOGRAPHICO DO BRAZIL. Tomo XIV. 1º da terceira serie. 1851. Rio de Janeiro, Typographia universal de Laemmert, 1851.
231. REVISTA DO INSTITUTO HISTORICO E GEOGRAPHICO DO BRAZIL. Laemmert, 1851. Tomo XV. 2º da terceira serie. 1852. Rio de Janeiro, Typographia universal de Laemmert, 1852.
232. REVISTA DO INSTITUTO HISTORICO E GEOGRAPHICO DO BRAZIL. Tomo XVI. 3º da terceira serie. 1853. Rio de Janeiro, Typographia universal de Laemmert, 1853.

233. REVISTA DO INSTITUTO HISTORICO E GEOGRAPHICO DO BRAZIL. Tomo XVII. 4º da terceira serie. 1854. Rio de Janeiro, Typographia universal de Laemmert, 1854.
234. REVISTA DO INSTITUTO HISTORICO E GEOGRAPHICO DO BRAZIL. Tomo XVIII. Tomo V da terceira serie. 1855. Rio de Janeiro, Typographia universal de Laemmert, 1855.
235. REVISTA DO INSTITUTO HISTORICO E GEOGRAPHICO DO BRAZIL. Tomo XIX. Tomo VI da terceira serie. 1856. Rio de Janeiro, Typographia universal de Laemmert, 1856.
236. REVISTA DO INSTITUTO HISTORICO E GEOGRAPHICO DO BRAZIL. Tomo XX. 1857. Rio de Janeiro, Typographia universal de Laemmert, 1857.
237. REVISTA DO INSTITUTO HISTORICO E GEOGRAPHICO DO BRAZIL. Tomo XXI. 1858. Rio de Janeiro, Typographia brasiliense de Maximiano Gomes Ribeiro, 1858.
238. REVISTA DO INSTITUTO HISTORICO E GEOGRAPHICO E ETNOGRAFICO DO BRAZIL. Tomo XXII. 1859. Rio de Janeiro, Typographia imparcial de J. M. N. Garcia, 1859.
239. REVISTA DO INSTITUTO HISTORICO E GEOGRAPHICO E ETNOGRAFICO DO BRAZIL. Tomo XXIII. 1860. Rio de Janeiro, Typographia de Domingos Luiz dos Santos, 1860.
240. REVISTA DO INSTITUTO HISTORICO E GEOGRAPHICO E ETNOGRAFICO DO BRAZIL. Tomo XXIV. 1861. Rio de Janeiro, Typographia de Luiz dos Santos, 1861.
241. REVISTA DO INSTITUTO HISTORICO E GEOGRAPHICO E ETNOGRAFICO DO BRAZIL. Tomo XXV. 1862. Rio de Janeiro, Typographia de Luiz dos Santos, 1862.
242. REVISTA DO INSTITUTO HISTORICO E GEOGRAPHICO E ETNOGRAFICO DO BRAZIL. Tomo XXVI. 1863. Rio de Janeiro, Typographia de Luiz dos Santos, 1863.
243. REVISTA DO INSTITUTO HISTORICO E GEOGRAPHICO E ETNOGRAFICO DO BRAZIL. Tomo XXVII. Parte primeira. 1864. Rio de Janeiro, Typographia de Domingos Luiz dos Santos, 1864.
244. REVISTA DO INSTITUTO HISTORICO E GEOGRAPHICO E ETNOGRAFICO DO BRAZIL. Tomo XXVIII. Parte segunda. 1864. Rio de Janeiro, B. L. Garnier, 1864.
245. REVISTA DO INSTITUTO HISTORICO E GEOGRAPHICO E ETNOGRAFICO DO BRAZIL. Tomo XXVIII. 1865. Rio de Janeiro, B. L. Garnier, 1865.

246. REVISTA DO INSTITUTO HISTORICO E GEOGRAPHICO E ETNOGRAFICO DO BRAZIL. Tomo XXVIII. Tomo XXIX. 1866. Rio de Janeiro, B. L. Garnier, 1866.
247. REVISTA DO INSTITUTO HISTORICO E GEOGRAPHICO E ETNOGRAFICO DO BRAZIL. Tomo XXX. Parte primeira. 1867. Rio de Janeiro, B. L. Garnier, 1867.
248. REVISTA DO INSTITUTO HISTORICO E GEOGRAPHICO E ETNOGRAFICO DO BRAZIL. Tomo XXX. Parte segunda. 1867. Rio de Janeiro, B. L. Garnier, 1867.
249. REVISTA DO INSTITUTO HISTORICO E GEOGRAPHICO E ETNOGRAFICO DO BRAZIL. Tomo XXXI. 1868. Rio de Janeiro, B. L. Garnier, 1868.
250. REVISTA DO INSTITUTO HISTORICO E GEOGRAPHICO E ETNOGRAFICO DO BRAZIL. Tomo XXXII. 1869. Rio de Janeiro, B. L. Garnier, 1869.
251. REVISTA DO INSTITUTO HISTORICO E GEOGRAPHICO E ETNOGRAFICO DO BRAZIL. Tomo XXXIII. 1870. Rio de Janeiro, B. L. Garnier, 1870.
252. REVISTA DO INSTITUTO HISTORICO E GEOGRAPHICO E ETNOGRAFICO DO BRAZIL. Tomo XXXIV. 1871. Rio de Janeiro, B. L. Garnier, 1871.
253. REVISTA DO INSTITUTO HISTORICO E GEOGRAPHICO E ETNOGRAFICO DO BRAZIL. Tomo XXXV. Parte primeira. 1872. Rio de Janeiro, B. L. Garnier, 1872.
254. REVISTA DO INSTITUTO HISTORICO E GEOGRAPHICO E ETNOGRAFICO DO BRAZIL. Tomo XXXV. 1872. Rio de Janeiro, B. L. Garnier, 1872.
255. REVISTA DO INSTITUTO HISTORICO E GEOGRAPHICO E ETNOGRAFICO DO BRAZIL. Tomo XXXVI. Parte primeira. 1873. Rio de Janeiro, B. L. Garnier, 1873.
256. REVISTA DO INSTITUTO HISTORICO E GEOGRAPHICO E ETNOGRAFICO DO BRAZIL. Tomo XXXVI. Parte segunda. 1873. Rio de Janeiro, B. L. Garnier, 1873.
257. REVISTA DO INSTITUTO HISTORICO E GEOGRAPHICO E ETNOGRAFICO DO BRAZIL. Tomo XXXVII. Parte primeira. 1874. Rio de Janeiro, B. L. Garnier, 1874.
258. REVISTA DO INSTITUTO HISTORICO E GEOGRAPHICO E ETNOGRAFICO DO BRAZIL. Tomo XXXVII. Parte segunda. 1874. Rio de Janeiro, B. L. Garnier, 1874.

## VI — LA QUESTION DES FRONTIERES

259. STATEMENT SUBMITTED BY THE UNITED STATES OF BRAZIL TO THE PRESIDENT OF THE UNITED STATES OF AMERICA AS ARBITROR. Vol. I. (English translation). New York, 1894.
260. EXPOSIÇÃO QUE OS ESTADOS UNIDOS DO BRAZIL APRESENTAM AO PRESIDENTE DOS ESTADOS UNIDOS DA AMERICA COMO ARBITRO. Vol. III. (The original statement). New York, 1894.
261. STATEMENT SUBMITTED BY THE UNITED STATES OF BRAZIL TO THE PRESIDENT OF THE UNITED STATES OF AMERICA AS ARBITROR. Vol. III. Appendix. New York, 1894.
262. EXPOSIÇÃO QUE OS ESTADOS UNIDOS DO BRAZIL APRESENTAM AO PRESIDENTE DOS ESTADOS UNIDOS DA AMERICA COMO ARBITRO. Vol. III. Appendice. New York, 1894.
263. EXPOSIÇÃO QUE OS ESTADOS UNIDOS DO BRAZIL APRESENTAM AO PRESIDENTE DOS ESTADOS UNIDOS DA AMERICA COMO ARBITRO. Vol. IV. Appendice. Mapas. New York, 1894.
264. FRONTIÈRES ENTRE LE BRÉSIL ET LA GUYANE FRANÇAISE. Mémoire présenté par les États Unis du Brésil au gouvernement de la confédération suisse. Tome premier. Paris, A. Lahure, 1899.
265. FRONTIÈRES ENTRE LE BRÉSIL ET LA GUYANE FRANÇAISE. Mémoire présenté par les États Unis du Brésil au gouvernement de la confédération suisse. Tome deuxième. Documents. Paris, A. Lahure, 1899.
266. FRONTIÈRES ENTRE LE BRÉSILET LA GUYANE FRANÇAISE. Mémoire présenté par les États Unis du Brésil au gouvernement de la confédération suisse. Tome troisième. Documents. Paris, A. Lahure, 1899.
267. FRONTIÈRES ENTRE LE BRÉSIL ET LE GUYANE FRANÇAISE. Second mémoire présenté par les États Unis du Brésil au gouvernement de la confédération suisse. Tome Ier. Berne, Imprimerie Staempli et Cie, 1899.
268. FRONTIÈRES ENTRE LE BRÉSIL ET LE GUYANE FRANÇAISE. Second mémoire présenté par les États Unis du Brésil au gouvernement de la confédération suisse. Tome I. Documents accompagnés de notes explicatives et rectificatives. Berne, Imprimerie Staempli et Cie, 1899.
269. FRONTIÈRES ENTRE LE BRÉSIL ET LE GUYANE FRANÇAISE. Second mémoire présenté par les États Unis du Brésil au gouvernement de la confédération suisse. Tome III. Documents accompagnés de notes explicatives et rectificatives. Berne, Imprimerie Staempli et Cie, 1899.
270. FRONTIÈRES ENTRE LE BRÉSIL ET LE GUYANE FRANÇAISE. Second mémoire présenté par les États Unis du Brésil au gouvernement

de la confédération. Tome IV. Documents. Texte original des documents traduits dans les tomes II et III. Berne, Imprimerie Staempli et Cie, 1899.
271. L'OYAPOC ET L'AMAZONE. Question brésilienne et française. Tome premier. Paris, A. Lahure, 1899.
272. L'OYAPOC ET L'AMAZONE. Question brésilienne et française. Tome second. Troisième édition. —, Joaquim Caetano da Silva, (s.d.).

## X — *Domaine Anglais*

### I — OUVRAGE DE LANGUE

273. SADLER. Manuel classique de conversations françaises et anglaises par (...). Deuxième édition. Paris, Librairie française et anglaise de J. H. Truchy Leory, 1880.

### II — HISTOIRE ET ESSAIS HISTORIQUES

274. BUCKLE, Henry Thomas. Histoire de la Civilisation en Angleterre. Traduction autorisée par A. Baillot. Tome premier. Paris, Librairie Internationale A. Lacroix, 1865. [*Garnier*].
275. BUCKLE, Henry Thomas. Histoire de la Civilisation en Angleterre. Traduction autorisée par A. Baillot. Tome deuxième. Paris, Librairie Internationale A. Lacroix, 1865. [*Garnier*].
276. BUCKLE, Henry Thomas. Histoire de la Civilisation en Angleterre. Traduction autorisée par A. Baillot. Tome troisième. Paris, Librairie Internationale A. Lacroix, 1865. [*Garnier*].
277. BUCKLE, Henry Thomas. Histoire de la Civilisation en Angleterre. Traduction autorisée par A. Baillot. Tome quatrième. [*Garnier*].
277 bis. BUCKLE, Henry Thomas. Histoire de la Civilisation en Angleterre. Traduction autorisée par A. Baillot. Tome cinquième. Paris, Librairie Internationale A. Lacroix, 1865. [*Garnier*].
278. CLARENDON, Edwar Earl of. The history of the rebellion and civil wars in England together with an historical view of the affairs of Ireland by (...). Vol I. Oxford, Oxford University Press, 1849.
279. CLARENDON, Edwar Earl of. The history of the rebellion and civil wars in England together with an historical view of the affairs of Ireland by (...). Vol II. Oxford, Oxford University Press, 1849.
280. CLARENDON, Edwar Earl of. The history of the rebellion and civil wars

in England together with an historical view of the affairs of Ireland by (...). Vol III. Oxford, Oxford University Press, 1849.
281. CLARENDON, Edwar Earl of. The history of the rebellion and civil wars in England together with an historical view of the affairs of Ireland by (...). Vol IV. Oxford, Oxford University Press, 1849.
282. CLARENDON, Edwar Earl of. The history of the rebellion and civil wars in England together with an historical view of the affairs of Ireland by (...). Vol V. Oxford, Oxford University Press, 1849.
283. CLARENDON, Edwar Earl of. The history of the rebellion and civil wars in England together with an historical view of the affairs of Ireland by (...). Vol VI. Oxford, Oxford University Press, 1849.
284. CLARENDON, Edwar Earl of. The history of the rebellion and civil wars in England together with an historical view of the affairs of Ireland by (...). Vol VII. Oxford, Oxford University Press, 1849.
285. CROMWELL, Oliver. Letters and speeches with elucidations by Thomas Carlyle. Copyryght edition in four volumes. Volume I. Leipzig, Bernhard Tauchnitz, 1861. [*Lombaerts*].
286. CROMWELL, Oliver. Letters and speeches with elucidations by Thomas Carlyle. Copyryght edition in four volumes. Volume II. Leipzig, Bernhard Tauchnitz, 1861. [*Lombaerts*].
287. CROMWELL, Oliver. Letters and speeches with elucidations by Thomas Carlyle. Copyryght edition in four volumes. Volume III. Leipzig, Bernhard Tauchnitz, 1861. [*Lombaerts*].
288. CROMWELL, Oliver. Letters and speeches with elucidations by Thomas Carlyle. Copyryght edition in four volumes. Volume IV. Leipzig, Bernhard Tauchnitz, 1861. [*Lombaerts*].
290. MACAULAY, Lord. Critical and historical essays contributed to the Edinburgh Review by (...). Vol II. A new edition. London, Longmans Green, 1861.
291. MACAULAY, Lord. Essais littéraires par (...). Traduit par M. Guillaume Gizot. Paris, Michel Lévy, 1865. [*Garnier*].
292. MACAULAY, Lord. Essais politiques et philosophiques par (...). Traduit par M. Guillaume Gizot. Paris, Michel Lévy, 1862. [*Garnier*].
293. MACAULAY, T. B. Histoire d'Angleterre depuis l'avènement de Jacques II par (...). Traduction nouvelle par Émile Montégut. Tome premier. Paris, Charpentier, 1873. [*Garnier*].
294. MACAULAY, T. B. Histoire d'Angleterre depuis l'avènement de Jacques II par (...). Traduction nouvelle par Émile Montégut. Tome second. Paris, Charpentier, 1873. [*Garnier*].

295. MACAULAY, T. B. Histoire du règne de Guillaume II pour faire suite à l'histoire de la révolution de 1688 par (...). Traduit de l'anglais par Amédée Pichot. Tome premier. Paris, Charpentier, 1870. [*Garnier*].
296. MACAULAY, T. B. Histoire du règne de Guillaume II pour faire suite à l'histoire de la révolution de 1688 par (...). Traduit de l'anglais par Amédée Pichot. Tome quatrième. Paris, Charpentier, 1870. [*Garnier*].
297. MACAULAY, T. B. Histoire du règne de Guillaume II pour faire suite à l'histoire de la révolution de 1688 par (...). Traduit de l'anglais par Amédée Pichot. Tome troisième. Paris, Charpentier, 1870. [*Garnier*].
298. MACAULAY, T. B. Histoire du règne de Guillaume II pour faire suite à l'histoire de la révolution de 1688 par (...). Traduit de l'anglais par Amédée Pichot. Tome quatrième. Paris, Charpentier, 1870. [*Garnier*].
299. MAY, Thomas. Erskine. Histoire constitutionnelle de l'Angleterre depuis l'avènement de George III 1760-1860 par (...). Traduite et précédée d'une introduction par Cornelis de Witt. Tome premier. Paris, Michel Lévy, 1865. [*Garnier*].
300. MAY, Thomas. Erskine. Histoire constitutionnelle de l'Angleterre depuis l'avènement de George III 1760-1860 par (...). Traduite et précédée d'une introduction par Cornelis de Witt. Tome second. Paris, Michel Lévy, 1866. [*Garnier*].

## III — LITTERATURE CLASSIQUE ANGLAISE
## TEXTES ET TRADUCTIONS

301. BUNYAN, John. The pilgrim's progress from this world by (...). London, Thomas Tegg and son, 1836. [*Everett Storey Manchester*].
*Saml Norris Ao Arthur Napoleon 1851.*
302. BUNYAN, John. The pilgrim's progress delivered under the similitude of a dream. London, Milner and Company Limited, (s.d.).
303. SHAKESPEARE. Œuvres complètes de (...). Traduites par Émile Montegut. Tome premier. Paris, Librairie Hachette, 1867. [*Garnier*].
304. SHAKESPEARE. Œuvres complètes de (...). Traduites par Émile Montegut. Tome second. Paris, Librairie Hachette, 1867. [*Garnier*].
305. SHAKESPEARE. Œuvres complètes de (...). Traduites par Émile Montegut. Tome troisième. Paris, Librairie Hachette, 1867. [*Garnier*].
306. SHAKESPEARE. Œuvres complètes de (...). Traduites par Émile Montegut. Tome quatrième. Paris, Librairie Hachette, 1869. [*Garnier*].

307. SHAKESPEARE. Œuvres complètes de (...). Traduites par Émile Montegut. Tome cinquième. Paris, Librairie Hachette, 1869. [*Garnier*].
308. SHAKESPEARE. Œuvres complètes de (...). Traduites par Émile Montegut. Tome sixième. Paris, Librairie Hachette, 1869. [*Garnier*].
309. SHAKESPEARE. Œuvres complètes de (...). Traduites par Émile Montegut. Tome septième. Paris, Librairie Hachette, 1870. [*Garnier*].
310. SHAKESPEARE. Œuvres complètes de (...). Traduites par Émile Montegut. Tome huitième. Paris, Librairie Hachette, 1871. [*Garnier*].
311. SHAKESPEARE. Œuvres complètes de (...). Traduites par Émile Montegut. Tome neuvième. Paris, Librairie Hachette, 1872. [*Garnier*].
312. SHAKESPEARE. Œuvres complètes de (...). Traduites par Émile Montegut. Tome dixième. Paris, Librairie Hachette, 1873. [*Garnier*].
313. SHAKESPEARE. The beauties of (...) by the Late Ver William Dodd, L. L. D. A new edition. London C. Daly, 1839.
314. SHAKESPEARE. The handy volume. Vol. I. London, Bradbury, Evans, and Co, 1868.
315. SHAKESPEARE. The handy volume. Vol. II. London, Bradbury, Evans, and Co, 1868.
316. SHAKESPEARE. The handy volume. Vol. III. London, Bradbury, Evans, and Co, 1868.
317. SHAKESPEARE. The handy volume. Vol. IV. London, Bradbury, Evans, and Co, 1868.
318. SHAKESPEARE. The handy volume. Vol. V. London, Bradbury, Evans, and Co, 1868.
319. SHAKESPEARE. The handy volume. Vol. VI. London, Bradbury, Evans, and Co, 1868.
320. SHAKESPEARE. The handy volume. Vol. VII. London, Bradbury, Evans, and Co, 1868.
321. SHAKESPEARE. The handy volume. Vol. VIII. London, Bradbury, Evans, and Co, 1868.
322. SHAKESPEARE. The handy volume. Vol. IX. London, Bradbury, Evans, and Co, 1868.
323. SHAKESPEARE. The handy volume. Vol. X. London, Bradbury, Evans, and Co, 1868.
324. SHAKESPEARE. The handy volume. Vol. XI. London, Bradbury, Evans, and Co, 1868.
325. SHAKESPEARE. The handy volume. Vol. XII. London, Bradbury, Evans, and Co, 1868.
326. SHAKESPEARE. The handy volume. Vol. XIII. London, Bradbury, Evans, and Co, 1868.

# LITTERATURE MODERNE ANGLAISE. TEXTES ET TRADUCTIONS

327. BURNS, Robert. The poetical works of (...). —,—, 1845.
328. BYRON, Lord. The works of (...). Embracing his suppressed poems and a sketch of his life illustrated. New edition, complete in one volume. Boston, Crosby, Nichols, Lee and Company, 1860. [*Lombaerts*].
*On lit sur la page de garde la strophe suivante qui parait inédite.*

> *Irmão! É sangrenta a sina*
> *Mas os louros valem tanto*
> *Cada uma gotta de pranto*
> *É uma posthuma flor*
>
> *M. de Assis.*

Machado
*Aceita este [un mot illisible] singelo de admiração e estima — como eu aceitei a sublime estrophe acima escripta — que escrevestes a um teu confrade de lettras — Aceita — e revela-me a insignificancia, pela [un mot illisible] dos sentimentos — que me inspiram quando lembro-me do teu genio e da tua gloria, Vale Teu do coração*
*Arthur [signature illisible], mais Arthur Azevedo.*
*La strophe et la dédicace son écrites de la main de Arthur Azevedo.*

329. DICKENS, Charles. The works of (...). I. Sketches by Boz. London, Chapman and Hall, New York Scribner and Welford, 1880.
*Ao meu charo amigo Machado de Assis, companheiro de banco na aula de costumes da tragi-comedia humana, offerece as postillas do professor Dickens o Salvador de Mendonça Rio de Janeiro 19 de Agosto, 1881.*
330. DICKENS, Charles. The works of (...). II. The posthumous Papers of the Pickwick Club. London, Chapman and Hall, New York Scribner and Welford, 1880.
331. DICKENS, Charles. The works of (...). III. The posthumous Papers of the Pickwick Club. London, Chapman and Hall, New York Scribner and Welford, 1880.
332. DICKENS, Charles. The works of (...). IV. Oliver Twist. London, Chapman and Hall, New York Scribner and Welford, 1880.
333. DICKENS, Charles. The works of (...). V. The Life and Adventures of Nicholas Nickleby. London, Chapman and Hall, New York Scribner and Welford, 1880.

334. DICKENS, Charles. The works of (...). VI. The Life and Adventures of Nicholas Nickleby. London, Chapman and Hall, New York Scribner and Welford, 1880.
335. DICKENS, Charles. The works of (...). VII. The old curiosity Shop. London, Chapman and Hall, New York Scribner and Welford, 1880.
336. DICKENS, Charles. The works of (...). VIII. Barnaby Rudge. London, Chapman and Hall, New York Scribner and Welford, 1880.
337. DICKENS, Charles. The works of (...). IX. Barnaby Rudge. London, Chapman and Hall, New York Scribner and Welford, 1880.
338. DICKENS, Charles. The works of (...). X. Barnaby Rudge. London, Chapman and Hall, New York Scribner and Welford, 1880.
339. DICKENS, Charles. The works of (...). XI. Hard Times. London, Chapman and Hall, New York Scribner and Welford, 1880.
340. DICKENS, Charles. The works of (...).XII. The Life and Adventures of Martin Chuzzlewit. London, Chapman and Hall, New York Scribner and Welford, 1880.
341. DICKENS, Charles. The works of (...). XIII. American Notes and Pictures from Italy. London, Chapman and Hall, New York Scribner and Welford, 1880.
342. DICKENS, Charles. The works of (...). XIV. Dombey and son. London, Chapman and Hall, New York Scribner and Welford, 1880.
343. DICKENS, Charles. The works of (...). XV. Dombey and son. London, Chapman and Hall, New York Scribner and Welford, 1880.
344. DICKENS, Charles. The works of (...). XVI. The personal history of David Copperfield. London, Chapman and Hall, New York Scribner and Welford, 1880.
345. DICKENS, Charles. The works of (...). XVII. The personal history of David Copperfield. London, Chapman and Hall, New York Scribner and Welford, 1880.
346. DICKENS, Charles. The works of (...). XVIII. Bleak house. London, Chapman and Hall, New York Scribner and Welford, 1880.
347. DICKENS, Charles. The works of (...). XIX. Bleak house. London, Chapman and Hall, New York Scribner and Welford, 1880.
348. DICKENS, Charles. The works of (...). XX. Little Dorrit. London, Chapman and Hall, New York Scribner and Welford, 1880.
349. DICKENS, Charles. The works of (...). XXI. Little Dorrit. London, Chapman and Hall, New York Scribner and Welford, 1880.
350. DICKENS, Charles. The works of (...). XXVI. A Tale of two cities. London, Chapman and Hall, New York Scribner and Welford, 1880.

351. DICKENS, Charles. The works of (...). XXIII. The uncommercial Traveller. London, Chapman and Hall, New York Scribner and Welford, 1880.
352. DICKENS, Charles. The works of (...). XXIV. Great expectations. London, Chapman and Hall, New York Scribner and Welford, 1880.
353. DICKENS, Charles. The works of (...). XXV. Our mutual friend. London, Chapman and Hall, New York Scribner and Welford, 1880.
354. DICKENS, Charles. The works of (...). XXVI. Our mutual friend. London, Chapman and Hall, New York Scribner and Welford, 1880.
355. DICKENS, Charles. The works of (...). XXVII. Christmas book. London, Chapman and Hall, New York Scribner and Welford, 1880.
356. DICKENS, Charles. The works of (...). XXVII. Christmas book. London, Chapman and Hall, New York Scribner and Welford, 1880.
357. DICKENS, Charles. The works of (...). XXVIII. A child's history of England. London, Chapman and Hall, New York Scribner and Welford, 1880.
358. DICKENS, Charles. The works of (...). XXIX. Christmas stories. London, Chapman and Hall, New York Scribner and Welford, 1880.
359. DICKENS, Charles. The works of (...). XXX. The mistery of Edwin Drood. London, Chapman and Hall, New York Scribner and Welford, 1880.
360. ELIOT, George. Novels of (...). Volume II. Silas Marner with illustrations. Edinburgh and London, William Blackwood and sons, (s.d.).
361. ELIOT, George. Novels of (...). Volume IV. Scenes of clerical Life. Edinburgh and London, William Blackwood and sons, (s.d.).
362. ELIOT, George. Middlemarch, a study of provincial life by (...). New edition completed in one volume. Edinburgh and London, William Blackwood and sons, 1885.
363. FIELDING, Henry. The history of Amelia by (...). Author of "Tom Jones". London, George Routledg and Sons, (s.d.).
364. GOLDSMITH, Oliver. Le vicaire de Wakefield par (...). Traduction nouvelle accompagnée du texte anglais et précédée d'une notice sur Goldsmith. Paris, Garnier, 1877. [*Lombaerts*].
365. JOHNSON, Samuel. The lives of the english poets by (...). In two volumes. Volume I. —,—, 1858. [*Lombaerts*].
366. JOHNSON, Samuel. The lives of the english poets by (...). In two volumes. Volume II. —,—, 1858. [*Lombaerts*].
367. LAMB, Charles. Essais choisis de (...). Traduits de l'anglais précédée d'une étude sur l'humour et d'une notice littéraire sur Charles Lamb par Louis Depret. Paris, Charpentier, 1880. [*Garnier*].

368. MILTON, John. The poetical works of (...). Paradise lost and Paradise regained. —,—, 1850.
369. MILTON, John. O paraiso perdido, epopéa de (...). Vertido do original inglez para verso portuguez por António José de Lima Leitão. Tomo I contendo os sete primeiros cantos. Rio de Janeiro, B.L. Garnier, (s.d.). [*Livraria universal Porto Alegre et Rio Grande Pelotas. Echenique irmãos e Cia*].
    *On lit sur la page de garde.*
    *J. Pompeu Cavalcanti Pelotas 18 Bichat 114. (20 12 1902).*
370. MILTON, John. O paraiso perdido, epopéa de (...). Vertido do original inglez para verso portuguez por António José de Lima Leitão. Tomo II contendo os cinco ultimos cantos. Rio de Janeiro, B.L. Garnier, (s.d.).
371. MOORE, Thomas. The poetical works of (...). Collected by himself in five volumes. Volume I. —,—, 1842. [*Lombaerts*].
372. MOORE, Thomas. The poetical works of (...). Collected by himself in five volumes. Volume II. —,—, 1842. [*Lombaerts*].
373. MOORE, Thomas. The poetical works of (...). Collected by himself in five volumes. Volume III. —,—, 1842. [*Lombaerts*].
374. MOORE, Thomas. The poetical works of (...). Collected by himself in five volumes. Volume IV. —,—, 1842. [*Lombaerts*].
375. MOORE, Thomas. The poetical works of (...). Collected by himself in five volumes. Volume V. —,—, 1842. [*Lombaerts*].
376. SHELLEY, Percy Bysshe. The poetical works of (...).Unannotated edition, edited with a critical memoir by William Michael Rossetti, illustrated by the Society of decorative Art London. London, E. Moxon, Son, and Company, (s.d.). [*Lombaerts*].
377. SHERIDAN, Richard Brinsley. The dramatic works of the right honourable (...). —,—, 1869. [*Lombaerts*].
378. STERNE, Laurence. The Life and Opinions of Tristram Shandy by (...).—,—, 1849.
379. STERNE, Laurence. A sentimental Journey through France and Italy by (...). To which are added the Letters and the life of the Author. —,—, 1861. [*Lombaerts*].
[93. STERNE INEDIT. *Vide* DOMAINE ORIENTAL.]
380. SWIFT. Opuscules humoristiques de (...). Traduits pour le première fois par Leon de Wailly. Paris, Poulet-Malassis et de Broise, 1859. [*Livraria de Serafim José Alves*].
381. SWIFT, Jonathan. A Tale of a Tub written for the universal Improvement of Mankind by (...). Dublin, London, Reeve and Co, 1889.

382. SWIFT, Jonathan. Polite Conversation in three Dialogues by (...). With Introduction and Notes George Saintsbury. London, Charles Whittingham and Co, 1892.
383. THACKERAY, W. M. The English Humourist of the Eighteenth Century, a series of lectures, delivered in England, Scotland and the United States of America by (...). —,—, 1853.
384. THACKERAY, William. Makepeace. Vanity Fair, a novel without a hero by (...). New York, John W. Lovelle Company, (s.d.).
385. TENNYSON, Alfred. The poetical works of (...). Volume I. Leipzig, Bernhard Tauchnitz, 1860. [*Lombaerts*].
386. TENNYSON, Alfred. The poetical works of (...). Volume II. Leipzig, Bernhard Tauchnitz, 1860. [*Lombaerts*].
387. TENNYSON, Alfred. The poetical works of (...). Volume III. Leipzig, Bernhard Tauchnitz, 1860. [*Lombaerts*].
388. TENNYSON, Alfred. The poetical works of (...). Volume IV. Leipzig, Bernhard Tauchnitz, 1860. [*Lombaerts*].
389. TENNYSON, Alfred. The poetical works of (...). Volume V. Leipzig, Bernhard Tauchnitz, 1860. [*Lombaerts*].
390. TENNYSON, Alfred. The poetical works of (...). Volume VI. Leipzig, Bernhard Tauchnitz, 1860. [*Lombaerts*].
391. TENNYSON, Alfred. The poetical works of (...). Volume VII. Leipzig, Bernhard Tauchnitz, 1860. [*Lombaerts*].
392. TENNYSON, Alfred. Harold a drama by (...). Leipzing, Bernhard Tauchnitz, 1877. [*Lombaerts*].
393. TENNYSON, Alfred. Queen Mary a drama by (...). Leipzing, Bernhard Tauchnitz, 1876. [*Lombaerts*].

IV — LES PHILOSOPHES ET LES SOCIOLOGUES

394. DARWIN, Ch. La descendance de l'homme et la sélection sexuelle par (...). Traduit de l'anglais par J. M. Moulinié. Tome premier. Deuxième édition sur la dernière édition anglaise. Préface par Carl Vogt. Paris, C. Reinwald, 1873. [*Lombaerts*].
395. DARWIN, Ch. La descendance de l'homme et la sélection sexuelle par (...). Tome second. Paris, C. Reinwald, 1874. [*Lombaerts*].
396. DARWIN, Charles. L'origine des espèces au moyen de la sélection naturelle ou la lutte pour l'existence dans la nature par (...). Traduit sur la sixième édition anglaise par Ed. Barbier. Paris, C. Reinwald, 1876. [*Livraria J. G. de Azevedo*].

397. HUXLEY, Th. H. Physiographie. Introduction à l'étude de la nature par (...). Traduction de l'anglais et adaptation par G. Lamy. Paris, Ancienne Librairie Germer Baillière et Cie, Félix Alcan, 1882.
*Un cachet. Offert par l'éditeur.*
398. SPENCER, Herbert. Introduction à la Science Sociale par (...). Troisième édition. Paris, Librairie Germer-Baillière, 1878. [*Lombaerts*].
399. SPENCER, Herbert. L'individu contre l'état par (...). Traduit de l'anglais par J. Gerschel. Deuxième édition. Paris, Ancienne Librairie Germer Baillière, Félix Alcan 1888. [*Garnier*].
400. SPENCER, Herbert. Principes de Sociologie par (...). Traduit de l'anglais par M. E. Cazelles. Tome premier. Paris, Germer Baillière et Cie, 1878. [*Garnier*].
401. SPENCER, Herbert. Principes de Sociologie par (...). Traduit de l'anglais par M. E. Cazelles et J. Gerschel. Tome deuxième. Paris, Germer Baillière et Cie, 1879. [*Garnier*].
402. SPENCER, Herbert. Principes de Biologie par (...). Traduit de l'anglais par M. E. Cazelles. Tome premier. Paris, Librairie Germer Baillière et Cie, 1877. [*Lombaerts*].
403. SPENCER, Herbert. Principes de Biologie par (...). Tome deuxième. Paris, Librairie Germer Baillière et Cie, 1878. [*Lombaerts*].
404. WALLACE, Alfred Russel. La selection naturelle. Essais. Traduits de l'anglais sur la deuxième édition avec l'autorisation de l'auteur par Lucien de Candolle. Paris, C. Reinwald, 1872. [*Garnier*].

## V — LES ÉTATS-UNIS D'AMÉRIQUE

405. BAILEY, Thomas. The Queen of Sheba. New York, Mifflin and Company, Cambridge, The Riverside Press, 1877.
406. BRYCE, James. The American Commonwealth by (...). In two volumes. Volume I. The national Governement. The States Governement. Second editon revised. London, New York, Macmillan and Co, 1889. [*Laemmert*].
407. BRYCE, James. The American Commonwealth by (...). In two volumes. Volume II. The Party System. Public Opinion. Ilustrations and Reflections Social Institutions. London, New York, Macmillan and Co, 1889. [*Laemmert*].
408. LONGFELLOW, Henry Waldsworth. The poetical works of (...). Volume I. Voices of the nigth. Ballads and other poems. Poems on slavery. The Spanish student. Revised edition. Boston, Ticknor and Fields, 1866.

409. LONGFELLOW, Henry Waldsworth. The poetical works of (...). Volume II. Thebelfry of Bruges and other poems. Evangeline. The seaside and Fireside. Revised edition. Boston, Ticknor and Fields, 1866.
410. LONGFELLOW, Henry Waldsworth. The poetical works of (...). Volume III. The golden legend. The courtship of miles standish. Birds of passage. Revised edition. Boston, Ticknor and Fields, 1866.
411. LONGFELLOW, Henry Waldsworth. The poetical works of (...). Volume IV. The song of Hiawatha. Tales of a wayside inn. Birds of passage. Revised edition. Boston, Ticknor and Fields, 1866.
412. LONGFELLOW, Henry W. Poemas da escravidão. Evangelina. O canto de Hiawatha. Tradução de Poemas norte-americanos. Américo Lobo. Rio de Janeiro, Imprensa Nacional, 1887.
*La reliure est à l'envers.*
413. POE, Edgard Allan. The works of (...). Edited by John H. Ingram. Vol. I. Memoirs Tales. Fourth edition complete. Edinburgh, E. A. P. Edition Adam and Charles Black, 1890.
414. POE, Edgard Allan. The works of (...). Edited by John H. Ingram. Vol. II. Tales continued. Fourth edition complete. Edinburgh, E. A. P. Edition Adam and Charles Black, 1890.
415. POE, Edgard Allan. The works of (...). Edited by John H. Ingram. Vol. III. Pen Poems and Essays. Fourth edition complete. Edinburgh, E. A. P. Edition Adam and Charles Black, 1890.
416. WHITTIER, John Greenleaf. The poetical works of (...). Complete in two volumes. Volume I. Boston, Ticknor and Fields, 1866.
417. WHITTIER, John Greenleaf. The poetical works of (...). Complete in two volumes. Volume II. Boston, Ticknor and Fields, 1866.

## XI — *Domaine Germanique*

### I — OUVRAGES GENERAUX

418. CHASLES, Philarète. Etudes sur l'Allemagne par (...). Paris, Librairie d'Amyot, 1854.
419. MICHAELIS, H. Novo diccionario da lingua portugueza e allemã por (...). Em duas partes. Parte primeira. Portuguez-Allemão. Segunda edição. Leipzig, F. A. Brockhaus, 1891. [*Amelangsche Buchhandlung (H. Henecke) Berlin*].
*Sur la page de garde on lit une signature qui doit être A. Herfursch.*

## II — LA LITTERATURE ALLEMANDE DANS LE TEXTE

420. CHAMISSO. Adelbert von. Gedichte von (...). Mit biographischer Einleitung von Otto F. Lachmann. Leipzig, Philipp Reclam jun. (s.d.).
421. GOETHE. (...) S Werke illustrirt von ersten deutschen Künstlern. Herausgeber H. Dünsten. III Band. Stuttgart und Leipzig, Deutsche Verlags-Anstalt von Ed. Hallberger, (s.d.).
422. GOETHE. (...) S Werke illustrirt von ersten deutschen Künstlern. Herausgeber H. Dünsten. II Band. Stuttgart und Leipzig, Deutsche Verlags-Anstalt von Ed. Hallberger, (s.d.).
423. GOETHE. (...) S Werke illustrirt von ersten deutschen Künstlern. Herausgeber H. Dünsten. III Band. Stuttgart und Leipzig, Deutsche Verlags-Anstalt von Ed. Hallberg, (s.d.).
424. GOETHE. (...) S Werke illustrirt von ersten deutschen Künstlern. Herausgeber H. Dünsten. IV Band. Stuttgart und Leipzig, Deutsche Verlags-Anstalt von Ed. Hallberg, (s.d.).
425. GOETHE. (...) S Werke illustrirt von ersten deutschen Künstlern. Herausgeber H. Dünsten. V Band. Stuttgart und Leipzig, Deutsche Verlags-Anstalt von Ed. Hallberg, (s.d.).
426. GOTTHELF, Jeremias. Uli der Knercht. Leipzig, Philipp Reclam jun. 1841.
427. HAMERLING, Robert. Ahasver in Rom. Eine Dichtung in sechs Gesängen von (...). Mit einem Epilog und die Kritiker. Vierzehnte, neu durchgesehene Auflage. Hamburg, Verlag von I. F. Richter, 1885.
428. HEINE, Heinrich. (...) S Werke illustrirt von Wiener Künstlern Herausgegeben von Heine. Laube. Erster Band. Reisebilder. I, II. Englische Fragmente. Wien, Leipzig, Prag, Verlag von Sigmund Besinger, (s.d.).
429. HEINE, Heinrich. (...) S Werke illustrirt von Wiener Künstlern Herausgegeben von Heine. Laube. Zweiter Band. Buch der Lieder. Neue Gedichte. Wien, Leipzig, Prag, Verlag von Sigmund Besinger, (s.d.).
430. HEINE, Heinrich. (...) S Werke illustrirt von Wiener Künstlern Herausgegeben von Heine. Laube. Dritter Band. Deutschland. Wien, Leipzig, Prag, Verlag von Sigmund Besinger, (s.d.).
431. HEINE, Heinrich. (...) S Werke illustrirt von Wiener Künstlern Herausgegeben von Heine. Laube. Vierter Band. Deutschland II. Romancero und letzte. Wien, Leipzig, Prag, Verlag von Sigmund Besinger, (s.d.).
432. HEINE, Heinrich. (...) S Werke illustrirt von Wiener Künstlern Herausgegeben von Heine. Laube. Fünfster Band. Novellistische Fragmente. Französische. Zustände. Wien, Leipzig, Prag, Verlag von Sigmund Besinger, (s.d.).

433. HEINE, Heinrich. (...) S Werke illustrirt von Wiener Künstlern Herausgegeben von Heine. Laube. Sechster Band. Shakespeare's Mädchen und Frauen. Vermischte Schriften Ludwig Börnes Memoiren das Leben Heine's. Wien, Leipzig, Prag, Verlag von Sigmund Besinger, (s.d.).
434. HUMBOLDT, Wilhelm von. Briefe von (...) an eine Freudin. Collection Spemann. Erster Band. Mit einer Einleitung von Ludwig Geigerf. Stuttgart, Verlag von W. Spemann, (s.d.).
435. HUMBOLDT, Wilhelm von. Briefe von (...) an eine Freudin. Collection Spemann. Zweiter Band. Stuttgart, Verlag von W. Spemann, (s.d.).
436. LESSING. (...) S Sämmttliche Werke in zwanzig Banden. Herausgegeben und mit Einleitungen versehen von Hugo Göring. Zehnter Band. Laokoon. Entwürfe und Fragmente zu Laokoon. Gottasche Bibliothek der Weltlitteratur. Stuttgart, J. G. Gottasche Buchhandlung, (s.d.). [*H. Laemmert*].
437. (RICHTER). JEAN-PAUL. Blumen, Frucht und Dornen Stücke, oder Ehestand, Tod und Hochzeit des Armenadvokaten F. St. Siebenkäs von (...). Leipzig, Philipp Reclam jun., (s.d.).
438. SACHER-MASOCH. L. Der kleine Adam. Sascha und Saschka von (...). Collection Spemann. Stuttgart, Verlag von W. Spemann, (s.d.).
439. SCHILLER. (...) S Sämmttliche Werke in fünfzehn Banden. mit Einleitungen von Karl Goedek. Erster Band. Geschichte der Dreissigjährigen K.ri ;s. Zwelter Teil. Cottasche der Weltlitteratur . Stuttgart, J. G. Cottasche Buchhandlung, (s.d.).

III — LA LITTERATURE ALLEMANDE EN TRADUCTION

440. GOETHE. Œuvres de (...). Traduction nouvelle par Jacques Porchat. I. Poésies diverses. Pensées. Divan oriental-occidental avec le commentaire par Goethe. Paris, Librairie Hachette, 1871.
441. GOETHE. Œuvres de (...). Traduction nouvelle par Jacques Porchat. II. Théâtre de Goethe. Paris, Librairie Hachette, 1870.
442. GOETHE. Œuvres de (...). Traduction nouvelle par Jacques Porchat. III. Théâtre de Goethe. Paris, Librairie Hachette, 1870.
443. GOETHE. Œuvres de (...). Traduction nouvelle par Jacques Porchat. IV. Théâtre de Goethe. Paris, Librairie Hachette, 1869.
444. GOETHE. Œuvres de (...). Traduction nouvelle par Jacques Porchat. V. Poèmes et Romans. Paris, Librairie Hachette, 1870.
445. GOETHE. Œuvres de (...). Traduction nouvelle par Jacques Porchat. VI. Les années d'apprentissage de Wilhelm Meister. Paris, Librairie Hachette, 1871.
[*le tome VII manque*].

446. GOETHE. Œuvres de (...). Traduction nouvelle par Jacques Porchat. VIII. Mémoires de Goethe. Paris, Librairie Hachette, 1873.
447. GOETHE. Œuvres de (...). Traduction nouvelle par Jacques Porchat. IX. Voyages en Suisse et en Italie. Paris, Librairie Hachette, 1873.
448. GOETHE. Œuvres de (...). Traduction nouvelle par Jacques Porchat. X. Mélanges. Paris, Librairie Hachette, 1874.
449. GOETHE. Conversations de (...), pendant les dernières années de sa vie — 1822-1832 — recueillies par Eckermann. Traduites par Emile Delerot, précédées d'une introduction par M. Sainte Beuve et suivies d'un index. Tome premier. Paris, Charpentier, (s.d.).
450. GOETHE. Conversations de (...), pendant les dernières années de sa vie — 1822-1832 — recueillies par Eckermann. Tome second. Paris, Charpentier, (s.d.).
451. GOETHE. Entretiens de (...) et d'Eckermann. Pensées sur la littérature et les arts traduites pour la première fois par M. J. N. Charles. Paris, Collection Hetzel-Jung-Treuttel, (s.d.). [*Garnier*].
452. GOETHE. Faust. Préface et traduction par H. Blaze de Bury. Paris, A Quantin, 1880. [*Lombaerts*].
453. HEINE, Henri, Lutèce. Lettres sur la vie politique, artistique et sociale de la France par (...). Nouvelle édition. Paris, Michel Lévy, 1866. [*Garnier*].
454. KLOPSTOCK. La Messiade par (...). Traduite par Madame de Carlowitz. Paris, Charpentier, 1865. [*Garnier*].
455. LES NIEBELUNGEN. Traduction nouvelle par Émile de Lavelaye. Deuxième édition. Paris, Librairie Internationale, 1866. [*Garnier*].
456. SCHILLER. Œuvres de (...). Traduction nouvelle par Ad. Regnier. I. Poésies. Paris, Librairie Hachette, 1859.
457. SCHILLER. Œuvres de (...). Traduction nouvelle par Ad. Regnier. II. Théâtre. Paris, Librairie Hachette, 1869.
458. SCHILLER. Œuvres de (...). Traduction nouvelle par Ad. Regnier. III. Théâtre. Paris, Librairie Hachette, 1869.
459. SCHILLER. Œuvres de (...). Traduction nouvelle par Ad. Regnier. IV. Théâtre. Paris, Librairie Hachette, 1869.
460. SCHILLER. Œuvres de (...). Traduction nouvelle par Ad. Regnier.V. Œuvres historiques. Paris, Librairie Hachette, 1872.
461. SCHILLER. Œuvres de (...). Traduction nouvelle par Ad. Regnier.VI. Œuvres historiques. Paris, Librairie Hachette, 1871.
462. SCHILLER. Œuvres de (...). Traduction nouvelle par Ad. Regnier.VII. Mélanges. Paris, Librairie Hachette, 1873.

463. SCHILLER. Œuvres de (...). Traduction nouvelle par Ad. Regnier.VIII. Esthétique. Paris, Librairie Hachette, 1873.

## IV — SCHOPENHAUER ET LES PHILOSOPHES ALLEMANDS

464. HARTMANN, Edouard de. La religion de l'avenir par (...). Traduit de l'allemand. Deuxième édition revue et corrigée. Paris, Librairie Germer et Baillière et Cie, 1877. [*Garnier*].
465. HARTMANN, Edouard de. Le darwinisme. Ce qu'il y a de vrai et de faux dans cette théorie par (...). Traduit de l'allemand par Georges Geroult. Troisième édition. Paris, Librairie Germer Baillière, 1880. [*Livraria classica de N. Alves*].
466. HARTMANN, Edouard de. Philosophie de l'inconscient par (...). Traduit de l'allemand par D. Nolen. Édition revue par l'auteur. Tome premier. Phénomenologie de l'inconscient. Paris, Librairie Germer Baillière, 1877. [*Nicolau Alves*].
467. HARTMANN, Edouard de. Philosophie de l'inconscient par (...). Traduit de l'allemand par D. Nolen. Édition revue par l'auteur. Tome second. Métaphysique de l'inconscient. Paris, Librairie Germer Baillière, 1877. [*Nicolau Alves*].
468. HEGEL. Esthétique. Traduction française par Ch. Bernard. Tome premier. Deuxième édition. Paris, Librairie Germer Baillière, 1875. [*Nova livraria economica J. G. de Azevedo*].
469. HEGEL. Esthétique. Traduction française par Ch. Bernard. Tome second. Deuxième édition. Paris, Librairie Germer Baillière, 1875. [*Nova livraria economica J. G. de Azevedo*].
470. RIBOT, The. La philosophie de Schopenhauer par (...). Librairie Germer Baillière, 1874.
471. RIBOT, The. La philosophie de Schopenhauer par (...). Huitième édition. Paris, Félix Alcan, 1900. [*Garnier*].
472. SCHOPENHAUER, Arthur. Aphorismen zur Lebensweisheit von (...). Sepaatausgabe aus aus 'Parerga und Paralipomena'. Erstes Bändchen. Leipzig, F. A. Brockhaus, 1886.
473. SCHOPENHAUER, Arthur. Aphorismes sur la sagesse dans la vie par (...). Traduit en français pour la première fois par J. A. Cantacuzêne. Paris, Librairie Germer Baillière, 1880.
474. SCHOPENHAUER. (...) S Briefe an Becker, Frauenstädt, Doss, Lindner und Asher; sowie andere, bisher nicht gesammlte Briede aus den Jahren 1813 bis 1860 herausgegeben von Eduard Grisebach. Leipzig, Philipp Reclam jun., (s.d.).

*A Machado de Assis*
*Festas*
*J. C. de Abreu Rio 26.XII.96.*
475. SCHOPENHAUER, Arthur. Ecrivains et style par (...). Première traduction française avec préface et notes par Auguste Dietrich. Paris, Félix Alcan, Ancienne Librairie Germer Baillière et Cie, 1905. [*Briguiet*].
476. SCHOPENHAUER, Arthur. Essai sur le libre arbitre par (...). Traduit en français pour la première fois. Deuxième édition. Paris, Librairie Germer Baillière et Cie, 1880. [*Livraria classica de N. Alves*].
477. SCHOPENHAUER, Arthur. Le monde comme volonté et comme représentation. Traduit en français pour la première fois par J. A. Cantacuzène. Paris, Perrin, Bucarest, Librairie Sosostschek, (s.d.). [*Lombaerts*].
478. SCHOPENHAUER. Pensées, maximes et fragments. I — Les douleurs du monde et le mal de la vie. II — L'amour, les femmes, le mariage. III — Aphorismes sur l'homme, la vie, la societé, la politique, l'art, la religion. Traduit, annoté et précédé d'une vie de Schopenhauer par J. Bourdeau. Paris, Librairie Germer Baillière, 1880. [*Laemmert*].
479. SCHOPENHAUER, Arthur. Sur la religion par (...). Première traduction française avec préface et notes par Auguste Dietrich. Paris, Félix Alcan, 1906. [*Briguiet*].

V — ŒUVRES JURIDIQUES, HISTORIQUES ET CRITIQUES

480. BISMARCK. Fürst (...), als Redner. Vollständige Sammlung der parlamentarischen Reden Bismarcks seit dem Jahre 1847 sachlich und chronologisch geordnet mit Einleitungen und Erläuterungen vers ehen von Wilhelm Böhm. Collection Spemann. Erster Band. 1847-1853. Stuttgart, Verlag von W. Spemann, (s.d.).
481. BISMARCK. Fürst (...), als Redner. Collection Spemann. Zweiter Band. 1862-1866. Stuttgart, Verlag von W. Spemann, (s.d.).
482. BISMARCK. Fürst (...), als Redner. Collection Spemann. Dritter Band. 1866-1867. Stuttgart, Verlag von W. Spemann, (s.d.).
483. BISMARCK. Fürst (...), als Redner. Collection Spemann. Vierter Band. 1867-1870. Stuttgart, Verlag von W. Spemann, (s.d.).
484. BISMARCK. Fürst (...), als Redner. Collection Spemann. Fünfter Band. 1870-1871. Stuttgart, Verlag von W. Spemann, (s.d.).
485. BISMARCK. Fürst (...), als Redner. Collection Spemann. Sechster Band. 1871-1873. Stuttgart, Verlag von W. Spemann, (s.d.).
486. BISMARCK. Fürst (...), als Redner. Collection Spemann. Siebenter Band. 1873-1875. Stuttgart, Verlag von W. Spemann, (s.d.).

487. BISMARCK. Fürst (...), als Redner. Collection Spemann. Achter Band. 1875-1877. Stuttgart, Verlag von W. Spemann, (s.d.).
488. BISMARCK. Fürst (...), als Redner. Collection Spemann. Neunter Band. 1877-1878. Stuttgart, Verlag von W. Spemann, (s.d.).
489. BISMARCK. Fürst (...), als Redner. Collection Spemann. Zehnter Band. 1879. Stuttgart, Verlag von W. Spemann, (s.d.).
490. BISMARCK. Fürst (...), als Redner. Collection Spemann. Elfter Band. 1880-1881. Stuttgart, Verlag von W. Spemann, (s.d.).
491. EBERS, Georg. Eine aegyptische Königtochter, historischer Roman von (...). Erster Band. Vierte Auflage. Stuttgart, Eduard Hallberger, 1875.
492. EBERS, Georg. Eine aegyptische Königtochter, historischer Roman von (...). Zweiter Band. Vierte Auflage. Stuttgart, Eduard Hallberger, 1875.
493. EBERS, Georg. Eine aegyptische Königtochter, historischer Roman von (...). Dritter Band. Vierte Auflage. Stuttgart, Eduard Hallberger, 1875.
494. KLAAR, Alfred. Geschichte des Modernen Dramas im Umrissen von (...). Leipzig, G. Freitag, 1883. [*Laemmert*].

VI — VARIA

495. MODENWELT. Zun fünfundzwanzigjährigen Bestehen der (...). 1865-1890. Berlin den I. October 1890.

## XII — *Domaine Français*

I — OUVRAGES GENERAUX

496. BRACHET, Auguste. Dictionnaire étymologique de la langue française par (...). Cinquième édition. Paris, Bibliothèque d'éducation, (s.d.). [*Garnier*].
497. BRACHET, Auguste. Grammaire historique de la langue française par (...). Paris, Bibliothèque d'éducation, J. Htzel et Cie, (s.d.).
498. LITTRE, E. Littérature et Histoire par (...). Paris, Librairie Académique Didier, 1875. [*Garnier*].
*Sur la page de garde signature de Arthur de Oliveira.*
499. WEISS, J. J. Essais sur l'histoire de la littérature française par (...). Paris, Michel Lévy, 1865. [*Garnier*].

## II — XVIe SIÈCLE

500. MONTAIGNE, Michel de. Essais de (...). Paris, Firmin Didot, frères, fls et Cie, 1870.
501. RABELAIS. Œuvres de (...). Édition Louis Barre. Nouvelle édition. Paris, Garnier, (s.d.). [Garnier].

## III — XVIIe SIÈCLE

502. BOILEAU-DESPREAUX. Œuvres poétiques de (...), par E. Gerurcez. Paris, Librairie Hachette, 1853.
503. DESCARTES. Œuvres choisies de (...). Nouvelle édition. Paris. Garnier. (s.d.) [Lombaerts].
504. LA BRUYERE. Caractères de (...). Suivis des caractères de Théophraste. Paris, Librairie Firmin Didot, 1869. [Garnier].
505. LA FONTAINE. Œuvres complètes de (...). Tome premier. Paris, Librairie Hachette, 1873.
506. LA FONTAINE. Œuvres complètes de (...). Tome deuxième. Paris, Librairie Hachette, 1873.
507. LA FONTAINE. Œuvres complètes de (...). Tome troisième. Paris, Librairie Hachette, 1873.
508. LA ROCHEFOUCALD, DE. Réflexions, sentences et maximes morales de (...). Œuvres choisies de Vauvenargues. Nouvelle édition. Paris, Garnier, (s.d.). [Lombaerts].
509. PASCAL, Blaise. Lettres écrites à un provincial par (...). Paris, Garnier, 1869. [Lombaerts].
510. PASCAL. Pensées de (...). Précédées de sa vie par Madame Périer. Paris, Librairie de Firmin Didot, frères, fils et Cie, 1861. [Garnier].
511. RACINE. Théâtre de (...). Paris, Librairie Hachette, 1850.
    *Les deux premières pages et la couverture manquent*
512. RETZ. Cardinal de. Mémoires du (...). Adressés à Madame de Caumartin. Tome premier. Nouvelle édition. Paris, Charpentier et Cie, 1873. [Livraria J. G. de Azevedo].
513. RETZ. Cardinal de. Mémoires du (...). Adressés à Madame de Caumartin. Tome deuxième. Nouvelle édition. Paris, Charpentier et Cie, 1873. [Livraria J. G. de Azevedo].
514. RETZ. Cardinal de. Mémoires du (...). Adressés à Madame de Caumartin. Tome troisième. Nouvelle édition. Paris, Charpentier et Cie, 1873. [Livraria J. G. de Azevedo].

515. RETZ. Cardinal de. Mémoires du (...). Adressés à Madame de Caumartin. Tome quatrième. Nouvelle édition. Paris, Charpentier et Cie, 1873. [*Livraria J. G. de Azevedo*].

## IV — XVIIIe SIÈCLE

516. BEAUMARCHAIS. Théâtre de (...). Suivi de ses poésies. Paris, Garnier, (s.d.). [*Lombaerts*].
518. *Vide* BEAUMARCHAIS.
517. CHAMFORT. Pensées, maximes, anecdotes, dialogues. Nouvelle édition. Paris, Michel Lévy frères, Bruxelles, Cans et Cie, (s.d.). [*Garnier*].
518. CHEFS-D'ŒUVRE DRAMATIQUES DU XVIIIe SIECLE. Regnard, Lesage, Destouches, Beaumarchais, Marivaux.
    *Regnard*. Le joueur. Le distrait. Les folies amoureuses. Le légataire universel. *Dancourt*. Le chevalier à la mode. *Bruyes et Palaprat*. L'avocat Patelin. *Lesage*. Crispin, rival de son maître. Turcaret. *D'Allainval*. L'école des bourgeois. *Destouches*. Un philosophe marié. Le glorieux. *Marivaux*. Le legs. Les Fausses confidences. Le jeu de l'amour et du hasard. *Piron*. La métromanie. *Gresset*. Le Méchant. *Favar*. Les trois sultanes. *Barthe*. Les fausses infidélités. *Sedaine*. La philosophie sans le savoir. La gageure imprévue. *Colle*. La partie de chasse d'Henri IV. *Beaumarchais*. Le barbier de Séville. Le mariage de Figaro. *D'Harleville*. Monsieur de Crac. Le vieux célibataire.
    Paris, Laplace, Sanches et Cie, 1871. [*Lombaerts*].
519. CHENIER, André. Poésies d'(...). Paris, Charpentier, 1866. [*Livraria da Casa Imperial Fauchan e Dupont*].
520. DESTOUCHES, N. N. Œuvres de J. F. Regnard suivies des œuvres choisies de (...). Paris, Ledentu, 1836.
518. *Vide* DESTOUCHES.
521. DIDEROT. Œuvres choisies de (...). Précédées de sa vie par Madame de Vandeuil. Tome premier. Paris, Garnier, 1880. [*Lombaerts*].
522. DIDEROT. Œuvres choisies de (...). Précédées de sa vie par Madame de Vandeuil. Tome second. Paris, Garnier, 1880. [*Lombaerts*].
523. FRANCE DRAMATIQUE. Théâtre français.
Le barbier de Séville. *Beaumarchais*. Misanthropie et repentir *Julie Molle*. Le conteur *L. B. Picard Pinto M. Lemercier*. Les étourdis. *Andrieux*. Marius à Minturnes. *Arnault*. Les héritiers. *Alexandre Duval*. Agamemnon. *Nepomucène Lemercier*. Les projets de mariage. *Alexandre Duval*. L'abbé de l'Epée. *J. N. Bouilly, Bruis et Palaprat. Etienne*.

L'assemblée de famille. *F. Riboutte.* Les deux gendres *Etienne.* Les rivaux d'eux-mêmes. *Pigault Lebrun.* Le médisant. *Etienne.* La fille d'honneur. *Alexandre Duval.* Jeanne d'Arc à Rouen. *C. J. L. d'Avrigni.* Marie Stuart. *P. Lebrun.* Le mari et l'amant. *J. C. Vial.* La jeune femme colère. *C. G. Etienne.* Valérie. *Scribe et Melesville.* L'école des vieillards. *Casimir Delavigne.* Le roman. *De la ville de Mirmont.* Le jeune mari. *Mazeres.* Chacun de son côté. *Mazeres.* Henri III. *Alexandre Dumas.* Henri III et sa cour, 1760 ou une matinée de grand seigneur. *Alexandre de Longpré.* Dominique ou le possédé. *D'Epagny et Dupin.* Louis XI. *Casimir Delavigne.* Clotilde. *Frédéric Soulié et Adolphe Bossange.* Bertrand et Raton. *Eugène Scribe.* La passion secrète. *Eugène Scribe.* Une présentation. *Alphonse François et N. Fournier.* Don Juan d'Austriche, *Casimir Delavigne.*

524. LE SAGE. Histoire de Gil Blas de Santillane par (...). Tome premier. Paris, Garnier, (s.d.). [*Lombaerts*].

525. LE SAGE. Histoire de Gil Blas de Santillane par (...). Tome second. Paris, Garnier, (s.d.). [*Lombaerts*].

518. *Vide* LE SAGE.

526. MALOUET. Mémoires de (...). Publiés par son petit-fils le Baron Malouet. Tome premier. Paris, Deuxième édition. H. Plon et Cie, 1874. [*Lombaerts*].

527. MALOUET. Mémoires de (...). Publiés par son petit-fils le Baron Malouet. Tome second. Paris, Deuxième édition. H. Plon et Cie, 1874. [*Lombaerts*].

518. *Vide* MARIVAUX.

528. MONTESQUIEUX. Lettres persanes suivies de Arsace et Isménie et de pensées diverses par (...). Paris, Garnier, (s.d.). [*Lombaerts*].

529. PREVOST, Abbé. Histoire de Manon Lescaut et du Chevalier Des Grieux par l' (...). Nouvelle édition. Paris, Garnier, 1877. [*Lombaerts*].

530. REGNARD, J. F. Œuvres de (...). Suivies des œuvres choisies de N. Destouches. Paris, Ledentu, 1836.

518. *Vide* REGNARD.

531. ROUSSEAU, J-J. Les Confessions de (...). Nouvelle édition. Paris, Garnier, 1879. [*Lombaerts*].

532. ROUSSEAU, J-J. Petits chefs d' œuvres de (...). Venant du Contrat social ou principes du droit politique, discours, lettre d'Alembert, les spectacles etc. Paris, Garnier, (s.d.). [*Lombaerts*].

532. ROUSSEAU, J-J. Emile ou de l'Education par (...). Nouvelle édition. Paris, Garnier, (s.d.). [*Lombaerts*].

533. VOLTAIRE. Lettres choisies de (...). Par Louis Moland. Tome premier. Paris Garnier, 1876. [*Lombaerts*].
534. VOLTAIRE. Lettres choisies de (...). Par Louis Moland. Tome second. Paris Garnier, 1876. [*Lombaerts*].
535. VOLTAIRE. Romans de (...). Suivis de ses contes en vers. Nouvelle édition. Paris, Garnier, (s.d.). [*Lombaerts*].
536. VOLTAIRE. Romans de (...). Suivis de ses contes en vers. Nouvelle édition. Paris, Garnier, (s.d.). [*Lombaerts*].
508. VAUVENARGUES. Réflexions, sentences et maximes morales de La Rochefoucauld. Œuvres choisies de (...). Nouvelle édition. Paris, Garnier, (s.d.). [*Lombaerts*].

## V— XIXe SIÈCLE

537. ACKERMANN, L. Poésies. Premières poésies. Poésies philosophiques. Quatrième édition. Paris, Alphonse Lemerre, (s.d.). [*Livraria clássica de N. Alves*].
538. AMPERE, J.-J. Histoire littéraire de la France sous Charlemagne et durant les Xe et XIe siècles par (...). Tome premier. Troisième édition. Paris Librairie académique Didier, 1870.
539. AMPERE, J.-J. Histoire littéraire de la France sous Charlemagne et durant les Xe et XIe siècles par (...). Tome deuxième. Troisième édition. Paris Librairie académique Didier, 1870.
540. AMPERE, J.-J. Histoire littéraire de la France sous Charlemagne et durant les Xe et XIe siècles par (...). Tome troisième. Troisième édition. Paris Librairie académique Didier, 1870.
541. BALZAC, H. de. Œuvres illustrées de (...). La Comédie Humaine. I. Première partie. Études de mœurs. Livre premier. Scènes de la vie privée. I. Paris, Éditions Calmann Lévy, 1891.
542. BALZAC, H. de. Œuvres illustrées de (...). La Comédie Humaine. II. Première partie. Études de mœurs. Livre premier. Scènes de la vie privée. II. Paris, Éditions Calmann Lévy, 1891.
543. BALZAC, H. de. Œuvres illustrées de (...). La Comédie Humaine. III. Première partie. Études de mœurs. Livre premier. Scènes de la vie privée. III. Paris, Éditions Calmann Lévy, 1891.
544. BALZAC, H. de. Œuvres illustrées de (...). La Comédie Humaine. IV. Première partie. Études de mœurs. Livre premier. Scènes de la vie privée. IV. Paris, Éditions Calmann Lévy, 1891.
545. BALZAC, H. de. Œuvres illustrées de (...). La Comédie Humaine. V.

Première partie. Études de mœurs. Livre deuxième. Scènes de la vie de province. I. Paris, Éditions Calmann Lévy, 1891.
546. BALZAC, H. de. Œuvres illustrées de (...). La Comédie Humaine. VI. Première partie. Études de mœurs. Livre deuxième. Scènes de la vie de province. II. Paris, Éditions Calmann Lévy, 1891.
547. BALZAC, H. de. Œuvres illustrées de (...). La Comédie Humaine. VIII. Première partie. Études de mœurs. Livre deuxième. Scènes de la vie de province. III. Paris, Éditions Calmann Lévy, 1891.
548. BALZAC, H. de. Œuvres illustrées de (...). La Comédie Humaine. VIII. Première partie. Études de mœurs. Livre troisième. Scènes de la vie parisienne. I. Paris, Éditions Calmann Lévy, 1891.
549. BALZAC, H. de. Œuvres illustrées de (...). La Comédie Humaine. IX. Première partie. Études de mœurs. Livre troisième. Scènes de la vie parisienne. II. Paris, Éditions Calmann Lévy, 1891.
550. BALZAC, H. de. Œuvres illustrées de (...). La Comédie Humaine. X. Première partie. Études de mœurs. Livre troisième. Scènes de la vie parisienne. III. Paris, Éditions Calmann Lévy, 1891.
551. BALZAC, H. de. Œuvres illustrées de (...). La Comédie Humaine. XI. Première partie. Études de mœurs. Livre troisième. Scènes de la vie parisienne. IV. Paris, Éditions Calmann Lévy, 1891.
552. BALZAC, H. de. Œuvres illustrées de (...). La Comédie Humaine. XII. Première partie. Études de mœurs. Livre quatrième. Scènes de la vie militaire. I. Paris, Éditions Calmann Lévy, 1891.
553. BALZAC, H. de. Œuvres illustrées de (...). La Comédie Humaine. XIII. Première partie. Études de mœurs. Livre quatrième. Scènes de la vie militaire. Livre cinquième. Scènes de la vie politique. I. Paris, Éditions Calmann Lévy, 1891.
554. BALZAC, H. de. Œuvres illustrées de (...). La Comédie Humaine. XIV. Livre cinquième. Scènes de la vie politique. Livre sixième. Scènes de la vie de campagne. I. Paris, Éditions Calmann Lévy, 1891.
555. BALZAC, H. de. Œuvres illustrées de (...). La Comédie Humaine. XV. Deuxième partie. Études philosophiques. Paris, Éditions Calmann Lévy, 1891.
556. BALZAC, H. de. Œuvres illustrées de (...). La Comédie Humaine. XVI. Troisième partie. Études analytiques. I. Paris, Éditions Calmann Lévy, 1891.
557. BALZAC, H. de. Œuvres illustrées de (...). La Comédie Humaine. XVII. Troisième partie. Études analytiques. II. Paris, Éditions Calmann Lévy, 1891.

558. BALZAC, H. de. Œuvres illustrées de (...). Théâtre. XVIII. Paris, Éditions Calmann Lévy, 1891.
559. BALZAC, H. de. Œuvres illustrées de (...). Les contes drolatiques. XIX. Paris, Éditions Calmann Lévy, 1891.
560. BALZAC, H. de. Œuvres illustrées de (...). Correspondance. 1819-1850. Paris, Editions Calmann Lévy, 1891.
561. BAUDELAIRE, Charles. Les fleurs du mal par (...). Sixième édition. Paris, Calmann Lévy, 1878. [*Garnier*].
562. CHATEAUBRIAND. Atala, René, Le dernier des Abencérages, Les Natchez. Nouvelle édition. Paris, Garnier, (s.d.). [*Garnier*].
563. CHATEAUBRIAND. Lectures choisies de (...). Deuxième édition. Paris, Garnier, 1896. [*Garnier*].
564. CONSTANT, Benjamin. Adolphe. Anecdote trouvée dans les papiers d'un inconnu par (...). Nouvelle édition. Paris, Michel Lévy frères, 1867.
565. COURIER, P. L. Œuvres de (...). Paris, Librairie de Firmin Didot, 1863. [*Garnier*].
566. COUSIN, Victor. Du vrai, du beau et du bien par (...). Cinquième édition. Paris, Le Didier, 1885.
   *A la page de garde on lit Fran / co Jn Neto. Paris 2 de Fevereiro de 1858. Sur l'autre coté de la page un cachet avec les initiales. I. J. J. L. M.*
567. DAUDET, Alphonse. Le nabab, mœurs parisiennes. Troisième édition. Paris, Charpentier, 1877. [*Lombaerts*].
568. DOUDAN, X. Mélanges et lettres aves une introduction par M. le Comte d'Haussonville. Deuxième édition. Paris, Calmann Lévy, 1876. [*Garnier*].
569. DOUDAN, X. Mélanges et lettres. II. Deuxième édition. Paris, Calmann Lévy, 1876. [*Garnier*].
570. DOUDAN, X. Mélanges et lettres. III. Deuxième édition. Paris, Calmann Lévy, 1877. [*Garnier*].
571. DOUDAN, X. Mélanges et lettres. IV. Deuxième édition. Paris, Calmann Lévy, 1877. [*Garnier*].
572. DUMAS. Alexandre. Le demi-monde, comédie. Sixième édition. Paris, Michel Lévy, 1855. [*Livraria popular de A. A. da Cruz Coutinho*].
573. FEUILLET, Octave. Julia de Trécœur par (...). Onzième édition. Paris, Michel Lévy, 1876. [*Garnier*].
574. FEUILLET, Octave. Histoire de Sibylle par (...). Nouvelle édition. Paris, Michel Lévy, 1876. [*Garnier*].
575. FLAUBERT, Gustave. Bouvard et Pécuchet. Œuvre posthume. Paris, Charpentier, 1891. [*Lachaud*].

576. FLAUBERT, Gustave. Correspondance. Première série. 1830-1850. Paris, Charpentier, 1887. [*Lombaerts*].
577. FLAUBERT, Gustave. Correspondance. Deuxième série. 1850-1854. Paris, Charpentier, 1889. [*Lombaerts*].
578. FLAUBERT, Gustave. Correspondance. Troisième série. 1854-1869. Paris, Charpentier, (s.d.). [*Lombaerts*].
579. FLAUBERT, Gustave. Correspondance. Quatrième série. 1869-1880. Paris, Charpentier, (s.d.). [*Lombaerts*].
580. FLAUBERT, Gustave. La tentation de Saint Antoine. Edition définitive. Paris, Charpentier, 1888. [*Lombaerts*].
581. FLAUBERT, Gustave. L'education sentimentale. Histoire d'un jeune homme. Nouvelle édition. Paris, Charpentier, 1880. [*Lombaerts*].
582. FLAUBERT, Gustave. Lettres de (...) à George Sand. Troisième mille. Paris, Charpentier, 1884. [*Livraria Lachaud*].
583. FLAUBERT, Gustave. Madame Bovary. Mœurs de province. Edition définitive. Paris, Charpentier, 1889. [*Lombaerts*].
584. FLAUBERT, Gustave. Salammbô. Édition définitive. Paris, Charpentier, 1880. [*Lombaerts*].
585. FLAUBERT, Gustave.Trois contes. Septième édition. Paris, Charpentier, 1880. [*Livraria Lachaud*].
586. FRANCE, Anatole. L'anneau d'améthyste de (...). Paris, Calmann Lévy, (s.d.).
587. FRANCE, Anatole. L'étui de nacre. Paris, Calmann Lévy, (s.d.).
588. FRANCE, Anatole. Le crime de Sylvestre Bonnard, Membre de l'Institut. Paris, Calmann Lévy, (s.d.). [*Garnier*].
523. *Vide* FRANCE DRAMATIQUE.
589. GAUTIER. Théophile. Nouvelles poésies. Douzième édition revue et corrigée. Paris, Charpentier, 1876. [*Lombaerts*].
590. GAUTIER. Théophile. Première poésies. 130-1845. Paris, Charpentier, 1870. [*Garnier*].
591. GAUTIER. Théophile. Romans et Contes. Paris, Charpentier, 1872. [*Lombaerts*].
592. GOBINEAU, Comte de. Les Pléiades par le (...). Stockolm. Jos. Müller et Cie., Paris, E. Plon et Cie, 1874. [*Garnier*].
31.34.35. LECONTE DE LISLE.
593. LECONTE DE LISLE. Poèmes barbares. Édition définitive revue et considérablement augmentée. Paris, Alphons Lemerre, 1872.
*Au travers de la page de garde. Arthur de Oliveira.*
*On lit aussi:*

*Ao seu presadissimo Mestre e nobilissimo amigo, Machado de Assis, humildemente offerece, os POEMES BARBARES, o discipulo admirador e servo Arthur de Oliveira. Rio 22 de Agosto de 1878.*

594. MONTEIRO TEIXEIRA, J. A. Nouveau recueil de poésies en français par (...), (de Madère). Madeira, Funchal, 1871.
*A José Feliciano de Castilho Mons. Barreto Noronha de gage d'amitié de l'auteur.*
595. MÆTERLINCK, Maurice. Les aveugles. (L'intruse — Les aveugles). Troisième édition. Bruxelles. Paul Lacomblez, 1882.
596. MÉRIMÉE, Prosper. Carmen. Douzième édition. Paris, Calmann Lévy, 1883. [*Lombaerts*].
597. MÉRIMÉE, Prosper. Chronique du règne de Charles IX. Nouvelle édition. Paris, Charpentier, (s.d.). [*Lombaerts*].
598. MÉRIMÉE, Prosper. Colomba par (...).
Paris, Calmann Lévy, 1888. [*Lombaerts*].
599. MÉRIMÉE, Prosper. Dernières nouvelles.
Paris, Calmann Lévy, 1881. [*Lombaerts*].
600. MÉRIMÉE, Prosper. La double méprise par (...).
Paris, Calmann Lévy, 1885. [*Lombaerts*].
601. MÉRIMÉE, Prosper. Lettres à une inconnue par (...). Tome premier. Onzième édition entièrement refondue. Paris, Calmann Lévy, 1880. [*Lombaerts*].
602. MÉRIMÉE, Prosper. Lettres à une inconnue par (...). Tome deuxième. Onzième édition entièrement refondue. Paris, Calmann Lévy, 1880. [*Lombaerts*].
603. MÉRIMÉE, Prosper. Mosaïque par (...).
Paris, Calmann Lévy, 1881. [*Lombaerts*].
604. MÉRIMÉE, Prosper. Théâtre de Clara Gazul.
Paris, Calmann Lévy, 1880. [*Lombaerts*].
605. MUSSET, Alfred de. Poésies nouvelles. 1846-1852.
Nouvelle édition. Paris, Charpentier, 1867.
606. NODIER, Charles. Souvenirs de jeunesse suivis de Mademoiselle de Marsan et de la neuvaine de la chandeleur par (...). Neuvième édition. Paris, Charpentier, (s.d.). [*Lombaerts*].
607. PAILLERON, Edouard. Amours et haines par (...).
Paris, Calmann Lévy, 1889.
608. QUINET. Edgar. Œuvres complètes de (...). La Révolution précédé de la critique de la Révolution. Tome I. Huitième édition. Paris, Librairie Germer Baillière, (s.d.). [*Livraria contemporanea Faro e Nunes*].

609. QUINET. Edgar. Œuvres complètes de (...). La Révolution précédé de la critique de la Révolution. Tome II. Huitième édition. Paris, Librairie Germer Baillière, (s.d.). [*Livraria contemporanea Faro e Nunes*].

610. QUINET. Edgar. Œuvres complètes de (...). La Révolution précédé de la critique de la Révolution. Tome III. Huitième édition. Paris, Librairie Germer Baillière, (s.d.). [*Livraria contemporanea Faro e Nunes*].

611. RENAN, Ernest. Caliban, suit de la Tempête. Drame philosophique. Troisième édition. Paris, Calmann Lévy, 1891. [*Garnier*].

612. RENAN, Ernest. Histoire des origines du Christianisme. Livre premier. Vie de Jésus par (...). Paris, Calmann Lévy, (s.d.). [*Garnier*].

613. RENAN, Ernest. Histoire des origines du Christianisme. Livre troisième. Saint Paul par (...). Paris, Calmann Lévy, 1869. [*Garnier*].

614. RENAN, Ernest. Histoire des origines du Christianisme. Livre septième. Marc Aurèle et le fin du monde antique par (...). Paris, Calmann Lévy, 1889. [*Garnier*].

615. RENAN, Ernest. Histoire du peuple d'Israel par (...). Tome premier. Deuxième édition. Paris, Calmann Lévy, 1887. [*Garnier*].

616. RENAN, Ernest. Histoire du peuple d'Israel par (...). Tome second. Deuxième édition. Paris, Calmann Lévy, 1887. [*Garnier*].

617. RENAN, Ernest. Histoire du peuple d'Israel par (...). Tome troisième. Deuxième édition. Paris, Calmann Lévy, 1887. [*Garnier*].

618. RENAN, Ernest. Histoire du peuple d'Israel par (...). Tome quatrième. Deuxième édition. Paris, Calmann Lévy, 1887. [*Garnier*].

619. RENAN, Ernest. Histoire du peuple d'Israel par (...). Tome cinquième. Deuxième édition. Paris, Calmann Lévy, 1887. [*Garnier*].

620. RENAN, Ernest. L'Ecclésiaste traduit de l'hébreu avec une étude sur l'âge et le caractère du livre par (...). Troisième édition. Paris, Calmann Lévy, 1891. [*Garnier*].

621. RENAN, Ernest. Lettres intimes. 1842-1845. Précédées de: Ma soeur Henriette par (...). Paris, Calmann Lévy, 1891. [*Garnier*].

622. RENAN, Ernest. Souvenirs d'enfance et de jeunesse par (...). Vingt-deuxième édition. Paris, Calmann Lévy, 1893. [*Garnier*].

623. SAND, George. Galeries de femmes de (...). Bruxelles, Haumann, 1843. *Incomplet. S'arrête à la page 152.*

624. SAND, George. Mauprat. Paris, Michel Lévy, 1869.

582. FLAUBERT, Gustave. Lettres de (...) à George Sand. Troisième mille. Paris, Charpentier, 1884. [*Livraria Lachaud*].

625. SAINTE-BEUVE, C.-A. Causeries du lundi par (...). Troisième édition revue et corrigée. Paris, Garnier, (s.d.). [*Lombaerts*].

626. SAINTE-BEUVE, C.-A. Causeries du lundi par (...). Tome II.
Troisième édition revue et corrigée. Paris, Garnier, (s.d.). [*Lombaerts*].
627. SAINTE-BEUVE, C.-A. Causeries du lundi par (...). Tome III.
Troisième édition revue et corrigée. Paris, Garnier, (s.d.). [*Lombaerts*].
628. SAINTE-BEUVE, C.-A. Causeries du lundi par (...). Tome IV.
Troisième édition revue et corrigée. Paris, Garnier, (s.d.). [*Lombaerts*].
629. SAINTE-BEUVE, C.-A. Causeries du lundi par (...). Tome V.
Troisième édition revue et corrigée. Paris, Garnier, (s.d.). [*Lombaerts*].
630. SAINTE-BEUVE, C.-A. Causeries du lundi par (...). Tome VI.
Troisième édition revue et corrigée. Paris, Garnier, (s.d.). [*Lombaerts*].
631. SAINTE-BEUVE, C.-A. Causeries du lundi par (...). Tome VII.
Troisième édition revue et corrigée. Paris, Garnier, (s.d.). [*Lombaerts*].
632. SAINTE-BEUVE, C.-A. Causeries du lundi par (...). Tome VIII.
Troisième édition revue et corrigée. Paris, Garnier, (s.d.). [*Lombaerts*].
633. SAINTE-BEUVE, C.-A. Causeries du lundi par (...). Tome IX.
Troisième édition revue et corrigée. Paris, Garnier, (s.d.). [*Lombaerts*].
634. SAINTE-BEUVE, C.-A. Causeries du lundi par (...). Tome X.
Troisième édition revue et corrigée. Paris, Garnier, (s.d.). [*Lombaerts*].
635. SAINTE-BEUVE, C.-A. Causeries du lundi par (...). Tome XI.
Troisième édition revue et corrigée. Paris, Garnier, (s.d.). [*Lombaerts*].
636. SAINTE-BEUVE, C.-A. Causeries du lundi par (...). Tome XII.
Troisième édition revue et corrigée. Paris, Garnier, (s.d.). [*Lombaerts*].
637. SAINTE-BEUVE, C.-A. Causeries du lundi par (...). Tome XIII.
Troisième édition revue et corrigée. Paris, Garnier, (s.d.). [*Lombaerts*].
638. SAINTE-BEUVE, C.-A. Causeries du lundi par (...). Tome XIV.
Troisième édition revue et corrigée. Paris, Garnier, (s.d.). [*Lombaerts*].
639. SAINTE-BEUVE, C.-A. Causeries du lundi par (...). Tome XVI.
Troisième édition revue et corrigée. Paris, Garnier, (s.d.). [*Lombaerts*].
640. SAINTE-BEUVE, C.-A. Causeries du lundi par (...). Table.
Troisième édition revue et corrigée. Paris, Garnier, (s.d.). [*Lombaerts*].
641. SAINTE-BEUVE, C.-A. Portraits contemporains par (...). Tome premier.
Nouvelle édition corrigée et très augmentée. Paris, Michel Lévy frères, 1870. [*Garnier*].
642. SAINTE-BEUVE, C.-A. Portraits contemporains par (...). Tome II.
Nouvelle édition corrigée et très augmentée. Paris, Michel Lévy frères, 1870. [*Garnier*].
643. SAINTE-BEUVE, C.-A. Portraits contemporains par (...). Tome III.
Nouvelle édition corrigée et très augmentée. Paris, Michel Lévy frères, 1870. [*Garnier*].

644. SAINTE-BEUVE, C.-A. Portraits contemporains par (...). Tome IV. Nouvelle édition corrigée et très augmentée. Paris, Michel Lévy frères, 1870. [*Garnier*].

645. SAINTE-BEUVE, C.-A. Portraits contemporains par (...). Tome V. Nouvelle édition corrigée et très augmentée. Paris, Michel Lévy frères, 1871. [*Garnier*].

646. STAEL, Madame de. Corine ou l'Italie. Nouvelle édition. Paris, Garnier, (s.d.). [*Livraria enciclopedica Fauchon e Cia*].

647. STAEL, Madame de. De la littérature considérée dans ses rapports avec les instituitions sociales par (...). Paris, Charpentier, 1860. [*Garnier*].

648. STENDHAL. Armance. Paris, Michel Lévy, 1877. [*Lombaerts*].

649. STENDHAL. Correspondance inédite précédée d'une introduction. Première série. Paris, Michel Lévy, 1855. [*Lombaerts*].

650. STENDHAL. Correspondance inédite précédée d'une introduction. Deuxième série. Paris, Michel Lévy, 1855. [*Lombaerts*].

651. STENDHAL, Henri Beyle. De l'amour par (...). Seule édition complète. Paris, Michel Lévy, 1876. [*Lombaerts*].

652. STENDHAL. L'abbesse de Castro, par (...). Nouvelle édition. Paris, Michel Lévy, 1877. [*Lombaerts*].

653. STENDHAL. La Chartreuse de Parme par (...). Nouvelle édition entièrement revue et corrigée. Paris, Michel Lévy, 1873. [*Lombaerts*].

654. STENDHAL. Lamiel. Roman inédit. Paris, Michel Lévy, 1899. [*Lombaerts*].

655. STENDHAL. Le Rouge et le Noir par (...). Tome premier. Seule édition complète. Entièrement revue et corrigée. Paris, Michel Lévy, 1876. [*Lombaerts*].

656. STENDHAL. Le Rouge et le Noir par (...). Tome deuxième. Seule édition complète. Entièrement revue et corrigée. Paris, Michel Lévy, 1876. [*Lombaerts*].

657. STENDHAL. Mélanges d'art et de littérature par (...). Nouvelle édition entièrement revue et considérablement augmentée. Paris, Michel Lévy, 1867. [*Lombaerts*].

658. STENDHAL. Mémoires d'un touriste par (...). Tome premier. Nouvelle édition revue et augmentée d'une grande partie entièrement inédite. Paris, Michel Lévy, 1877. [*Lombaerts*].

659. STENDHAL. Mémoires d'un touriste par (...). Tome deuxième. Paris, Michel Lévy, 1879. [*Lombaerts*].

659. STENDHAL. Mémoires d'un touriste par (...). Tome deuxième. Paris, Michel Lévy, 1879. [*Lombaerts*].

660. STENDHAL. Œuvres posthumes de (...). Journal de Stendhal. 1801-1814. Paris, Charpentier, 1888. [*Lombaerts*].
661. STENDHAL. Œuvres posthumes de (...). Nouvelles inédites. Paris, Michel Lévy, 1855. [*Lombaerts*].
662. STENDHAL. Œuvres posthumes de (...). Vie de Napoléon. Fragments. Paris, Michel Lévy, 1877. [*Lombaerts*].
663. STENDHAL. Promenades dans Rome par (...). Première série. Seule édition complète de préfaces et de fragments entièrement inédits. Paris, Michel Lévy, 1873. [*Lombaerts*].
664. STENDHAL. Promenades dans Rome par (...). Deuxième série. Seule édition complète augmentée de préfaces et de fragments entièrement inédites. Paris, Michel Lévy, 1873. [*Lombaerts*].
665. STENDHAL. Racine et Shakespeare, Etudes sur le Romantisme. Nouvelle édition entièrement revue et considérablement augmentée. Paris, Michel Lévy, 1854. [*Lombaerts*].
666. STENDHAL. Souvenirs d'égotisme. Autobiographie et lettres inédites. Paris, Charpentier, 1892. [*Lombaerts*].
667. STENDHAL. Vie de Henri Brulard. Paris, Charpentier, 1890. [*Lombaerts*].
668. STENDHAL. Vies de Haydn, de Mozart et de Métastase par (...). Nouvelle édition entièrement revue. Paris, Michel Lévy, 1872. [*Lombaerts*].
669. STERNE, Daniel. Esquisses morales. Pensées, réflexions et Maximes par (...). Troisième édition revue et augmentée. Paris, J. Techener, 1859.
670. TAINE, H. De l'idéal dans l'art. Paris, Germer Baillière, 1867. [*Livraria luso-brasileira de A. A. Lopez do Couto*].
671. TAINE, H. Histoire de la littérature anglaise. Tome premier. Paris, Librairie Hachette, 1877. [*Livraria classica de N. Alves*].
672. TAINE, H. Histoire de la littérature anglaise. Tome deuxième. Paris, Librairie Hachette, 1877. [*Livraria classica de N. Alves*].
673. TAINE, H. Histoire de la littérature anglaise. Tome troisième. Paris, Librairie Hachette, 1878. [*Livraria classica de N. Alves*].
674. TAINE, H. Histoire de la littérature anglaise. Tome quatrième. Quatrième édition revue et augmentée. Paris, Librairie Hachette, 1878. [*Livraria classica de N. Alves*].
675. TAINE, H. Histoire de la littérature anglaise. Tome cinquième et complémentaire. Nouvelle édition. Paris, Librairie Hachette, 1878. [*Livraria classica de N. Alves*].
676. TAINE, H. Les origines de la France contemporaine par (...). L'Ancien Régime. Septième édition. Paris, Librairie Hachette, 1879. [*Garnier*].
677. TAINE, H. Les origines de la France contemporaine par (...). La

Révolution. Tome I. Septième édition. Paris, Librairie Hachette, 1878. [*Garnier*].
678. TAINE, H. Nouveaux essais de critique et d'histoire par (...). Deuxième édition. Paris, Librairie Hachette, 1866. [*Garnier*].
679. TAINE, H. De l'idéal dans l'art. Paris, Germer Baillière, 1867. [*Livraria luso-brasileira de A. A. Lopez do Couto*].
680. TAINE, H. Philosophie de l'art par (...). Deuxième édition. Paris, Librairie Germer et Baillière, 1872. [*Garnier*].
681. TAINE, H. L'idéalisme anglais. Étude sur Carlyle par (...). Paris, Librairie Germer et Baillière, 1864. [*Garnier*].
682. TAINE, H. Sa vie et sa correspondance. Correspondance de jeunesse. Tome I. 1847-1853. Troisième édition. Paris, Librairie Hachette, 1902. [*Garnier*].
683. TAINE, H. Sa vie et sa correspondance. Le critique et le philosophe. Tome II. 1853-1870. Paris, Librairie Hachette, 1904. [*Garnier*].
684. TAINE, H. Sa vie et sa correspondance. L'historien. Tome III. 1870-1875. Paris, Librairie Hachette, 1905. [*Garnier*].
685. THIERS, A. Histoire de la Révolution. Tome premier. Paris, Furne Jouvet et Cie, 1866. [*Lombaerts*].
686. THIERS, A. Histoire de la Révolution. Tome second. Paris, Furne Jouvet et Cie, 1866. [*Lombaerts*].
687. THIERS, A. Histoire du Consulat. Paris, Lheureux et Cie, 1865. [*Lombaerts*].
688. THIERS, A. Histoire de l'Empire. Tome premier. Paris, Lheureux et Cie, 1865. [*Lombaerts*].
689. THIERS, A. Histoire de l'Empire. Tome deuxième. Paris, Lheureux et Cie, 1866. [*Lombaerts*].
690. THIERS, A. Histoire de l'Empire. Tome troisième. Paris, Lheureux et Cie, 1867. [*Lombaerts*].
691. THIERS, A. Histoire de l'Empire. Tome quatrième. Paris, Lheureux et Cie, 1867. [*Lombaerts*].
692. THIERS, A. Atlas de l'Histoire de Consulat et de l'Empire dressé et dessiné sous la direction de (...). Paris, Lheureux, 1866. [*Lombaerts*].
693. VICTOR HUGO. Hernani. Paris, J. Hetzel, (s.d.). [*Garnier*].
694. VICTOR HUGO. La Légende des Siècles. Première série. Paris, Librairie Hachette, 1875. [*Garnier*].
695. VICTOR HUGO. La Légende des Siècles. Nouvelle série. Tome I. Paris, Calmann Lévy, 1877.

696. VICTOR HUGO. La Légende des Siècles. Nouvelle série. Tome II. Paris, Calmann Lévy, 1877.
697. VICTOR HUGO. Les Contemplations. Autrefois. 1830-1843. Paris, Librairie Hachette, 1872. [*Garnier*].
698. VICTOR HUGO. Les Contemplations. Aujourd'hui. 1843-1856. Paris, Librairie Hachette, 1872. [*Garnier*].
699. VICTOR HUGO. Les Orientales, Les feuilles d'automne, Les chants du crépuscule. Paris, Librairie Hachette, 1875. [*Garnier*].
700. VICTOR HUGO. Odes et ballades. Nouvelle édition. Paris, Librairie Hachette, 1873. [*Garnier*].
701. VINOT, Gustave. Poèmes et fantasies. 1867-1873. Paris, Librairie des bibliophiles, 1873. [*Garnier*].

## VI — TRADUCTIONS PORTUGAISES D'ŒUVRES FRANÇAISES

702. LA FONTAINE. Fábulas de (...). Ilustradas por Gustave Doré. Tomo I. Lisboa, David Corazzi, Rio de Janeiro, José de Mello, 1886.
*Ao Exmo Sr Machado de Assis testemunha de muita consideração de José de Mello.*
*27.6.88.*
703. LA FONTAINE. Fábulas de (...). Ilustradas por Gustave Doré. Tomo II. Lisboa, David Corazzi, Rio de Janeiro, José de Mello, 1886.

## VII — AUTOUR DU DOMAINE FRANÇAIS

704. BARINE. Arvède. Les grands écrivains français. Alfred de Musset. Paris, Librairie Hachette, 1893. [*Garnier*].
705. MIGNET, M. Rivalité de François Ier et de Charles-Quint, par (...). Tome I. Paris, Librairie Académique Didier, 1875. [*Garnier*].
706. MIGNET, M. Rivalité de François Ier et de Charles-Quint, par (...). Tome II. Paris, Librairie Académique Didier, 1875. [*Garnier*].
707. ROCQUAIN, Félix. L'esprit révolutionnaire avant la Révolution. 1715-1789. Paris, E. Plon et Cie., 1878. [*Livraria escolastica N. Alves d'Oliveira*].
708. ROSEBERY, Lord. Napoleon, the last phase, by (...). London, Arthur L. Humpreys, 1900.
*A Machado de Assis lembrança de uma passagem em Londres. Nov. 1900. Graça Aranha.*

## VIII — ANNUAIRES, CONGRÈS ET REVUES

709. ANNUAIRE DE LA PRESSE FRANÇAISE ET DU MONDE POLITIQUE. Paris, Henri Avenel, 1893.
710. ANNUAIRE DE LA PRESSE FRANÇAISE ET DU MONDE POLITIQUE. Paris, Henri Avenel, 1893. [*Deuxième exemplaire*].
711. CONGRÈS INTERNATIONAL DES AMERICANISTES. Compte rendu de la première session. Nancy 1875. Tome premier. Nancy, G. Crepin Leblon, Paris, Maisonneuve, 1875. [*Garnier*].
712. CONGRÈS INTERNATIONAL DES AMERICANISTES. Compte rendu de la première session. Nancy 1875. Tome second. Nancy, G. Crepin Leblon, Paris, Maisonneuve, 1875. [*Garnier*].
713. REVUE DES DEUX-MONDES. Tome quatrième. Paris, 1852.

## IX — VARIA

714. BURGGAEVE, Dr. La surveillance maternelle ou hygiène thérapeutique de la première enfance d'après la méthode dosimétrique. Gand, Chez l'auteur, 1887.
715. LALLEMAND, Charles. Tunis et ses environs. Paris, Maison Quantin, 1890.
716. GOGOL, Nikolas W. Altväterische Leute und andere Erzählungen von (...). Gogol Deutsch von Julius Meixner. Collection Spemann. Stuttgart, Verlag von W. Spemann, (s.d.).
717. PETOEFI, Alexandre par Charles Louis Chassin. Le poète de la Révolution hongroise. Bruxelles A. Lacroix, Van Meenen et Cie, Paris, Pagnerre, 1860. [*Garnier*].
    *Signature de Arthur de Oliveira.*
718. SIENKIEWICZ, H. Sans dogme. Traduit du polonais par le Comte A. Wodzinski. Paris, Calmann Lévy, 1895.
    *A l'éminent écrivain brésilien Machado de Assis. Humble souvenir de Bronislaw Rymkiewicz. Rio de Janeiro, avril 1900.*

# QUARENTA ANOS DEPOIS*

*Jean-Michel Massa*

*Dedico este trabalho a Alexandre Eulálio.

Antes de evocar o conteúdo, a matéria da *Bibliothèque de Machado de Assis*, parece necessário recuar no tempo e lembrar como foi realizado o inventário republicado hoje, 40 anos depois, no presente volume. Foi no inverno (julho-agosto-setembro) de 1960, na ocasião da minha primeira descoberta do Brasil — e essencialmente do Rio de Janeiro — à procura do fluminense (hoje carioca) Joaquim Maria Machado de Assis. Sempre considerei que era signo do destino eu ter as mesmas iniciais do escritor.

O Rio de Janeiro era bem diferente do Rio de hoje. Era o ano da marchinha de carnaval "Me dá um dinheiro aí", o Brasil da futura Brasília do Juscelino. E — imagine — do cruzeiro a três dólares. O meu Brasil era totalmente literário. Na Sorbonne, o Brasil era um espaço histórico. O século XVIII era o máximo da modernidade aceitável. Celso Cunha acabava de chegar. Quando aparecia nas aulas, preferia a Idade Média. De literatura brasileira só a minha descoberta de Machado de Assis, descoberta pessoal.

Aliás nem no Brasil, modernista e nacionalista, o grande escritor brasileiro era muito estudado. O Brasil pagara o tributo com as comemorações do cinqüentenário da morte em 1958. A brilhante *Exposição Machado de Assis* foi concebida e realizada pelo diretor da Biblioteca Nacional e do Instituto do Livro, Augusto Meyer, e obras pioneiras de pesquisa foram publicadas por meia dúzia de desbravadores brasileiros no período entre 1955 e 1960. O já citado Augusto Meyer, Eugênio Gomes, M. Cavalcanti Proença, Brito Broca, Raimundo Magalhães Júnior, Astrojildo Pereira, Galante de Sousa. Estranharam ver um francês, que nem tinha trinta anos, atravessar o Atlântico à procura do patrimônio brasileiro. Fui bem recebido, ajudado, aconselhado.

Apoiando-me na *Bibliografia de Machado de Assis*, de Galante de Sousa — ainda hoje a Bíblia dos machadianos —, nas minhas pesquisas no Gabinete dos Reservados da Biblioteca Nacional, no setor de periódicos, com alguns textos recuperados na velha biblioteca da Faculdade de Direito de São Paulo, e nas ricas coleções de Plínio Doyle, cheguei a reunir os *Dispersos de Machado de Assis*, 150 textos esquecidos, sepultados, ignorados, que o Instituto Nacional do Livro (naquela época havia uma verdadeira política cultural no Brasil) publicou rapidamente. 571 páginas, ao preço de 2,5 cruzeiros, com gralhas minhas e dos tipógrafos. Infelizmente o livro nunca foi reeditado e faz parte dos numerosos textos — várias centenas — que estão ausentes das pseudo-edições completas de Machado de Assis.

A imprensa brasileira fizera reportagens, artigos sobre a biblioteca de Machado de Assis. Os jornalistas citavam nomes de escritores presentes nas estantes da casa de uma sobrinha de Carolina. Celebraram a riqueza da *"librairie"*,[1] fotografias de livros e/ou da esposa do General Leitão de Carvalho, herdeira da biblioteca.

Fui ver a biblioteca, aconselhado — melhor dizendo: empurrado — por Eugênio Gomes, obtive a autorização e comecei o registro à mão das setecentas e poucas fichas. Foram algumas centenas de horas. Ia redigir as fichas, quando fechava a Biblioteca Nacional, lá pelas quatro, e ficava na Tijuca até meia noite. Devia separar os livros, arrumá-los, já que se encontravam em vitrines diferentes e salas e lugares distantes. Recopiava enquanto as filhas do General namoravam horas seguidas pelo telefone. Enriqueci não só a minha cultura, mas o meu vocabulário carioca.

A recolha valeu a pena. O inventário, depois de publicado na *Revista do Livro* (do mesmo INL) pelo grande amigo Alexandre Eulálio — a quem, aliás, dedico o presente ensaio — esgotou-se rapidamente. E, no decorrer dos anos, dezenas de vezes pesquisadores de vários lugares me pediram separatas ou fotocópias da *Bibliothèque*.

---

[1] Assim Montaigne chamava a sua biblioteca.

Quando não ia à Tijuca redigir as fichas, lá pelas quatro, quando fechavam os Reservados da Biblioteca Nacional, subia ao quarto andar, para conversar uma horinha com Augusto Meyer, ou ao quinto andar, para falar com Alexandre Eulálio, Brito Broca e, às vezes, a viúva de Graciliano Ramos. Nos dias de sessão da Academia Brasileira de Letras, Augusto Meyer me levava lá, onde conheci também muitos acadêmicos, discutindo, bebendo chá ou café, comendo doces. Conheci também Austregésilo, que quis me honrar com a medalha Machado de Assis. Mas vou parar por aqui. Escrevo o meu *Velho Senado*...

\* \* \*

Comentários apreciáveis acompanham o presente volume da nova publicação da *Bibliothèque*. Não vou multiplicar as apreciações, pois daria um livro. E nos meus estudos, nos quatro volumes das minhas teses, utilizei a *Bibliothèque*.[2]

Alguns críticos acreditaram, por uma cega e exagerada admiração a Machado de Assis, que o escritor superior a tudo e a todos dominava também o grego. Como foi dito que era um excelente especialista do inglês. Na *Exposição Machado de Assis*, foi apresentada uma página de uma tradução que podia ter sido feita pelo escritor. Mas ele só recopiou o texto e a tradução de um trecho de Xenofonte. Vem de um livro presente na *Bibliothèque*. Foi uma brevíssima aprendizagem do grego do número 27 do nosso inventário, primeiro livro da *Ciropédia*. Não foi muito longe na aprendizagem. Leu muitos escritores estrangeiros em tradução francesa. Na *Bibliothèque*, constam muitos escritores — os maiores — em tradução francesa, sem o texto original, no caso totalmente inútil...

O inventário permite também dar uma nova luz sobre um outro problema controvertido dos conhecimentos linguísticos de Machado de Assis. Lúcia Miguel Pereira e Eugênio Gomes afirmaram que o tradu-

---

[2] Dos trinta e poucos estudos, publicações e artigos que consagrei a Machado de Assis, só um foi publicado no Brasil. É uma parte da minha tese: *A Juventude de Machado de Assis (1839-1870) — ensaio de biografia intelectual*. Rio de Janeiro: Civilização Brasileira, 1971. A segunda parte da minha tese (também 2 volumes), *Machado de Assis traducteur*, não foi traduzida. Devo acrescentar outros estudos sobre Carolina (com documenos inéditos), Bocage, conhecimento do grego, Casimiro de Abreu, Manuel Antonio de Almeida, etc.

tor do *Corvo* de Poe dominava a língua inglesa já em 1870, quando traduziu o texto muito difícil de *Oliver Twist* de Dickens. Eu poderia ter acrescentado que no inventário da *Bibliothèque* há o original, sob o número 332 — mas a edição que tinha Machado de Assis é muito posterior (1880)! O cotejo da tradução de 1870 de *Oliver Twist* mostra definitivamente que Machado de Assis utilizou somente uma das três traduções em francês do romance inglês: Machado de Assis acompanha totalmente o texto francês, aliviando-o, cortando frases, resumindo, adaptando o texto brasileiro a condições locais. Um exemplo: *sept pence,* no texto francês, torna-se *três tostões* no texto brasileiro.

Estamos nos aproximando da fase final de nossas reflexões. Lembrarei (já que demonstrei antes em outro lugar que a tradução do *Corvo* se baseia principalmente sobre o texto de Baudelaire — ou, mais precisamente, que a tradução reproduz alguns erros de leitura e de tradução do poeta francês) que os conhecimentos lingüísticos de Machado de Assis, conformes à situação dos brasileiros (e não só os brasileiros) de sua geração, eram essencialmente ligados à língua francesa. Não se trata de saudosismo da minha parte em relação à língua e à cultura francesa: era uma realidade, uma herança do Século das Luzes e da geração realista e naturalista liderada por escritores franceses ou de língua francesa. Falta-me tempo para desenvolver a mesma temática sobre a língua alemã.

A estréia de Machado de Assis na língua francesa começou quando o jovem escritor, com vinte anos, publica um poema de quatro quadras rimadas em francês, poema dedicado e oferecido a Ch. F., filho de um dos numerosos proscritos franceses, amigos de Vitor Hugo e Charles Ribeyrolles. O poema foi publicado no *Correio Mercantil* (21/07/1859). No dia da publicação, o escritor "francófono" tinha a idade de vinte anos e um mês, e fala dele: *moi, tête de vingt ans.*[3] No decorrer da vida, Machado de Assis vai escrever mais alguns textos literários, redigir paródias, corresponder-se em francês (com Garnier, entre outros) e utilizar inúmeras citações de trechos em francês. Centenas, talvez milhares.

---

[3] *Dispersos de Machado de Assis.* Rio de Janeiro: INL, 1965, 105.

Para acabar a nossa reflexão sobre a *Bibliothèque*, podemos calcular que a referida biblioteca (só os títulos e obras fisicamente presentes), num total de 723 volumes (718, mais 4 bis: 47 bis, 83 bis, 219 bis, 277 bis) conta 399 livros de língua francesa e uma biblioteca de predominância e caracterização francesa. Através da língua, quantitativa e qualitativamente, a cultura e a literatura utilizam o mesmo veículo. Não é uma situação atípica, exageradamente original. Todos os domínios literários (oriental, grego, latino, italiano, espanhol, hispano-americano, inglês, americano, húngaro, russo, polonês) utilizam quase exclusivamente a língua francesa.

Essa dupla peculiaridade é uma pista essencial para a pesquisa e o estudo da obra do grande escritor brasileiro.

# REVENDO A BIBLIOTECA DE MACHADO DE ASSIS*

*Glória Vianna*

---

* Este trabalho foi originalmente apresentado para o *Exame de Qualificação de Doutorado* na Pós-graduação em Letras da UFF. As alterações feitas para publicação se devem, sobretudo, às sugestões de José Luís Jobim, Roberto Acízelo e de Maria Elizabeth Chaves de Mello, que compuseram a banca de argüição do Exame. Agradeço especialmente a José Luís Jobim pela orientação precisa, encorajadora e amiga; aos funcionários da Biblioteca da ABL, em especial a Luís Antônio de Souza, pelo prestimoso auxílio durante a pesquisa; a meus pais Ivan e Glória, pelo privilégio de ter crescido entre palavras de afeto; a meu irmão Jomar por ter compartilhado a elaboração de minhas primeiras perguntas; a Gilson, meu esposo, pelo companheirismo e pelo amor; a meu filho Gustavo, pela leitura, comentários e primeira revisão; a meu filho Raphael pelo apoio carinhoso; e aos muitos amigos da UFF e da Rural, presentes, cada um a sua maneira neste trabalho.

Rio — Academia Brasileira de Letras — 1989. Em uma sala contígua à biblioteca principal, três estantes guardavam cerca de mil volumes amarelos e empoeirados. Ao lado das estantes, uma mesa tipo escrivaninha com cadeira almofadada merecia destaque especial: sobre ela a caneta, o tinteiro, os óculos *pince-nez* e uma placa avisavam que pertencera a Machado de Assis. Não contive a emoção e deslizei a mão, sem que percebessem, sobre o espaldar da cadeira. Ali sentara-se o mais genial dos nossos escritores...

Subitamente fui interrompida por um fotógrafo que acompanhava a escritora Raquel de Queiroz, a fim de fazer uma matéria sobre a Academia. Aproveitei, então, a distração dos bibliotecários para percorrer aquelas prateleiras de fundo poeirento de biblioteca. Em uma delas identifiquei uma coleção das obras completas de Machado de Assis — edição Garnier. Em outra havia inúmeras publicações sobre o escritor. E nas demais?

Percebendo minha curiosidade um bibliotecário informou-me tratar-se dos livros particulares de Machado de Assis. Fiquei sem ar. Pois, para o leitor da obra de um escritor sua biblioteca é um verdadeiro tesouro.

Lá estavam Aristófanes, Aristóteles, Ésquilo, Heródoto, Homero, Luciano, Platão, Plutarco, Sófocles, Catulo, Horácio, Tácito, Ovídio, Virgílio, Kalidasa, Sadi, Valmiky, Dante, Ariosto, Leopardi, Ossian, Maquiavel, Cervantes, Calderon, Gil Vicente, Camões, Shakespeare, Dickens, George Eliot, Thomas Moore, Shelley, Sterne, Thackeray, Darwin, Huxley, Longfellow, Poe, Goethe, Heine, Schiller, Schopenhauer,

Renan, Sainte-Beuve, Stendhal, Taine, Victor Hugo e inúmeros outros escritores, compondo a ossatura da biblioteca de Machado.

Indagando sobre o catálogo do acervo, informaram-me que havia uma cópia do trabalho do professor francês Jean-Michel Massa, que listara os livros do romancista em 1960, quando a coleção ainda se encontrava na residência da herdeira do escritor. Depois da doação feita à Academia não se tinha empreendido nenhuma catalogação ou estudo sistemático da biblioteca.

Solicitei, então, uma cópia do referido catálogo e logo verifiquei que se tratava de parte de um trabalho publicado na *Revista do Livro* em 1961, intitulado *La bibliothèque de Machado de Assis,* de Jean-Michel Massa, que fazia, à época, sua tese de doutoramento em Literatura Brasileira pela Universidade da Alta-Bretanha, tendo como proposta a composição de uma biografia intelectual sobre nosso romancista.

Não foi difícil localizar na Biblioteca Nacional a *Revista do Livro* número 21-22 de março-junho de 1961, em que fora integralmente publicado o trabalho do professor Massa. Difícil foi compreender porque a biblioteca de um escritor tão fundamental para a História da Literatura Brasileira ainda não merecera da crítica um estudo mais sistematizado. E mais difícil ainda foi verificar o processo de desmantelamento por que passara o acervo particular de Machado de Assis.

Segundo o relato feito a Jean-Michel Massa pela herdeira do escritor, cerca de trezentos volumes que integravam a coleção do romancista teriam sido doados logo depois de sua morte, sem que ela pudesse recuperá-los. E, posteriormente, os livros tipo brochura, acondicionados em uma garagem, teriam sido deteriorados por uma inundação. Dentre tais volumes estariam Lamartine, Victor Hugo, Alexandre Dumas, George Sand, Prosper Merimée, Gustave Flaubert, Pierre Loti e as obras completas de Alencar.

Enfim, o catálogo da biblioteca de Machado de Assis, elaborado pelo professor Massa era na realidade o catálogo do que restara da biblioteca do escritor em 1960.

Em 1990, ingressando no Curso de Mestrado em Literatura Brasileira da UFF e auferindo uma bolsa de pesquisa da CAPES, tinha um projeto: mapear as leituras de Machado de Assis a partir de sua biblioteca. Fui, entretanto, dissuadida por alguns professores que me orientavam, pois achavam o projeto vultoso demais para um curso de mestrado. Adiei, então, o estudo da biblioteca, mas dediquei-me intensamente à análise da obra e da fortuna crítica do escritor.

Ao final do curso elaborei uma dissertação sobre um dos procedimentos de composição do romancista: o jogo da repetição. E, se para alguns críticos esse jogo acabava por conferir certa monotonia à narrativa de Machado de Assis, entrevi nesse aparente "mono–tom" uma certa marca de polifonia, própria da escritura machadiana — espécie de exercício de leitura, no qual entra em cena um narrador/leitor "ruminante", "com quatro estômagos no cérebro",[1] disposto a "passar e repassar os atos e os fatos"[2] anteriormente narrados e reapresentá-los ao leitor sob uma nova perspectiva. Assim, para rever uma abordagem anterior, o escritor era conduzido, por vezes, a reconstruir todo um universo ficcional que, apesar de manter com o anterior uma relação de envio e reenvio, tinha assegurada a sua autonomia. Neste sentido uma das molas propulsoras de *Memorial de Aires*, última grande narrativa do escritor, fora a reescritura de *Ressurreição*, seu primeiro romance.

Deparara-me, portanto, com o escritor/ruminante... "leitor–atento" de Agostinho, o filósofo que no capítulo 14 do livro 10 das *Confissões* não tem dúvida de que "...a memória é o estômago da mente..." e por isso afirma que "Da mesma forma como o alimento é trazido à boca pela *ruminação*, assim as coisas são trazidas da memória pela lembrança."[3]

E a lembrança trazia-me da memória as estantes da Biblioteca do "Bruxo do Cosme Velho" e um antigo projeto: estudar Machado de Assis enquanto leitor.

Foi, então, motivada por esse projeto que voltei à ABL assim que ingressei no Doutorado em Literatura Comparada, já com a finalidade de fazer um levantamento das pesquisas desenvolvidas a partir da biblioteca do romancista.

Verifiquei, de imediato, que algumas mudanças haviam acontecido na disposição do acervo, pois os volumes mais conservados tinham

---

[1] ASSIS, Machado de. *Esaú e Jacó*. Rio de Janeiro, Aguilar, 1997. 1ª ed. 9ª reimpressão, 1019.
[2] Idem.
[3] AGOSTINHO DE HIPONA. *Confissões*. Petrópolis, Vozes, (s.d.). Livro X, cap. XIV.

passado a compor uma estante que reproduzia para o público, ao lado de outros objetos, o escritório de trabalho do escritor. Quanto aos demais livros, haviam sido arrumados no salão principal da Biblioteca da Academia, ao lado de outras coleções particulares de ex-acadêmicos. Entretanto, não se tinha empreendido sequer um processo de recatalogação da biblioteca, servindo, ainda, como indexador da coleção a mesma listagem dos volumes, feita pelo professor Massa em 1960.

Mediante essa constatação, contando com a orientação do professor José Luís Jobim, compreendi a necessidade de empreender uma nova catalogação da Biblioteca, em vez de restringir-me à conferência da listagem do professor Massa. Fazia-se necessário "auscultar" cada volume, "ouvir seus ruídos", a fim de colher o maior número possível de informações sobre o acervo, para que o novo catálogo fosse capaz de oferecer subsídios para várias questões, conforme apontou o professor Jobim: "1) o levantamento das obras que ele (Machado) leu e a comparação de seu universo de leitura com os padrões da época, no Brasil e na Europa; 2) a comprovação (ou não) de hipóteses já levantadas por críticos, teóricos e historiadores da literatura sobre as influências de outros escritores em Machado; 3) o estabelecimento da relação de Machado com o pensamento "científico" de época (psiquiatria, lingüística etc.); 4) a verificação das opiniões expressas em anotações à margem dos livros; 5) a reconstrução histórica do papel das obras do acervo no horizonte da época em que Machado viveu."[4]

Dei início, então, a um trabalho diário que durou dois semestres. Neste período foram catalogados 649 volumes dos 718 listados por Massa. 69 títulos não foram encontrados. Com a ajuda dos bibliotecários os livros extraviados foram procurados, sem sucesso, nas bibliotecas de outros ex-acadêmicos, que como Machado também tiveram seus acervos particulares doados à Academia. Entretanto, ao final do levantamento encontramos 15 volumes que não tinham sido catalogados por Massa mas que provavelmente teriam pertencido a Machado de Assis, pois todos estavam a ele dedicados por seus autores ou editores, em datas que iam de 1867 a 1907.

Observando o fato de que o professor Massa fizera a catalogação do acervo quando os livros ainda estavam na casa de Laura (Leitão de

---

[4] Cf. a introdução deste livro, 12-13.

Carvalho), herdeira do romancista, passei a levar em conta a hipótese de que os tais volumes que encontramos poderiam ter sido doados para a Biblioteca da Academia até mesmo pelo próprio escritor, que presidiu a ABL desde sua fundação em 1897 até 1908.

E havia ainda a se considerar o depoimento de Laura (Leitão de Carvalho) a Jean-Michel Massa, no qual afirmara que teriam levado cerca de trezentos volumes da coleção logo depois da morte do escritor, o que nos conduzia a supor que os quinze volumes encontrados no acervo da ABL, todos dedicados a Machado de Assis, sem que tivessem sido catalogados por Massa, fizessem parte de tal lote de livros. Entretanto, essa hipótese precisava ser vista com cautela, pois a herdeira do escritor era muito jovem quando ele morreu. Inclusive, no testamento em que ele a declara como sua única herdeira denomina-a *"menina Laura*, filha de minha sobrinha e comadre Sara Braga da Costa e de seu esposo e compadre Major Bonifácio Gomes da Costa."[5] Ademais, entre o falecimento do escritor e o depoimento de sua legatária sobre o desmantelamento de seu acervo haviam se passado 52 anos ...

Ademais, o fato de verificarmos que 89 volumes da Biblioteca de Machado haviam sido carimbados com o nome de E. Leitão de Carvalho, esposo da herdeira do escritor, gerou muita inquietação, pois tal observação poderia levar-nos a supor que a biblioteca fora enxertada com os livros do Sr. Leitão de Carvalho... Mas, curiosamente, dentre os 89 volumes nos quais encontramos o referido carimbo, 5 estavam dedicados a Machado de Assis. Como proceder, então? Deveria fazer uma nova listagem da qual seriam excluídos os livros carimbados? E quanto aos livros em que o carimbo fora estampado sobre dedicatórias feitas ao romancista?

Como as perguntas começavam a se avolumar e nos assentamentos da Biblioteca da ABL não havia sequer a data da incorporação do acervo de Machado, tornou-se necessário buscar informações no arquivo pessoal do escritor. Mas nada além de seu testamento fazia referência aos seus livros. Foi, então, que por sugestão do bibliotecário responsável pela Biblioteca da Academia, Luís Antônio de Souza, consultei o saudoso acadêmico e professor Antônio Houaiss a fim de recorrer à sua memória pessoal a respeito da aquisição da coleção.

---

[5] ASSIS, Machado de. *Testamento*. In: Arquivos de Machado de Assis da ABL. Firmado a 31 de maio de 1906. Tabelião Cruz - Rua do Rosário 52, Rio de Janeiro; aberto em 20-10-1908.

Bastante entusiasmado com o trabalho, a contribuição do professor Houaiss foi capital, pois além de conduzir-me à leitura das atas das sessões acadêmicas, a fim de que pudesse levantar dados para a compreensão dos pontos obscuros da história da biblioteca de Machado, alertou-me para a necessidade de relacionar a biblioteca com o sistema de alusões que o escritor criara ao longo de sua obra.

Efetivamente, a leitura das atas das sessões ordinárias e extraordinárias da Academia, desde a reunião preparatória (15-12-1896) até o dia em que Austregésilo de Athayde anunciou que a Biblioteca de Machado de Assis integrara-se ao acervo da ABL (30-12-1964), não só possibilitou-me a compreensão dos referidos pontos obscuros, em relação ao legado de Machado de Assis, como, também, facultou-me o entendimento de dados fundamentais em relação à história da recepção do próprio Machado de Assis na Academia Brasileira de Letras.

Feito o catálogo e levantados os elementos principais para a composição de *uma breve história da biblioteca de Machado de Assis,* fui levada a conferir os indicativos das informações colhidas ao longo da leitura das atas. Com isso, outras pesquisas acabaram sendo feitas. Na ata de 14 de maio de 1959, por exemplo, comentou-se a solenidade ocorrida no mês anterior no Real Gabinete Português de Leitura, na qual fora inaugurada uma placa, comemorando a circunstância de ter Machado de Assis freqüentado assiduamente a Biblioteca do Gabinete. Este indicativo levou-me não só ao Real Gabinete Português de Leitura, como a duas outras salas de leitura que à época de Machado costumavam ser freqüentadas por intelectuais: a Biblioteca Nacional e o Instituto Histórico e Geográfico Brasileiro.

No Real Gabinete Português de Leitura até hoje a placa de Bronze erguida em 1959 tem lugar de destaque no salão de leitura, mas não se preservou qualquer registro dos leitores que freqüentaram a biblioteca da instituição, que esteve alojada em diferentes sedes no Centro do Rio, até ocupar seu lugar definitivo. Na Biblioteca do IHGB também não foram preservados os registros de seus leitores, mas na Biblioteca Nacional estão conservados até hoje os livros de consulta pública que vão de 1836 a 1856; a partir de então deixou-se de anotar o nome dos leitores que freqüentavam a Casa e as obras por eles consultadas. Mas, apesar do pequeno período coberto pelos registros, pudemos verificar a presença do jovem Joaquim Maria nos salões da Biblioteca.

Entretanto, nenhum arquivo traduziu com tamanha precisão a imagem de Machado enquanto leitor contumaz, como o livro *Alguns escritos*[6] de Mário de Alencar, no qual o crítico detalha os hábitos de leitura do escritor/leitor, velho ruminante a saborear a leitura e degustá-la como ninguém. As informações de Mário de Alencar acrescentaram ao acervo da Biblioteca de Machado os jornais da época, pois eram lidos diariamente pelo escritor: "*A Gazeta de Notícias, O Correio da Manhã, O Jornal do Comércio, O País, O Diário Oficial* e às quintas-feiras o folhetim do Dr C. de Laet, no *Jornal do Brasil*".

E quanto ao levantamento do rol das citações feitas por Machado ao longo de sua obra? Se elaborássemos um "catálogo das alusões machadianas", conforme sugestão do professor Houaiss, e o analisássemos na economia do catálogo de sua biblioteca, estaríamos efetivamente contribuindo para dirimir as suspeitas dos presumíveis enxertos feitos pela herdeira do escritor ou por seus familiares na biblioteca do romancista?

Apesar de morosa, esta foi certamente uma das mais deliciosas etapas de nossa pesquisa. Reler o "Velho Bruxo" possibilitou-nos uma melhor compreensão da "idéia" de ruminação... Mas como o tempo não sobejava para que pudéssemos trabalhar com todo o material que hoje se atribui ao romancista, elegemos para a nossa leitura a *Obra Completa de Machado de Assis*, editada pela Aguilar, por ser uma edição elaborada a partir da última edição que o próprio Machado fizera de sua Obra Completa.

Ao concluir a feitura da listagem de títulos e autores citados por Machado, em ordem cronológica, ao longo de sua obra, procuramos relacioná-la ao catálogo de seu acervo com a finalidade de verificar a presença e/ou ausência de sua biblioteca no sistema de citações que criara em seus escritos e vice-versa.

Em nenhum momento pretendemos responder de forma definitiva a qualquer uma das questões levantadas durante nossa pesquisa. Se de alguma forma mobilizarmos os leitores machadianos com os dados que apresentamos, já teremos atingido nossos objetivos...

---

[6] ALENCAR, Mário de. *Alguns escritos.* Rio de Janeiro, Casa Rui Barbosa, 1995, 34.

## Uma breve história da biblioteca de Machado de Assis

Em 1846 e 1847, o *Almanaque Laemmert* era remetido para a Rua Nova do Livramento, número 131, residência da família Machado de Assis. O assinante era o Sr. Francisco José de Assis, pai do menino Joaquim Maria, então com 7/8 anos.

Segundo Pujol, a partir da informação de Ramos Paz, o Sr. Francisco de Assis era um humilde operário pintor de casas. Já Hemetério dos Santos afirma que ele teria sido "pintor e dourador", "um artista inteligente e de alguma leitura".[7] Entretanto, apesar de julgar tal informação verossímil Massa verifica que o nome Assis não aparece em nenhum dos *Almanaques Laemmert*, nas diversas rubricas relativas a pintores. E acaba por concluir que ele teria sido um artesão circunscrito à comunidade onde residia, no então Morro do Livramento.

Quanto à mãe do escritor, reafirmou-se indiscriminadamente, de um livro a outro, a partir de Pujol, que era uma mulata lavadeira de roupas. Entretanto em 1939, por ocasião da *Exposição do Centenário de Nascimento de Machado de Assis* publicou-se sua identidade açoriana. Segundo Massa,

> *Se Maria Leopoldina retornava ao Livramento* (chácara do Livramento) *após se casar, só poderia ser para realizar tarefas compatíveis com sua formação cultura e sexo: costura, bordado, trabalhos de agulha; talvez até um pouco de atividades de ensino, porque sabia ler e escrever. Guardadas cuidadosamente as proporções, a consideração que a cercava devia ser semelhante ao tratamento dado às francesas que, mais tarde, vieram ao Brasil com o fim de instruírem e educarem as jovens brasileiras.*[8]

Tanto pela ascendência materna quanto pela paterna, Joaquim Maria teve origem humilde. Bisneto de escravos alforriados pelo lado paterno, mas neto de homens livres por ambos os lados, Machado de Assis não se encontrava, entretanto, segundo a análise do pesquisador francês Jean-Michel Massa, embaixo, na escala social do Brasil de então.

---

[7] MASSA, Jean-Michel. *A juventude de Machado de Assis*. Rio de Janeiro: Civilização Brasileira, 1971, 57.
[8] Idem, 59.

> *Em linguagem moderna se pode dizer que esta família, pela sua cultura, pela sua atividade, se bem que proletária pela sua condição, como os caixeiros, representa a pequena burguesia. Mas evitemos essa expressão anacrônica assim como a de classe média. Falemos, antes, de "classes de meio ambiente" a fim de situá-las, de preferência a defini-las.*[9]

Torna-se muito complexo afirmar qual seria efetivamente a situação sócio-econômica da família Machado de Assis. Entretanto, considerando-se que em 1876 o próprio escritor afirmara, ao analisar as estatísticas oficiais da ocasião, que só 30% da nação sabiam ler, certamente o fato de ter nascido 37 anos antes, em uma família letrada, já lhe havia concedido um privilégio: *a condição de tornar-se leitor.*

Verifica-se, também, que não há registro oficial da passagem do menino Joaquim Maria pelas escolas da cidade, o que só ratifica o fato de que sua formação fundamental teria sido feita dentro da própria casa, por intermédio de seus pais.

No entanto, algumas hipóteses mais romanescas são levantadas a respeito da formação escolar do escritor, ainda que sem qualquer comprovação documental. Chega-se a criar uma tradição biográfica, a partir das narrativas da Condessa de São Mamede, da Baronesa de Taquari e da Viscondessa de Taíde de que ele teria freqüentado algumas aulas no Colégio Meneses, em S. Cristóvão, no qual sua madrasta, Maria Inês, vendia doces.

Entretanto, quando o professor Massa ouviu a neta da condessa de São Mamede, verificou que a suposta "colega" de Machado de Assis se casara em 1849, tendo, certamente, deixado de freqüentar o colégio anteriormente. Quanto a Joaquim Maria, só aos dez anos é que ficara órfão de mãe (1849). Ademais, seu pai só contraiu novas núpcias a 18 de junho de 1854, 5 anos depois de ficar viúvo, quando o escritor completava 15 anos.

Alguns críticos chegam a propor a hipótese de um concubinato entre Francisco José e Maria Inês, a fim de justificar a tradição oral de que fora por meio da madrasta doceira que o menino Joaquim Maria adquirira suas primeiras instruções. Entretanto, a hipótese é muito

---
[9] Ibidem, 60.

questionável, primeiro porque Maria Leopoldina, a mãe do escritor, era uma pessoa que gozava de certa consideração e respeito dos que a cercavam. Pois, mesmo tendo falecido 4 anos depois de Maria José — dona da chácara do Livramento e madrinha do escritor — foi sepultada ao seu lado no Convento de Santo Antônio. Em segundo lugar porque o Sr. Francisco de Assis, logo após ter contraído novas núpcias, mudou-se do Livramento, fixando residência no bairro do Engenho Novo, local em que se casara com Maria Inês.

Não há dados para afirmar conclusivamente se o jovem Joaquim Maria acompanhou ou não seu pai na transferência de residência. A tradição da biografia machadiana afirma, entretanto, que ele a esse tempo muda-se para o Centro da Cidade.

Fato é que sete meses depois das novas núpcias de seu pai, aparecem na *Marmota Fluminense* algumas das primeiras publicações do escritor: *Ela,* de 12-1-1855 e *A palmeira,* de 16-1-1855. Seguindo-se a esses poemas, outros 17 textos de sua autoria são datados de 1855.

É também em 1855, a 13 de agosto, que pela primeira vez o jovem leitor Joaquim Maria Machado de Assis visita o salão de leitura da Biblioteca Nacional para consultar a coleção das *Marmotas Fluminenses* dos meses de junho, julho e agosto.

Retorna, ainda, mais duas vezes à Biblioteca: a 17 de novembro, quando consulta o livro de José Ignácio de Abreu e Lima, *Sinopse ou dedução dos fatos mais notáveis da História do Brasil* e os dois volumes do Padre Ayres do Casal, *Corographia Brasílica;* e a 13 de dezembro quando consulta os *Jornais do Comércio* de agosto, setembro e outubro.

Os primeiros ensaios do escritor-*leitor* surgiriam no ano seguinte. Na *Marmota fluminense* publicou: "Idéias vagas: a Poesia", 10-06-1856; "Idéias vagas: a Comédia Moderna", 31-7-1856; "Idéias vagas: os Contemporâneos — Mont'Alverne", 4-9-1856 e 6-9-1856. E no *Diário Oficial do Rio de Janeiro* edita: "A madame Arsène Charton Demeur", 7-2-1856.

Como Machado de Assis conheceu Paula Brito não se pode precisar, mas o editor da *Marmota Fluminense*, além de publicar jovens escritores, teve papel fundamental na vida cultural da segunda metade do Oitocentos no Rio de Janeiro. Em 1853 passa a reunir em sua livraria um grupo de intelectuais e poetas que formavam uma sociedade literária e artística denominada *Petalógica,* freqüentada tanto por escritores mais experientes como por poetas iniciantes. E, apesar de o nome da sociedade sugerir mentira ou brincadeira, seus membros discutiam teatro e literatura, política, economia, etc., ao que tudo indica, com a mais pertinente seriedade.

Machado de Assis, em diversos momentos, referiu-se à sua participação na Petalógica, sempre elogiando o editor e jornalista Paula Brito, sem, entretanto, precisar quando teria começado a fazer parte do grupo. Em uma introdução, segundo Massa, escrita para o livro de José Antônio da Silva, antigo membro da Petalógica, afirma Machado:

> *Este livro é uma recordação, é a recordação da Petalógica dos primeiros tempos, a Petalógica de Paula Brito, — o café Procópio de certa época — onde ia toda a gente, os políticos, os poetas, os pobres, os dramaturgos, os artistas, os viajantes, os simples amadores, amigos e curiosos, — onde se conversava de tudo, — desde a retirada de um ministro até a pirueta da dançarina da moda; onde se discutia tudo, desde o dó de peito de Tamberlick até os discursos do Marquês de Paraná, verdadeiro campo neutro onde o estreante das letras se encontrava com o conselheiro, onde o cantor italiano dialogava com o ex-ministro.*[10]

Considerando a referência ao Ministério Paraná, que governou de setembro de 1853 a 23 de agosto de 1856, podemos concluir que a esse tempo Machado de Assis devia freqüentar a Sociedade Petalógica, tendo ela significado, para o jovem iniciante do mundo das letras, um grande exercício de leitura da sociedade de seu tempo e das produções artísticas que circulavam no ambiente intelectual de então.

Observamos, também, que os dois primeiros poemas que publica fazem referência a Francisco Gonçalves Braga. O primeiro leva uma epígrafe do escritor, o segundo é a ele dedicado. F. G. Braga, poeta português, amigo de Paula Brito e colaborador da *Marmota fluminense,* também participava da Petalógica, tendo chegado ao Brasil em 1854. Por volta de 1857 Gonçalves Braga integra com Machado, Caetano Filgueiras, Macedinho e Casimiro de Abreu o denominado "Grupo dos Cinco."

Se a essa época Machado ainda era caixeiro na Livraria de Paula Brito, conforme reza a tradição de sua biografia, não se pode compro-

---

[10] Idem, 85.

var. Entretanto, já estava iniciado o caminho literário daquele que seria o mais importante escritor da Literatura Brasileira do século XIX. E seu amadurecimento intelectual, na medida em que não freqüentara sistematicamente uma escola, deveu-se, de certa forma, à sua convivência com intelectuais, poetas e escritores com os quais se relacionou ao longo de sua vida.

Não podemos afirmar quando Machado de Assis pôde começar a adquirir de forma mais sistemática os volumes que viriam a compor sua biblioteca. Mas, dada a sua paixão pelos livros, pode-se inferir que os colecionou ao longo da vida. A referência mais remota que faz à aquisição de um volume encontra-se no que restou de sua correspondência amorosa com Carolina Novaes, quando ainda eram noivos (1868). Escreve:

> *Pois, olha; eu queria que lesses um livro que acabei de ler há dias; intitula-se:* A família. *Hei de comprar um exemplar para lermos em nossa casa como uma espécie de Bíblia Sagrada. É um livro sério, elevado e profundo; a simples leitura dele dá vontade de casar.*[11]

Não deve ter sido com pouco esforço que foi reunindo ao longo de sua vida os volumes que viriam a compor seu acervo particular, pois, quando se verifica seu testamento, firmado a 31 de maio de 1906, dois anos antes de morrer, conclui-se que, apesar da notoriedade que o cercava, não podia ser considerado um homem rico.

> *Declaro que sou possuidor de doze apólices gerais da dívida pública de um conto de réis cada uma e de juro de 5% ao ano (...) as quais se acham depositadas no London and Brazilian Bank, limited. Possuo também algum dinheiro depositado em conta corrente no sito Banco e várias quantias recolhidas à Caixa Econômica em caderneta número 14904 (1ª série).*[12]

À época em que firmou seu testamento, Machado de Assis era presidente da Academia Brasileira de Letras, fundada em 1897, e gozava de grande prestígio, convivendo intensamente com os intelectuais

---
[11] ASSIS, M. de. *Obra completa*. Rio de Janeiro: Nova Aguilar, 1997. V. 3, 1030.
[12] ASSIS, M. de. *Testamento*. Arquivos da ABL.

de então, conforme comprova sua correspondência. Entretanto, seu convívio íntimo era intensamente restrito, limitando suas relações aos familiares de sua falecida esposa, que o deixara profundamente consternado com sua morte, conforme descreve Mário de Alencar, um dos raríssimos amigos que tinha acesso à casa do escritor.

> *Continuava na viuvez a existência de casado, com os mesmos hábitos, como se a pessoa dela presidisse ainda o governo da casa. (...) Não se deslocou um móvel em toda a casa; nos aposentos da morta o toalete e o lavatório ficaram sempre como eram no tempo dela, com as toalhas e panos bordados ou feitos por suas mãos: na sala de jantar estava no mesmo sítio a cadeira de balanço de dois assentos opostos, na qual os dois velhos, como o casal Aguiar, passavam conversando as horas de convívio a sós (...) Os quatro últimos anos de sua vida foram dedicados ao culto da esposa. Ignoro se rezava, mas valia a melhor das orações a concentração do seu espírito nas primeiras horas do Domingo que ele passava junto ao túmulo querido. Não havia mau tempo que o demovesse da piedosa visita semanal; voltava aliviado, como os crentes depois de ouvida a missa...*[13]

Mantendo tão viva a memória da esposa em sua vida, nada mais natural que Machado legasse todos os seus bens à afilhada do casal, filha da sobrinha de sua inesquecível Carolina.

> *Das doze apólices citadas, dos dinheiros recolhidos à caixa Econômica e dos depositados em conta corrente (...) dos meus móveis, livros e demais objetos a mim pertencentes, nomeio herdeira única a menina Laura, filha de minha sobrinha e comadre Sara Braga da Costa e de seu esposo e meu compadre Major Bonifácio Gomes da Costa.// A propriedade da minhas obras literárias pertence ao meu editor Garnier...*[14]

Entretanto, 4 dias depois do falecimento do romancista, conforme consta na ata da sessão da ABL de 2-11-1908, o acadêmico Rodrigo Otávio faz saber que Machado de Assis na antevéspera de sua morte

---

[13] ALENCAR, Mário de. *Alguns escritos*. Rio de Janeiro: Fundação Casa de Rui Barbosa, 1995, 38.
[14] ASSIS, M. de. *Testamento*. Arquivos da ABL.

fizera uma declaração verbal (posteriormente reduzida a escrito e assinada por testemunhas) na qual legara à Academia *seus livros*, papéis e recordações literárias. Acrescenta, ainda, que, conforme a praxe, dever-se-ia aguardar a ocasião oportuna para que se pudesse proceder em juízo, a fim de obter o legado.

Assim sendo, José Veríssimo — que ocupava, então, o cargo de presidente interino da ABL — nomeia Souza Bandeira, Inglês de Souza e o próprio Rodrigo Otávio para comporem uma comissão, cuja finalidade seria pleitear oportunamente o legado que Machado de Assis reservara à Academia.

Mas, ao que parece, a família da esposa de Machado não concordou, de pronto, em atender integralmente a esse último desejo do escritor, no que diz respeito à sua manifestação escrita de legar seus livros e recordações literárias à ABL. Pois, segundo a ata da Sessão de 21 de outubro de 1908, os acadêmicos, já sob a presidência de Rui Barbosa, discutem o assunto e decidem não pleitear judicialmente o legado, na medida em que uma questão de tal ordem implicaria num processo moroso e dispendioso, que acabaria por tornar público um problema que não deveria passar da intimidade dos interessados.

A opção pelo acordo conduz os acadêmicos a nomearem uma comissão composta por José Veríssimo e Mário de Alencar, com a finalidade de entenderem-se com o major Bonifácio Gomes da Costa, pai da principal herdeira de Machado e testamenteiro do escritor, segundo registro feito em cartório pelo próprio romancista.

Certamente, o fato de José Veríssimo e de Mário de Alencar terem tido o privilégio de conviver com Machado de Assis na intimidade familiar determinou a deliberação dos acadêmicos para que se fizesse um arranjo amigável entre a ABL e o testamenteiro do escritor, pois em última análise tratava-se de um acordo entre amigos.

E não deve efetivamente ter sido difícil estabelecer o acordo, pois, um mês depois, a 30 de novembro de 1908 José Veríssimo informa a seus confrades que já haviam recebido e transportado para a sede da ABL papéis manuscritos, originais, correspondências, retratos com dedicatórias, pequenos quadros oferecidos por amigos a Machado, a secretária e a cadeira que haviam sido usadas pelo escritor desde 1874, além de *várias obras com dedicatórias*.

Entretanto, não foi apensa à ata da referida sessão a listagem dos livros levados para a ABL na ocasião, sequer o número de volumes foi mencionado. Da mesma forma, o pai da principal herdeira de Machado — e responsável pelo acerto com os acadêmicos — não deve ter feito qualquer registro do acordo. Mas a informação de que da biblioteca haviam sido retirados alguns exemplares parece ter sobrevivido ao tempo, nas histórias da família do major Bonifácio, pois no início dos anos sessenta a "menina Laura", então Sra. Laura Leitão de Carvalho, afirmaria a Jean-Michel Massa que a biblioteca do romancista começara a ser desmantelada logo depois de sua morte, quando dela haviam levado cerca de trezentos volumes...

Certamente, a Sra. Leitão de Carvalho desconhecia o trato amigável que resultara no primeiro desmantelamento da Biblioteca de Machado. E, se chegamos a essa conclusão, é porque julgamos improvável que um outro lote de livros, além do que fora levado para a Academia, teria sido subtraído do acervo, em torno da mesma data em que os acadêmicos José Veríssimo e Mário de Alencar fizeram transportar, para a sede da ABL, o que à Instituição fora reservado.

Se os livros levados para a ABL não foram catalogados, foi, certamente, por terem recebido um tratamento diferenciado dos demais volumes que para lá eram remetidos. Essa conclusão se deve à verificação de que era praxe dos acadêmicos, sempre que ocorressem doações de volumes à ABL, fazerem anexar ao final das atas das sessões uma listagem dos livros doados, na qual se especificava o nome do doador e a data da doação. Entretanto, em nenhuma dessas listagens de doadores pôde-se verificar o nome de Machado de Assis ou o de sua herdeira oficial.

Com a morte dos acadêmicos contemporâneos de Machado de Assis e sem o registro escrito das obras que à ABL foram legadas pelo escritor, perdeu-se a memória do tratamento diferenciado que fora dado aos livros do escritor, possibilitando a integração dos volumes à Biblioteca Geral da ABL, sem qualquer referência à sua origem. Só isto explicaria o fato de termos encontrado, durante nossas pesquisas, os 15 livros já referidos, todos dedicados ao escritor em datas que variavam de 1867 a 1907.

Efetivamente tanto o lote de livros que coube à ABL quanto a quase totalidade do acervo que ficou sob a guarda da Sra. Laura sofreram perdas irreparáveis. E se os livros doados à Academia ainda podem ser garimpados por uma varredura de arquivos, de depósitos, etc., muitos dos volumes que couberam à principal herdeira do escritor estão definitivamente perdidos, conforme ela mesma relatou ao professor Massa, quando o recebeu em sua residência, para que fizesse a catalogação do acervo.

E, se em 1958 não houvesse acontecido uma espécie de mobilização nacional para homenagear Machado de Assis no cinqüentenário de sua morte, dificilmente a coleção ainda estaria nas condições em que se encontra atualmente. Isto porque até 1958 Machado de Assis ocupou muito pouco espaço, enquanto tema, nas reuniões da Academia, e tudo que o cercava parecia repousar na sombra. Mas, por ocasião dos cinqüenta anos de sua morte, os acadêmicos objetivaram divulgar o autor e a sua obra de tal sorte que resultasse "numa consagração nacional — a maior, mais durável e significativa do nome do fundador dessa Casa", como se afirma na ata de 18 de setembro de 1958.[15]

---

[15] Para que se tenha uma idéia mais precisa, depois da reunião em que se tratou da recepção do legado do escritor na Academia só se retoma o tema Machado de Assis um ano depois para tratar-se da colocação de uma placa na casa em que residira e falecera o escritor. Posteriormente só em 1910 é que se retoma o assunto Machado, novamente no período do aniversário de seu falecimento. Desta vez se propõe confeccionar um busto do escritor para ser colocado na sala das reuniões da ABL. E a partir de então começa-se uma intensa discussão a respeito do custo da empreitada. A 6-5-11 apresenta-se o orçamento. A 8-7-11 informa-se que o busto está na fundição, sendo que a 4-11 de 1911 e a 5-5 de 1912 volta-se a falar em Machado de Assis com a finalidade de discutir a feitura de uma estátua do escritor. Dois anos mais tarde, a 28-10-1915, é que o assunto Machado de Assis retorna à ABL, para informar-se a respeito de um curso sobre o romancista, a ser ministrado por Pujol em S. Paulo. Um novo silêncio de aproximadamente 3 anos a respeito do escritor é quebrado por Mário de Alencar que noticia, a 20-6-1918, que fora posta à venda a casa em que residira Machado, propondo que se compre o imóvel e que ele seja transformado em uma escola, em homenagem ao saudoso presidente da ABL. Mas, para surpresa do leitor das atas, o assunto sequer é discutido e só no ano seguinte, por ocasião do aniversário da morte do romancista é que o assunto Machado retorna às atas por meio da menção que fizera Carlos de Laet ao visitar o túmulo do escritor. Em 1920 Machado volta a ser assunto nas sessões da Academia: em três sessões menciona-se o projeto da construção de uma estátua do romancista. É comunicada, ainda nesse ano, a demolição da casa em que residira o escritor. Na referida sessão, pergunta-se sobre os objetos que pertenceram ao romancista, e o secretário geral da ABL assegura aos acadêmicos que os objetos pertencentes a Machado estão convenientemente guardados. Em 1921 também não se deixou de visitar o túmulo do escritor por ocasião do aniversário da morte do romancista. E o assunto mais freqüente nas atas das sessões passa a ser a feitura de uma estátua do escritor. Só em 1923,

Atribuímos a esse projeto de consagração nacional de Machado de Assis a divulgação da existência de sua biblioteca particular pela imprensa. Ademais, sem as notícias a respeito da existência da biblioteca, dificilmente o pesquisador francês Jean-Michel Massa poderia ter tido o consentimento da Sra. Laura Leitão de Carvalho para que catalogasse o acervo do escritor.

---

14 anos depois da morte do romancista é que se cogita pela primeira vez publicar em livros as colaborações de Machado de Assis em jornais. Há, então, um longo silêncio a respeito do escritor [durante 16 anos nada se fala sobre Machado nas sessões da ABL].E Machado só voltará a ser mencionado por ocasião do centenário de seu nascimento. Entretanto, é o seu cinqüentenário de morte que merecerá um tratamento todo especial. Nessa ocasião, devido às inúmeras iniciativas que se toma para homenageá-lo, há uma espécie de renascimento de Machado de Assis em todo o país. É nomeada uma comissão para tratar dos eventos, presidida por Magalhães Júnior. O diretor do Departamento de História e Documentação da Secretaria Geral de Educação e Cultura da Prefeitura do Distrito Federal apresenta à ABL um plano para as homenagens a Machado nos cinqüenta anos de sua morte. De São Paulo chegam as notícias das homenagens: Ricardo Ramos, filho de Graciliano Ramos, promove na Última Hora um movimento de opinião para dar às comemorações importância excepcional. O poeta Antônio Rangel Bandeira propõe um vasto programa com cursos nas escolas primárias, secundárias e superiores, nos quartéis e nas instituições literárias; além de publicações de ensaios e pesquisas sobre Machado, sugere, ainda, a ereção de uma estátua do romancista no jardim da Biblioteca Municipal de São Paulo, entre Cervantes e Mário de Andrade. Dentre as comemorações cariocas destacam-se: um curso sobre Mac. .lo, ministrado no Pen Clube, sob a presidência de Celso Kelly; um festival machadiano, no Largo do Boticário; a montagem da peça *O Protocolo* no Teatro Dulcina, e inúmeras palestras nas escolas secundárias sobre a vida e a obra do escritor. Na Bahia, o reitor da Universidade Federal, Edgar Santos, ministra um curso sobre a personalidade e a obra de Machado de Assis. O objetivo dos acadêmicos, como consta na ata de 31 de julho de 1958, era "resultar afinal numa consagração nacional — a maior, mais durável e significativa do nome do fundador dessa Casa". Registramos, ainda, que, em 18-9-58, baseando-se em parecer do Sr. Consultor Geral da República, o Presidente da república expediu um decreto, declarando de domínio público a obra literária de Machado. Ao mesmo tempo o Presidente recomenda ao Sr. Ministro da Educação e Cultura que organize uma comissão especial, sob a orientação do Presidente da ABL, para resolver quanto à publicação das obras do grande escritor. Como parte das homenagens, a Casa da Moeda é autorizada a cunhar a medalha Machado de Assis. Na Sessão Solene dos Cinqüenta Anos, além dos acadêmicos está presente o Presidente da República, Juscelino Kubitschek, que faz a seguinte declaração: "O Pres. da República, usando a atribuição que lhe confere o artigo 5º, letra K do Decreto Lei 3365, de 21 de dezembro de 1941, declara: Art. 1 — de utilidade pública para fins de desapropriação, o imóvel sito nesta capital na rua Cosme Velho 152, "igual e contíguo aquele já demolido, onde Machado de Assis residiu e morreu, e que por conservar as mesmas características arquitetônicas servirá de sede ao futuro museu Machado de Assis, reconstituindo nele o ambiente em que viveu e trabalhou o grande escritor brasileiro. Art. 2 – O presente decreto entra em vigor na data de sua publicação, revogadas as disposições em

Da divulgação da existência da Biblioteca e de sua posterior catalogação até a data em que o Presidente da Academia Brasileira de Letras, Austregésilo da Athayde, refere-se ao fato de que o acervo fora "generosamente ofertado à Academia pelo Marechal Leitão de Carvalho e sua Exma. Senhora", aproximadamente 6 anos haviam-se passado.

Não podemos afirmar com exatidão o dia em que acervo foi doado à Academia, nem mesmo podemos precisar se efetivamente ocorreu em 1964, pois não encontramos qualquer outro dado nos arquivos da ABL, além da referência feita na ata de 30 de dezembro de 64, que abaixo citamos integralmente:

> *Quando estiver terminada a remoção para as estantes de aço do sub-solo, dos dicionários, enciclopédias, revistas, projetamos usar o local onde se encontravam para transformá-lo num sóbrio gabinete, onde se guardará a biblioteca de Machado de* Assis, generosamente ofertada à Academia pelo Marechal Leitão de Carvalho e Exma. Senhora; *no mesmo local ficarão a mesa e cadeira de nosso Patrono, além dos outros objetos que lhe pertenceram.*[16]

Em 1989, ao visitarmos a Academia, deparamo-nos com um sóbrio gabinete que reproduzia o local de trabalho do Patrono da ABL. Nele estavam seus livros, sua mesa e sua cadeira, seu tinteiro, seus óculos. Tal qual projetara o então presidente da Casa, o Sr. Austregésilo de Athayde...

Hoje, como mencionamos anteriormente, os livros de Machado não estão arrumados em um único lugar na ABL. Alguns, mais bem conservados, estão dispostos em uma sala que reproduz para o público o ambiente de trabalho do escritor. Os demais ocupam duas estantes no salão da Biblioteca da Academia.

---

contrário. Dist. Federal, 29 de setembro de 1958." Ainda neste período o Presidente da República expediu documentação solicitando que se fizesse uma escola no lugar em que nascera Machado de Assis, no morro do Livramento — terreno da Chácara Barroso — residência do Sr. Bento Barroso Pereira. Não se registrou porque o museu e a escola em homenagem a Machado de Assis não se concretizaram... Entretanto, a Comissão editorial frutificou, tendo se instalado pela primeira vez a 15 de outubro de 1958, publicando a primeira edição da *Obra Completa de Machado de Assis* em 1959. Ademais, a partir de 1959, Machado de Assis passa a ser assunto freqüente na ordem do dia das sessões da ABL.
[16] Athayde, Austregésilo. Atas da ABL: 30-12-1964.

É preocupante o estado em que se encontram alguns volumes. Caso não se tome uma iniciativa efetiva para preservá-los, receamos que as futuras gerações só saberão da existência da coleção por meio dos relatos e catálogos que dela forem feitos...

### *Análise quantitativa da biblioteca de Machado de Assis: situação atual*

O que restou da biblioteca particular de Machado de Assis encontra-se, atualmente, sob a guarda da Academia Brasileira de Letras. Os livros estão numerados de 1 a 718, sendo que se repetem os números 47, 83, 140, 150, 167, 205, 219, 157, 277, 381, 401, 420, 464, 477, 526, 532, 692 e 709; o que nos permite totalizar 736 volumes. Entretanto, desses 736 volumes 77 não foram encontrados, o que nos fornece um resultado parcial de 659 obras; pois, esse montante foi acrescido de 15 exemplares, incorporados ao acervo durante nossas pesquisas, conforme relatamos anteriormente. Portanto, numericamente falando podemos afirmar que a Biblioteca de Machado de Assis atualmente é composta de 674 volumes.

Ao confrontarmos o catálogo atual com o que fora feito por Massa em 1960, não foram encontrados os seguintes volumes:

77 — PELISSON. *Les romaines au temps de Pline le Jeune.*
78 — *Bíblia sagrada:velho e novo testamento.*Trad. em português segundo Vulgata Latina de Antônio Pereira de Figueiredo.
89 — RIG-VEDA. *Chefs d'ouvre de la Perse, del'Egypt et la China.*
113 — TASSE. *Le Jerusalém délivrée.*
153 — RESENDE, Garcia.Chronica de El-Rei D. João III. V.2.
154 — Idem. v. 3
166 — Não foi encontrado nenhum documento com essa numeração, também não foi registrado nenhum documento com essa numeração no catálogo de Massa-1960. (*sic*)
168 — SOUTHEY, Roberto. *História do Brasil.*
175 — ALENCAR, José de. Il Guarany. (Edição italiana, publicada em 1864, 7 anos depois da 1ª ed. Brasileira)

177 — ALVARENGA, Manuel Ignácio. *Obra poética.* V. 1.
178 — Idem, V. 2.
196 — LAMBERG, Maurício. *O Brasil vertido do alemão.*
198 — ALMEIDA, Cândido Mendes. Memórias para a história do antigo estado do Maranhão.
214 — JORNAL HEBDOMADÁRIO, CRÍTICO E LITERÁRIO. (4 números em um só volume)
277 — BUCKLE, Henry. *Histoire de la civilisation en Angleterre.*
322 — SHAKESPEARE. *The hand volume.* V. 9.
323 — Idem, V. 10.
325 — Ibidem, V. 12.
326 — Idem ibidem, V. 13.
327 — BURNS, Robert. *The poetical works of (...)*
394 — DARWIN. *La descendance de L'homme et la selection par (...)*
395 — Idem, V. 2.
396 — DARWIN. *L'origine des espèces au moyen de la seléction naturelle.*
413 — POE, Edgar Allan. *The Works of (...)*
414 — Idem, V. 2.
415 — Ibidem, V. 3.
416 — WHITTIER, John. *The poetical works of (...)*
422 — GOETHE. *Werke illustrirt von ersten deutschen künstlern.* V. 2
424 — Idem, V. 4.
425 — Ibidem, V. 5.
427 — HAMERLING, Robert. *Ahasver in Rom.*
428 — HEINE. *Werke illustrirt.* V.l.
429 — Idem, V. 2.
430 — Ibidem, V. 3.
431 — Idem ibidem, V. 4.
432 — Ibidem ibidem, V. 5.
433 — Idem ibidem ibidem, V. 6.
452 — GOETHE. *Faust.*
458 — SCHILLER. *Oeuvres de (...)* V. 3.
459 — Idem, V. 4.
476 — SCHOPENHAUER, Arthur. *Essai sur le libre arbitre.*
478 — _____. *Pensèes, maximes et fragments.*
508 — LA ROCHEFOUCALD. *Réflexions, sentences et maximes morales.*

520 — DESTOUCHES, N. N. *Regnard suivies des œuvres choisies de (...)*
536 — VOLTAIRE. *Rommans de (...)*
577 — FLAUBERT, Gustave. *Correspondance.* V. 1.
578 — Idem, V. 2.
579 — Ibidem, V. 3.
580 — FLAUBERT, Gustave. *La tentation de Saint Antonine.*
581 — FLAUBERT, Gustave. *L'education sentimentale.*
582 — _____. *Lettres de (...)*
583 — _____. *Madame Bovary.*
584 — _____. *Salammbo.*
585 — _____. *Trois contes.*
589 — GAUTIER. *Nouvelles poésies.*
590 — _____. *Premières poésies.*
591 — _____. *Romans et contes*
592 — GOBINEAU. *Contes de (...)*
622 — RENAN. *Souvenirs d'enfance et de jeunerse par (...)*
670 — TAINE, *L'Ideal dans l'art.*
674 — _____. *Histoire de la littérature anglaise.*
702 — LA FONTAINE. *Fábulas de (...).* V. 1.
703 — Idem, V. 2.
716 — GOGOL. *Altväterische leute und andere Erzählungen.*

Acrescentamos ao acervo os seguintes livros:

I — CASTRO, Alf. *De sonho em sonho.*
II — BANDEIRA JÚNIOR, Antônio Francisco. *A indústria no Estado de São Paulo.*
III — FONTES, Hermes. *Apotheoses.*
IV — HORTA, Francisco Eugênio Brant. *Lyrae carmen.*
V — PÓVOA, Pessanha. *Annos acadêmicos.*
VI — POE, Edgar. *Les poèmes.*
VII — THEÓPHILO, Rodolfo. *Os brilhantes.*
VIII — LOPES, Oscar. *Medalhas e legendas.*
IX — GARÇÃO, Meyer. *Excelsior.*
X — FIGUEIREDO, Antero. *Partindo da terra.*
XI — COSTA, D. Antônio. *José de Castilho, o herói do mondego*
XII — OLIVEIRA, Dias de. *Aerolithes.*

XIII — FONSECA, Domingos Joaquim. *Manoel Beckmann.*
XIV — SALDANHA, Mal. Duque de. *A voz da natureza ou o poder, sabedoria e bondade de Deus, manifestados na creação, na conexão do mundo orgânico e na adaptação da natureza eterna à estrutura dos vegetais e à constituição moral e physica do homem.*

No que diz respeito à numeração atual dos livros, comparada com a existente no catálogo do professor Massa, observamos algumas discrepâncias, que listamos abaixo:

1) O livro que atualmente tem o número 140 (II) está citado no Catálogo de Massa sob o número 147, sendo que atualmente não existe qualquer item da biblioteca com essa numeração.
2) O livro que atualmente tem o número 150 (2) corresponde ao volume citado pelo prof. Massa com o número 150. E o livro citado com o número 151 por Massa, atualmente tem o número 150 (1).
3) Atualmente aparecem dois livros com o número 167: 167 (1) e 167 (2); ambos estão listados no catálogo de Massa com o número 167, pois ele fez uma única citação para os dois volumes SCHNEIDER (cf.167)
4) Atualmente aprecem dois livros com o número 205: 205 e 205 (A). Massa só registrou o 205 (1º volume de PEREIRA DA SILVA); entretanto atualmente está catalogado o segundo volume de PEREIRA DA SILVA, com o número205 (A).
5) Atualmente existem dois documentos com o número 257 e nenhum com o número 258. O item que tem hoje o número 257 (2) refere-se ao item classificado por Massa com o número 258.
6) Atualmente aparecem dois livros com o número 381. O item numerado com 381 (1) equivale ao item numerado com 382 por Massa, sendo que no acervo atual não existe documento com o número 382.
7) Atualmente o livro que tem a numeração 401 (1) corresponde ao livro numerado com 401 no catálogo de Massa. E o livro que tem o número 401 (2) corresponde ao livro que no catálogo de Massa aparece com o número 404, sendo que não há atualmente qualquer documento com o número 404 no acervo de Machado.

8) No catálogo de Massa os dois volumes do MICHAELIS aparecem listados com o número 419. Atualmente o volume 1 tem o número 419 e o volume 2 tem o número 420. com isso, o livro que no catálogo de Massa tem o número 420 encontra-se atualmente listado sob o número 420 (1).
9) Há atualmente dois volumes com o número 464. Um encontra-se no salão da Biblioteca da ABL e o outro encontra-se na sala que reproduz o gabinete de trabalho de Machado de Assis. O primeiro é um volume de SCHILLER e o segundo um livro de HARTMANN. No catálogo de Massa aparecem 8 volumes da obra de SCHILLER, numerados de 456 a 463. No atual acervo as obras de SCHILLER estão numeradas de 456 a 464, sendo que não foram encontrados os livros classificados com os números 458, 459 e 461, o que nos impediu de fazer uma análise mais precisa do que teria gerado a falha na numeração.
10) Há atualmente dois volumes com o número 477. Em seu inventário, o professor Massa classificou com o mesmo número os tomos I e II do Volume um de SCHOPENHAUER (cf. 477)
11) Atualmente aparecem dois volumes com o número 692, o que não ocorre no catálogo de Massa. Tal fato sucede porque os volumes I e II do ATLAS (...) foram classificados como um único volume pelo prof. Massa.
12) Atualmente há dois livros com o número 709: 709 e 709 (bis). O livro classificado por Massa com o número 709 corresponde ao atual 709, sendo que o livro atualmente classificado com o número 709 (bis) corresponde ao livro classificado por Massa com o número 710. E atualmente não nenhum item do acervo com o número 710.
13) Os livros que acrescentamos ao acervo foram numerados em romanos de I a XV, para que posteriormente os bibliotecários pudessem integrá-los à Coleção de acordo com os critérios por eles estabelecidos.

Quanto aos assuntos abrangidos pela biblioteca, podem ser assim especificados:

19% — literatura francesa;
18% — história geral;
15% — filosofia, crítica literária;
13% — literatura inglesa;
6% — revistas e periódicos;
4% — literatura alemã;
3% — literatura brasileira;
2% — literatura portuguesa;
2% — relações internacionais;
1,9% — história natural;
1,7% — lingüística e estudos gramaticais;
1,7% — Anaes e periódicos da Biblioteca Nacional;
1,6% — literatura italiana;
1,3% — literatura latina;
1,3% — biografias;
1,2% — literatura espanhola;
1,0% — política;
1,0% — teologia;
1,0% — literatura grega;
0,9% — literatura norte-americana;

Em termos globais pode-se afirmar, portanto, que as literaturas ocupam aproximadamente 50% da biblioteca de Machado, já os livros e revistas de história e geografia abarcam cerca de 25% do acervo, enquanto à filosofia, à história e à crítica literárias ficam reservados 15% da coleção. Os 10% dos volumes restantes podem ser distribuídos entre vários assuntos tais como história natural, medicina, ciências sociais, memórias, correspondências etc.

No que se refere à língua em que os volumes estão escritos, pode-se fazer a seguinte análise: há na biblioteca 507 volumes originais e 167 traduções.

Os 507 originais estão assim distribuídos:

1) em francês — 237 volumes;
2) em português — 147 volumes;
3) em inglês — 88 volumes;

4) em alemão — 27 volumes;
5) em espanhol — 8 volumes.

Existem três tipos de traduções: para o português, para o francês e para o italiano. Para o português foram traduzidos:

1) do alemão: 2 volumes;
2) do inglês: 17 volumes.

Já para o francês as traduções são mais numerosas, somando um total de 146 volumes, assim distribuídos:

1) do inglês — 43 volumes;
2) do alemão — 36 volumes;
3) do latim — 24 volumes;
4) do grego — 22 volumes;
5) do italiano — 9 volumes;
6) do espanhol — 7 volumes;
7) do sânscrito — 2 volumes;
8) do hindu — 1 volume;
9) do hebraico — 1 volume;
10) do polonês — 1 volume.

Em italiano encontram-se dois volumes dos *Cânticos* de Ossian.

Quando somamos originais e traduções, temos o seguinte quadro:

| Língua em que o volume está escrito. | Número de volumes. | Análise percentual |
|---|---|---|
| 1 — Francês | 383 | 56,82% |
| 2 — Português | 166 | 24,62% |
| 3 — Inglês | 88 | 13,17% |
| 4 — Alemão | 27 | 4,04% |
| 5 — Italiano | 2 | 0,29% |
| 6 — Espanhol | 8 | 1,18% |

No que se refere à aquisição dos volumes, não se podem fazer afirmações decisivas. Entretanto, pode-se considerar que os livros ou foram comprados pelo escritor ou foram a ele presenteados. Em aproximadamente 18% dos títulos verifica-se a presença de uma dedicatória, na qual o autor do título ou um amigo oferece o livro, como um presente, ao romancista. E quando analisamos os exemplares sem dedicatórias, encontramos, em aproximadamente 50% deles, o selo das livrarias em que foram adquiridos.

O quadro das obras com dedicatórias pode ser assim representado:

| DOADOR DO LIVRO | TÍTULO DOADO/AUTOR | DATA/CIRCUNSTÂNCIA |
|---|---|---|
| Antônio e José Feliciano de Castilho | *Arte de amar*, de Ovídio | Sem data |
| Antônio e José Feliciano de Castilho | As *geórgicas*, de Virgílio | Sem data |
| Arthur de Oliveira | *Chants populaires du sud de L'inde* [s/a] | Sem data |
| Arthur Napoleão dos Santos | *Tragedie*, de Vitório Alfieri | Agosto de 1874 |
| S/assinatura (Ao am. M. de Assis) | *La vita militare*, de Amicis | Turim, 1882 |
| Sebastião Belfor | *Poesie*, de Ossian — V. 1 e 2 | Sem data |
| José Feliciano de Castilho | *Antônio Ferreira*: poeta quinhentista, 3v. | Rio, 15 de março de 1875 |
| Valentim Magalhães | *Vinte contos*, de Valentim Magalhães. | 6 de outubro de 1886 |
| Fagundes Varella (só há a assinatura) | *Anchieta ou o evangelho nas selvas*, de F. Varela. | Sem data |
| Pereira da Silva | *Os varões ilustres do Brazil*, de Pereira da Silva | Sem data |
| Alfredo (ilegível) | *The New Brazil...*, de Marie Wright | 14 de setembro de 1901 |
| Arthur de Oliveira | *The works of Byron* | Sem data |
| Salvador de Mendonça | *The works of Charles Dickens* | 19 de agosto de 1881 |
| Arthur de Oliveira | *Literature e histoire*, de E. Littre. | Sem data |
| Arthur de Oliveira | *Poemas bárbaros*, de Leconte de Lisle | 22 de agosto de 1878 |
| Arthur Oliveira | *Alexandre Petoefi*, de Charles Chassin | Sem data |
| Bronislaw Rymkiewicz | *Sans dogme*, de Sienkienwicz | Rio, abril de 1900 |
| Alf. Castro | *De sonho em sonho*, de Alf. Castro | 11-12-1906 (dedicatória do autor) |
| Bandeira Júnior | *A indústria no estado de São Paulo*, de B. Júnior | |
| Hermes Fontes | *Apotheoses*, de Hermes Fontes | 10-6-1908 (dedicatória do autor) |
| Francisco Eugênio Brant Horta | *Lyrae Carmen*, de F. E. B. Horta | 16-5-1905 (dedicatória do autor) |
| Passanha Póvoa | *Annos académicos*, de P. Póvoa | Sem data (dedicatória do autor) |
| Emiliano de Menezes | *Les poèmes*, de Poe | Rio, 1894 |
| Rodolfo Theóphilo | *Os brilhantes*, de R. Theóphilo | Sem data (dedicatória do autor) |
| Oscar Lopes | *Medalhas e legendas*, de O. Lopes | Sem data (dedicatória do autor) |
| Meyer Garção | *Excelsior*, de Meyer Garção | Sem data (oferecem os editores) |
| Anthero Figueiredo | *Partindo da terra*, A. Figueiredo | Sem data (dedicatória do autor) |
| D. Antônio Costa | *José de Castilho: o heroe do mondego*, de D. Antonio Costa | Sem data (dedicatória do autor) |
| Dias de Oliveira | *Aerolithes*, de D. Dias de Oliveira | Sem data (dedicatória do autor) |
| Domingos Joaquim Fonseca | *Manoel Beckman*, de D. J. Fonseca | Sem data (dedicatória do autor) |
| Mal. Duque de Saldanha | *A voz da natureza ou o poder (...)*, de Mal. Duque de Saldanha | Sem data (dedicatória do autor) |
| Cunha Mendes | *Poemas da carne*, de C. Mendes | 3-7-1896 (dedicatória do autor) |

No que diz respeito à presença dos selos das livrarias temos o seguinte resultado:

Livraria Garnier (Rua do Ouvidor 69): 156 volumes.
Livraria Lombaerts (Rua do Ourives7/rua da assembléia 77): 110 volumes
Livraria Acadêmica de J. G. Azevedo (S/ endereço): 21 volumes
Livraria Nicolau Alves (S/endereço): 14
Livraria Laemmert & Co. (S/ endereço): 9
Livraria Luso-brasileira de Lopes do Couto (Rua da quitanda 1): 7
Livraria Lauchaud (S/ endereço): 4
Livraria Faro e Nunes (S/ endereço): 3
Livraria Fauchon Dupont (Rua S. José 94): 2
Livraria F. Waldemar, sucessor de Firmin Didot Marizot: 2
Libraire Française (Rua do Crespo 9, Pernambuco): 1
Livraria Acadêmica J. Serpa Pinto (S/ endereço): 1
Livraria Quaresma (S. José 65 e 67, Rio): 1
Livraria Porto Alegre (Rio Grande, Pelotas): 1 *Consta assinatura de J. Pompeu
Livraria Serafim José Alves (S/ endereço): 1
Amelangsche Buch Landlung (Berlim): 1 *Consta assinatura de A. Herfursh
Livraria Briguiet (s/ endereço): 1
Livraria popular de A. A. da Cruz Coutinho: 1
Livraria Escolástica de N. Alves d'Oliveira: 1

Quanto às anotações feitas nos livros, pode-se afirmar que não era uma prática do escritor fazer considerações nas margens dos textos. É muito mais comum verificar-se marcações de leitura, prática que se observa em mais de 10% da coleção. Só observamos anotações em 4 volumes, mas não se pode garantir que tenham sido feitas pelo escritor. O professor Massa defende a idéia de que tais livros podem ter sido comprados de segunda mão, o que significa que já possuiriam tais anotações.

No que se refere às marcações de leitura verificamos: sublinhas (23 volumes); marcações com pedaços de papel (11 volumes); marcações com fitas de leitura (25 volumes); dobradura de orelha de página (11 volumes); e marcação com palitos (1 volume).

Existem, ainda, na coleção alguns volumes que se destacam por terem sido muito manuseados. Em alguns é possível até mesmo observar a marca do dedo médio, ao virar a página. Isto porque comumente usava-se uma esponja molhada para umedecer as pontas dos dedos a fim de facilitar a virada da folha, e o papel com uma gramatura maior absorvia a umidade, deixando estampado o dedo do leitor. Dentre os livros muito manuseados, destacam-se:

1 — *La vie du Langage* de Whitney — Este livro tem inúmeras anotações.
2 — *Les vies des hommes illustres* de Plutarco. Os dois volumes foram bastante manuseados.
3 — *Les tragédies* de Sófocles.
4 — *Odes e épodes* de Horácio. Os dois volumes foram bastante manuseados.
5 — *Histoire Romaine* de Tito Lívio. Livro muito manuseado a partir da p. 544; as páginas anteriores estão coladas.
6 — *Philosophie du droit ecclesiastique: des rapport de la religion et de l'etat*, de Ad. Franck.
7 — *La vita militare* de Edmondo de Amicis.
8 — *Opere* de Leopardi.
10 — *Chefs d'Oeuvre du theatre espagnol* de Calderón.
11 — *História do theatro portuguêz* de Theóphilo Braga.
12 — Roteiro de Vasco da Gama — de Vasco da Gama com obs. de Alexandre Herculano.
13 — *Caramuru*, de Sta. Rita Durão.
14 — *Helena* de Machado de Assis.
15 — O volume 8 da *Revista do IHGB*.
16 — O volume 11 da *Revista do IHGB*.
17 — O volume 14 da *Revista do IHGB*.
18 — *The beauties of Shakespeare*.
19 — *The works of Charles Dickens*, volume 17.
20 — *Physiographie* de Th. H. Huxley — Consta carimbo de oferta do editor.
21 — *The poetical works,* de Longfellow.
22 — *Le darwinisme,* de Edouard Hartmann.

23 — *Le philosophie de l'inconscient* de Edouard Hartmann.
24 — *Oeuvres choises* de Descartes.
25 — *Pensèes, maximes, anecdotes, dialogues* de Chamfort.
26 — *Le demi-monde*, comédie de Alexandre Dumas.
27 — *Tunis et ses environs* de Charles Lallemand.

Não podemos deixar de registrar que existem 15 volumes na coleção que se encontram em péssimas condições. Mofados, com páginas rasgadas ou arrancadas, faltando folhas, manchados etc. Urge que providências sejam tomadas para que o restante da coleção também não seja deteriorada.

Relatamos ainda que encontramos alguns objetos dentro dos livros, tais como cartões de visita, flores secas, papéis com anotações, fotografias... Esta material foi entregue ao responsável pela Biblioteca da ABL, a fim de pudesse enviá-lo ao arquivo de Machado de Assis.

No que diz respeito a autorias e dados relativos a edição dos livros, optamos por listar tais revisões ao longo do catálogo no item referente a observações, para que o leitor pudesse identificar com maior facilidade os itens revistos.

## *Um possível catálogo das citações feitas por Machado de Assis ao longo de sua obra*

Machado de Assis construiu, ao longo de sua trajetória literária, uma obra repleta de citações. Ao analisá-las verificamos que podem ser divididas em duas modalidades: citações diretas e citações indiretas. Denominamos citações diretas aquelas nas quais o narrador faz uma referência textual ao nome de uma pessoa (autor[a] ou personalidade), ou ao nome de um livro ou texto, atribuindo-lhe ou não uma autoria. Por outro lado, denominamos citações indiretas aquelas nas quais o escritor não faz uma referência explícita — textual — mas faz uma alusão, espécie de citação "digerida", incorporada ao texto.

Nesta sessão apresentaremos as citações diretas feitas pelo escritor, coligidas a partir da leitura da *Obra Completa* de Machado de Assis da Editora Aguilar, 1997. Não nos deteremos, por ora, na análise do procedimento citacional de Machado, que se pode entender como um sistema que organiza a sua própria escrita, pois esta análise será apresentada oportunamente, por ocasião da defesa da tese de doutoramento.

A seguir apresentamos duas listagens de citações. A primeira é uma lista de nomes, agrupados pelas iniciais, obedecendo a ordem cronológica da citação; a segunda é uma listagem de títulos, nos moldes da primeira. Ao final apresentamos o contraste entre as citações e os livros presentes na Biblioteca de Machado de Assis.

Advertimos que as transcrições das citações estão de acordo com a grafia da *Obra Completa de M. de Assis* da Aguilar, edição com a qual trabalhamos. Não foram feitas quaisquer atualizações e/ou possíveis correções, por entendermos que se trata de uma coleta de dados com caráter científico, que sinaliza, inclusive, para os problemas inerentes à edição com a qual trabalhamos.

### LETRA A

Andradas
Alencar
André Chénier
Arquimedes
Araújo Porto Alegre
Álvares de Azevedo
Antero de Quental
Azurara
Anacreonte
Aristófanes
Agostinho (Sto.)
Ana Radcliffe
Arthur Azevedo
Aulo Gélio
Afonso Celso Júnior
Alberto de Oliveira
Arthur Barreiros
Antônio José
Anchieta
Aristóteles
Apuleio
Averróis

Alcebíades
Arthur de Oliveira
Allan Kardec
Ambrósio
Aristides
Araripe Júnior
Afonso Arinos
Andersen
Arthur Alvim
Assis Brasil
Alfredo Ellis
Alcides Maia
Arthur Orlando
André Roswein
Alvarenga Peixoto
Ariosto
Araújo

### LETRA B

Basílio da Gama
Barrière
Byron
Boileau

Bernardo Guimarães
Balzac
Baudelaire
Bocage
Buffon
Billaut
Bouillet
Bossuet
Büchner
Botzaris
Beaumachais
Balbino
Burke
Bernardim Ribeiro
Bryce
Boccaccio
Belmiro Braga
Bilac
Basílio Machado
Benedito
Boursault
Batista Cepellos
Basílio
Braga
Bismarck

### LETRA C

Chateaubriand
Camões
Corneille
Cícero
Courrier
Catulo
Calderón
Cômodo
Carvalho Jr.
Capistrano de Abreu
Castro Rabelo Jr.
Catão
Carlyle
Campanela
Carlos Jansen
Comte
Carnot
Castro Lopes
Champollion
Chatham
Coelho Rodrigues
Constâncio Alves
Camilo Cresta
Catão
Cranz, citado por Tylor
Cowper
Cromwell, Oliver

### LETRA D

Dumas
Dante
Dumas Filho
Ducis
Dinis
Daniel Sterne
Demófilo
Diógenes
Dickens
Descartes
Darwin
Domiciano
Diderot
Dalloz
Draco
Disraeli
Demóstenes
Donizetti
Dostoiévski
Dantzig (filósofo)
Domingos de Magalhães
Domício da Gama
Domingos Olímpio
Deschamps

## LETRA E

Eurípedes
Esculápio
Eça de Queirós
Edgar Allan Poe
Espinosa
Erasmo
Ésquilo
Epicuro
Eclesiastes
Eliot
Ernesto Cibrão
Eduardo Prado
Elvira Gama
Eusébio de Queirós
Eduardo Ramos
Empédocles
Evaristo
Euclides da Cunha
Esopo
Emile de Girardin (Mme.)

## LETRA F

Ferreira de Meneses
Francisco Otaviano
Filinto Elísio
Franklin Távora
Fagundes Varela
Fernão Mendes
Florian
Fontoura Xavier
Francisco de Castro
Felício dos Santos
Filopêmen
Fontenelle
Feuillet
Fielding
Flaubert
Flammarion
Francisca Júlia
Franklin
Ferreira de Araújo
Figueiredo Pimentel
Filinto de Almeida
François Coppée
Francisco X. Novaes
Ferreira Guimarães

## LETRA G

Garrett
Gonçalves Dias
Gonçalves Magalhães
Galileu
Gonzaga (Tomás Antônio)
Garção
George Sand
Goethe
Gautier
Gozlan
Guimarães Júnior
Gonçalves Crespo
Gentil Homem de Almeida Braga
Guizot
Galileu
Gil Vicente
Guerra Junqueira
Gauthier
Galiani
Gottchalk
Gregório de Matos
Gregorovius
Gladstone
Gógol
Graça Aranha

Guilherme Ferrero
Gama

## LETRA H

Homero
Horácio
Hoffmann
Harriet Stowe
Henri Murger
Herculano
Hesíodo
Higino
Henri Monier
Hartmann
Herbert
Hipócrates
Herófilo
Heine
Hegel
Hilário
Henrique Chaves
Hamerling
Henriqueta Renan
Heródoto
Henrique Chaves
Heráclito (Graça)
Heitor

## LETRA I

Inglês de Souza

## LETRA J

Jocelyn (o poeta)

J. Huss
José Basílio
Junqueira Freire
Joaquim Serra
José Bonifácio
J. F. Lisboa
João Almeida
Johnson
Juvenal
Júlia Cortines
Júlio Verne
José Veríssimo
João de Deus
José Carlos (Rodrigues)
Joaquim Norberto
João de Barros
Júlio Piquet
João Bandeira
João Luso
Johan Zorro

## LETRA K

Kosciuszko
Klopstock
Kant

## LETRA L

Lamartine
Longfellow
La Rochefoucauld
Lovelace
Lúcio de Mendonça
Luculo
Licurgo
Lucrécio

La Palisse
La Fontaine
Ledru-Rollin
Luciano (Samósata)
Larrousse
Lafaiete R. Pereira
Laplace
Luís Murat
Lobão
Lucas (S.)
Law
Leconte de Lisle
Leopardi
Lynche
Loyola
Leonardo Nunes
Lao-Tsé
Luís G. Filho
Locke
Laprade

Mazade
Maciel Monteiro
Maximinio
Maquiavel
Miquéias
Malesherbes
Merimée (Prósper)
Max Nordeau
Mary Ellen Connor
Medeiros e Albuquerque
Magalhães de Azeredo
Mário de Alencar
Manuel Pessoa da Silva
Martins Júnior
Monte Alegre
Manuel de Figueiredo
Moleschott
Maspero
Monte Alverne
Múcio Teixeira
Muzzio Leão

## LETRA M

Macedo
Mirabeau
Musset
Mickiewicz
Montaigne
Marot
Mateus (S.)
Masson
Martins Pena
Maltus
Macaulay (Lord)
Milton
Mariano de Oliveira
Moschos
Maomé

## LETRA N

Newton
Nerval
Narciza Amália
Nabuco
Nóbrega
Nicolau Luís

## LETRA O

Ossian
Ovídio
Oliveira Lima
Osório Duque Estrada

## LETRA P

Pascal
Pinheiro Guimarães
Platão
Plutarco
Piron
Prudhon
Propércio
Píndaro
Pitágoras
Paul Louis Corrier
Pítias
Ptolomeu
Pedro Luís
Périgord
Palmerston
Pereira e Souza
Polonius
Péricles
Pedro (S.)
Proppe
Petrarca
Paulo (Tavares)
Pereira da Silva
Plácido
Patrocínio
Plauto
Paulo Barreto
Pinto (Conselheiro)

## LETRA Q

Quintino Bocaiúva

## LETRA R

Racine
Ruy Blas
Rosendo Moniz
Rabelo da Silva
Rio Branco (Visc.)
Ramalho Ortigão
Renan
Richelieu
Rousseau
Rabelais
Ronsard
Rui Barbosa
Ramos Paz

## LETRA S

Sófocles
Souza Caldas
Shakespeare
Stäel (Madame de)
Safo
Schiller
Sá de Miranda
Santa Rita Durão
Sócrates
Spuller
Scagarello
Suetônio
Spencer
Saint-Beuve
Stendhal
Sterne (Laurence)
Sêneca
Swift
Schopenhauer
Smollett
Sólon

Sizenando Nabuco
Sílvio Romero
Said Ali
Sardou
Salvador de Mendonça
Shelley
Spinoza
Schiller
Sá de Miranda
Severino (Vieira)
Serzedelo Correia
Sátiro (Dias)
Souza Bandeira
Severino Resende (Pe.)
Silva Araújo
Sévigné
Soares de Passos
Silveira Sarmento
Stein (von)

## LETRA T

Tomás Antônio Gonzaga
Talleyrand
Teócrito
Tíbulo
Tennyson
Turgot
Torquato Tasso
Taunay
Trajano
Thierry
Tito Lívio
Thiers
Temístocles
Teixeira (Múcio)

Tobias Barreto
Teófilo Dias
Teófilo Braga
Tertuliano
Thomas Morus
Terêncio
Télefo
Taine
Torres Homem
Tácito
Teixeira de Melo
Thackeray
Thompson
Thereza de Jesus (Sta.)
Tossini

## LETRA U

Sem citações

## LETRA V

Vítor Hugo
Virgílio
Varnhagen
Vieira (Pe.)
Varrão
Voltaire
Vigny
Villemain
Valentim Magalhães
Vitoriano Palhares
Vicente de Carvalho
Virgílio Várzea
Virginius

### LETRA W

Walter Scott
Wallace
William Dudd
Werneck (Antônio)
Wright (Mrs.)

### LETRA X

Xenofonte
Xavier de Maistre

### LETRA Y

Young

### LETRA Z

Zola
Zenão
Zalina Rolin
Zaluar

2ª listagem — Títulos citados.

Citamos o título com o respectivo autor, só quando Machado de Assis assim o faz; quando ele se limita a citar só o título, mantemos a citação sem autoria.

### LETRA A

*As mulheres de mármore*
*A dama das camélias*
*A moreninha,* de Macedo
*A nebulosa,* de Macedo
*Adolfo*
*Asas de um anjo,* de Alencar
*Antônio José,* de Magalhães
*Amor e pátria,* de Macedo
*A família*
*Assomoir,* de Zola
*Alma nova,* de Guilherme de Azevedo
*Alvoradas,* de Lúcio de Mendonça
*As filhas do campo,* de Ezequiel Freire
*A rua do Ouvidor,* de Arthur Azevedo
*As mil e uma noites*
*A viuvinha,* de Alencar
*Almas mortas,* de Gógol

*As you like it,* de Shakespeare
*Almanaque Laemmert*
*Alma primitiva,* de Magalhães de Azeredo
*Alma alheia,* de Pedro Rabelo
*Adozinha,* de frei Luís de Souza

### LETRA B

*Brasilianas,* de Porto Alegre
*Bíblia*
*Brasilíada,* de Santos e Silva
*Blasphèmes,* de Richepin

### LETRA C

*Cântico dos Cânticos,* de Salomão
*Corina* (poema do autor)

*Cantos e Fantasias,*
de Fagundes Varela
*Casamento de Olímpia*
*Colombo,* de Porto Alegre
*Cantos,* de Gonçalves Dias
*Confissões,* de Santo Agostinho
*Crônica da Cia. de Jesus* — Livro do 3º testamento
*Cântico do calvário,* de Fagundes Varela
*Ciúme de Bardo,* de Visconde de Castilho
*Carlos Magno,* de Ana Radcliffe
*Cid* (el)
*Cantos Tropicais,* de Teóphilo Dias
*Cantos do fim do século,* de Sílvio Romero
*Cantos e lutas,* de Valentim Magalhães
*Corão*
*Contos seletos das mil e uma noites,* de Carlos Jansem
*Confederação dos Tamoios,* de Alencar
*Cinco minutos,* de Alencar
*Crônica de Carlos IX,* de Tucídides
*Canção do exílio,* de G. Dias
*Carlos VIII,* de Dumas
*Canções de outono,* de Lúcio de Mendonça
*Carmem,* de Musset
*Clarissa Harlowe*
*Camões e D. Branca*
*Carta de Paulo aos Coríntios*

## LETRA D

*Demônio familiar,* de Alencar
*Djinns,* de Victor Hugo
*Divina Comédia,* de Dante
*Dom Quixote,* de Cervantes
*Devaneios,* de Afonso Celso Júnior
*Dia de finados,* de Arthur Azevedo
*Diva,* de Alencar
*Dicionário* do Moraes
*Dama das Camélias,* de Dumas Filho
*Décadas*
*Deuses de casaca,* (de Machado)

## LETRA E

*Evangelho nas selvas,* de Varela
*Entre o céu e a terra,* de Flávio Reimar (pseudônimo de Gentil Homem de Almeida Braga)
*Evangelina,* de Longfellow
*Eclesiastes* (Bíblia)
*Êxodo* (Bíblia)
*Eugênia Grandet,* de Balzac
*Eurico, o presbítero,* de Herculano
*Estrelas errantes,* de Francisco de Castro
*Elogio da sandice,* de Erasmo
*Estado social,* de Rousseau
*Evangelho*
*Estudo de Sir Charles Little* (sobre a estatueta de Narciso, do museu do Louvre)
*Eneida,* de Virgílio

## LETRA F

*Fantasma branco,* de Macedo
*Fanny,* de Feydeau
*Fênix renascida*
*Fígaro*
*Flores do mal,* de Baudelaire

*Fausto*, de Goethe
*Flor de sangue*, de
Valentim Magalhães
*Folhas caídas*, de Frei Luís de Souza

*Jesuíta*
*Jeremias XLII* — 1,2
*Jarra do diabo*, de Magalhães Azeredo
*Julieta e Romeu*, de Shakespeare (sic)

## LETRA G

*Giaour*, de Byron

## LETRA H

*Hamlet*, de Shakespeare
*História dos índios cavaleiros*, de
F. Rodrigues Prados
*Helena* (de Machado de Assis)
*Harmonias errantes*, de
Francisco de Castro
*History of the Rebellion
and civil wars in England*,
de Clarendon

## LETRA I

*Inspiração do claustro*, de
Junqueira Freire
*Iracema*, de Alencar
*Ilíada*, de Homero
*Incas*, de Marmontel
*Inocência*, de Taunay
*Ivanhoé e o pirata*, de Scott
*Introdução à vida devota*, de
S. Francisco de Sales

## LETRA J

*Jodelet*, de Scarron
*Júlio César*, de Shakespeare

## LETRA L

*Livro das ruínas*, do
Sr. Vasconcellos Torres
*Lusbela*, de Macedo
*Luxo e vaidade*, de Macedo
*Lira dos vinte anos*, de
Álvares de Azevedo
*Livro de Jó*
*Lusíadas*
*La faute d L'Abbé Mouret*, de Zola
*Lisístrata*
*Lira dos verdes anos*
*Lucíola*, de Alencar
*Livro de uma sogra*, de
Aluísio de Azevedo
*Lettres intimes* — Renan (1842-1845)
*Livro* de Edmond About
*Livro de Ezequiel* — (Bíblia)

## LETRA M

*Manon Lescaut*
*Melodias do estio*, de Ossian
*Mulheres listradas*, de Molière
*Metromania*, de Pirón
*Meditações*
*Marília de Dirceu*, de Gonzaga
*Miniaturas*, de G. Crespo
*Mãe*, de Alencar
*Morte de Lindóia* (poema de
Basílio da Gama)

*Mateus XIII, 3* (Bíblia)
*Máximas* do Marquês de Maricá
*Musa em férias*, de Guerra Junqueiro
*Maria Joana*
*Mateus v.18, cap. IV* — Bíblia
*Moreninha*, de Macedo
*Mot de L'enigme*, de Madame Craver
*Meridionais*, de A. de Oliveira
*Miragens*, de Enéas Galvão
*Minas de prata*, de Alencar
*Muito barulho por nada*, de Shakespeare
*Miragem*, de Coelho Neto
*Madame Bovary*
*Memórias*, de
Pe. Luís Gonçalves dos Santos

### LETRA N

*Naum, cap. III v.10* (Bíblia)
*Noite do castelo*, do Visconde de Castilho
*Névoas matutinas*,
de Lúcio de Mendonça
*Novos ideais*, de Múcio Teixeira
*Neemias* (o livro da Bíblia)
*Noites*, de Musset

### LETRA O

*Odes*, de José Bonifácio
*O mundo equívoco*
*O guarani*, de Alencar
*O culto do dever*, de Macedo
*O moço loiro*, de Macedo
*O cego*, de Macedo

*O cobé*, de Macedo
*O que é o casamento*, de Alencar
*O crédito*, de Alencar
*O primo da Califórnia*, de Macedo
*Orientais*, de V. Hugo
*O Rio de Janeiro, sua história e seus monumentos*,
do Dr. Moreira de Azevedo.
*O crime do padre Amaro* de Eça
*O monge*, de Cister
*O príncipe*, de Maquiavel
*O mandarim*, de
A. Azevedo e Moreira Sampaio
*Os três mosqueteiros*, de Dumas
*O jesuíta*
*Ordenações do reino*
*Ondas*, de Luís Murat
*O sertão* (coleção alva),
de Coelho Neto
*Ode a Portugal* (folheto),
de Magalhães Azevedo
*O gaúcho*, de Alencar
*O primo Basílio*, de Eça

### LETRA P

*Paulo e Virgínia*
*Popol-Vuh*
*Pentateuco* (Bíblia)
*Prometeu*, de Ésquilo
*Primeiros sonhos*, de Raimundo Correa
*Partida de gamão*, de Musset
*Procelárias*, de Magalhães Azeredo

### LETRA Q

*Quadros*, de J. Serra

## LETRA R

*Romances históricos,* de
Sr. Cons. Miguel Maria Lisboa
*Reis cap. V v. 16* (Bíblia)
*Rig-Veda cap.I v. 2*
*Rumores vulcânicos,* de
Teixeira Bastos
*Régio Saltimbanco,* de F. Xavier
*República,* de Platão
*René*
*Rei fantasma,* de Coelho Neto

## LETRA S

*Suspiros poéticos,* de Magalhães
*Sacrifício de Isaac,* de Macedo
*Soneto,* de Camões
*Salmos,* de Pe. Caldas
*Saint-Clair da Ilhas*
*Sonetos,* de Arthur Azevedo
*Suma Teológica,* de
S. Tomás de Aquino
*Sinfonias,* de Raimundo Correa
*Souvenir d'Enfance et de Jeunesse,*
de Renan

## LETRA T

*Torre em concurso,* de Macedo
*Timbiras,* de Gonçalves dias
*Telas sonantes,* de Afonso Celso Jr.
*Tipos e quadros,* de
L. L. Fernandes Pinheiro Jr.
*Tom Jones,* livro IV cap. I de Fielding
*Tempest,* de Shakespeare

*Tu, só tu puro amor* (de Machado de Assis)

## LETRA U

*Uraguai,* de Basílio da Gama
*Últimos cantos,* de Gonçalves Dias
*Um estadista do império,* de Nabuco

## LETRA V

*Versos,* do Sr. Muniz Barreto
*Verso e reverso,* de J. de Alencar
*Viagem à Venezuela, Nova Granada e Equador* do Conselheiro Miguel Maria Lisboa
*Vozes da América,* de
Fagundes Varella
*Vida de Jesus,* de Renan
*Vedas*
*Versos,* de Mariano de Oliveira
*Viagem na minha terra,* de Garret

## LETRA W

*Werther,* de Goethe
Edição Constable de Edimburg, de Walter Scott

## LETRA X

Sem citações

## LETRA Z

Sem citações

Quando contrastamos as listagens de nomes e de títulos das citações com a listagens de autores e títulos da Biblioteca de Machado de Assis, verificamos que ele deixou de citar os seguintes autores, presentes em sua biblioteca:

1) com a *letra A*: Alfieri, Ariosto, Amador Arraiz, Ackermann e Ampère; 2) com a *letra B*: Brougham, Bader, Burnouf (Emile), Bournouf (F.), Buckle (H), Bunyan, Burns, Bailey, Brachet, Barene e Burggraeve; 3) com a *letra C*: Colajanni, Cohen, Chales, Chamisso, Chamfort, Constant e Cousin; 4) com a *letra D*: Destouches, Daudet e Doudan; 5) com a *letra E*: Ebers; 6) com a *letra F*: Fustel de Coulanges, Frank, France (Anatole); 7) com a *letra G*: Guicciardini, Gebhart, Goldsmith; 8) com a *letra F*: Hovelaque, Herodien, Huxley, Humboldt; 9) com a *letra J*: Jhering, Janus, Jaboatam, Jean-Paul Richter; 10) com a *letra K*: Kalidase e Klaar; 11) com a *letra L*: Laboulayle, Lefevre, Lubbock, Leopardi, Lucena, Lopes (Fernão), Lamberg, Lamb (C.), Littre, Labruyere, Lallemand (C.); 12) com a *letra M*: Mommsen, Mills, Manzoni, Moratin, Malta, Mangabeira, Melo Moraes, May, Michaelis, Modenwelt, Malouet, Marivaux, Monteiro Teixeira, Mignet; 13) com a *letra N*: Noldeke e Noldier; 14) com a *letra O*: Oliveira Martins; 15) com a *letra P*: Petrônio, Pasquino et Marforo, Prevost, Pailleron e Petöfi; 16) com a *letra Q*: Quinte-Curce e Quinet; 17) com a *letra R*: Ricci, Resende (Garcia de), Raphael de Jesus (Frei), Ribot, Retz, Reginard, Rocquain, Rosebery; 18) com a *letra S*: Sciliani, Smiles, Starke, Sadi, Sanctis, Schneider, Southey, Souza Silva, Sadler, Sheridan, Sacher, Sienkiewicz; 19) com a *letra T*: Topper, Tylor e Tucydide; 20) com a *letra V*: Valmiky, Varchi, Vauvenargues e Vinot; 21) com a *letra W*: Whitney, Whittier e Weiss.

Há, portanto 110 autores, presentes na Biblioteca de Machado de Assis que não foram citados diretamente ao longo de sua *Obra completa,* o que não significa que não tenham sido lidos pelo escritor. Observamos, inclusive, que alguns estudos críticos da obra de Machado já mostraram a relação existente entre ele e alguns dos autores que não se encontram no rol de suas citações diretas.

Ao que parece, apesar das suspeitas levantadas a respeito de um possível enxerto da Biblioteca de Machado de Assis com livros de seus herdeiros, acreditamos que, dada a presença da maioria dos autores nas citações diretas feitas pelo autor ao logo de sua obra, torna-se incontestável o fato de que efetivamente esta coleção teria pertencido a Machado de Assis.

Por fim, advertimos que no catálogo a seguir transcrevemos o conteúdo das folhas de rosto e de eventuais anotações ou marcas de leitura sem atualização ortográfica ou mudanças de qualquer natureza: trata-se da reprodução exata do conteúdo encontrado.

## Catálogo Atualizado da Biblioteca de Machado de Assis

| LOCALIZAÇÃO E TIPO DO DOCUMENTO | AUTOR | TÍTULO | IMPRENTA (Local, editora, data, volume, edição) | TÍTULO ORIGINAL ESCRITO EM | TRAD.: IDIOMA E AUTOR | AQUISIÇÃO | ANOTAÇÕES MARCAÇÕES DE LEITURAS OBSERVAÇÕES |
|---|---|---|---|---|---|---|---|
| 1 Livro | BROUGHAM, Lord | *De la démocratie et des governements mixtes* | Paris, A. Sauton, 1872. Volume único [s/ed.] | inglês | francês — Louis Régis | Livraria Garnier (R. do Ouvidor, 69) | • Na última folha lê-se o nº 12. Seria referência ao capítulo XII, cujo título é "Aplicação do sistema representativo e fundamentos dos governos mistos"? <br>• Precedido de um prefácio sobre Lord Brougham, assinado pelo Visconde D'Haussonville. <br>• O livro apresenta inúmeras páginas mofadas devido à umidade e não tem anotações. <br>ASSUNTO: Trata-se de um ensaio histórico sobre a natureza, a origem, os limites e a extensão da democracia; classificado pelo editor como **política**. |
| 2 Livro | BÜCHNER, Dr. Louis | *La vie psychique des bêtes* | Paris, C. Reinwald, 1881. Volume único [s/ed.] | alemão | francês — Dr. Ch. Letourneau | Livraria Garnier (R. do Ouvidor, 71) | • p.7 — Introdução marcada com fita de leitura. <br>• Büchner é também autor dos títulos: <br>1 — *O homem segundo a ciência* (consta da Biblioteca de Machado de Assis); <br>2 — *Força e matéria*; <br>3 — *Conferência sobre a teoria darwinista*. <br>ASSUNTO: classificado pelo editor como **História Natural**. |

| LOCALIZAÇÃO E TIPO DO DOCUMENTO | AUTOR | TÍTULO | IMPRENTA (Local, editora, data, volume, edição) | TÍTULO ORIGINAL ESCRITO EM | TRAD.: IDIOMA E AUTOR | AQUISIÇÃO | ANOTAÇÕES MARCAÇÕES DE LEITURAS OBSERVAÇÕES |
|---|---|---|---|---|---|---|---|
| 3 Livro | BÜCHNER, Dr. Louis | *L'homme selon la science* | Paris, C. Reinwald, 1872. Volume único [s/ed.] | alemão | francês — Dr. Ch. Letourneau | Livraria Luso-Brasileira de A. A. Lopes do Couto (Rua da Quitanda, 30) | • Título e subtítulo na íntegra: *L'Homme selon la science. Son passé, son présent, son avenir ou d'où venons-nous? – Qui sommes-nous? Où allons-nous? Exposé très-simples suivi d'un nombre d'éclaircissements et remarques suen*. <br>• Há um **e** feito à mão na última página. <br>• Contém ilustrações. <br>ASSUNTO: classificado pelo editor como **História Natural**. |
| 4 Livro | COLAJANNI, N. | *Le socialisme* | Paris, Giard & E. Brière, 1900. 2ª ed. Volume único. | italiano | francês — da 2ª ed. ital. — M. Tacchiella | Livraria Laemert & Co. | • Na página anterior à folha de rosto lê-se: ***e, fm, i, a*** (a lápis) <br>ASSUNTO: classificado pelo editor como **política.** |
| 5 Livro | ERASME | *Éloge de la folie* | Paris, Delarue, 1877. Volume único [s/ed.] | — | francês — De La Veaux | Livraria Garnier | • O livro é ilustrado por Hans Holbein. <br>• O Prefácio assinado por Erasmo é dedicado a Thomas Morus, seu amigo, estando datado de junho de 1508. |
| 6 Livro | FOUILEE, Alfred | *Critique des systèmes de morale contemporains* | Paris, Germer Baillière, 1883. Volume único [s/ed.] | francês | — | Livraria Acadêmica de J. G. Azevedo | ASSUNTO: classificado pelo editor como **Moral.** |

| LOCALIZAÇÃO E TIPO DO DOCUMENTO | AUTOR | TÍTULO | IMPRENTA (Local, editora, data, volume, edição) | TÍTULO ORIGINAL ESCRITO EM | TRAD.: IDIOMA E AUTOR | AQUISIÇÃO | ANOTAÇÕES MARCAÇÕES DE LEITURAS OBSERVAÇÕES |
|---|---|---|---|---|---|---|---|
| 7 Livro | JHERING, Rud. von | *La lutte pour le droit* | Paris, Librairie Marescq aîné — Chevalier Marescq et Cie, 1890. V. único, 2ª ed. | alemão | francês — O. de Meulenaere | Livraria Laemert & Co. | • Rudolf von Jhering era, então, professor de Direito da Universidade de Goetingen.<br>• No levantamento de J. M. Massa, este livro é o de nº 8.<br>ASSUNTO: classificado pelo editor como **Direito**. |
| 8 Livro | HOVELACQUE, Abel | *La linguistique* | Paris, C. Reinwald et Cie, 1877. 10ª ed. revista e aumentada. Volume único. | francês | — | Importado por Ao MISSAL LOMBAERTS & COMP. encadernadores de SSMM ( Rua do Ourives, 7 e Assembléia, 77) | • Este livro faz parte de uma coleção que inclui títulos publicados anteriormente: *La biologie* e *L'anthropologie*.<br>(Há outros títulos da coleção no acervo.)<br>No levantamento de J. M. Massa, este livro é o de nº 7.<br>ASSUNTO: classificado pelo editor como **lingüística.** |
| 9 Livro | LABOULAYE, Edouard. | *Études morales et politiques* | Paris, Charpentier et Cie, 1871. Volume único, 5ª ed. | francês | — | Livraria Garnier | • O autor era, então, prof. de Legislação Comparada do Colégio de França.<br>• Consta carimbo de Leitão de Carvalho.<br>ASSUNTO: classificado pelo editor como **política e moral.** |
| 10 Livro | LEFÈVRE, André | *La philosophie* | Paris, C. Reinwald et Cie, 1870. Volume único [s/ed.] | francês | — | Livraria de Nicolau Alves | • Este livro pertence à Coleção Biblioteca Científica, a mesma do livro de nº 8: *La linguistique.*<br>ASSUNTO: classificado pelo editor como **filosofia.** |

| LOCALIZAÇÃO E TIPO DO DOCUMENTO | AUTOR | TÍTULO | IMPRENTA (Local, editora, data, volume, edição) | TÍTULO ORIGINAL ESCRITO EM | TRAD: IDIOMA E AUTOR | AQUISIÇÃO | ANOTAÇÕES MARCAÇÕES DE LEITURAS OBSERVAÇÕES |
|---|---|---|---|---|---|---|---|
| 11 Livro | LUBBOCK, Sir John | *Les origines de la civilisation (état primitif de l'homme et moeurs des sauvages modernes)* | Paris, Librairie Germer-Baillière, 1873. Volume único, 2ª ed. | inglês | francês — M. Ed. Barbier | Livraria Garnier | • Contém ilustrações.<br>• O autor era, então, membro da Câmara Municipal e da Sociedade Real de Londres.<br>ASSUNTO: classificado pelo editor como **história natural**. |
| 12 Livro | MARGERIE, M. Amédée | *Philosophie contemporaine* | Paris, Librairie Académique Didier, 1870. Volume único [s/ed.] | francês | — | Importado por Librairie Française (Rua do Crespo, 9. Pernambuco) | • Está anotado na última folha: ES de Platão por Cousin; Aristote por St. Hilaire; Bacon e Plotin por Bouillet; Kant por Assab e Barni; Essai sur la metaphysique d'Aristote por Revaisson; Hist. del'Ec. S' Alex. Por J. Simon.<br>• Não se pode afirmar que se tratam de anotações de M. de Assis, o livro pode ter sido comprado de 2ª mão.<br>ASSUNTO: classificado pelo editor como **filosofia** |

| LOCALIZAÇÃO E TIPO DO DOCUMENTO | AUTOR | TÍTULO | IMPRENTA (Local, editora, data, volume, edição) | TÍTULO ORIGINAL ESCRITO EM | TRAD.: IDIOMA E AUTOR | AQUISIÇÃO | ANOTAÇÕES MARCAÇÕES DE LEITURAS OBSERVAÇÕES |
|---|---|---|---|---|---|---|---|
| 13 Livro | MÜLLER, M. Max. | *La science du langage* | Paris, Durand et Pedone Lauriel, 1867. Volume único 2ª ed. | inglês | francês — Georges Harris e Georges Perrot, a partir da 5ª ed. inglesa | Livraria Garnier | • p. 22 e 23 — assinaladas na margem. <br>• p. 27 sublinhada: "Nous avons a étudier le langage et non pas, les langues" e assinalada no resto do parágrafo. <br>• p. 29 e 30 — assinaladas na margem. <br>• Max Müller era, então, professor de Oxford e membro correspondente do Instituto de França. <br>• Tradutores: <br>Harris — prof. do Lycée Imperial d'Orleans; <br>Perrot — prof. do Lycée Imperial Louis le Grand. <br>ASSUNTO: classificado pelo editor como **lingüística**. |
| 14 Livro | QUATREFAGES, A. | *L'espèce humaine* | Paris, Librairie Germer — Baillière et Cie, 1879. Volume único, 5. Ed. | francês | — | Livraria Garnier | • A. Quatrefages era, membro de L'Institut Academie des Sciences e professor de Antropologia do Museum d'histoire naturelle de Paris. <br>ASSUNTO: classificado pelo editor como **história natural**. |

| LOCALIZAÇÃO E TIPO DO DOCUMENTO | AUTOR | TÍTULO | IMPRENTA (Local, editora, data, volume, edição) | TÍTULO ORIGINAL ESCRITO EM | TRAD.: IDIOMA E AUTOR | AQUISIÇÃO | ANOTAÇÕES MARCAÇÕES DE LEITURAS OBSERVAÇÕES |
|---|---|---|---|---|---|---|---|
| 15 Livro | RIBOT, Th. | *Les maladies de la mémoire* | Paris, Librairie Germer — Baillière et Cie, 1881. Volume único [s/ed.] | francês | — | sem indicação | • Pág. 7 — assinalado o capítulo "A memória como fato biológico" com as cores vermelho e azul.<br>• Pág. 74 e 75 — marcado, com fita de leitura, o capítulo "A amnésia geral". ASSUNTO: classificado pelo editor como **história natural**. |
| 16 Livro | SICILIANI, Pierre | *Prolégomènes à la psychogénie moderne* | Paris, Librairie Germer — Baillière et Cie, 1880. Volume único [s/ed.] | italiano | francês — A. Herzen | Livraria Clássica de Nicolau Alves | • Marcado no início da 2ª parte, com fita de leitura, o capítulo "Caminhos do estudo científico da psicologia". ASSUNTO: classificado pelo editor como **história natural**. |
| 17 Livro | SMILES, Samuel | *SELF-HELP ou Caractère, conduite et persévérance* | Paris, Henri Plon — Londres, John Murray, 1866. Volume único, 3ª ed. | inglês | francês — Alfred Talandier | Livraria Garnier | • Samuel Smiles é também autor de *La vie des ingénieurs*. ASSUNTO: classificado pelo editor como **auto-ajuda**. |
| 18 Livro | SPINOZA | *Œuvres complètes de Spinoza* | Paris, Librairie Hachette et Cie, 1873. Volume 1 [s/ed.] | — | francês — J. G. Prat | Livraria Acadêmica de J. G. Azevedo | ASSUNTO: classificado pelo editor como **filosofia**. |
| 19 Livro | SPINOZA | *Œuvres complètes de Spinoza* | Paris, Librairie Hachette et Cie, 1872. Volume 2 [s/ed.] | — | francês — J. G. Prat | Livraria Acadêmica de J. G. Azevedo | ASSUNTO: classificado pelo editor como **tratado teológico-político**. |
| 20 Livro | STARKE, C. N. | *La famille primitive, ses origines et son développement* | Paris, Félix Alcan, 1891 | francês | — | sem indicação | • C. N. Starke era, então, professor da Universidade de Copenhague.<br>• Consta no final do livro um catálogo da "Biblioteca de filosofia contemporânea" com livros de filosofia e história. ASSUNTO: classificado pelo editor como **história natural**. |

*149*

| LOCALIZAÇÃO E TIPO DO DOCUMENTO | AUTOR | TÍTULO | IMPRENTA (Local, editora, data, volume, edição) | TÍTULO ORIGINAL ESCRITO EM | TRAD.: IDIOMA E AUTOR | AQUISIÇÃO | ANOTAÇÕES MARCAÇÕES DE LEITURAS OBSERVAÇÕES |
|---|---|---|---|---|---|---|---|
| 21 Livro | TOPPFER, R. | *Réflexions et menus-propos d'un peintre genevois ou essai sur le beau dans les arts* | Paris, J.-J. Dubochet, Lechevallier et Cie, 1848. Volume 1 [s/ed.] | francês | — | sem indicação | • R. Toppfer é autor de: *Nouvelles Génevoises*, *Voyages en Zigzag*, *Rosa e Gertrude*. • Livro em péssimas condições, parece ter sido molhado. ASSUNTO: classificado pelo editor como **ensaio sobre arte**. |
| 22 Livro | TOPPFER, R. | *Réflexions et menus-propos d'un peintre genevois ou essai sur le beau dans les arts* | Paris, J.J. Dubochet, Lechevallier et Cie, 1848. Volume 2 [s/ed.] | francês | — | sem indicação | ASSUNTO: classificado pelo editor como **ensaio sobre arte**. |
| 23 Livro | TYLOR, Edward G. | *La civilisation primitive* | Paris, C. Reinwald, 1878. Volume 2 [s/ed.] | inglês | francês — a partir da 2ª ed. inglesa por M. Ed. Barbier | Livraria Académica de J. G. Azevedo | Este livro aparece na lista de Massa sob o número 24. ASSUNTO: classificado pelo editor como **história natural**. |
| 24 Livro | TYLOR, Edward G. | *La civilisation primitive* | Paris, C. Reinwald, 1876. Volume 1 [s/ed.] | inglês | Francês — a partir da 2ª ed. inglesa | Livraria Académica de J. G. Azevedo | • Este livro aparece na lista de Massa sob o número 23. • No fim do volume lê-se *ails/alm.* na contracapa. ASSUNTO: classificado pelo editor como **história natural**. |

| LOCALIZAÇÃO E TIPO DO DOCUMENTO | AUTOR | TÍTULO | IMPRENTA (Local, editora, data, volume, edição) | TÍTULO ORIGINAL ESCRITO EM | TRAD.: IDIOMA E AUTOR | AQUISIÇÃO | ANOTAÇÕES MARCAÇÕES DE LEITURAS OBSERVAÇÕES |
|---|---|---|---|---|---|---|---|
| 25 Livro | WHITNEY, W. D. | *La vie du langage* | Paris, Librairie Germer – Baillière, 1875. Volume único [s/ed.] | – | não há indicação de tradutor. | Livraria Garnier | • Livro bastante manuseado e com inúmeras anotações. <br>• Whitney era, então, professor de sânscrito e de filologia comparada em Yale (EUA). <br>• P. 29 — três últimos parágrafos assinalados na margem. <br>• P. 41 — assinalado final do grande parágrafo; fez-se colchete na margem e anotou-se "<u>errado</u>". <br>• p. 230 — anotação na margem " Le n'est [ilegível] urai." <br>• p. 244 — sublinhou-se a palavra "initiative" e escreveu-se na margem "imitative". <br>• p. 245 — há um comentário na margem: "J'en discorde profondément. Le langage n'a pas été d'abord abstrait. Par un vice de méthode les linguistes sont allés toujours généralisant les significations a cause de la nécessité de trouver des ressemblances entre des langues distintes. Naturellement en suivant cette marche on n'obtiendra en dernière instance que des racines à signification très générale et abstraite." <br>• p. 246 e 247 — duas outras marcações nas margens. <br>ASSUNTO: classificado pelo editor como **lingüística**. |

| LOCALIZAÇÃO E TIPO DO DOCUMENTO | AUTOR | TÍTULO | IMPRENTA (Local, editora, data, volume, edição) | TÍTULO ORIGINAL ESCRITO EM | TRAD.: IDIOMA E AUTOR | AQUISIÇÃO | ANOTAÇÕES MARCAÇÕES DE LEITURAS OBSERVAÇÕES |
|---|---|---|---|---|---|---|---|
| 26 Livro | WRIGHT, Thomas | *Histoire de la caricature et du grotesque dans la littérature et dans l'art* | Paris, Garnier [s/data]. Volume único [s/ed.] | inglês | francês — Octave Sachot | Livraria Lombaerts | • O livro tem 288 gravuras intercaladas no texto. • Thomas Wright era, então correspondente do Instituto de França. ASSUNTO: classificado pelo editor como **história da arte**. |
| 27 Livro | XÉNOPHON | *Premier livre de la Cyropédie* | Paris, Librairie Hachette et Cie, 1883. Volume único [s/ed.] | grego | francês — Société de professeurs et d'Héllénistes | Livraria Laemmert | ASSUNTO: classificado pelo editor como **literatura grega**. |
| 28 Livro | ARISTO-PHANE | *(Théâtre de Aristophane)* | Paris, Librairie Hachette, 1892. Volume único, 9ª edição. | grego | francês — C. Poyard, Prof. de retórica do Liceu Henrique IV | Livraria Acadêmica de J. G. Azevedo | ASSUNTO: classificado pelo editor como **teatro grego**. |
| 29 Livro | ARISTOTE | *Le morale et la politique* | Paris, Firmin Didot, 1823. Volume 1 [s/ed.] | grego | francês — M. Thurot | Livraria Lachaud | ASSUNTO: classificado pelo editor como **filosofia grega**. |
| 30 Livro | ARISTOTE | *Le morale et la politique* | Paris, Firmin Didot, 1824. Volume 2 [s/ed.] | grego | francês — M. Thurot | Livraria Lachaud | ASSUNTO: classificado pelo editor como **filosofia grega**. |
| 31 Livro | ESCHYLE | *Théâtre d'Eschyle* | Paris, Alphonse Lemerre [s/data]. Volume único [s/ed.] | grego | francês — Leconte de Lisle | Livraria Garnier | • Consta carimbo de E. Leitão de Carvalho. ASSUNTO: classificado pelo editor como **teatro grego**. |
| 32 Livro | ESCHYLE | *Théâtre d'Eschyle* | Paris, Charpentier et Cie, 1870. Volume único, 8ª ed. | grego | francês — Alexis Piéron | sem indicação | ASSUNTO: classificado pelo editor como **teatro grego**. |

| LOCALIZAÇÃO E TIPO DO DOCUMENTO | AUTOR | TÍTULO | IMPRENTA (Local, editora, data, volume, edição) | TÍTULO ORIGINAL ESCRITO EM | TRAD.: IDIOMA E AUTOR | AQUISIÇÃO | ANOTAÇÕES MARCAÇÕES DE LEITURAS OBSERVAÇÕES |
|---|---|---|---|---|---|---|---|
| 33 Livro | HÉRODOTE | *Histoires d'Hérodote* | Paris, Hachette, 1881. Volume único, 5ª ed. | grego | francês — P. Piguet | Livraria Clássica de Nicolau Alves | • Com introdução e notas do tradutor. ASSUNTO: classificado pelo editor como **História**. |
| 34 Livro | HOMERE | *Iliade* | Paris, Alphonse Lemerre, [s/data]. Volume único [s/ed.], em prosa. | grego | francês — Leconte de Lisle | Livraria Garnier | • Carimbo de Leitão de Carvalho. • Na contracapa final lê-se "OOb" (parece-nos anotação do livreiro). ASSUNTO: classificado pelo editor como **literatura grega**. |
| 35 Livro | HOMERE | *Odysée* | Paris, Alphonse Lemerre, [s/data]. Volume único [s/ed.], em prosa. | grego | francês — Leconte de Lisle | Livraria Garnier | • Na contracapa final lê-se "OOb". ASSUNTO: classificado pelo editor como **literatura grega**. |
| 36 Livro | SAMOSATE, Lucien | *Œuvres complètes de Samosate* | Paris, Librairie Hachette et Cie, 1874. Volume 1, 3ª ed. | grego | francês — Eugène Talbot | Livraria Garnier | • Eugène Talbot era, então, Professor Adjunto de Retórica no Liceu Louis le Grand e Doutor em Letras. • Livro bastante manuseado. ASSUNTO: classificado pelo editor como **literatura grega**. |
| 37 Livro | SAMOSATE, Lucien | *Œuvres complètes de Samosate* | Paris, Librairie Hachette et Cie, 1874. Volume 2 [s/ed.] | grego | francês — Eugène Talbot | Livraria Garnier | ASSUNTO: classificado pelo editor como **literatura grega**. |
| 38 Livro | PLATON | *Œuvres de Platon* | Paris, Garnier [s/data]. Volume 1 [s/ed.] | grego | francês — A. Bastien | sem indicação | ASSUNTO: classificado pelo editor como **filosofia**. |
| 39 Livro | PLATON | *Œuvres de Platon* | Paris, Garnier [s/data]. Volume 2 [s/ed.] | grego | francês — A. Bastien | sem indicação | ASSUNTO: classificado pelo editor como **filosofia**. |
| 40 Livro | PLUTARQUE | *Les vies de hommes illustres* | Paris, Firmin Didot, 1838. Volume 1 [s/ed.] | grego | francês — Ricard | sem selo de importação | • Livro bastante manuseado. ASSUNTO: classificado pelo editor como **biografia**. |

| LOCALIZAÇÃO E TIPO DO DOCUMENTO | AUTOR | TÍTULO | IMPRENTA (Local, editora, data, volume, edição) | TÍTULO ORIGINAL ESCRITO EM | TRAD.: IDIOMA E AUTOR | AQUISIÇÃO | ANOTAÇÕES MARCAÇÕES DE LEITURAS OBSERVAÇÕES |
|---|---|---|---|---|---|---|---|
| 41 Livro | PLUTARQUE | *Les vies de h o m m e s illustres* | Paris, Adolphe Delahays, 1836. Volume 2 [s/ed.] | grego | francês — Ricard | sem selo de importação | • Livro bastante manuseado. ASSUNTO: classificado pelo editor como **biografia.** |
| 42 Livro | PLUTARQUE | *Traités de morale* | Paris, Adolphe Delahays, 1847. Volume 1 [s/ed.] | grego | francês — Ricard — trad. revista por Pieron | Livraria Garnier | • Edição revista e corrigida por Alexis Piéron. • Tradutor coroado pela Academia Francesa. ASSUNTO: classificado pelo editor como **moral.** |
| 43 Livro | PLUTARQUE | *Traités de morale* | Paris, Adolphe Delahays, 1847. Volume 2 [s/ed.] | grego | francês — Ricard | Livraria Garnier | ASSUNTO: classificado pelo editor como **moral.** |
| 44 Livro | SOPHOCLE | *Les tragédies de Sophocle* | Paris, Hachette et Cie, 1879. Volume único [s/ed.] | grego | francês — M. Bellaguet | Livraria Garnier | • Com uma notícia sobre Sófocles por M. Ed. Tournier. • Consta carimbo de E. Leitão de Carvalho. • O livro parece ter sido bastante manuseado. ASSUNTO: classificado pelo editor como **teatro grego.** |
| 45 Livro | THUCYDIDE | *Histoire de la Guerre du Péloponnèse* | Paris, Charpentier, 1869. Volume 1, 2ª ed. | grego | francês — C. H. Zevort (Reitor da Academia de Bordeaux) | Livraria Garnier | • p. 199 — marcada com indicador de leitura. ASSUNTO: classificado pelo editor como **História.** |
| 46 Livro | THUCYDIDE | *Histoire de la Guerre du Péloponnèse* | Paris, Charpentier, 1869. Volume 2, 2ª edição. | grego | francês — C. H. Zevort | Livraria Garnier | ASSUNTO: classificado pelo editor como **História.** |

| LOCALIZAÇÃO E TIPO DO DOCUMENTO | AUTOR | TÍTULO | IMPRENTA (Local, editora, data, volume, edição) | TÍTULO ORIGINAL ESCRITO EM | TRAD.: IDIOMA E AUTOR | AQUISIÇÃO | ANOTAÇÕES MARCAÇÕES DE LEITURAS OBSERVAÇÕES |
|---|---|---|---|---|---|---|---|
| 47 Livro | COULANGES, Fustel de | *La cité antique* | Paris, Hachette et Cie, 1876. Volume único, 6ª ed. | francês | — | Livraria Garnier | • Fustel de Coulanges (maître de conférences a l'École Normale Supérieure). <br>• Obra coroada pela Academia Francesa. <br>• p.334 — marcada com fita de leitura. <br>ASSUNTO: classificado pelo editor como **estudo histórico**. |
| 47 bis (há dois livros com esta numeração: o anterior e este) | HERODIEN | *Histoire Romaine — Depuis la mort de Marc-Aurèle — Jusqu'à L'avènement de Gordien III* | Paris, Firmin Didot, 1860. Volume único [s/ed.] | grego | francês — Léon Halévy | Livraria Garnier | • Este livro foi dedicado a Alfred de Vigny pelo tradutor: "A Monsieur le Comte Alfred de Vigny de L'Academie Française. Hommage respectueux de Léon Halévy". <br>• p. 4, 5 e 6 — assinaladas a lápis na margem. <br>• p. 9 — sublinhada em " Sacrifié aux dieux" e há uma seta. <br>• p. 10 e 11 — sublinhadas. <br>• p. 13 — comentário na margem está ilegível. <br>• p. 16 e 17 — assinaladas. <br>• p. 66 — assinalados, com lápis azul, dois parágrafos. <br>• p. 98 e 99 — faz colchetes. <br>• p. 109 — fita de leitura. Alfred de Vigny foi membro correspondente da ABL. <br>ASSUNTO: classificado pelo editor como **História**. |

| LOCALIZAÇÃO E TIPO DO DOCUMENTO | AUTOR | TÍTULO | IMPRENTA (Local, editora, data, volume, edição) | TÍTULO ORIGINAL ESCRITO EM | TRAD.: IDIOMA E AUTOR | AQUISIÇÃO | ANOTAÇÕES MARCAÇÕES DE LEITURAS OBSERVAÇÕES |
|---|---|---|---|---|---|---|---|
| 48 Livro | MOMMSEN | *Histoire romaine* | Paris, C. Marpon et E. Flammarion, [s/data]. Volume 1 [s/ed.] | alemão | francês Guerle | — Livraria Garnier | Momsen, historiador alemão que desempenhou importante papel na historiografia moderna da antiguidade, ganhou o prêmio Nobel de Literatura de 1902. ASSUNTO: classificado pelo editor como **História**. |
| 49 Livro | MOMMSEN | *Histoire romaine* | Paris, C. Marpon et E. Flammarion, [s/data]. Volume 2 [s/ed.] | alemão | francês Guerle | — Livraria Garnier | ASSUNTO: classificado pelo editor como **História**. |
| 50 Livro | MOMMSEN | *Histoire romaine* | Paris, C. Marpon et E. Flammarion, [s/data]. Volume 3 [s/ed.] | alemão | francês Guerle | — Livraria Garnier | ASSUNTO: classificado pelo editor como **História**. |
| 51 Livro | MOMMSEN | *Histoire romaine* | Paris, C. Marpon et E. Flammarion, [s/data]. Volume 4 [s/ed.] | alemão | francês Guerle | — Livraria Garnier | ASSUNTO: classificado pelo editor como **História**. |
| 52 Livro | MOMMSEN | *Histoire romaine* | Paris, C. Marpon et E. Flammarion, [s/data]. Volume 5 [s/ed.] | alemão | francês Guerle | — Livraria Garnier | ASSUNTO: classificado pelo editor como **História**. |
| 53 Livro | MOMMSEN | *Histoire romaine* | Paris, C. Marpon et E. Flammarion, [s/data]. Volume 6 [s/ed.] | alemão | francês Guerle | — Livraria Garnier | ASSUNTO: classificado pelo editor como **História**. |
| 54 Livro | MOMMSEN | *Histoire romaine* | Paris, C. Marpon et E. Flammarion, [s/data]. Volume 7 [s/ed.] | alemão | francês Guerle | — Livraria Garnier | ASSUNTO: classificado pelo editor como **História**. |

| LOCALIZAÇÃO E TIPO DO DOCUMENTO | AUTOR | TÍTULO | IMPRENTA (Local, editora, data, volume, edição) | TÍTULO ORIGINAL ESCRITO EM | TRAD.: IDIOMA E AUTOR | AQUISIÇÃO | ANOTAÇÕES MARCAÇÕES DE LEITURAS OBSERVAÇÕES |
|---|---|---|---|---|---|---|---|
| 55 Livro | AUGUSTIN, Saint | Les confessions de Saint Augustin | Paris, Garnier, [s/data]. Volume único [s/ed.] | latim | francês — Arnaud d'Andilly | Livraria Garnier | • Carimbo de Leitão de Carvalho. • Com uma introdução de M. Charpentier. (Inspetor honorário da Academia de Paris), "Agregé" à Faculdade de Letras. ASSUNTO: classificado pelo editor como **Teologia**. |
| 56 Livro | CATULLE | Œuvres de Catulle, Tibulle et Properce (collection Panckoucke) | Paris, Garnier, [s/data] | latim | francês — tradução da coleção por M. M. Héguin de Guerle, A. Valatour e J. Genouille | sem indicação | • Consta carimbo de Leitão Carvalho. • Edição revista por M. A. Valatour, professor do Lycée Fontanes. ASSUNTO: classificado pelo editor como **literatura latina**. |
| 57 Livro | HORACE | Odes et épodes | Paris, Hachette, 1872. Volume I [s/ed.] | latim | francês — traduzido por uma Sociedade de professores e latinistas | Livraria J. E. de Azevedo | • Livro bastante manuseado. • São duas traduções: uma literal e outra "correta" com sumário e notas. ASSUNTO: classificado pelo editor como **literatura latina**. |
| 58 Livro | HORACE | Odes et épodes | Paris, Hachette, 1872. Volume II [s/ed.] | latim | francês — traduzido por uma Sociedade de professores e latinistas | Livraria J. G. de Azevedo | • Livro bastante manuseado. ASSUNTO: classificado pelo editor como **literatura latina**. |

| LOCALIZAÇÃO E TIPO DO DOCUMENTO | AUTOR | TÍTULO | IMPRENTA (Local, editora, data, volume, edição) | TÍTULO ORIGINAL ESCRITO EM | TRAD.: IDIOMA E AUTOR | AQUISIÇÃO | ANOTAÇÕES MARCAÇÕES DE LEITURAS OBSERVAÇÕES |
|---|---|---|---|---|---|---|---|
| 59 Livro | LUCRECE | *Œuvres complètes* | Paris, Garnier, [s/data]. Volume único [s/ed.] | latim | francês — M. Blanchet | sem indicação | • Pág. 15 e 16 — marcadas com dobra na orelha da página.<br>• Dentro do livro encontra-se o cartão de Sylvio Braga e Costa do Instituto Hahnemaniano (Praia [sic] de São Cristóvão, 26).<br>ASSUNTO: classificado pelo editor como **literatura latina**. |
| 60 Livro | PETRONE | *Œuvres complètes* | Paris, Garnier Frères, [s/data]. Volume único [s/ed.] | latim | francês — M. Héguin de Guerle (ancien inspecteur de l'Academie de Lyon) — trad. da coleção Panckoucke | sem selo de importação | • Consta carimbo de Leitão de Carvalho.<br>• Texto precedido de uma "Pesquisa cética sobre o Satiricon" e seu autor por J.N.M. Guerle (ancien censeur du Collège Louis le Grand).<br>ASSUNTO: classificado pelo editor como **literatura latina**. |
| 62 Livro | QUINTE-CURCE | *Œuvres complètes* | Paris, Garnier, 1865. Volume único [s/ed.] | latim | trad. da Coleção Panckoucke por M. M. Auguste et Alphonse Trogon — revisão cuidadosa de M. E. Pessonneaux (prof. do Liceu Napoleão) | Livraria Garnier | • Consta carimbo de Leitão de Carvalho.<br>• O livro está mofado devido à umidade.<br>ASSUNTO: classificado pelo editor como **literatura latina**. |

| LOCALIZAÇÃO E TIPO DO DOCUMENTO | AUTOR | TÍTULO | IMPRENTA (Local, editora, data, volume, edição) | TÍTULO ORIGINAL ESCRITO EM | TRAD.: IDIOMA E AUTOR | AQUISIÇÃO | ANOTAÇÕES MARCAÇÕES DE LEITURAS OBSERVAÇÕES |
|---|---|---|---|---|---|---|---|
| 63 Livro | TACITE | Œuvres complètes | Paris, Garnier, [s/data]. Volume 1 [s/ed.] | latim | trad. de Dureau de Lamalle | sem indicação | ASSUNTO: classificado pelo editor como **História.** |
| 64 Livro | TACITE | Œuvres complètes | Paris, Garnier, [s/data]. Volume 2 [s/ed.] | latim | trad. de Dureau de Lamalle | sem indicação | ASSUNTO: classificado pelo editor como **História.** |
| 65 Livro | TITE-LIVE | Histoire Romaine | Paris, Hachette, 1867. Volume 1 [s/ed.] | latim | francês — M. Gaucher (prof. de Retórica do Liceu Bonaparte) | Livraria Garnier | • Carimbo de Leitão de Carvalho. • Com introdução, notas e índice histórico e geográfico do tradutor. • p. 117 — marcada com papel. • Sem anotações. ASSUNTO: classificado pelo editor como **História.** |
| 66 Livro | TITE-LIVE | Histoire Romaine | Paris, Hachette, 1867. Volume 2 [s/ed.] | latim | francês — M. Gaucher (prof. de retórica do Liceu Bonaparte) | Livraria Garnier | • Livro manuseado a partir da página 544. • As páginas anteriores 499, 500, 501 e 502 estão coladas. • Sem anotações. ASSUNTO: classificado pelo editor como **História.** |
| 67 Livro | TITE-LIVE | Histoire Romaine | Paris, Hachette, 1867. Volume 3 [s/ed.] | latim | francês — M. Gaucher | Livraria Garnier | ASSUNTO: classificado pelo editor como **História.** |
| 68 Livro | TITE-LIVE | Histoire Romaine | Paris, Hachette, 1867. Volume 4 [s/ed.] | latim | Francês — M. Gaucher | Livraria Garnier | ASSUNTO: classificado pelo editor como **História.** |
| 69 Livro | AGOSTINHO, Santo | Confissões do grande doutor da Igreja | Rio, Garnier, 1905. Volume único, Edição clássica. | latim | Português — anônima "Por um devoto" | Livraria Garnier | • Consta carimbo de Leitão de Carvalho. • Na contracapa final lê-se: L=2 p4=M. de A. • Sem anotações no corpo do livro. ASSUNTO: classificado pelo editor como **Teologia.** |

| LOCALIZAÇÃO E TIPO DO DOCUMENTO | AUTOR | TÍTULO | IMPRENTA (Local, editora, data, volume, edição) | TÍTULO ORIGINAL ESCRITO EM | TRAD.: IDIOMA E AUTOR | AQUISIÇÃO | ANOTAÇÕES MARCAÇÕES DE LEITURAS OBSERVAÇÕES |
|---|---|---|---|---|---|---|---|
| 70 Livro | OVÍDIO NASÃO, Públio | Arte de amar | Rio, Eduardo & Henrique Laemmert, 1862. Volume 1 [s/ed.] | latim | trad. p/ o português em nº. igual de versos — Antônio e José Feliciano de Castilho — endereçada exclusivamente aos homens feitos e estudiosos das letras clássicas | Livraria Laemmert | • Exemplar dedicado à Machado de Assis pelos tradutores: "A J.M. Machado de Assis o poeta d'alma, e esperançoso ornamento das letras do Brasil o Antônio Feliciano de Castilho e José Feliciano de Castilho [s. data]. ASSUNTO: classificado pelo editor como **literatura latina**. |
| 71 Livro | CASTILHO, José Feliciano | Grinalda da Arte de Amar | Rio, Laemmert, 1862. Volume 2 [s/ed.] | português | — | Livraria Laemmert | • Doação do autor. • No tomo 1 dedicatória já citada. • Carimbo de Leitão de Carvalho. • Este livro é citado por Massa como de autoria de Ovídio. Entretanto, trata-se de um comentário sobre Ovídio. Sendo Ovídio assunto, optei por citar o autor José Feliciano de Castilho. ASSUNTO: classificado pelo editor como **Estudo crítico sobre a literatura latina**. |

*160*

| LOCALIZAÇÃO E TIPO DO DOCUMENTO | AUTOR | TÍTULO | IMPRENTA (Local, editora, data, volume, edição) | TÍTULO ORIGINAL ESCRITO EM | TRAD.: IDIOMA E AUTOR | AQUISIÇÃO | ANOTAÇÕES MARCAÇÕES DE LEITURAS OBSERVAÇÕES |
|---|---|---|---|---|---|---|---|
| 72 Livro | CASTILHO, José Feliciano de | *Grinalda da arte de amar* (continuação do volume anterior) | Rio, Laemmert, 1862. Volume 3 [s/ed.] | português | — | Livraria Laemmert | • Doação do autor.<br>• No tomo 1 dedicatória já citada.<br>• Carimbo de Leitão de Carvalho.<br>• Este livro é citado por Massa como de autoria de Ovídio. Entretanto, trata-se de um comentário sobre Ovídio. Sendo Ovídio assunto, optei por citar o autor José Feliciano de Castilho.<br>ASSUNTO: classificado pelo editor como **Estudo crítico sobre a literatura latina.** |
| 73 Livro | VIRGÍLIO | *As Geórgicas* | Paris, Ad. Lainé et J. Havard, 1867. | latim | português — Antônio Feliciano de Castilho | Livraria Lombaerts (encadernador de S.M. Imperial) | • Consta dedicatória do autor: "Ao príncipe dos alexandrinos ao autor de deuses de casaca a J. M. Machado de Assis. F. de Castilho" [s/data]<br>ASSUNTO: classificado pelo editor como **Literatura Latina.** |
| 74 Livro | VIRGÍLIO | *Eneida Brazileira ou tradução poética da epopéia de Públio Virgílio Maro* | Paris, Rignoux, 1854 | latim | português — Manuel Odorico Mendes, da cidade de S. Luiz do Maranhão | não há selo de livreiro | • Carimbo de Leitão de Carvalho<br>• Livro bastante manuseado e comido pelas traças.<br>ASSUNTO: classificado pelo editor como **Literatura Latina.** |
| 75 Livro | BADER, Mlle. Clarisse | *La femme romaine* | Paris, Librairie Didier, 1877. Volume único [s/ed.] | francês | — | Livraria Garnier | ASSUNTO: classificado pelo editor como **Estudo crítico sobre a vida da mulher na antigüidade.** |

| LOCALIZAÇÃO E TIPO DO DOCUMENTO | AUTOR | TÍTULO | IMPRENTA (Local, editora, data, volume, edição) | TÍTULO ORIGINAL ESCRITO EM | TRAD.: IDIOMA E AUTOR | AQUISIÇÃO | ANOTAÇÕES MARCAÇÕES DE LEITURAS OBSERVAÇÕES |
|---|---|---|---|---|---|---|---|
| 76 Livro | PELISSON, Maurice | *Les Romaines au temps de Pline le Jeune, leur vie privée* | Paris, A. Degorce Cador, 1882. Volume único [s/ed.] | francês | — | Livraria Faro & Lino (Rua do Ouvidor, 79 | • No catálogo de Massa este livro tem o nº 77. Entretanto, hoje, na Biblioteca de M. da A. possui o nº 76. ASSUNTO: classificado pelo editor como **História**. |
| 77 Livro | Livro não encontrado. Consta do catálogo de J. M. Massa (1961). 77 — "PELISSON. Les Romaines au temps de Pline le Jeune, leur vie privée par Maurice (....). Paris, A. Degorce — Cadot, 1882. (Livraria contemporânea Faro e Lino)" |||||||
| 78 Livro | Livro não encontrado. Consta do catálogo de J. M. Massa (1961). 78 — "BÍBLIA. A. (...) sagrada, contendo o velho e o novo testamento, traduzida em português segundo a vulgata latina de Antonio Pereira de Figueiredo. London, Oficina de Harrison e filhos, 1866." |||||||
| 79 Livro | BURNOUF, Emile | *La science des religions* | Paris, Maisonneuve, 1872. Volume único [s/ed.] | francês | — | Livraria Garnier | • ASSUNTO: classificado pelo editor como **crítica histórica sobre religião** |
| 80 Livro | COHEN, J. | *Les déicides, examen de la vie de Jésus et des développements de l'eglise chrétienne dans leurs rapports avec le judaisme* | Paris, Michel Lévy, 1864. Volume único [s/ed.] | francês | — | sem selo de importação | • ASSUNTO: classificado pelo editor como **crítica histórica sobre a vida de Jesus e o desenvolvimento do cristianismo**. |
| 81 Livro | FRANCK, Ad. | *Philosophie du droit ecclesiastique: des rapports de la religion et de l'état* | Paris — London — New York, Germer Baillière, 1864. Volume único [s/ed.] | francês | — | Livraria Garnier | • Livro bastante manuseado. • Sublinha p. 29. • Não há anotações. • ASSUNTO: classificado pelo editor como **Crítica histórica — analisa a relação entre a religião e o Estado**. |

| LOCALIZAÇÃO E TIPO DO DOCUMENTO | AUTOR | TÍTULO | IMPRENTA (Local, editora, data, volume, edição) | TÍTULO ORIGINAL ESCRITO EM | TRAD.: IDIOMA E AUTOR | AQUISIÇÃO | ANOTAÇÕES MARCAÇÕES DE LEITURAS OBSERVAÇÕES |
|---|---|---|---|---|---|---|---|
| 82 Livro | JANUS | *Le pape et le concile* | Paris, Germer — Baillière, 1864. Volume único [s/ed.] | alemão | francês — Giraud-Teulin | Livraria Garnier | • Consta carimbo de Leitão de Carvalho. ASSUNTO: classificado pelo editor como **Teologia**. |
| 83 Livro | STAP, A. | *L'Immaculée Conception — Études sur L'origine d'un dogme* | Paris, Librairie Internationale, 1869, Volume único [s/ed.] | francês | — | Livraria Garnier | • Na lista de Massa, este item foi classificado como 83 bis. ASSUNTO: classificado pelo editor como **Teologia**. |
| 83 (sic) Livro | NOLDEKE, Th. | *Histoire littéraire de l'Ancien Testament* | Paris, Sandoz et Fischbacher, 1873. Volume único [s/ed.] | alemão | francês — M. M. H. Derenbourget Jules Soury | Livraria Garnier | • Na lista de Massa, este item foi classificado como 83. ASSUNTO: classificado pelo editor como **História da Literatura Hebraica.** |
| 84 Livro | BURNOUF, E. (De L'Institut de France, et des Academies de Munich et Lisbonne, correspondant des Celles de Berlin, de Saint-Pétersbourg, de Turin) | *Buddhisme indien* | Paris, Mausonneuv, 1876. Volume único, 2ª ed. | francês | — | — | • Doação da viúva de A. de Oliveira. • Machado escreve embaixo da página de rosto: "Foi-me dado pela viúva de A. de Oliveira, como lembrança deste meu bom amigo. M. de A." • Refere-se, certamente, M. de Assis a Arthur de Oliveira, que após sua assinatura na folha de rosto do referido livro. ASSUNTO: classificado pelo editor como **História**. |
| 85 Livro | MASPERO, G. | *Histoire ancienne des peuples de l'Orient* | Paris, Hachette, 1886. Volume único, 4ª ed. | francês | — | Livraria Acadêmica de J. G. de Azevedo | • O autor era, então, professor de língua e arqueologia egípcias do Colégio de França. • Contém mapas. ASSUNTO: classificado pelo editor como **História**. |

| LOCALIZAÇÃO E TIPO DO DOCUMENTO | AUTOR | TÍTULO | IMPRENTA (Local, editora, data, volume, edição) | TÍTULO ORIGINAL ESCRITO EM | TRAD.: IDIOMA E AUTOR | AQUISIÇÃO | ANOTAÇÕES MARCAÇÕES DE LEITURAS OBSERVAÇÕES |
|---|---|---|---|---|---|---|---|
| 86 Livro | MILLS, Charles | *Histoire du Mahométisme* | Paris, Bouland et Cie, 1825. Volume único, trad. da 2ª edição inglesa | inglês | francês — M. P. (Docteur en lettres) | sem selo de importação | ASSUNTO: classificado pelo editor como **História do Maometismo.** |
| 87 Livro | Não é citado | *Chants populaires du sud de l'Inde* | Paris, Librairie Internationale, 1868. Volume único [s/ed.] | não referido | francês — E. Lamairesse | sem selo de importação | • Consta assinatura de Arthur de Oliveira.<br>• Consta carimbo de Leitão de Carvalho.<br>ASSUNTO: classificado pelo editor como **Estudo sobre Sistemas religiosos e filosóficos da India.** |
| 88 Livro | KALIDASA | *Œuvres choisies de (...)* | Paris, Librairie Internationale, 1865. Volume único [s/ed.] | sânscrito | francês — Hippolyte Fauche | Livraria Garnier | ASSUNTO: classificado pelo editor como **Drama Hindu.** |
| 89 Livro | Livro não encontrado. Consta do catálogo de J. M. Massa (1961). 89 — "RIGVEDA, Bibliothèque Orientale. Chefs d'ouevre de la Perse, de l'Egypte et de la Chine. Tome Premier. (...) ou le livre des Hymnes, traduit du sanscrit par A. Langelois. Deuxième edition revue, corrigée et augmentée d'un index analytique par Ph. Ed. Foucaux. Paris, Maisonneuve et Cie, 1872. [Garnier] ||||||||
| 90 Livro | SADI | *Gulistan ou le parterre des roses* | Paris, Librairie de Firmin Didot, 1858. Volume único [s/ed.] | persa | francês — Ch. Defremery | Livraria Garnier | • Sem capa.<br>• Traduzido segundo o editor a partir dos melhores textos impressos e manuscritos.<br>• Consta carimbo de Leitão de Carvalho.<br>ASSUNTO: classificado pelo editor como **Literatura Persa.** |
| 91 Livro | VALMIKY | *Le Ramayana* | Paris, Librairie Internationale, 1864. Volume 2 [s/ed.] | sânscrito | francês — Hippolyte Fauche | Livraria Garnier | ASSUNTO: classificado pelo editor como **Poema Sânscrito.** |
| 92 Livro | VALMIKY | *Le Ramayana* | Paris, Librairie Internationale, 1864. Volume 1 [s/ed.] | sânscrito | francês — Hippolyte Fauche | Livraria Garnier | ASSUNTO: classificado pelo editor como **Poema Sânscrito.** |

| LOCALIZAÇÃO E TIPO DO DOCUMENTO | AUTOR | TÍTULO | IMPRENTA (Local, editora, data, volume, edição) | TÍTULO ORIGINAL ESCRITO EM | TRAD.: IDIOMA E AUTOR | AQUISIÇÃO | ANOTAÇÕES MARCAÇÕES DE LEITURAS OBSERVAÇÕES |
|---|---|---|---|---|---|---|---|
| 93 Livro | STERNE | *STERNE INÉDIT* (*Le Koran, oeuvres posthumes complètes*) | Paris, Librairie Nouvelle, 1853. Volume único [s/ed.] | inglês | francês — Alfred Hédouin | sem selo de importação | • Livro sem capa.<br>• Edição com notas, ilustrada com retrato de Sterne.<br>• Segundo o levantamento de Massa, trata-se de obra apócrifa de autoria de Richard Griffith.<br>• Sterne é apresentado como muçulmano. (sic)<br>ASSUNTO: classificado pelo editor como **Literatura Inglesa**. |
| 94 Livro | ALFIERI, Vittorio | *Tragedie de (...)* | Milano, Parigi, Edoardo Sonzogno, 1870. Volume único [s/ed.] | italiano | — | Livraria Lombaerts | • Com ilustrações de Guido Gonin<br>• Com dedicatória: "Vai livro fatídico para as mãos de teu digno êmulo; se eu te aprecio ele melhor te compreenderá! ... Ao Machado de Assis Offce Arthur Napoleão dos Santos. Rio, 5 de agosto de 1874"<br>ASSUNTO: classificado pelo editor como **Literatura Italiana**. |
| 95 Livro | DANTE ALIGHIERI | *La Divina Commedia* | Parigi, Fratelli Firmin Didot, 1868. Volume único [s/ed.] | italiano | — | Livraria Garnier | • Orelhas dobradas nas páginas 271, 273 e 281.<br>• Apêndice com a vida de Dante, publicada pela primeira vez em Milão, 1809.<br>ASSUNTO: classificado pelo editor como **Literatura Italiana** |
| 96 Livro | AMICIS, Edmondo de | *La vita, militare, bozzeti* | Milano, Fratele Treves, 1880. Volume único, edição revista | italiano | — | sem selo de importação | • Livro bastante manuseado.<br>• Com dedicatória: "lembrança ao Am. Machado de Assis. Turim, 1882" — sem assinatura<br>ASSUNTO: classificado pelo editor como **Literatura Italiana** |
| 97 Livro | ARIOSTO | *L'Orlando Furioso* | Paris, Firmin Didot, 1872. Volume 1 [s/ed.] | italiano | — | Livraria Garnier | ASSUNTO: classificado pelo editor como **Literatura Italiana** |

| LOCALIZAÇÃO E TIPO DO DOCUMENTO | AUTOR | TÍTULO | IMPRENTA (Local, editora, data, volume, edição) | TÍTULO ORIGINAL ESCRITO EM | TRAD.: IDIOMA E AUTOR | AQUISIÇÃO | ANOTAÇÕES MARCAÇÕES DE LEITURAS OBSERVAÇÕES |
|---|---|---|---|---|---|---|---|
| 98 Livro | ARIOSTO | *L'Orlando Furioso* | Paris, Firmin Didot, 1872. Volume 2 [s/ed.] | italiano | — | Livraria Garnier | • Carimbo de Leitão de Carvalho. ASSUNTO: classificado pelo editor como **Literatura Italiana.** |
| 99 Livro | GUICCIAR-DINI, Francesco | *Storia D'Italia* | Milano, Tipi Borroni e Scotti, 1843. Volume 1 [s/ed.] | italiano | — | sem selo de importação | • Volume completamente tomado por traças. • Conforme o autor, o livro é escrito segundo a célebre lição do prof. Giovanni Rossini. • Com notas. ASSUNTO: classificado pelo editor como **História.** |
| 100 Livro | GUICCIAR-DINI, Francesco | *Storia D'Italia* | Milano, Tipi Borroni e Scotti, 1843. Volume 2 [s/ed.] | italiano | — | sem selo de importação | ASSUNTO: classificado pelo editor como **História.** |
| 101 Livro | GUICCIAR-DINI, Francesco | *Storia D'Italia* | Milano, Tipi Borroni e Scotti, 1844. Volume 3 [s/ed.] | italiano | — | sem selo de importação | ASSUNTO: classificado pelo editor como **História.** |
| 102. Livro | LEOPAR-DI, Giacomo | *Opere di* (...) | Leipzig, F. A. Brockhaus, 1877. Volume único [s/ed.] | italiano | — | Livraria Laemmert | • Livro bastante manuseado e apanhou muita umidade. • Consta carimbo de E. Leitão de Carvalho. ASSUNTO: classificado pelo editor como **Literatura Italiana.** |

| LOCALIZAÇÃO E TIPO DO DOCUMENTO | AUTOR | TÍTULO | IMPRENTA (Local, editora, data, volume, edição) | TÍTULO ORIGINAL ESCRITO EM | TRAD.: IDIOMA E AUTOR | AQUISIÇÃO | ANOTAÇÕES MARCAÇÕES DE LEITURAS OBSERVAÇÕES |
|---|---|---|---|---|---|---|---|
| 103 Livro | OSSIAN | *Poesie di Ossian, antico poeta celtico* | Pisa, Nicolo Capurro, 1817. Volumes 1 e 2 [s/ed.] | Inglês (J. Macpherson, 1760) | italiano s/indicação de tradutor | sem selo de importação | • p. 237 — marcada com fita de leitura.<br>• Canto I — p. 117, 118, 119, 120, 121, 122 e 123, com anotações em inglês — pareceu-nos tentativa de versão...<br>• Há uma dedicatória que Massa não registrou: "Ao seo velho amigo Machado de Assis". Sebastião Belfor [s/data]<br>• Consta carimbo de Leitão de Carvalho.<br>• Há assinatura na contracapa [ilegível].<br>ASSUNTO: classificado pelo editor como **Poesia.** |
| 104 Livro | OSSIAN | *POESIE DE OSSIAN, antico poeta celtico* | Pisa, Nicolo Capurro, 1817. Volumes 3 e 4 [s/ed.] | Inglês (J. Macpherson, 1760) | italiano s/indicação de tradutor | sem selo de importação | • Há uma dedicatória que Massa não registrou: "Ao seo velho amigo Machado de Assis". Sebastião Belfor [s/data]<br>ASSUNTO: classificado pelo editor como **Poesia.** |
| 105 Livro | SANCTIS, Francesco de | *Storia della letteratura italiana* | Napoli, Cav. Antonio Morando, 1890. Volume 1, 4ª ed. | italiano | — | sem selo de importação | ASSUNTO: classificado pelo editor como **História da Literatura.** |
| 106 Livro | SANCTIS, Francesco de | *Opere di (...)* | Napoli, Cav. Antonio Morando, 1890. Volume 2, 4ª edição. | — | — | sem indicação | ASSUNTO: classificado pelo editor como **Literatura Italiana.** |

| LOCALIZAÇÃO E TIPO DO DOCUMENTO | AUTOR | TÍTULO | IMPRENTA (Local, editora, data, volume, edição) | TÍTULO ORIGINAL ESCRITO EM | TRAD.: IDIOMA E AUTOR | AQUISIÇÃO | ANOTAÇÕES MARCAÇÕES DE LEITURAS OBSERVAÇÕES |
|---|---|---|---|---|---|---|---|
| 107 Livro | TASSO, Torquato | *La Gerusalemme liberata e l'Aminta di (Torquato Tasso)* | Paris, Librairie de Firmin Didot, 1867. Volume único [s/ed.] | italiano | — | Livraria Garnier | • p. 211 — dobrada com marcação de leitura no Canto XVIII. <br>• p. 24 — no terceiro verso escreve em azul *8 piêge* e assinala o verso "Come lassú, disperde e volve". <br>• p. 284 e 307 — marcadas com dobradura. <br>• p. 336, 354, 365 — marcadas com dobradura. <br>• p.330 e 331 — marcadas com pedaço de papel. <br>ASSUNTO: classificado pelo editor como **Literatura Italiana**. |
| 108 Livro | VARCHI, Benedetto | *Opere di (...)* | Trieste, Sezione Litterario Artistica del Lloyd Austriaco, 1858. Volume 1 [s/ed.] | italiano | — | Livraria Garnier | • Com um discurso de A. Racheli sobre a filologia do século XVI e a vida e obra do autor. <br>ASSUNTO: classificado pelo editor como **Literatura Italiana.** |
| 109 Livro | VARCHI, Benedetto | *Opere di (...)* | Trieste, Sezione Litterario Artistica del Lloyd Austriaco, 1859. Volume 2 [s/ed.] | italiano | — | Livraria Garnier | ASSUNTO: classificado pelo editor como **Literatura Italiana.** |
| 110 Livro | MACHIA-VEL | *Essai sur les oeuvres et la doctrine de Machiavel, avec la traduction littérale du Prince et de quelques fragments historiques et littéraires* | Paris, C. Reinwald, 1867. Volume único [s/ed.] | italiano | trad. e estudo em francês por Paul Deltuf | Livraria Garnier | • p. 373 — marcada com trevo de quatro folhas. <br>ASSUNTO: classificado pelo editor como **História da Literatura.** |

| LOCALIZAÇÃO E TIPO DO DOCUMENTO | AUTOR | TÍTULO | IMPRENTA (Local, editora, data, volume, edição) | TÍTULO ORIGINAL ESCRITO EM | TRAD.: IDIOMA E AUTOR | AQUISIÇÃO | ANOTAÇÕES MARCAÇÕES DE LEITURAS OBSERVAÇÕES |
|---|---|---|---|---|---|---|---|
| 111 Livro | MANZONI | *Les Fiancés (Histoire milanaise du XVIme siècle)* | Paris, Garnier, 1877. Volume único [s/ed.] italiano | trad. francesa da última edição (sic) por Marquês de Montgrandt | — | Livraria Lombaerts | • p. 195 — fita de leitura.<br>• Ilustrado por Staal. Com fac-símile de carta de Manzoni ao tradutor.<br>• Consta carimbo de Leitão de Carvalho.<br>ASSUNTO: classificado pelo editor como **História**. |
| 112 Livro | TASSE, Torquato | *Jérusalem Délivrée* | Paris, Garnier [s/data]. Volume único [s/d.] | italiano | francês — Prince Lebrun | — | • Precedido de notícia sobre a vida de Tasso, por Suard.<br>• Carimbo de Leitão de Carvalho.<br>• Massa refere-se a uma flor encontrada no canto XX. Não foi encontrada. Seria o trevo do livro 110?<br>ASSUNTO: classificado pelo editor como **Literatura Italiana**. |
| 113 Livro | Livro não encontrado. Consta do catálogo de J. M. Massa (1961). 113 — "TASSE. Le Jerusalém délivrée suivie de l'Aminte traductions nouvelles par August Desplaces. Sixième édition precedée d'une notice sur la vie et les ouvrages du Tasse. Paris, Charpentier, 1861." | | | | | | | |
| 114 Livro | GEBHART, Emile | *L'Italie mystique: L'histoire de la renaissance religieuse* | Paris, Hachette, 1899. 3ª ed. V. único | francês | — | Livraria Garnier | • Gebhart era, então, professor da Faculdade de Letras de Paris.<br>ASSUNTO: classificado pelo editor como **História**. |

| LOCALIZAÇÃO E TIPO DO DOCUMENTO | AUTOR | TÍTULO | IMPRENTA (Local, editora, data, volume, edição) | TÍTULO ORIGINAL ESCRITO EM | TRAD.: IDIOMA E AUTOR | AQUISIÇÃO | ANOTAÇÕES MARCAÇÕES DE LEITURAS OBSERVAÇÕES |
|---|---|---|---|---|---|---|---|
| 115 Livro | GREGO-ROVIUS, Ferdinand | *Lucrèce Borgie* | Paris, Sandoz Fischbocher; 1876. Volume 1 [s/ed.] | alemão | francês — Paul Ragnaud | Livraria Garnier | • Trad. a partir da 3ª edição. ASSUNTO: classificado pelo editor como **História**. |
| 116 Livro | GREGO-ROVIUS, Ferdinand | *Lucrèce Borgie* | Paris, Sandoz Fischbocher; 1876. Volume 2 [s/ed.] | alemão | francês — Paul Ragnaud | Livraria Garnier | • Trad. a partir da 3ª edição. • Fita de leitura na página 159 ASSUNTO: classificado pelo editor como **História**. |
| 117 Livro | PASQUINET MARFORO | *Les bouches de marbres de Rome* | Paris, Librairie Internationale A. Lacroix, 1877. Volume único, 2ª edição | italiano | trad. e publicado pela primeira vez por Mary Lafon | Livraria Garnier | ASSUNTO: classificado pelo editor como **Literatura Italiana**. |
| 118 Livro | RICCI, Corrado | *L'ultimo rifugio di Dante Alighieri* | Milano, Ulrico Hoelpi, 1891 | italiano | — | sem selo de importação | • Edizione di 400 esemplari eseguiti per conto di Ulrico Hoelpli editore in Milano, numerati progressivamente all 'alto della tiratura e questo è el numero 286. ASSUNTO: classificado pelo editor como **História da Literatura**. |
| 119 Livro | CERVANTES, Miguel de | *El ingenioso hidalgo don Quijote de la mancha* | Paris, Librerie de Ch. Fouraut [s/data]. Volume único [s/ed.] | espanhol | — | Livraria Garnier | • Nova edição, corrigida e anotada por Don Eugênio de Ochoa. • Há um apêndice sobre a vida de Cervantes. • Consta carimbo de Leitão de Carvalho. ASSUNTO: classificado pelo editor como **Literatura Espanhola**. |
| 120 Livro | CERVANTES, Miguel de | *N o v e l a s ejemplares* | Leipzig, F. A. Brockhaus, 1883, nº 25 da Coleção de autores españoles, [s/ed.] | espanhol | — | Livraria Garnier | • p. 102 — encontrado cartão de Docteur Charles Cotar Medeein Consultant de Vich. Membre corr. de la Soc. D'homeopatie, 34, Rue d'Etablissement therma Vichy ASSUNTO: classificado pelo editor como **Literatura Espanhola**. |

| LOCALIZAÇÃO E TIPO DO DOCUMENTO | AUTOR | TÍTULO | IMPRENTA (Local, editora, data, volume, edição) | TÍTULO ORIGINAL ESCRITO EM | TRAD.: IDIOMA E AUTOR | AQUISIÇÃO | ANOTAÇÕES MARCAÇÕES DE LEITURAS OBSERVAÇÕES |
|---|---|---|---|---|---|---|---|
| 121 Livro | MORATIN | *Comédias de (...)* | Paris, Baudry — Libreria europea Dramard-Baudry y Ca., 1866. Volume único [s/ed.] | espanhol | — | Livraria de Nicolau Alves | • Carimbo de Leitão de Carvalho. ASSUNTO: classificado pelo editor como **Literatura Espanhola.** |
| 122 Livro | MATTA, Guillermo | *Poesias líricas* | Madrid, Imprenta de la America, 1858. Volume 1, 2ª edição | espanhol | — | sem indicação | • Carimbo de Leitão de Carvalho. ASSUNTO: classificado pelo editor como **Literatura Espanhola.** |
| 123 Livro | MATTA, Guillermo | *Poesias líricas* | Madrid, Imprenta de la America, 1858. Volume 2, 2ª edição | espanhol | — | sem indicação | • Carimbo de Leitão de Carvalho. ASSUNTO: classificado pelo editor como **Literatura Espanhola.** |
| 124 Livro | CALDERON | *Chefs d'oeuvre du théâtre espagnol* | Paris, Librairie de Charles Gosselin, 1845. Volume 1 [s/ed.] | espanhol | francês — trad, notas e introd. De M. Damas Hinard | Livraria da Casa Imperial F. Waldemar — sucessor de Firmin Didot Morizot & Cia (Rua do Ouvidor, 112) | • Carimbo de Leitão de Carvalho. • Livro bastante manuseado. ASSUNTO: classificado pelo editor como **Literatura Espanhola.** |
| 125 Livro | CALDERON | *Chefs d'oeuvre du théâtre espagnol* | Paris, Librairie de Charles Gosselin, 1841. Volume 2 [s/ed.] | espanhol | francês — trad, notas e introd. De M. Damas Hinard | Livraria da Casa Imperial F. Waldemar — sucessor de Firmin Didot Morizot & Cia (Rua do Ouvidor, 112) | • Carimbo de Leitão de Carvalho. • Livro bastante manuseado. ASSUNTO: classificado pelo editor como **Literatura Espanhola.** |

*171*

| LOCALIZAÇÃO E TIPO DO DOCUMENTO | AUTOR | TÍTULO | IMPRENTA (Local, editora, data, volume, edição) | TÍTULO ORIGINAL ESCRITO EM | TRAD.: IDIOMA E AUTOR | AQUISIÇÃO | ANOTAÇÕES MARCAÇÕES DE LEITURAS OBSERVAÇÕES |
|---|---|---|---|---|---|---|---|
| 126 Livro | CALDERON | *Chefs d'oeuvre du theatre espagnol* | Paris, Librairie de Charles Gosselin, 1845. Volume 3 [s/ed.] | espanhol | francês — trad., notas e introd. De M. Damas Hinard | Livraria da Casa Imperial F. Waldemar — sucessor de Firmin Didot Morizot & Cia (Rua do Ouvidor, 112) | • Carimbo de Leitão de Carvalho.<br>• Livro bastante manuseado.<br>ASSUNTO: classificado pelo editor como **Literatura Espanhola.** |
| 127 Livro | S. LUIZ, D. Francisco (Bispo do reservatório de Coimbra, Sócio da Academia Real de Ciências, etc) | *Ensaio sobre alguns synonymos da Língua Portugueza* | Lisboa, Typographia da Academia das Sciências, 1863. Volume 1, 4ª edição | português | — | Nova Livraria Econômica de J. G. de Azevedo | • Prefácio – ref. a Locke e a Condillac, que teriam se esforçado por demonstrar a relação entre a arte de falar e a arte de pensar.<br>• No índice dos vocábulos estão assinalados: *Abrogar, Affeites, Azo, Apressurado, Confine, Envelhentado, Esguardar, Exorar, Expugnar, Glossário, Hardimento, Inopia, Irdemidade, Ledice, Obsecrar, Onzena, Oppugnar, Primévo, Sociável, Soêr, Sofisma, Soraiva, Transpiração, Velho.*<br>ASSUNTO: classificado pelo editor como **Estudo de Língua.** |
| 128 Livro | S. LUIZ, D. Francisco (Bispo do reservatório de Coimbra, Sócio da Academia Real de Ciências, etc) | *Ensaio sobre alguns synonymos da Língua Portugueza* | Lisboa, Typographia da Academia das Ciências, 1828. Volume 3, 4ª edição. Editado sob licença de Sua Majestade. | português | — | Livraria de J. G. de Azevedo | • Consta neste tomo um artigo extraído das actas da Academia Real das Sciências da sessão de 2 de agosto de 1827.<br>• No índice dos vocábulos estão assinalados: *A-erto, Afio, Apocryfo, A-reio, As-cégas, Astre, Bancarôtas, Beatificação, Cenotafio.*<br>ASSUNTO: classificado pelo editor como **Estudo de Língua.** |

| LOCALIZAÇÃO E TIPO DO DOCUMENTO | AUTOR | TÍTULO | IMPRENTA (Local, editora, data, volume, edição) | TÍTULO ORIGINAL ESCRITO EM | TRAD.: IDIOMA E AUTOR | AQUISIÇÃO | ANOTAÇÕES MARCAÇÕES DE LEITURAS OBSERVAÇÕES |
|---|---|---|---|---|---|---|---|
| 129 Livro | BRAGA, Theóphilo | *História de Camões (Parte I — vida de Luiz Vaz de Camões)* | Porto, Imprensa Portugueza, 1873 | português | — | Livraria de J. G. de Azevedo | • p. 288 — no soneto de Heitor da Silveira está assinalado o último verso do segundo quarteto com os números 2 e 1. <br>• Consta carimbo de Leitão de Carvalho. <br>• Falta pedaço das páginas 1 a 8. <br>ASSUNTO: classificado pelo editor como **Estudo crítico sobre Camões.** |
| 130 Livro | BRAGA, Theóphilo | *História de Camões (Parte II — Eschola de Camões)* | Porto, Imprensa Portugueza, 1874. Volume 2 [s/ed.] | português | — | Livraria de J. G. de Azevedo | • Consta carimbo de Leitão de Carvalho. <br>ASSUNTO: classificado pelo editor como **Estudo crítico sobre Camões.** |
| 131 Livro | BRAGA, Theóphilo | *História do Theatro Portuguez* | Porto, Imprensa Portugueza, 1871. Volume único [s/ed.] | português | — | Livraria de J. G. de Azevedo | • Livro bastante manuseado e sem anotações. <br>ASSUNTO: classificado pelo editor como **História do Teatro Português.** |
| 132 Livro | BRAGA, Theóphilo | *História dos Quinhentistas (vida de Sá de Miranda e sua eschola)* | Porto, Imprensa Portugueza, 1871. Volume único [s/ed.] | português | — | Livraria de J. G. de Azevedo | • Na Itália, quinhentistas eram os poetas e escritores que floresceram no séc. XV, em Portugal este mesmo nome caracterizava os que pertenceram ao séc. XVI, também chamado *século de quinhentos*. <br>ASSUNTO: classificado pelo editor como **Estudo sobre o lirismo em Portugal.** |

| LOCALIZAÇÃO E TIPO DO DOCUMENTO | AUTOR | TÍTULO | IMPRENTA (Local, editora, data, volume, edição) | TÍTULO ORIGINAL ESCRITO EM | TRAD.: IDIOMA E AUTOR | AQUISIÇÃO | ANOTAÇÕES MARCAÇÕES DE LEITURAS OBSERVAÇÕES |
|---|---|---|---|---|---|---|---|
| 133 Livro | BRAGA, Theóphilo | *Manual de história e literatura portuguesa* | Porto, Livraria Universal de Magalhães & Moniz, 1875. | português | — | Livraria de J. G. de Azevedo | • Consta carimbo de Leitão de Carvalho. ASSUNTO: classificado pelo editor como **História da Literatura Portuguesa**. |
| 134 Livro | CASTILHO, Júlio de | *Antonio Ferreira, poeta quinhentista* | Rio de Janeiro, B. L. Garnier, 1875. Volume 1, 1ª ed. | português | — | — | • Com dedicatória do autor: "Ao talentoso poeta, leal collega e prestimoso amigo, J. M. Machado d'Assis, offerece, no próprio nome e no dos Viscondes de Castilho, Antonio e Júlio, J. F. de Castilho Barreto e Noronha. Rio de Janeiro, 15 de março 1875." ASSUNTO: classificado pelo editor como **Estudo biográfico e literário**. |
| 135 Livro | CASTILHO, Júlio de | *Antonio Ferreira, poeta quinhentista* | Rio de Janeiro, B. L. Garnier, 1875. Volume 2, 1ª edição. | português | — | — | ASSUNTO: classificado pelo editor como **Estudo biográfico e literário**. |
| 136 Livro | CASTILHO, Júlio de | *Antonio Ferreira, poeta quinhentista* | Rio de Janeiro, B. L. Garnier, 1875. Volume 3, 1ª edição. | português | — | — | ASSUNTO: classificado pelo editor como **Estudo biográfico e literário**. |
| 137 Livro | HERCULANO, Alexandre | *História de Portugal (Desde o começo da monarchia até o fim do reinado de Affonso III)* | Lisboa, Casa da Viúva Bertrand e Cia., 1875. Volume 1, 4ª edição | português | — | Livraria Garnier | • p. 421 — assinalada, há um marcador de livro com a seguinte anotação: "Organização da escrita na I. M. Portuguesa". • Coloca, ainda, marcador nas pp. 458 e 459. ASSUNTO: classificado pelo editor como **História de Portugal**. |
| 138 Livro | HERCULANO, Alexandre | *História de Portugal (Desde o começo da monarchia até o fim do reinado de Affonso III)* | Lisboa, Casa da Viúva Bertrand e filhos, 1874. Volume 2, 3ª edição | português | — | Livraria Garnier | • p. 24 — orelha dobrada como marca de leitura. • Sem anotações. ASSUNTO: classificado pelo editor como **História de Portugal**. |

| LOCALIZAÇÃO E TIPO DO DOCUMENTO | AUTOR | TÍTULO | IMPRENTA (Local, editora, data, volume, edição) | TÍTULO ORIGINAL ESCRITO EM | TRAD.: IDIOMA E AUTOR | AQUISIÇÃO | ANOTAÇÕES MARCAÇÕES DE LEITURAS OBSERVAÇÕES |
|---|---|---|---|---|---|---|---|
| 139 Livro | HERCULANO, Alexandre | *História de Portugal (Desde o começo da monarchia até o fim do reinado de Affonso III)* | Lisboa, Casa da Viúva Bertrand e Cia., 1878. Volume 3, 3ª edição | português | — | Livraria Garnier | ASSUNTO: classificado pelo editor como **História de Portugal**. |
| 140 Livro | HERCULANO, Alexandre | *História de Portugal (Desde o começo da monarchia até o fim do reinado de Affonso III)* | Lisboa, Casa da Viúva Bertrand e Cia., 1874. Volume 4, 3ª edição | português | — | Livraria Garnier | • Consta carimbo de Leitão de Carvalho. • Livro bastante manuseado. ASSUNTO: classificado pelo editor como **História de Portugal**. |
| 140 II Livro | Sem indicação de autor [Vasco da Gama] | *Roteiro de Vasco da Gama (1497)* | Lisboa, Imprensa Nacional, 1861. Volume único, 2ª edição | português | — | Livraria de J. G. de Azevedo | • Livro citado por Massa sob o nº 147 – atualmente tem o nº 140 II. • No catálogo de Massa consta como data do Roteiro 1947. Deve ter sido uma gralha tipográfica, a data correta é 1497. ASSUNTO: classificado pelo editor como **Relatório de Vasco da Gama em viagem às Índias.** |
| 141 Livro | HERCULANO, Alexandre | *Opúsculos (Questões públicas)* | Lisboa, Casa da Viúva Bertrand, 1873. Volume 2 [s/ed.] | português | — | Livraria Brasileira A. A. Lopes do Couto | • Herculano era, então: Sócio de Mérito da Ac. das ciências de Lisboa / Sócio estrangeiro da Ac. das Ciências da Baviera / Sócio correspondente da Ac. de História de Madri, do Instituto de França, Ac. das Ciências de Turim, Sociedade Histórica de N. York, etc. ASSUNTO: classificado pelo editor como **Crónicas históricas.** |

*175*

| LOCALIZAÇÃO E TIPO DO DOCUMENTO | AUTOR | TÍTULO | IMPRENTA (Local, editora, data, volume, edição) | TÍTULO ORIGINAL ESCRITO EM | TRAD.: IDIOMA E AUTOR | AQUISIÇÃO | ANOTAÇÕES MARCAÇÕES DE LEITURAS OBSERVAÇÕES |
|---|---|---|---|---|---|---|---|
| 142 Livro | HERCULANO, Alexandre | *Opúsculos (Controvérsias e estudos históricos)* | Lisboa, Casa da Viúva Bertrand, 1876. Volume 3 e 1 (sic) [s/ed.] | português | — | Livraria Garnier | • Consta carimbo de Leitão de Carvalho ASSUNTO: classificado pelo editor como **Crónicas históricas** |
| 143 Livro | OLIVEIRA MARTINS, J. P. | *Historia da civilização Ibérica* | Lisboa, Livraria Bertrand, 1885. Volume único, 3ª ed. | português | — | Livraria Luso Brasileira de Lopes do Couto | • Este título pertence à coleção — Biblioteca das Ciências Sociais. • ASSUNTO: classificado pelo editor como **História**. |
| 144 Livro | BARROS, João de | *Espelho de casados* | Porto, Imprensa Portuguesa, 1874. Volume único, 2ª edição | português | — | sem indicação | • Tiragem de 210 exemplares, nº 154. 2ª ed. conforme a de 1540. ASSUNTO: classificado pelo editor como **Ensaio**. |
| 145 Livro | CAMÕES | Versão francesa de *Os Lusíadas* | Porto, Typographia Central, 1880. 1ª ed. tiragem de 208 exemplares, nº 183 | português | francês — Duque de Palmella D. Pedro de Souza Holstein | sem indicação | • Edição com texto original. • Exemplar numerado e rubricado por Avelino Anto. e M.J. do Sto. Amorim. Rio de Janeiro — 1881. ASSUNTO: classificado pelo editor como **Literatura Portuguesa**. |
| 146 Livro | FREY AMADOR ARRAIZ (Bispo de Portalegre) | *Diálogos de (...)* | 1-Lisboa, Typographia Rollandiana, 1846. Volume único, nova edição [s/nº] 2-Coimbra, Imprensa da universidade. Volume único, 2ª edição | português | — | sem selo de importação | • O livro tem duas folhas de rosto que indicamos com os números 1 e 2 nos dados relativos à imprenta. • Na Segunda folha de rosto consta ter o livro sido publicado sob licença do Sto. Ofício. ASSUNTO: classificado pelo editor como **Literatura Portuguesa**. |
| 147 Livro | 147 — "GAMA, Vasco da. Roteiro da viagem de (...) em 1497. 2ª ed. de Alexandre Herculano e o Barão do Castelo de Paiva, Lisboa, Imprensa Nacional, 1861. (Nova Livraria Econômica J. G. de Azevedo) | | | | | | • Esse exemplar na numeração atual tem o número 140 II |

*176*

| LOCALIZAÇÃO E TIPO DO DOCUMENTO | AUTOR | TÍTULO | IMPRENTA (Local, editora, data, volume, edição) | TÍTULO ORIGINAL ESCRITO EM | TRAD.: IDIOMA E AUTOR | AQUISIÇÃO | ANOTAÇÕES MARCAÇÕES DE LEITURAS OBSERVAÇÕES |
|---|---|---|---|---|---|---|---|
| 148 Livro | LUCENA, Padre João | Sem indicação | Rio de Janeiro, B.L. Garnier [s/data]. Volume 1 [s/ed.] | português | — | sem indicação | |
| 149 Livro | LUCENA, Padre João | Sem indicação | Rio de Janeiro, B.L. Garnier [s/data]. Volume 2 [s/ed.] | português | — | sem indicação | |
| 150 (1) Livro | LOPES, Fernão | *Chronica de El Rei D. Pedro I* | Lisboa, Escriptório, 1895, [s/vol.], [s/ed.] | português | — | sem selo de importação | • Este item corresponde, na lista de Massa, ao número 151. <br>• Este título pertence à coleção "Biblioteca dos Clássicos Portugueses". ASSUNTO: classificado pelo editor como **Crónica histórica**. |
| 150 (2) Livro | LOPES, Fernão | *Chronica de El Rei D. Fernando* | Lisboa, Escriptório, 1895. V. 1, 2 e 3 [s/ed.] | português | — | sem selo de importação | • Este item corresponde, na lista de Massa, ao número 150. <br>• Este título pertence à coleção "Biblioteca dos Clássicos Portugueses". ASSUNTO: classificado pelo editor como **Crónica histórica**. |
| 151 Livro | 151 — "LOPES, Fernão. Chronica de El Rei D. Pedro I por (...) Lisboa, Biblioteca dos Clássicos Portugueses, 1895". Esse volume atualmente está catalogado sob o número 150 (1) | | | | | | |
| 152 Livro | RESENDE, Garcia de | *Chronica de El Rei D. João II* | Lisboa, Escriptório, 1902. Volume I [s/ed.] | português | — | sem indicação | • Volume XXXII da "Biblioteca dos Clássicos Portugueses", mas na folha de rosto consta volume 1. ASSUNTO: classificado pelo editor como **Crónica histórica**. |
| 153 Livro | Livro não encontrado. Consta do catálogo de J. M. Massa (1961). 153 — "RESENDE, Garcia de. Chronica de El Rei D. João II por (...) vol. II, Biblioteca dos Clássicos Portugueses, 1902". | | | | | | |

| LOCALIZAÇÃO E TIPO DO DOCUMENTO | AUTOR | TÍTULO | IMPRENTA (Local, editora, data, volume, edição) | TÍTULO ORIGINAL ESCRITO EM | TRAD.: IDIOMA E AUTOR | AQUISIÇÃO | ANOTAÇÕES MARCAÇÕES DE LEITURAS OBSERVAÇÕES |
|---|---|---|---|---|---|---|---|
| 154 Livro | Livro não encontrado. Consta do catálogo de J. M. Massa (1961). 154 — "RESENDE, Garcia de. Chronica de El Rei D. João II por (...) vol.III, Biblioteca dos Clássicos Portugueses, 1902". | | | | | | |
| 155 Livro | SOUZA, Fr. Luiz de | Annaes de El Rei Dom João III | Lisboa, Typ. Da Soc. Propagadora dos Conhecimentos Úteis, 1844. Volume único [s/ed.] | português | — | Livraria J. G. de Azevedo | • Publicado por Alexandre Herculano. ASSUNTO: classificado pelo editor como **Crônica histórica.** |
| 156 Livro | VICENTE, Gil | Obras de Gil Vicente | Hamburgo, Officina Typographica de Langhoff, 1834. Volume I [s/ed.] | português | — | sem indicação | ASSUNTO: classificado pelo editor como **Literatura portuguesa.** |
| 157 Livro | VICENTE, Gil | Obras de Gil Vicente | Hamburgo, Officina Typographica de Langhoss, 1834. Volume II [s/ed.] | português | — | sem indicação | ASSUNTO: classificado pelo editor como **Literatura portuguesa** |
| 158 Livro | VICENTE, Gil | Obras de Gil Vicente | Hamburgo, Officina Typographica de Langhoss, 1834. Volume III [s/ed.] | português | — | sem indicação | • Consta carimbo de Leitão de Carvalho. ASSUNTO: classificado pelo editor como **Literatura portuguesa.** |
| 159 Livro | DEUS, João de | Flores do Campo | Porto, Livraria Universal de Magalhães & Moniz, 1876. Volume único, 2ª edição | português | — | sem selo de importação | • O índice está marcado (orelha da página dobrada). ASSUNTO: classificado pelo editor como **Literatura portuguesa.** |
| 160 (1) Livro | QUEIROZ, Eça de | A correspondência de Fradique Mendes | Porto, Livraria Chardon, 1900. Volume único [s/ed.] | português | — | sem selo de importação | • Na lista de Massa, esta obra corresponde ao nº 160. ASSUNTO: classificado pelo editor como **Literatura portuguesa** |

| LOCALIZAÇÃO E TIPO DO DOCUMENTO | AUTOR | TÍTULO | IMPRENTA (Local, editora, data, volume, edição) | TÍTULO ORIGINAL ESCRITO EM | TRAD.: IDIOMA E AUTOR | AQUISIÇÃO | ANOTAÇÕES MARCAÇÕES DE LEITURAS OBSERVAÇÕES |
|---|---|---|---|---|---|---|---|
| 160 (2) Livro | JESUS, Fr. Raphael de. (monge beneditino) | *Castrioto Lusitano ou História da Guerra entre o Brasil e a Hollanda durante os anos de 1624 e 1654* | Paris, J.P. Aillaud, 1844. Volume único [s/ed.]. Edição segundo a de 1679, impressa em Lisboa por Craesbeek | português | — | Livraria Luso Brasileira | • Corresponde ao número 166 da lista de Massa. <br>• Com ilustrações: retrato de João Fernandes Vieira / litografia de Auguste Bry em que João Fernandes recusa o ouro com o qual os holandeses pretendiam comprar sua honra / outras litografias. <br>ASSUNTO: classificado pelo editor como **História.** |
| 161 Livro | GARRETT, Almeida | *Versos* | Lisboa, Imprensa Nacional, 1869. Volume 1, 4ª edição | português | — | Livraria Académica de J. Serpa Pinto (Rua São José, 119) | • Consta carimbo de Leitão de Carvalho. <br>ASSUNTO: classificado pelo editor como **Literatura portuguesa.** |
| 162 Livro | GARRETT, Almeida | *Versos de Almeida Garrett* | Lisboa, Imprensa Nacional, 1869. Volume 2, 5ª edição | português | — | Livraria Lopes do Couto (Rua da Quitanda, 24) | • Consta carimbo de Leitão de Carvalho. <br>ASSUNTO: classificado pelo editor como **Literatura portuguesa.** |
| 163 Livro | GOMES de AMORIM, Francisco | *O amor da pátria* | Lisboa, David Conazzi, 1879. Volume único [s/ed.] | português | — | Livraria Garnier | • Consta carimbo de Leitão de Carvalho. <br>ASSUNTO: classificado pelo editor como **Literatura portuguesa.** |
| 164 Livro | PATO, Bulhão | *Paquita* | Lisboa, Typographia Franco-Portuguesa, 1866. Volume único [s/ed.] | português | — | sem selo de importação | • Consta carta de Alexandre Herculano. <br>ASSUNTO: classificado pelo editor como **Literatura portuguesa.** |
| 165 Livro | SILVA, Rebello da | *Contos e lendas* | Lisboa, Livraria Editora de Mattos Moreira e Comp*, 1873. Volume único [s/ed.] | português | — | Livraria do Povo Quaresma & Cia. (Rua São José, 65 e 67) | • Há um **M** assinalado no final do livro. <br>• Sem anotações. <br>ASSUNTO: classificado pelo editor como **Literatura portuguesa.** |

| LOCALIZAÇÃO E TIPO DO DOCUMENTO | AUTOR | TÍTULO | IMPRENTA (Local, editora, data, volume, edição) | TÍTULO ORIGINAL ESCRITO EM | TRAD.: IDIOMA E AUTOR | AQUISIÇÃO | ANOTAÇÕES MARCAÇÕES DE LEITURAS OBSERVAÇÕES |
|---|---|---|---|---|---|---|---|
| 166 | No catálogo do prof Massa entre os números 165 e 167 aparece um livro com o número 160. Obviamente, trata-se de uma gralha tipográfica, corrigida nesta nova edição. No entanto, quem renumerou os exemplares usou o número errado (160) para catalogar a obra 166 — FR. RAPHAEL DE JESUS. Castrioto lusitano ou história da guerra entre o Brazil e a Hollanda durante os annos de 1624 a 1654 por (...). Paris, J. Aillaud, 1844. [*Lopes do Couto*]. | | | | | | |
| 167 Livro | SCHNEIDER, L. (Conselheiro privado e leitor de S. M. o Imperador da Alemanha e Rei da Prússia) | *A Guerra da Tríplice Aliança (Império do Brazil, República da Argentina e República Oriental do Uruguai, contra o governo da República do Paraguai, 1864-1870)* | Rio de Janeiro, Typografia América, 1875. Volume 1 [s/ed.] | alemão | português — Manuel Thomaz Alves Nogueira | sem indicação | • Livro inclui mapas e planos da Guerra.<br>• Com notas de J.M. da Silva Paranhos, ex-secretário da Missão Especial do Brasil no Prata e membro do IHGB.<br>ASSUNTO: classificado pelo editor como **História**. |

| LOCALIZAÇÃO E TIPO DO DOCUMENTO | AUTOR | TÍTULO | IMPRENTA (Local, editora, data, volume, edição) | TÍTULO ORIGINAL ESCRITO EM | TRAD.: IDIOMA E AUTOR | AQUISIÇÃO | ANOTAÇÕES MARCAÇÕES DE LEITURAS OBSERVAÇÕES |
|---|---|---|---|---|---|---|---|
| 167 A Livro | SCHNEIDER, L. (Conselheiro privado e leitor de S. M. o Imperador da Alemanha e Rei da Prússia) | A Guerra da Tríplice Aliança (Império do Brazil, República da Argentina e República Oriental do Uruguai, contra o governo da República do Paraguai, 1864-1870) | Rio de Janeiro, Typografia América, 1875. Volume 2 [s/ed.] | alemão | português — Manuel Thomaz Alves Nogueira | sem indicação | • Os dois volumes de SCHNEIDER atualmente têm a mesma numeração com distinção de letra (A) para o volume 2. Na lista de Massa, SCHNEIDER só aparece uma vez, sob o número 167. ASSUNTO: classificado pelo editor como **História**. |
| 168 Livro | Livro não encontrado. Consta do catálogo de J. M. Massa (1961). 168. SOUTHEY, Roberto. Historia do Brazil traduzida do inglez de (...) pelo Luiz Joaquim de Oliveira e Castro e annotada pelo Conego Dr. J. C. Fernandes Pinheiro. Tomo primeiro. Rio de Janeiro, Livraria de B. L. Garnier, 1862. [*Livraria luso-brasileira de A. A. Lopes do Couto*]. *Lembrança de velha e immoredoura amisade — A Machado de Assis — Off.ce* Fevro 1876 Arthur Napoleão. Encontram-se na biblioteca os volumes 2, 3, 4, 5 e 6. | | | | | | |

*181*

| LOCALIZAÇÃO E TIPO DO DOCUMENTO | AUTOR | TÍTULO | IMPRENTA (Local, editora, data, volume, edição) | TÍTULO ORIGINAL ESCRITO EM | TRAD.: IDIOMA E AUTOR | AQUISIÇÃO | ANOTAÇÕES MARCAÇÕES DE LEITURAS OBSERVAÇÕES |
|---|---|---|---|---|---|---|---|
| 169 Livro | SOUTHEY, Roberto | *História do Brazil* | Rio de Janeiro (Paris, B.L. Garnier/Garnier Irmãos Ed., 1862. Volume 6 [s/ed.] | inglês | português — Dr. Luiz Joaquim de Oliveira e Castro | Livraria Luso-Brasileira de Lopes do Couto | • Marcadas as páginas: 304, 305, 307. • Com notas do Cônego Dr. J. C. Fernandes Pinheiro. ASSUNTO: classificado pelo editor como **História**. |
| 170 Livro | SOUTHEY, Roberto | *História do Brazil* | Rio de Janeiro (Paris, B.L. Garnier/Garnier Irmãos Ed., 1862. Volume 2 [s/ed.] | inglês | português — Dr. Luiz Joaquim de Oliveira e Castro | Livraria Luso-Brasileira de Lopes do Couto | ASSUNTO: classificado pelo editor como **História**. |
| 171 Livro | SOUTHEY, Roberto | *História do Brazil* | Rio de Janeiro (Paris, B.L. Garnier/Garnier Irmãos Ed., 1862. Volume 3 [s/ed.] | inglês | português — Dr. Luiz Joaquim de Oliveira e Castro | Livraria Luso-Brasileira de Lopes do Couto | ASSUNTO: classificado pelo editor como **História**. |
| 172 Livro | SOUTHEY, Roberto | *História do Brazil* | Rio de Janeiro (Paris, B.L. Garnier/Garnier Irmãos Ed., 1862. Volume 4 [s/ed.] | inglês | português — Dr. Luiz Joaquim de Oliveira e Castro | Livraria Luso-Brasileira de Lopes do Couto | ASSUNTO: classificado pelo editor como **História**. |
| 173 Livro | SOUTHEY, Roberto | *História do Brazil* | Rio de Janeiro (Paris, B.L. Garnier/Garnier Irmãos Ed., 1862. Volume 5 [s/ed.] | inglês | português — Dr. Luiz Joaquim de Oliveira e Castro | Livraria Luso-Brasileira de Lopes do Couto | • Com notas do Cônego Dr. J. C. Fernandes Pinheiro. ASSUNTO: classificado pelo editor como **História**. |

| LOCALIZAÇÃO E TIPO DO DOCUMENTO | AUTOR | TÍTULO | IMPRENTA (Local, editora, data, volume, edição) | TÍTULO ORIGINAL ESCRITO EM | TRAD.: IDIOMA E AUTOR | AQUISIÇÃO | ANOTAÇÕES MARCAÇÕES DE LEITURAS OBSERVAÇÕES |
|---|---|---|---|---|---|---|---|
| 174 Livro | SOUZA SILVA, J. Norberto de | *História da conjuração mineira* | Rio de Janeiro, B.L. Garnier [s/data]. Volume único [s/ed.] | português | — | não consta | • B. L. Garnier é referido como editor do IHGB. ASSUNTO: classificado pelo editor como **História.** |
| 175 Livro | Livro não encontrado. Consta do catálogo de J. M. Massa (1961). ALENCAR, J. de II Guarany ossia l'indigeno brasiliano, romanzo storico di (...) traduzione dal portoghese di G. Fico. vol. I. Milano, Serafino Muggiani e Comp. 1864 | | | | | | |
| 176 Livro | ALENCAR, J. de | *Iracema* | Paris/Rio de Janeiro, H. Garnier, 1870. Volume único, 2ª edição | português | — | sem indicação | • Consta: 1 — Prólogo da 1ª edição de 1865/2 — *Post scripto* à 2ª ed. em que Alencar analisa a recepção de *Iracema*. ASSUNTO: classificado pelo editor como **Romance Brasileiro.** |
| 177 Livro | Livro não encontrado. Consta do catálogo de J. M. Massa (1961). 177 — ALVARENGA, Manoel Ignácio da Silva. *Obras poéticas* de (...). Tomo primeiro. Rio de Janeiro, B. L. Garnier, 1864. | | | | | | |
| 178 Livro | Livro não encontrado. Consta do catálogo de J. M. Massa (1961). 178 — ALVARENGA, Manoel Ignácio da Silva. *Obras poéticas* de (...). Tomo segundo. Rio de Janeiro. B. L. Garnier, 1864. | | | | | | |
| 179 Livro | DURÃO, Fr. José de Sta. Rita (da ordem de St. Agostinho) | *Caramuru* (poema épico do descobrimento da Bahia) | Rio, B.L. Garnier [s/data]. Volume único [s/ed.] | português | — | sem indicação | • Sem anotações. • Livro bastante manuseado. ASSUNTO: classificado pelo editor como **Literatura brasileira.** |
| 180 Livro | GAMA, José Basílio da | *O Uruguay* | Lisboa, 1845. Volume único [s/ed.] | português | — | sem indicação | • Este livro corresponde ao número 180 b da lista de Massa. O livro 180 da lista Massa não consta do acervo. • Consta carimbo de Leitão de Carvalho. ASSUNTO: classificado pelo editor como **Literatura brasileira.** |

*183*

| LOCALIZAÇÃO E TIPO DO DOCUMENTO | AUTOR | TÍTULO | IMPRENTA (Local, editora, data, volume, edição) | TÍTULO ORIGINAL ESCRITO EM | TRAD.: IDIOMA E AUTOR | AQUISIÇÃO | ANOTAÇÕES MARCAÇÕES DE LEITURAS OBSERVAÇÕES |
|---|---|---|---|---|---|---|---|
| 181 Livro | MAGA-LHÃES, Valentim | *Vinte contos* | Rio, Editora *A Semana*, 1886. Volume único [s/ed.] | português | — | sem indicação | • Consta carimbo de Leitão de Carvalho.<br>• Consta retrato do autor.<br>• Valentim Magalhães era dono do jornal *A Semana*, em que M. de Assis colaborou intensamente.<br>• Com dedicatória do autor a M. de Assis, em fôrma de soneto:<br>**"A Machado de Assis**<br>*Honremos altamente esse que ensina*<br>*A subjugar os metros revoltosos;*<br>*Esse que faz os ares sonorosos*<br>*Como a doce voz da lyra peregrina;*<br><br>*Esse que da poesia os puros gôsos*<br>*Liberalmente aos corações propina,*<br>*E tem da fôrma a religião divina*<br>*Apostolado aos crentes sequiosos;*<br><br>*Esse que arranca aos rígidos vocábulos*<br>*A música rebelde e fugidia;*<br>*Que da língua os diamantes corta e lavra,*<br>*Tange a Rima os áureos tintinabulos.*<br><br>*Honra ao mestre da Prosa e da Poesia,*<br>*Ao vencedor da Ideia e da palavra.*<br><br>6 – 8 bro – 86 *Valentim Mag — es*" ASSUNTO: classificado pelo editor como **Literatura brasileira.** |

| LOCALIZAÇÃO E TIPO DO DOCUMENTO | AUTOR | TÍTULO | IMPRENTA (Local, editora, data, volume, edição) | TÍTULO ORIGINAL ESCRITO EM | TRAD.: IDIOMA E AUTOR | AQUISIÇÃO | ANOTAÇÕES MARCAÇÕES DE LEITURAS OBSERVAÇÕES |
|---|---|---|---|---|---|---|---|
| 182 Livro | MANGA-BEIRA, Francisco | *Últimas poesias* (obra póstuma) | Bahia, Officinas dos Dois Mundos, 1906. Volume único, 1ª edição | português | — | sem indicação | • Consta carimbo de Leitão de Carvalho.<br>• Livro não lido; as páginas estão coladas desde o seu começo, em que se tem os dados biográficos, até o final. ASSUNTO: classificado pelo editor como **Literatura brasileira.** |
| 183 Livro | NABUCO, Joaquim. (da ABL e do IHGB) | *Minha formação* | Rio de Janeiro/Paris, H. Garnier, 1900. Volume único [s/ed.] | português | — | sem indicação | • Consta carimbo de Leitão de Carvalho. ASSUNTO: classificado pelo editor como **Autobiografia intelectual.** |
| 184 Livro | VARELLA, L. N. Fagundes | *Anchieta ou o evangelho nas selvas* | Rio, Livraria Imperial, 1875. Volume único [s/ed.] | português | — | sem indicação | • Consta carimbo de Leitão de Carvalho.<br>• Consta assinatura de Varella no livro. ASSUNTO: classificado pelo editor como **Literatura brasileira.** |
| 185 Livro | ASSIS, Machado de | *Americanas* | Rio, B. L. Garnier, 1875. Volume único, 1ª edição | português | — | sem indicação | • Consta "Advertência" em que justifica a abordagem do tema. ASSUNTO: classificado pelo editor como **Literatura brasileira.** |
| 186 Livro | ASSIS, Machado de | *Helena* | Rio/Porto/Braga/Lisboa, B. L. Garnier/Ernesto Chardon/Eugênio Chardon/Carvalho & C., 1876. Volume único, 1ª edição | português | — | sem indicação | • Livro bastante manuseado. ASSUNTO: classificado pelo editor como **Literatura brasileira.** |
| 187 Livro | ASSIS, Machado de | *Histórias sem data* | Rio, B. L. Garnier, 1884. Volume único, [s/ed.] | português | — | sem indicação | • No "Índice" os nove primeiros contos estão marcados com um **x**.<br>• p. 145 — fez revisão: de "**perdia a energia...**" tem-se "**perdi a energia ...s/**". ASSUNTO: classificado pelo editor como **Literatura brasileira.** |

| LOCALIZAÇÃO E TIPO DO DOCUMENTO | AUTOR | TÍTULO | IMPRENTA (Local, editora, data, volume, edição) | TÍTULO ORIGINAL ESCRITO EM | TRAD.: IDIOMA E AUTOR | AQUISIÇÃO | ANOTAÇÕES MARCAÇÕES DE LEITURAS OBSERVAÇÕES |
|---|---|---|---|---|---|---|---|
| 188 Livro | ASSIS, Machado de | *Histórias sem data* | Rio, Garnier, 1884. Volume único, [s/ed.] | português | — | sem indicação | ASSUNTO: classificado pelo editor como **Literatura brasileira.** |
| 189 Livro | ASSIS, Machado de | *Papéis avulsos* | Rio de Janeiro, Garnier, 1882. Volume único, [s/ed.] | português | — | Livraria Lombaerts | • Consta carimbo de Leitão de Carvalho. ASSUNTO: classificado pelo editor como **Literatura brasileira.** |
| 190 Revista | — | *Revista Brasileira* | Ano 1, v.1, RJ, N. Midosi, 1879 (junho a setembro de 1879) | português | — | sem indicação | ASSUNTO: classificado pelo editor como **Revista literária.** |
| 191 Revista | — | *Revista Brasileira* | Ano 1, v.2, RJ, N. Midosi, 1879 (outubro a dezembro de 1879) | português | — | sem indicação | ASSUNTO: classificado pelo editor como **Revista literária** |
| 192 Livro | ASSIS, Machado de | *Várias histórias* | Rio de Janeiro — S. Paulo, Laemmert & C., 1896. Volume único [s/ed.] | português | — | sem indicação | • p. 287 — há marca de uma flor ali colocada e depois retirada. ASSUNTO: classificado pelo editor como **Literatura brasileira.** |
| 193 Livro | PAULA RODRIGUES, Dr. A. F. de et alii | *III Centenário do venerável Joseph de Anchieta* | Paris/Lisboa, Aillaud e Cia., 1900. Volume único [s/ed.] | português | — | sem indicação | ASSUNTO: classificado pelo editor como **História literária.** Massa coloca Anchieta como autor. Mas como trata-se de um livro sobre Anchieta, optei por indicar PAULA RODRIGUES como autor, pois é ele quem organiza o livro e reúne conferências sobre Anchieta, além de mapas e relatos históricos sobre a catequese |
| 194 Livro | JABOATAM, Fr. Antonio de Sta. Maria | *Novo Orbe Seráfico Brasílico ou Chronica dos frades menores da província do Brasil* | Rio de Janeiro, Typographia Brasiliense de Maximiniano Gomes Ribeiro, 1858. Volume 1, (edição feita a partir da 1ª ed./Lisboa, 1761) | português | — | sem indicação | ASSUNTO: classificado pelo editor como **Crônica histórica.** |

| LOCALIZAÇÃO E TIPO DO DOCUMENTO | AUTOR | TÍTULO | IMPRENTA (Local, editora, data, volume, edição) | TÍTULO ORIGINAL ESCRITO EM | TRAD.: IDIOMA E AUTOR | AQUISIÇÃO | ANOTAÇÕES MARCAÇÕES DE LEITURAS OBSERVAÇÕES |
|---|---|---|---|---|---|---|---|
| 195 Livro | JABOATAM, Fr. Antonio de Sta. Maria | *Novo Orbe Seráfico Brasílico ou Chronica dos frades menores da província do Brasil* | Volume 1, parte segunda | português | — | sem indicação | • p. 187 — marcada com pedaço de jornal. ASSUNTO: classificado pelo editor como **Crônica histórica.** |
| 196 Livro | | Livro não encontrado. Consta do catálogo de J. M. Massa (1961). 196 — LAMBERG, Maurício. O Brazil vertido do alemão por Luiz de Castro. Rio de Janeiro, Edictor Lombaerts, 1896. ||||||
| 197 Livro | MELLO MORAES, A. José de et CERQUEIRA E. SILVA, Ignácio Accioli de. | *Ensaio chorográphico do Império do Brasil* | Rio, Paula Brito, 1854. Volume único [s/ed.] — Paula Brito é referido como Impressor da Casa Imperial | português | — | sem indicação | • Os autores eram respectivamente: 1 — Dr. em Medicina, membro de diversas sociedades científicas; 2 — Comendador da Ordem da Rosa, Cavalheiro da Ordem Imperial do Cruzeiro e da Ordem de Cristo, Cronista do Império... ASSUNTO: classificado pelo editor como **História do Brasil.** |
| 198 Livro | | Livro não encontrado. Consta do catálogo de J. M. Massa (1961). 198 — MEMÓRIAS PARA A HISTÓRIA DO EXTINTO ESTADO DO MARANHÃO. Coligidas e anotadas por Cândido Mendes de Almeida. História da Companhia de Jesus, tomo primeiro. Rio de Janeiro, Typographia de Comércio Brito e Braga, 1860. ||||||
| 199 Livro | MURTINHO, Joaquim | *Exposição do relatório do Ministro da Indústria, viação e das Obras Públicas* | Rio, Imprensa Nacional, 1897. Volume único [s/ed.] | português | — | sem indicação | • Livro organizado por um auxiliar de J. Murtinho. Ao que tudo indica, o próprio M. de Assis teria organizado o livro, pois que a *Advertência* ao volume tem o estilo do escritor. Além disto, era ele o Diretor Geral da Viação desde 1892. ASSUNTO: classificado pelo editor como **Relatório.** |

| LOCALIZAÇÃO E TIPO DO DOCUMENTO | AUTOR | TÍTULO | IMPRENTA (Local, editora, data, volume, edição) | TÍTULO ORIGIN. ESCRITO EM | TRAD.: IDIOMA E AUTOR | AQUISIÇÃO | ANOTAÇÕES MARCAÇÕES DE LEITURAS OBSERVAÇÕES |
|---|---|---|---|---|---|---|---|
| 200 Livro | NABUCO, Joaquim | *Um estadista do Império (Nabuco de Araújo: sua vida, suas opiniões e sua época, por seu filho)* | Rio, H. Garnier, 1900. Volume 2 [s/ed.] | português | — | sem indicação | • Assinatura N. N. [?] na contracapa. ASSUNTO: classificado pelo editor como **Biografia**. |
| 201 Livro | NABUCO, Joaquim | *Um estadista do Império (Nabuco de Araújo: sua vida, suas opiniões e sua época, por seu filho)* | Rio, H. Garnier, 1900. Volume 3 [s/ed.] | português | — | sem indicação | • p. 588 — fita de leitura. • Não há anotações. ASSUNTO: classificado pelo editor como **Biografia**. |
| 202 Livro | REBOUÇAS, Antonio Pereira | *Recordações da vida parlamentar de Antônio Rebouças* | Rio de Janeiro, Typographia Universal de Laemmert, 1870. Volume 1 [s/ed.] | português | — | sem indicação | ASSUNTO: classificado pelo editor como **Memórias**. |
| 203 Livro | REBOUÇAS, Antonio Pereira | *Recordações da vida parlamentar de Antônio Rebouças* | Rio de Janeiro, Typographia Universal de Laemmert, 1870. Volume 2 [s/ed.] | português | — | sem indicação | • p. 378 e 379 — folhas dobradas. ASSUNTO: classificado pelo editor como **Memórias**. |
| 204 Livro | — | *Recenseamento Geral da República dos Estados do Brazil (Em 31/12/1890)* | Rio, Typ. Leuzinger. Ministério da Indústria, Viação e Obras Públicas, 1895. Volume único [s/ed.] | português | — | sem indicação | ASSUNTO: classificado pelo editor como **Censo de 1890.** |

| LOCALIZAÇÃO E TIPO DO DOCUMENTO | AUTOR | TÍTULO | IMPRENTA (Local, editora, data, volume, edição) | TÍTULO ORIGINAL ESCRITO EM | TRAD.: IDIOMA E AUTOR | AQUISIÇÃO | ANOTAÇÕES MARCAÇÕES DE LEITURAS OBSERVAÇÕES |
|---|---|---|---|---|---|---|---|
| 205 Livro | SILVA, J. M. Pereira da | *Os varões ilustres do Brazil durante os tempos coloniaes* | Rio, Garnier, 1868. Volume 1, 3ª edição | português | — | sem indicação | • Com dedicatória do autor: "Ao Ilmo. Sr. Machado de Assis como testemunha da sympathia e admiração [palavra ilegível] talentos [palavra ilegível] com agra. P da S". ASSUNTO: classificado pelo editor como **História**. |
| 205 (A) Livro | SILVA, J. M. Pereira da | *Os varões ilustres do Brazil durante os tempos coloniais* | Rio, Garnier, 1868. Volume 2, 3ª edição | português | — | sem indicação | • A lista de Massa não considerou separadamente este segundo volume. ASSUNTO: classificado pelo editor como **História**. |
| 206 Livro | HADDOCK LOBO, Dr. Roberto Jorge (Organizador) | *Tombo das terras municipais que constituem parte do patrimônio da ilustríssima Câmara Municipal da cidade de S. Sebastião do Rio de Janeiro* | Rio, Paula Brito, 1863. Volume 1 [s/ed.] | português | — | sem indicação | • Livro impresso por deliberação da ilustríssima Câmara Municipal — 30/06/1863. • O organizador: Dignitário da Ordem da Rosa, Comendador da Ordem de Cristo e Vereador da Câmara do Rio de Janeiro (1853 a 1864). ASSUNTO: classificado pelo editor como **Tombo das terras patrimoniais do Rio de Janeiro**. |
| 207 Livro | WRIGHT, Marie Robinson | *The new Brazil its resources and attractions historical, descriptive and industrial* | Philadelphia, George Barrie and son, 1901 Volume único [s/ed.] | inglês | — | sem indicação | • Massa coloca em seu catálogo (**s/d**), mas a data da edição encontra-se na contracapa. • Livro dedicado pela autora ao então Presid. Campos Salles. • Com dedicatória a Machado de Assis "Ao distinto Machado de Assis, offerece Alfredo. [ilegível] 14 de 7bro de 1901". ASSUNTO: classificado pelo editor como **História do Brasil**. |

| LOCALIZAÇÃO E TIPO DO DOCUMENTO | AUTOR | TÍTULO | IMPRENTA (Local, editora, data, volume, edição) | TÍTULO ORIGINAL ESCRITO EM | TRAD.: IDIOMA E AUTOR | AQUISIÇÃO | ANOTAÇÕES MARCAÇÕES DE LEITURAS OBSERVAÇÕES |
|---|---|---|---|---|---|---|---|
| 208 Revista | RAMIZ GALVÃO, Dr. Benjamin Franklin (Organizador) | *Annaes da Bibliotheca Nacional do Rio de Janeiro* | Rio de Janeiro, Typographia G. Leuzinger & Filhos, 1878. Volume 1 (1876 a 1877) | português | — | Livraria Lombaerts | ASSUNTO: classificado pelo editor como **Anais da Biblioteca Nacional**. |
| 209 Revista | RAMIZ GALVÃO, Dr. Benjamin Franklin (Organizador) | *Annaes da Bibliotheca Nacional do Rio de Janeiro* | Rio de Janeiro, Typographia G. Leuzinger & Filhos, 1877. Volume 2 (1876 a 1877) | português | — | Livraria Lombaerts | ASSUNTO: classificado pelo editor como **Anais da Biblioteca Nacional**. |
| 210 Revista | RAMIZ GALVÃO, Dr. Benjamin Franklin (Organizador) | *Annaes da Bibliotheca Nacional do Rio de Janeiro* | Rio de Janeiro, Typographia G. Leuzinger & Filhos, 1878. Volume 3 (1877 a 1878) | português | — | Livraria Lombaerts | ASSUNTO: classificado pelo editor como **Anais da Biblioteca Nacional**. |
| 211 Revista | RAMIZ GALVÃO, Dr. Benjamin Franklin (Organizador) | *Annaes da Bibliotheca Nacional do Rio de Janeiro* | Rio de Janeiro, Typographia G. Leuzinger & Filhos, 1878. Volume 4 (1877 a 1878) | português | — | Livraria Lombaerts | ASSUNTO: classificado pelo editor como **Catálogo dos manuscritos da Biblioteca Nacional**. |
| 212 Revista | RAMIZ GALVÃO, Dr. Benjamin Franklin (Organizador) | *Annaes da Bibliotheca Nacional do Rio de Janeiro* | Rio de Janeiro, Typographia G. Leuzinger & Filhos, 1878. Volume 5 (1878 a 1879) | português | — | Livraria Lombaerts | ASSUNTO: classificado pelo editor como **Catálogo dos manuscritos da Biblioteca Nacional**. |
| 213 Revista | — | *Annaes do Parlamento Brazileiro, Assembléia Constituinte do Império do Brasil — 1823* | Rio de Janeiro, Typographia do Imperial Instituto Artístico, 1874. Volume 1 | português | — | Livraria Lombaerts | • Massa registra **(s/d)**, entretanto, a publicação é de 1874. ASSUNTO: classificado pelo editor como **Anais da Assembléia Nacional**. |

| LOCALIZAÇÃO E TIPO DO DOCUMENTO | AUTOR | TÍTULO | IMPRENTA (Local, editora, data, volume, edição) | TÍTULO ORIGINAL ESCRITO EM | TRAD.: IDIOMA E AUTOR | AQUISIÇÃO | ANOTAÇÕES MARCAÇÕES DE LEITURAS OBSERVAÇÕES |
|---|---|---|---|---|---|---|---|
| 214 Livro | — | | Livro não encontrado. Consta do catálogo de J. M. Massa (1961). 214 — DOMINGO, O Jornal hebdomadário crítico e literário. Editor e proprietário A. R. dos Santos. 49 numeros reliés en un seul volume. A partir do nº 13. Editor e proprietário A. de Azevedo. | | | | |
| 215 Periódico | Coletânea de Periódicos Redigido por CASTILHO, José Feliciano de | Iris | Rio, Typographia de L. A. Ferreira de Menezes, 1848. Volume 2, 2º semestre de 1848. | português | — | sem indicação | ASSUNTO: classificado pelo editor como **Periódico.** |
| 216 Periódico | Coletânea de Periódicos Redigido por CASTILHO, José Feliciano de | Iris | Rio, Typographia de L. A. Ferreira de Menezes, 1848. Volume 2, 2º semestre de 1848. | português | — | sem indicação | ASSUNTO: classificado pelo editor como **Periódico.** |
| 217 Periódico | Coletânea de Periódicos Redigido por CASTILHO, José Feliciano de | Iris | Rio, Typographia de L. A. Ferreira de Menezes, 1849. Volume 2 | | — | sem indicação | • p. 19 — está dobrada. • José F. de Castilho era então: Fidalgo Cav. da Casa de S.M.I. / Comendador da Ordem de Cristo e de N. Sra. Conc./ Doutor pela Univ. de Paris / Bibliotecário Mor / Pres. da Comissão do N. e R. Archivo da Torre do Tombo / Diretor do Dep. das livrarias dos extintos mosteiros / Ex Dep. às Cortes Port. / Cônsul Geral da Rep. Do Uruguay na Din. / Tenente Coronel / Membro do IHGB, etc. ASSUNTO: classificado pelo editor como **Periódico.** |
| 218 Coletânea de Periódicos | — | *LUZ DA RAZÃO Jornal philosóphico académico portuense* | Porto. Typographia Alexandre da Fonseca e Vasconcellos. De 28/07/1867 a 15/06/1871. Ano IV | português | — | sem indicação | ASSUNTO: classificado pelo editor como **Periódico.** Periódico quinzenal composto de ensaios filosóficos (faz elogio da razão). Contém contos, poemas etc. 95 números. |

| LOCALIZAÇÃO E TIPO DO DOCUMENTO | AUTOR | TÍTULO | IMPRENTA (Local, editora, data, volume, edição) | TÍTULO ORIGINAL ESCRITO EM | TRAD.: IDIOMA E AUTOR | AQUISIÇÃO | ANOTAÇÕES MARCAÇÕES DE LEITURAS OBSERVAÇÕES |
|---|---|---|---|---|---|---|---|
| 219 Revista | — | *Revista Brasileira (N°1)* | Rio/S. Paulo, Laemmert, 1895. Volume 1 – número 1 | português | — | sem indicação | ASSUNTO: classificado pelo editor como **Revista Literária.** |
| 219 (b) Revista | — | *Revista do Instituto Histórico e Geográfico do Brazil* | Rio, Laemmert, 1856. Volume 1 (1° trimestre de 1839), 2ª edição | português | — | sem indicação | ASSUNTO: classificado pelo editor como **Revista de História, Geografia e afins.** |
| 220 Revista | — | *Revista do Instituto Histórico e Geográfico do Brazil* | Rio, Typographia Imparcial de J. M. Nunes Garcia, 1858. Volume 2 | português | — | sem indicação | • p. 373 e 427 — anotações. ASSUNTO: classificado pelo editor como **Revista de História, Geografia e afins.** |
| 221 Revista | — | *Revista do Instituto Histórico e Geográfico do Brazil* | Rio, Typographia João Ignácio da Silva, 1860. Volume 3 | português | — | sem indicação | ASSUNTO: classificado pelo editor como **Revista de História, Geografia e afins.** |
| 222 Revista | — | *Revista do Instituto Histórico e Geográfico do Brazil* | Rio, Typographia João Ignácio de Silva, 1863. Volume 4 | português | — | sem indicação | ASSUNTO: classificado pelo editor como **Revista de História, Geografia e afins.** |
| 223 Revista | — | *Revista Trimestral de História e Geographia ou Jornal do Instituto Histórico e Geográfico* | Rio, Typographia João Ignácio de Silva, 1865. Volume 5, 2ª edição | português | — | sem indicação | ASSUNTO: classificado pelo editor como **Revista de História, Geografia e afins.** |

*192*

| LOCALIZAÇÃO E TIPO DO DOCUMENTO | AUTOR | TÍTULO | IMPRENTA (Local, editora, data, volume, edição) | TÍTULO ORIGINAL ESCRITO EM | TRAD.: IDIOMA E AUTOR | AQUISIÇÃO | ANOTAÇÕES MARCAÇÕES DE LEITURAS OBSERVAÇÕES |
|---|---|---|---|---|---|---|---|
| 224 Revista | — | Revista Trimestral de História e Geographia ou Jornal do Instituto Histórico e Geográfico | Rio, Typographia João Ignácio de Silva, 1866. Volume 6, 2ª edição | português | — | sem indicação | • Há diversas anotações.<br>• Artigo sobre Instrução para o Visc. de Barbacena, Gov. da Cap. MG com sublinhas e riscos na margem, páginas: 6, 7, 14, 18, 19, 20, 23, 26, 28, 29, 30, 33, 34, 36, 39, 41, 46.<br>ASSUNTO: classificado pelo editor como **Revista de História, Geografia e afins.** |
| 225 Revista | — | Revista Trimestral de História e Geographia ou Jornal do Instituto Histórico e Geográfico | Rio, Typographia João Ignácio de Silva, 1866. Volume 7, 2ª edição | português | — | sem indicação | ASSUNTO: classificado pelo editor como **Revista de História, Geografia e afins.** |
| 226 Revista | — | Revista Trimestral de História e Geographia ou Jornal do Instituto Histórico e Geográfico | Rio, Typographia João Ignácio de Silva, 1866. Volume 8, 2ª edição | português | — | sem indicação | • Revista bastante manuseada.<br>ASSUNTO: classificado pelo editor como **Revista de História, Geografia e afins.** |
| 227 Revista | — | Revista Trimestral de História e Geographia ou Jornal do Instituto Histórico e Geográfico | Rio, Typographia João Ignácio da Silva, 1869. Volume 9 (período de 1847) | português | — | sem indicação | ASSUNTO: classificado pelo editor como **Revista de História, Geografia e afins.** |
| 228 Revista | — | Revista Trimestral de História e Geographia ou Jornal do Instituto Histórico e Geográfico | Rio, Typographia João Ignácio da Silva, 1869. Volume 10, 2ª edição (período de 1848) | português | — | sem indicação | ASSUNTO: classificado pelo editor como **Revista de História, Geografia e afins.** |

| LOCALIZAÇÃO E TIPO DO DOCUMENTO | AUTOR | TÍTULO | IMPRENTA (Local, editora, data, volume, edição) | TÍTULO ORIGINAL ESCRITO EM | TRAD.: IDIOMA E AUTOR | AQUISIÇÃO | ANOTAÇÕES MARCAÇÕES DE LEITURAS OBSERVAÇÕES |
|---|---|---|---|---|---|---|---|
| 229 Revista | — | *Revista Trimestral de História e Geographia ou Jornal do Instituto Histórico e Geográfico* | Rio, Typographia João Ignácio de Silva, 1869. Volume 11, 2ª edição (período de 1848) | português | — | sem indicação | • Diversos artigos estão assinalados no "Índice". ASSUNTO: classificado pelo editor como **Revista de História, Geografia e afins.** |
| 230 Revista | — | *Revista Trimestral de História e Geographia ou Jornal do Instituto Histórico e Geográfico* | Rio, Typographia João Ignácio de Silva, 1851. Volume 14, 1ª edição, 3ª série (período de 1851) | português | — | sem indicação | • Diversas marcações no "Índice". • Traz o "Tratado Descritivo do Brazil" de Gabriel Soares de Souza. ASSUNTO: classificado pelo editor como **Revista de História, Geografia e afins,** |
| 231 Revista | — | *Revista do Instituto Histórico e Geográfico do Brasil* | Rio, Laemmert, 1852. Volume 15, 2º da 3ª série (período de 1852) | português | — | sem indicação | • Inúmeras marcações de leitura. • p. 278, 281, 283 — sublinhadas. • p. 294 — assinalada; itens 41 e 47 assinalados, etc. ASSUNTO: classificado pelo editor como **Revista de História, Geografia e afins.** |
| 232 Revista | — | *Revista do Instituto Histórico e Geográfico do Brasil* | Rio, Laemmert, 1853. Volume 16, 3º da 3ª série (período de 1853) | português | — | sem indicação | ASSUNTO: classificado pelo editor como **Revista de História, Geografia e afins.** |
| 233 Revista | — | *Revista do Instituto Histórico e Geográfico do Brasil* | Rio, Laemmert, 1854. Volume 17, 4º da 3ª série (período de 1854) | português | — | sem indicação | • p.69 — assinalada. ASSUNTO: classificado pelo editor como **Revista de História, Geografia e afins.** |
| 234 Revista | — | *Revista do Instituto Histórico e Geográfico do Brasil* | Rio, Laemmert, 1855. Volume 18, 5º da 3ª série (período de 1855) | português | — | sem indicação | ASSUNTO: classificado pelo editor como **Revista de História, Geografia e afins.** |

| LOCALIZAÇÃO E TIPO DO DOCUMENTO | AUTOR | TÍTULO | IMPRENTA (Local, editora, data, volume, edição) | TÍTULO ORIGINAL ESCRITO EM | TRAD.: IDIOMA E AUTOR | AQUISIÇÃO | ANOTAÇÕES MARCAÇÕES DE LEITURAS OBSERVAÇÕES |
|---|---|---|---|---|---|---|---|
| 235 Revista | — | *Revista do Instituto Histórico e Geográfico do Brasil* | Rio, Laemmert, 1856. Volume 19, 6º da 3ª série (período de 1856) | português | — | sem indicação | • p. 192, 197 e 341 — assinaladas. ASSUNTO: classificado pelo editor como **Revista de História, Geografia e afins.** |
| 236 Revista | — | *Revista do Instituto Histórico e Geográfico do Brasil* | Rio, Laemmert, 1857. Volume 20 (período de 1857) | português | — | sem indicação | • p. 112, 113 e 453-460 — estão dobradas. ASSUNTO: classificado pelo editor como **Revista de História, Geografia e afins.** |
| 237 Revista | — | *Revista do Instituto Histórico e Geográfico do Brasil* | Rio de Janeiro, Typographia Brasiliense de Maximiniano Gomes Ribeiro, 1858. Volume 21 (período de 1858) | português | — | sem indicação | • p. 29, 30, 54, 67, 104, 116, 138, 173 — dobradas na folha. • Artigo assinalado referente à viagem de Hypolyto José da Costa aos EUA, designado oficialmente para observar a vida dos Americanos e descrevê-la posteriormente. ASSUNTO: classificado pelo editor como **Revista de História, Geografia e afins.** |
| 238 Revista | — | *Revista do Instituto Histórico e Geográfico do Brasil* | Rio de Janeiro, Typographia Imparcial de J. M. N. Garcia, 1859. Volume 22 (período de 1859) | português | — | sem indicação | ASSUNTO: classificado pelo editor como **Revista de História, Geografia e afins.** |
| 239 Revista | — | *Revista do Instituto Histórico e Geográfico e Etnográfico do Brasil* | Rio de Janeiro, Typographia de Domingos Luiz dos Santos, 1860. Volume 23 (período de 1860) | português | — | sem indicação | ASSUNTO: classificado pelo editor como **Revista de História, Geografia e afins.** |

| LOCALIZAÇÃO E TIPO DO DOCUMENTO | AUTOR | TÍTULO | IMPRENTA (Local, editora, data, volume, edição) | TÍTULO ORIGINAL ESCRITO EM | TRAD.: IDIOMA E AUTOR | AQUISIÇÃO | ANOTAÇÕES MARCAÇÕES DE LEITURAS OBSERVAÇÕES |
|---|---|---|---|---|---|---|---|
| 240 Revista | — | *Revista do Instituto Histórico e Geográfico e Etnográfico do Brasil* | Rio de Janeiro, Typographia de Domingos Luiz dos Santos, 1861. Volume 24 (período de 1860) | português | — | sem indicação | ASSUNTO: classificado pelo editor como **Revista de História, Geografia e afins.** |
| 241 Revista | — | *Revista do Instituto Histórico e Geográfico e Etnográfico do Brasil* | Rio de Janeiro, Typographia de Domingos Luiz dos Santos, 1862. Volume 25 (período de 1862) | português | — | sem indicação | • Anotações no "Índice". <br>• Preços escritos na margem. <br>ASSUNTO: classificado pelo editor como **Revista de História, Geografia e afins.** |
| 242 Revista | — | *Revista do Instituto Histórico e Geográfico e Etnográfico do Brasil* | Rio de Janeiro, Typographia de Domingos Luiz dos Santos, 1863. Volume 26 (período de 1863) | português | — | sem indicação | ASSUNTO: classificado pelo editor como **Revista de História, Geografia e afins.** |
| 243 Revista | — | *Revista do Instituto Histórico e Geográfico e Etnográfico do Brasil* | Rio de Janeiro, Typographia de Domingos Luiz dos Santos, 1864. Volume 27, Parte I (período de 1864) | português | — | sem indicação | ASSUNTO: classificado pelo editor como **Revista de História, Geografia e afins.** |
| 244 Revista | — | *Revista do Instituto Histórico e Geográfico e Etnográfico do Brasil* | Rio de Janeiro, B. L. Garnier, 1864. Volume 28, Parte II (período de 1864) | português | — | sem indicação | ASSUNTO: classificado pelo editor como **Revista de História, Geografia e afins.** |

| LOCALIZAÇÃO E TIPO DO DOCUMENTO | AUTOR | TÍTULO | IMPRENTA (Local, editora, data, volume, edição) | TÍTULO ORIGINAL ESCRITO EM | TRAD.: IDIOMA E AUTOR | AQUISIÇÃO | ANOTAÇÕES MARCAÇÕES DE LEITURAS OBSERVAÇÕES |
|---|---|---|---|---|---|---|---|
| 245 Revista | — | *Revista do Instituto Histórico e Geográfico e Etnográfico do Brasil* | Rio de Janeiro, B. L. Garnier, 1865. Volume 28 (período de 1865) | português | — | sem indicação | ASSUNTO: classificado pelo editor como **Revista de História, Geografia e afins.** |
| 246 Revista | — | *Revista do Instituto Histórico e Geográfico e Etnográfico do Brasil* | Rio de Janeiro, B. L. Garnier, 1866. Volumes 28 e 29 (período de 1866) | português | — | sem indicação | ASSUNTO: classificado pelo editor como **Revista de História, Geografia e afins.** |
| 247 Revista | — | *Revista do Instituto Histórico e Geográfico e Etnográfico do Brasil* | Rio de Janeiro, B. L. Garnier, 1867. Volume 30, Parte I (período de 1867) | português | — | sem indicação | ASSUNTO: classificado pelo editor como **Revista de História, Geografia e afins.** |
| 248 Revista | — | *Revista do Instituto Histórico e Geográfico e Etnográfico do Brasil* | Rio de Janeiro, B. L. Garnier, 1867. Volume 30, Parte II (período de 1867) | português | — | sem indicação | ASSUNTO: classificado pelo editor como **Revista de História, Geografia e afins.** |
| 249 Revista | — | *Revista do Instituto Histórico e Geográfico e Etnográfico do Brasil* | Rio de Janeiro, B. L. Garnier, 1868. Volume 31 (período de 1868) | português | — | sem indicação | ASSUNTO: classificado pelo editor como **Revista de História, Geografia e afins.** |
| 250 Revista | — | *Revista do Instituto Histórico e Geográfico e Etnográfico do Brasil* | Rio de Janeiro, B. L. Garnier, 1869. Volume 32 (período de 1869) | português | — | sem indicação | ASSUNTO: classificado pelo editor como **Revista de História, Geografia e afins.** |

| LOCALIZAÇÃO E TIPO DO DOCUMENTO | AUTOR | TÍTULO | IMPRENTA (Local, editora, data, volume, edição) | TÍTULO ORIGINAL ESCRITO EM | TRAD.: IDIOMA E AUTOR | AQUISIÇÃO | ANOTAÇÕES MARCAÇÕES DE LEITURAS OBSERVAÇÕES |
|---|---|---|---|---|---|---|---|
| 251 Revista | — | *Revista do Instituto Histórico e Geográfico e Etnográfico do Brasil* | Rio de Janeiro, B. L. Garnier, 1870. Volume 33 (período de 1870) | português | — | sem indicação | ASSUNTO: classificado pelo editor como **Revista de História, Geografia e afins.** |
| 252 Revista | — | *Revista do Instituto Histórico e Geográfico e Etnográfico do Brasil* | Rio de Janeiro, B. L. Garnier, 1871. Volume 34 (período de 1871) | português | — | sem indicação | ASSUNTO: classificado pelo editor como **Revista de História, Geografia e afins.** |
| 253 Revista | — | *Revista do Instituto Histórico e Geográfico e Etnográfico do Brasil* | Rio de Janeiro, B. L. Garnier, 1872, Parte I. Volume 35 (período de 1872) | português | — | sem indicação | ASSUNTO: classificado pelo editor como **Revista de História, Geografia e afins.** |
| 254 Revista | — | *Revista do Instituto Histórico e Geográfico e Etnográfico do Brasil* | Rio de Janeiro, B. L. Garnier, 1872. Volume 35 (período de 1872) | português | — | sem indicação | ASSUNTO: classificado pelo editor como **Revista de História, Geografia e afins.** |
| 255 Revista | — | *Revista do Instituto Histórico e Geográfico e Etnográfico do Brasil* | Rio de Janeiro, B. L. Garnier, 1873, Parte I. Volume 36 (período de 1873) | português | — | sem indicação | ASSUNTO: classificado pelo editor como **Revista de História, Geografia e afins.** |
| 256 Revista | — | *Revista do Instituto Histórico e Geográfico e Etnográfico do Brasil* | Rio de Janeiro, B. L. Garnier, 1873, Parte II. Volume 36 (período de 1873) | português | — | sem indicação | ASSUNTO: classificado pelo editor como **Revista de História, Geografia e afins.** |

| LOCALIZAÇÃO E TIPO DO DOCUMENTO | AUTOR | TÍTULO | IMPRENTA (Local, editora, data, volume, edição) | TÍTULO ORIGINAL ESCRITO EM | TRAD.: IDIOMA E AUTOR | AQUISIÇÃO | ANOTAÇÕES MARCAÇÕES DE LEITURAS OBSERVAÇÕES |
|---|---|---|---|---|---|---|---|
| 257 (1) Revista | — | *Revista do Instituto Histórico e Geográfico e Etnográfico do Brasil* | Rio de Janeiro, B. L. Garnier, 1874, Parte I. Volume 37 (período de 1873) | português | — | sem indicação | ASSUNTO: classificado pelo editor como **Revista de História, Geografia e afins.** |
| 257 (2) (atualmente) Revista | — | *Revista do Instituto Histórico e Geográfico e Etnográfico do Brasil* | Rio de Janeiro, B. L. Garnier, 1874, Parte II. Volume 37 (período de 1874) | português | — | sem indicação | • No catálogo de Massa este volume tem o nº 258. ASSUNTO: classificado pelo editor como **Revista de História, Geografia e afins.** |
| 258 Revista | | A revista que no catálogo de Massa (1961) tem essa numeração, atualmente tem o nº 272 (2) conforme citamos anteriormente. |
| 259 Livro (doc.) | — | *Statement submitted by the United States of Brazil to the President of the United States of America as arbitror* | New York, 1894. Volume 1 [s/editor] | inglês | — | sem indicação | ASSUNTO: classificado pelo editor como **Relações Internacionais.** |

| LOCALIZAÇÃO E TIPO DO DOCUMENTO | AUTOR | TÍTULO | IMPRENTA (Local, editora, data, volume, edição) | TÍTULO ORIGINAL ESCRITO EM | TRAD.: IDIOMA E AUTOR | AQUISIÇÃO | ANOTAÇÕES MARCAÇÕES DE LEITURAS OBSERVAÇÕES |
|---|---|---|---|---|---|---|---|
| 260 Livro (doc.) | — | *Exposição que os Estados Unidos do Brasil apresentam ao Presidente dos Estados Unidos da América como árbitro.* | New York, 1894. Volume 3 [s/editor] | português | — | sem indicação | ASSUNTO: classificado pelo editor como **Relações Internacionais** |
| 261 Livro (doc.) | — | *Statement submitted by the United States of Brazil to the President of the United States of America as arbitror* | New York, 1894. Volume 3 [s/editor] | inglês | — | sem indicação | ASSUNTO: classificado pelo editor como **Relações Internacionais** |
| 262 Livro (doc.) | — | *Exposição que os Estados Unidos do Brazil apresentam ao Presidente dos Estados Unidos da América como árbitro* | New York, 1894. Volume 4 [s/editor] | português | — | sem indicação | ASSUNTO: classificado pelo editor como **Relações Internacionais** |

| LOCALIZAÇÃO E TIPO DO DOCUMENTO | AUTOR | TÍTULO | IMPRENTA (Local, editora, data, volume, edição) | TÍTULO ORIGINAL ESCRITO EM | TRAD.: IDIOMA E AUTOR | AQUISIÇÃO | ANOTAÇÕES MARCAÇÕES DE LEITURAS OBSERVAÇÕES |
|---|---|---|---|---|---|---|---|
| 263 Livro (doc.) | — | *Exposição que os Estados Unidos do Brazil apresentam ao Presidente dos Estados Unidos da América como árbitro* (apêndice com mapas) | New York, 1894. Volume 6 [s/editor] | português | — | sem indicação | ASSUNTO: classificado pelo editor como **Relações Internacionais** |
| 264 Livro (doc.) | — | *Frontières entre le Brésil et la Guyane Française* (mémoire présenté par les États Unis du Brésil au Gouvernement de la Confédération Suisse) | Paris, A. Lahure, 1899. Volume 1 | francês | — | sem indicação | ASSUNTO: classificado pelo editor como **Relações Internacionais** |
| 265 Livro (doc.) | — | *Frontières entre le Brésil et la Guyane Française* (mémoire présenté par les États Unis du Brésil au Gouvernement de la Confédération Suisse) | Volume 2 | francês | — | sem indicação | • p. 65 — fita de leitura. ASSUNTO: classificado pelo editor como **Relações Internacionais** |

| LOCALIZAÇÃO E TIPO DO DOCUMENTO | AUTOR | TÍTULO | IMPRENTA (Local, editora, data, volume, edição) | TÍTULO ORIGINAL ESCRITO EM | TRAD.: IDIOMA E AUTOR | AQUISIÇÃO | ANOTAÇÕES MARCAÇÕES DE LEITURAS OBSERVAÇÕES |
|---|---|---|---|---|---|---|---|
| 266 | — | *Frontières entre le Brésil et la Guyane Française* (mémoire présenté par les États Unis du Brésil au Gouvernement de la Confédération Suisse) | Volume 3 | francês | — | Sem indicação | ASSUNTO: classificado pelo editor como **Relações Internacionais** |
| 267 Livro (doc.) | — | *Frontières entre le Brésil et la Guyane Française* (Second mémoire présenté par le États Unis du Brésil au Gouvernement de la Confédération Suisse) | Berne, Imprimerie Staempli et Cie, 1899. Volume 1 | francês | — | sem indicação | ASSUNTO: classificado pelo editor como **Relações Internacionais** |

| LOCALIZAÇÃO E TIPO DO DOCUMENTO | AUTOR | TÍTULO | IMPRENTA (Local, editora, data, volume, edição) | TÍTULO ORIGINAL ESCRITO EM | TRAD.: IDIOMA E AUTOR | AQUISIÇÃO | ANOTAÇÕES MARCAÇÕES DE LEITURAS OBSERVAÇÕES |
|---|---|---|---|---|---|---|---|
| 268 Livro (doc.) | — | *Frontières entre le Brésil et la Guyane Française* (Second mémoire présenté par le États Unis du Brésil au Gouvernement de la Confédération Suisse) | Berne, Imprimerie Staempli et Cie, 1899. Volume 2 | francês | — | sem indicação | • Doc. acompanhado de notas explicativas e retificativas. ASSUNTO: classificado pelo editor como **Relações Internacionais** |
| 269 Livro (doc.) | — | *Frontières entre le Brésil et la Guyane Française* (Second mémoire présenté par le États Unis du Brésil au Gouvernement de la Confédération Suisse) | Berne, Imprimerie Staempli et Cie, 1899. Volume 3 | francês | — | sem indicação | ASSUNTO: classificado pelo editor como **Relações Internacionais** |
| 270 Livro (doc.) | — | *Frontières entre le Brésil et la Guyane Française* (Second mémoire présenté par le États Unis du Brésil au Gouvernement de la Confédération Suisse) | — (Texte original des documents traduits dans le tomes II e III) Berne, Imprimerie Staempli et Cie, 1899. Volume 4 [s/edição] | francês | — | sem indicação | ASSUNTO: classificado pelo editor como **Relações Internacionais** |

| LOCALIZAÇÃO E TIPO DO DOCUMENTO | AUTOR | TÍTULO | IMPRENTA (Local, editora, data, volume, edição) | TÍTULO ORIGINAL ESCRITO EM | TRAD.: IDIOMA E AUTOR | AQUISIÇÃO | ANOTAÇÕES MARCAÇÕES DE LEITURAS OBSERVAÇÕES |
|---|---|---|---|---|---|---|---|
| 271 Livro (doc.) | — | L'Oyapoc et L'Amazone Question brésiliene et française | Paris, A. Lahure, 1899. Volume 1 | francês | — | sem indicação | ASSUNTO: classificado pelo editor como **Relações Internacionais** |
| 272 Livro (doc.) | — | L'Oyapoc et L'Amazone Question brésiliene et française | Paris, Joaquim Caetano da Silva [s/data]. Volume 2, 3ª edição | francês | — | sem indicação | ASSUNTO: classificado pelo editor como **Relações Internacionais** |
| 273 | SADLER | Manuel classique de conversation française et anglaise | Paris, Librairie Française et Anglaise de J.H. Huchy Leony, 1880. Volume único, 11ª ed. | francês | — | sem indicação | ASSUNTO: classificado pelo editor como **Manual de Línguas.** |
| 274 Livro | BUCKLE, Henry Thomas | Histoire de la civilisation en Angleterre | Paris, Librairie Internationale A. Lacroix, 1865. Volume 1 [s/ed.] | inglês | francês — A. Baillot | Livraria Garnier | ASSUNTO: classificado pelo editor como **História da Inglaterra.** |
| 275 Livro | BUCKLE, Henry Thomas | Histoire de la civilisation en Angleterre | Paris, Librairie Internationale A. Lacroix, 1865. Volume 2 [s/ed.] | inglês | francês — A. Baillot | Livraria Garnier | ASSUNTO: classificado pelo editor como **História da Inglaterra.** |
| 276 Livro | BUCKLE, Henry Thomas | Histoire de la civilisation en Angleterre | Paris, Librairie Internationale A. Lacroix, 1865. Volume 3 [s/ed.] | inglês | francês — A. Baillot | Livraria Garnier | ASSUNTO: classificado pelo editor como **História da Inglaterra.** |
| 277 (1) Livro | BUCKLE, Henry Thomas | Histoire de la civilisation en Angleterre | Paris, Librairie Internationale A. Lacroix, 1865. Volume 4 [s/ed.] | inglês | francês — A. Baillot | Livraria Garnier | • Há dois livros com o nº 277. ASSUNTO: classificado pelo editor como **História da Inglaterra.** |

| LOCALIZAÇÃO E TIPO DO DOCUMENTO | AUTOR | TÍTULO | IMPRENTA (Local, editora, data, volume, edição) | TÍTULO ORIGINAL ESCRITO EM | TRAD.: IDIOMA E AUTOR | AQUISIÇÃO | ANOTAÇÕES MARCAÇÕES DE LEITURAS OBSERVAÇÕES |
|---|---|---|---|---|---|---|---|
| 277 (2) | | | Livro não encontrado. Consta do catálogo de J. M. Massa (1961). 277 — BUCKLE, Henry. Histoire de la civilisation en Angleterre. Traduction autorisée par A. Baillot. Tome cinquième. [Garnier] | | | | |
| 278 Livro | CLARENDON, Edward Earl of | *The history of the rebellion and civil wars in England together with an historical view of the affairs of Ireland* | Oxford, Oxford University Press, 1849. Volume 1 [s/ed.] | inglês | — | sem indicação | • p. 32 — chave no primeiro parágrafo; segundo parágrafo sublinhado. ASSUNTO: classificado pelo editor como **História**. |
| 279 Livro | CLARENDON, Edward Earl of | *The history of the rebellion and civil wars in England together with an historical view of the affairs of Ireland* | Oxford, Oxford University Press, 1849. Volume 2 [s/ed.] | inglês | — | sem indicação | ASSUNTO: classificado pelo editor como **História**. |
| 280 Livro | CLARENDON, Edward Earl of | *The history of the rebellion and civil wars in England together with an historical view of the affairs of Ireland* | Oxford, Oxford University Press, 1849. Volume 3 [s/ed.] | inglês | — | sem indicação | ASSUNTO: classificado pelo editor como **História**. |
| 281 Livro | CLARENDON, Edward Earl of | *The history of the rebellion and civil wars in England together with an historical view of the affairs of Ireland* | Oxford, Oxford University Press, 1849. Volume 4 [s/ed.] | inglês | — | sem indicação | ASSUNTO: classificado pelo editor como **História**. |

| LOCALIZAÇÃO E TIPO DO DOCUMENTO | AUTOR | TÍTULO | IMPRENTA (Local, editora, data, volume, edição) | TÍTULO ORIGINAL ESCRITO EM | TRAD.: IDIOMA E AUTOR | AQUISIÇÃO | ANOTAÇÕES MARCAÇÕES DE LEITURAS OBSERVAÇÕES |
|---|---|---|---|---|---|---|---|
| 282 Livro | CLARENDON, Edward Earl of | *The history of the rebellion and civil wars in England together with an historical view of the affairs of Ireland* | Oxford, Oxford University Press, 1849. Volume V [s/ed.] | inglês | — | sem indicação | ASSUNTO: classificado pelo editor como **História**. |
| 283 Livro | CLARENDON, Edward Earl of | *The history of the rebellion and civil wars in England together with an historical view of the affairs of Ireland* | Oxford, Oxford University Press, 1849. Volume VI [s/ed.] | inglês | — | sem indicação | ASSUNTO: classificado pelo editor como **História**. |
| 284 Livro | CLARENDON, Edward Earl of | *The history of the rebellion and civil wars in England together with an historical view of the affairs of Ireland* | Oxford, Oxford University Press, 1849. Volume VII [s/ed.] | inglês | — | sem indicação | ASSUNTO: classificado pelo editor como **História**. |
| 285 Livro | CROMWELL, Oliver | *Letters and speeches with elucidations by Thomas Carlyle* | Leipzig, Bernhard Tauchnitz, 1861. Volume 1 [s/ed.] | inglês | — | Livraria Lombaerts | ASSUNTO: classificado pelo editor como **História**. |
| 286 Livro | CROMWELL, Oliver | *Letters and speeches with elucidations by Thomas Carlyle* | Leipzig, Bernhard Tauchnitz, 1861. Volume 2 [s/ed.] | inglês | — | Livraria Lombaerts | ASSUNTO: classificado pelo editor como **História**. |
| 287 Livro | CROMWELL, Oliver | *Letters and speeches with elucidations by Thomas Carlyle* | Leipzig, Bernhard Tauchnitz, 1861. Volume 3 [s/ed.] | inglês | — | Livraria Lombaerts | ASSUNTO: classificado pelo editor como **História**. |

| LOCALIZAÇÃO E TIPO DO DOCUMENTO | AUTOR | TÍTULO | IMPRENTA (Local, editora, data, volume, edição) | TÍTULO ORIGINAL ESCRITO EM | TRAD.: IDIOMA E AUTOR | AQUISIÇÃO | ANOTAÇÕES MARCAÇÕES DE LEITURAS OBSERVAÇÕES |
|---|---|---|---|---|---|---|---|
| 288 Livro | CROMWELL, Oliver | *Letters and speeches with elucidations by Thomas Carlyle* | Leipzig, Bernhard Tauchnitz, 1861. Volume 4 [s/ed.] | inglês | — | Livraria Lombaerts | ASSUNTO: classificado pelo editor como **História**. |
| 289 Livro | MACAULAY, Lord | *Critical and historical essays* | London, Longmans Green, 1870. Volume 1 [s/ed.] | inglês | — | — | ASSUNTO: classificado pelo editor como **Ensaios**. |
| 290 Livro | MACAULAY, Lord | *Critical and historical essays* | London, Longmans Green, 1870. Volume 2 [s/ed.] | inglês | — | — | • p. 50 — folha marcada. • p. 67 — assinalada a coluna 2, artigo "Gladstone on Church and States". • p. 266 — assinalado artigo "Frederic the Great". • p. 314 e 315 — assinalado artigo "Madame D'Arblay". ASSUNTO: classificado pelo editor como **Ensaios**. |
| 291 Livro | MACAULAY, Lord | *Essais literaires* | Paris, Michel Lévy Frère, 1865. Volume único [s/ed.] | inglês | francês — M.Guillaume Guizot, com autorização do autor | Livraria Garnier | • p. 30 e 31 — assinaladas. ASSUNTO: classificado pelo editor como **Ensaios**. |
| 292 Livro | MACAULAY, Lord | *Essais politiques et philosophiques* | Paris, Michel Lévy Frère, 1862. Volume único [s/ed.] | inglês | francês — M. Guillaume Guizot, com autorização do autor | Livraria Garnier | • p. 261 — corrige "**máxime**" para "**Grand**". ASSUNTO: classificado pelo editor como **Ensaios**. |

| LOCALIZAÇÃO E TIPO DO DOCUMENTO | AUTOR | TÍTULO | IMPRENTA (Local, editora, data, volume, edição) | TÍTULO ORIGINAL ESCRITO EM | TRAD.: IDIOMA E AUTOR | AQUISIÇÃO | ANOTAÇÕES MARCAÇÕES DE LEITURAS OBSERVAÇÕES |
|---|---|---|---|---|---|---|---|
| 293 Livro | MACAULAY, T. B. | Histoire d'Angleterre depuis l'avènement de Jacques II | Paris, Charpentier, 1873. Volume 1 | inglês | francês — Emile Montégut | Livraria Garnier | ASSUNTO: classificado pelo editor como **História**. |
| 294 Livro | MACAULAY, T. B. | Histoire d'Angleterre depuis l'avènement de Jacques II | Paris, Charpentier, 1873. Volume 2 | inglês | francês — Emile Montégut | Livraria Garnier | ASSUNTO: classificado pelo editor como **História**. |
| 295 Livro | MACAULAY, T. B. | Histoire du règne de Guillaume II pour faire suite à l'histoire de la révolution de 1688 | Paris, Charpentier, 1870. Volume 1 | inglês | francês — Amédée Pichot | Livraria Garnier | ASSUNTO: classificado pelo editor como **História**. |
| 296 Livro | MACAULAY, T. B. | Histoire du règne de Guillaume II pour faire suite à l'histoire de la révolution de 1688 | Paris, Charpentier, 1870. Volume 2 | inglês | francês — Amédée Pichot | Livraria Garnier | ASSUNTO: classificado pelo editor como **História**. |
| 297 Livro | MACAULAY, T. B. | Histoire du règne de Guillaume II pour faire suite à l'histoire de la révolution de 1688 | Paris, Charpentier, 1870. Volume 3 | inglês | francês — Amédée Pichot | Livraria Garnier | ASSUNTO: classificado pelo editor como **História**. |
| 298 Livro | MACAULAY, T. B. | Histoire du règne de Guillaume II pour faire suite à l'histoire de la révolution de 1688 | Paris, Charpentier, 1870. Volume 4 | inglês | francês — Amédée Pichot | Livraria Garnier | ASSUNTO: classificado pelo editor como **História**. |

| LOCALIZAÇÃO E TIPO DO DOCUMENTO | AUTOR | TÍTULO | IMPRENTA (Local, editora, data, volume, edição) | TÍTULO ORIGINAL ESCRITO EM | TRAD.: IDIOMA E AUTOR | AQUISIÇÃO | ANOTAÇÕES MARCAÇÕES DE LEITURAS OBSERVAÇÕES |
|---|---|---|---|---|---|---|---|
| 299 Livro | MAY, Thomas Erskine | Histoire constitutionelle de l'Angleterre depuis l'avènement de George III (1770-1860) | Paris, Michel Lévy, 1866. Volume 1 [s/ed.] | inglês | francês — Cornelis de Witt | Livraria Garnier | • p. 7 a 109 — assinalado com chaves e traços na margem todo o primeiro capítulo. • Capítulo 2 assinaladas as seguintes páginas: 119-136; 151-163; 165-197; 204-218; 226-228; 245-246; 250-252; 257-264. Cap.V: 266-316; cap.VI 317-455; cap.VII 476-477. ASSUNTO: classificado pelo editor como **História**. |
| 300 Livro | MAY, Thomas Erskine | Histoire constitutionelle de l'Angleterre depuis l'avènement de George III (1770-1860) | Paris, Michel Lévy, 1866. Volume 2 [s/ed.] | inglês | francês — Cornelis de Witt | Livraria Garnier | • p. 18 — dobrada ASSUNTO: classificado pelo editor como **História**. |
| 301 Livro | BUNYAN, John | The pilgrim's progress from this world to that which is to come | London, Thomas Tegg and son, 1836 | inglês | — | Livraria Garnier | • Na folha de rosto lê-se "Sam e Norris. Ao Arthur Napoleão. 1851". ASSUNTO: classificado pelo editor como **Literatura Inglesa**. |
| 302 Livro | BUNYAN, John | The pilgrim's progress delivered under the similitude of a dream | London, Milner and Company Limited [s/data] | inglês | francês — Emile Montegut | Livraria Garnier | ASSUNTO: classificado pelo editor como **Literatura Inglesa**. |
| 303 Livro | SHAKESPEARE | Œuvres complètes | Paris, Librairie Hachette, 1867. Volume 1 | inglês | francês — Emile Montegut | Livraria Garnier | • p. 105 — marcada com papel. ASSUNTO: classificado pelo editor como **Literatura Inglesa**. |
| 304 Livro | SHAKESPEARE | Œuvres complètes | Paris, Librairie Hachette, 1867. Volume 2 | inglês | francês — Emile Montegut | Livraria Garnier | ASSUNTO: classificado pelo editor como **Literatura Inglesa**. |

| LOCALIZAÇÃO E TIPO DO DOCUMENTO | AUTOR. | TÍTULO | IMPRENTA (Local, editora, data, volume, edição) | TÍTULO ORIGINAL ESCRITO EM | TRAD.: IDIOMA E AUTOR | AQUISIÇÃO | ANOTAÇÕES MARCAÇÕES DE LEITURAS OBSERVAÇÕES |
|---|---|---|---|---|---|---|---|
| 305 Livro | SHAKES-PEARE | Œuvres complètes | Paris, Librairie Hachette, 1867. Volume 3 | inglês | francês — Emile Montegut | Livraria Garnier | ASSUNTO: classificado pelo editor como **Literatura Inglesa**. |
| 306 Livro | SHAKES-PEARE | Œuvres complètes | Paris, Librairie Hachette, 1869. Volume 4 | inglês | francês — Emile Montegut | Livraria Garnier | • p.436 — marcada. ASSUNTO: classificado pelo editor como **Literatura Inglesa**. |
| 307 Livro | SHAKES-PEARE | Œuvres complètes | Paris, Librairie Hachette, 1869. Volume 5 | inglês | francês — Emile Montegut | Livraria Garnier | ASSUNTO: classificado pelo editor como **Literatura Inglesa**. |
| 308 Livro | SHAKES-PEARE | Œuvres complètes | Paris, Librairie Hachette, 1869. Volume 6 | inglês | francês — Emile Montegut | Livraria Garnier | ASSUNTO: classificado pelo editor como **Literatura Inglesa**. |
| 309 Livro | SHAKES-PEARE | Œuvres complètes | Paris, Librairie Hachette, 1870. Volume 7 | inglês | francês — Emile Montegut | Livraria Garnier | ASSUNTO: classificado pelo editor como **Literatura Inglesa**. |
| 310 Livro | SHAKES-PEARE | Œuvres complètes | Paris, Librairie Hachette, 1871. Volume 8 | inglês | francês — Emile Montegut | Livraria Garnier | ASSUNTO: classificado pelo editor como **Literatura Inglesa**. |
| 311 Livro | SHAKES-PEARE | Œuvres complètes | Paris, Librairie Hachette, 1872. Volume 9 | inglês | francês — Emile Montegut | Livraria Garnier | • Consta carimbo de Leitão de Carvalho. ASSUNTO: classificado pelo editor como **Literatura Inglesa**. |
| 312 Livro | SHAKES-PEARE | Œuvres complètes | Paris, Librairie Hachette, 1873. Volume 10 | Inglês | francês — Emile Montegut | Livraria Garnier | ASSUNTO: classificado pelo editor como **Literatura Inglesa**. |

| LOCALIZAÇÃO E TIPO DO DOCUMENTO | AUTOR | TÍTULO | IMPRENTA (Local, editora, data, volume, edição) | TÍTULO ORIGINAL ESCRITO EM | TRAD.: IDIOMA E AUTOR | AQUISIÇÃO | ANOTAÇÕES MARCAÇÕES DE LEITURAS OBSERVAÇÕES |
|---|---|---|---|---|---|---|---|
| 313 Livro | SHAKES-PEARE | *The beauties of Shakespeare* | London, C. Daly, 1839. Volume único | inglês | — | sem indicação | • p. 2 e 6 — "Prefácio" assinalado.<br>• p. 40 — arrancou-se um pedaço.<br>• p. 181 — dobrada.<br>• Livro muito manuseado com riscos na margem no sentido vertical nas páginas: 1, 2, 3, 4, 5, 6, 7, 17, 31, 37, 41, 51, 57, 65, 67, 143, 185, 189, 219, 333, 339.<br>ASSUNTO: classificado pelo editor como **Literatura Inglesa**. |
| 314 Livro | SHAKES-PEARE | *The hand volume* | Bradbury, Evans and Co., 1868. Volume 1 | inglês | — | sem indicação | ASSUNTO: classificado pelo editor como **Literatura Inglesa**. |
| 315 Livro | SHAKES-PEARE | *The hand volume* | Bradbury, Evans and Co., 1868. Volume 2 | inglês | — | sem indicação | ASSUNTO: classificado pelo editor como **Literatura Inglesa**. |
| 316 Livro | SHAKES-PEARE | *The hand volume* | Bradbury, Evans and Co., 1868. Volume 3 | inglês | — | sem indicação | ASSUNTO: classificado pelo editor como **Literatura Inglesa**. |
| 317 Livro | SHAKES-PEARE | *The hand volume* | Bradbury, Evans and Co., 1868. Volume 4 | inglês | — | sem indicação | ASSUNTO: classificado pelo editor como **Literatura Inglesa**. |
| 318 Livro | SHAKES-PEARE | *The hand volume* | Bradbury, Evans and Co., 1868. Volume 5 | inglês | — | sem indicação | ASSUNTO: classificado pelo editor como **Literatura Inglesa**. |
| 319 Livro | SHAKES-PEARE | *The hand volume* | Bradbury, Evans and Co., 1868. Volume 6 | inglês | — | sem indicação | ASSUNTO: classificado pelo editor como **Literatura Inglesa**. |
| 320 Livro | SHAKES-PEARE | *The hand volume* | Bradbury, Evans and Co., 1868. Volume 7 | inglês | — | sem indicação | ASSUNTO: classificado pelo editor como **Literatura Inglesa**. |

| LOCALIZAÇÃO E TIPO DO DOCUMENTO | AUTOR | TÍTULO | IMPRENTA (Local, editora, data, volume, edição) | TÍTULO ORIGINAL ESCRITO EM | TRAD.: IDIOMA E AUTOR | AQUISIÇÃO | ANOTAÇÕES MARCAÇÕES DE LEITURAS OBSERVAÇÕES |
|---|---|---|---|---|---|---|---|
| 321 Livro | SHAKES-PEARE | *The hand volume* | Bradbury, Evans and Co., 1868. Volume 8 | inglês | — | sem indicação | ASSUNTO: classificado pelo editor como **Literatura Inglesa**. |
| 322 | | | Livro não encontrado. Consta do catálogo de J. M. Massa (1961). 322 — SHAKESPEARE. *The hand volume*. London, Bradbury, Evans and Co., 1868. Volume IX | | | | ASSUNTO: classificado pelo editor como **Literatura Inglesa**. |
| 323 | | | Livro não encontrado. Consta do catálogo de J. M. Massa (1961). 323 — SHAKESPEARE. *The hand volume*. London, Bradbury, Evans and Co., 1868. Volume X | | | | ASSUNTO: classificado pelo editor como **Literatura Inglesa**. |
| 324 Livro | SHAKES-PEARE | *The hand volume* | Bradbury, Evans and Co., 1868. Volume 11 | inglês | — | sem indicação | • Consta carimbo de Leitão de Carvalho. ASSUNTO: classificado pelo editor como **Literatura Inglesa**. |
| 325 | | | Livro não encontrado. Consta do catálogo de J. M. Massa (1961). 325 — SHAKESPEARE. *The hand volume*. London, Bradbury, Evans and Co., 1868. Volume XII | | | | ASSUNTO: classificado pelo editor como **Literatura Inglesa**. |
| 326 | | | Livro não encontrado. Consta do catálogo de J. M. Massa (1961). 326 — SHAKESPEARE. *The hand volume*. London, Bradbury, Evans and Co., 1868. Volume XIII | | | | ASSUNTO: classificado pelo editor como **Literatura Inglesa**. |
| 327 | | | Livro não encontrado. Consta do catálogo de J. M. Massa (1961). 327 — BURNS, Robert.. *The poetical works of* (...) — 1845. | | | | ASSUNTO: classificado pelo editor como **Literatura Inglesa**. |

| LOCALIZAÇÃO E TIPO DO DOCUMENTO | AUTOR | TÍTULO | IMPRENTA (Local, editora, data, volume, edição) | TÍTULO ORIGINAL ESCRITO EM | TRAD.: IDIOMA E AUTOR | AQUISIÇÃO | ANOTAÇÕES MARCAÇÕES DE LEITURAS OBSERVAÇÕES |
|---|---|---|---|---|---|---|---|
| 328 Livro | BYRON, Lord | *The works of Byron* | Boston, Crosby Nichols, Lee and Company, 1860 | inglês | — | Livraria Lombaerts | • Com dedicatória: "Irmão! é sangrenta a sina Cada uma gotta de pranto Mas os louros valem tanto É uma posthuma flor" Machado de Assis Machado, Aceita este preito singelo de admiração estima — como eu aceitei a sublime estrofe acima escripta — que escrevestes a um teu confrade de letras — Aceita e revela-me a insignificância pela pobreza dos sentimentos que me inspiram quando lembro-me do teu gênio e da tua glória. Teu do coração. Arthur d'Oliveira". ASSUNTO: classificado pelo editor como **Literatura Inglesa**. |
| 329 Livro | DICKENS, Charles | *The works of Charles Dickens* | London/New York, Chapman and Hall /Scribner and Welford, 1880. Volume 1 | inglês | — | sem indicação | • Com dedicatória: "Ao seu charo amigo Machado de Assis, companheiro de banco na aula de costumes da tragi-comédia humana, offerece as postillas do professor Dickens o Salvador de Mendonça. Rio de Janeiro, 19 de agosto de 1881." ASSUNTO: classificado pelo editor como **Literatura Inglesa**. |
| 330 Livro | DICKENS, Charles | *The works of Charles Dickens* | London/New York, Chapman and Hall /Scribner and Welford, 1880. Volume 2 | inglês | — | sem indicação | ASSUNTO: classificado pelo editor como **Literatura Inglesa**. |

| LOCALIZAÇÃO E TIPO DO DOCUMENTO | AUTOR | TÍTULO | IMPRENTA (Local, editora, data, volume, edição) | TÍTULO ORIGINAL ESCRITO EM | TRAD.: IDIOMA E AUTOR | AQUISIÇÃO | ANOTAÇÕES MARCAÇÕES DE LEITURAS OBSERVAÇÕES |
|---|---|---|---|---|---|---|---|
| 331 Livro | DICKENS, Charles | *The works of Charles Dickens* | London/New York, Chapman and Hall /Scribner and Welford, 1880. Volume 3 | inglês | — | sem indicação | • Carimbo de Leitão de Carvalho. ASSUNTO: classificado pelo editor como **Literatura Inglesa.** |
| 332 Livro | DICKENS, Charles | *The works of Charles Dickens* | London/New York, Chapman and Hall /Scribner and Welford, 1880. Volume 4 | inglês | — | sem indicação | • Carimbo de Leitão de Carvalho. ASSUNTO: classificado pelo editor como **Literatura Inglesa.** |
| 333 Livro | DICKENS, Charles | *The works of Charles Dickens* | London/New York, Chapman and Hall /Scribner and Welford, 1880. Volume 5 | inglês | — | sem indicação | ASSUNTO: classificado pelo editor como **Literatura Inglesa.** |
| 334 Livro | DICKENS, Charles | *The works of Charles Dickens* | London/New York, Chapman and Hall /Scribner and Welford, 1880. Volume 6 | inglês | — | sem indicação | • Carimbo de Leitão de Carvalho. ASSUNTO: classificado pelo editor como **Literatura Inglesa.** |
| 335 Livro | DICKENS, Charles | *The works of Charles Dickens* | London/New York, Chapman and Hall /Scribner and Welford, 1880. Volume 7 | inglês | — | sem indicação | ASSUNTO: classificado pelo editor como **Literatura Inglesa.** |
| 336 Livro | DICKENS, Charles | *The works of Charles Dickens* | London/New York, Chapman and Hall /Scribner and Welford, 1880. Volume 8 | inglês | — | sem indicação | • p. 208 — fita de leitura. ASSUNTO: classificado pelo editor como **Literatura Inglesa.** |

| LOCALIZAÇÃO E TIPO DO DOCUMENTO | AUTOR | TÍTULO | IMPRENTA (Local, editora, data, volume, edição) | TÍTULO ORIGINAL ESCRITO EM | TRAD.: IDIOMA E AUTOR | AQUISIÇÃO | ANOTAÇÕES MARCAÇÕES DE LEITURAS OBSERVAÇÕES |
|---|---|---|---|---|---|---|---|
| 337 Livro | DICKENS, Charles | *The works of Charles Dickens* | London/New York, Chapman and Hall /Scribner and Welford, 1880. Volume 9 | inglês | — | sem indicação | ASSUNTO: classificado pelo editor como **Literatura Inglesa**. |
| 338 Livro | DICKENS, Charles | *The works of Charles Dickens* | London/New York, Chapman and Hall /Scribner and Welford, 1880. Volume 10 | inglês | — | sem indicação | ASSUNTO: classificado pelo editor como **Literatura Inglesa**. |
| 339 Livro | DICKENS, Charles | *The works of Charles Dickens* | London/New York, Chapman and Hall /Scribner and Welford, 1880. Volume 11 | inglês | — | sem indicação | ASSUNTO: classificado pelo editor como **Literatura Inglesa**. |
| 340 Livro | DICKENS, Charles | *The works of Charles Dickens* | London/New York, Chapman and Hall /Scribner and Welford, 1880. Volume 12 | inglês | — | sem indicação | ASSUNTO: classificado pelo editor como **Literatura Inglesa**. |
| 341 Livro | DICKENS, Charles | *The works of Charles Dickens* | London/New York, Chapman and Hall /Scribner and Welford, 1880. Volume 13 | inglês | — | sem indicação | ASSUNTO: classificado pelo editor como **Literatura Inglesa**. |
| 342 Livro | DICKENS, Charles | *The works of Charles Dickens* | London/New York, Chapman and Hall /Scribner and Welford, 1880. Volume 14 | inglês | — | sem indicação | ASSUNTO: classificado pelo editor como **Literatura Inglesa**. |

| LOCALIZAÇÃO E TIPO DO DOCUMENTO | AUTOR | TÍTULO | IMPRENTA (Local, editora, data, volume, edição) | TÍTULO ORIGINAL ESCRITO EM | TRAD.: IDIOMA E AUTOR | AQUISIÇÃO | ANOTAÇÕES MARCAÇÕES DE LEITURAS OBSERVAÇÕES |
|---|---|---|---|---|---|---|---|
| 343 Livro | DICKENS, Charles | *The works of Charles Dickens* | London/New York, Chapman and Hall/ Scribner and Welford, 1880. Volume 15 | inglês | — | sem indicação | ASSUNTO: classificado pelo editor como **Literatura Inglesa**. |
| 344 Livro | DICKENS, Charles | *The works of Charles Dickens* | London/New York, Chapman and Hall/ Scribner and Welford, 1880. Volume 16 | inglês | — | sem indicação | • p. 28-29 — Há uma fotografia de moças. ASSUNTO: classificado pelo editor como **Literatura Inglesa**. |
| 345 Livro | DICKENS, Charles | *The works of Charles Dickens* | London/New York, Chapman and Hall/ Scribner and Welford, 1880. Volume 17 | inglês | — | sem indicação | • Livro bastante manuseado. ASSUNTO: classificado pelo editor como **Literatura Inglesa**. |
| 346 Livro | DICKENS, Charles | *The works of Charles Dickens* | London/New York, Chapman and Hall/ Scribner and Welford, 1880. Volume 18 | inglês | — | sem indicação | • Carimbo de Leitão de Carvalho. ASSUNTO: classificado pelo editor como **Literatura Inglesa**. |
| 347 Livro | DICKENS, Charles | *The works of Charles Dickens* | London/New York, Chapman and Hall/ Scribner and Welford, 1880. Volume 19 | inglês | — | sem indicação | ASSUNTO: classificado pelo editor como **Literatura Inglesa**. |

| LOCALIZAÇÃO E TIPO DO DOCUMENTO | AUTOR | TÍTULO | IMPRENTA (Local, editora, data, volume, edição) | TÍTULO ORIGINAL ESCRITO EM | TRAD.: IDIOMA E AUTOR | AQUISIÇÃO | ANOTAÇÕES MARCAÇÕES DE LEITURAS OBSERVAÇÕES |
|---|---|---|---|---|---|---|---|
| 348 Livro | DICKENS, Charles | *The works of Charles Dickens* | London/New York, Chapman and Hall/ Scribner and Welford, 1880. Volume 20 | inglês | — | sem indicação | ASSUNTO: classificado pelo editor como **Literatura Inglesa.** |
| 349 Livro | DICKENS, Charles | *The works of Charles Dickens* | London/New York, Chapman and Hall/ Scribner and Welford, 1880. Volume 21 | inglês | — | sem indicação | ASSUNTO: classificado pelo editor como **Literatura Inglesa.** |
| 350 Livro | DICKENS, Charles | *The works of Charles Dickens* | London/New York, Chapman and Hall/ Scribner and Welford, 1880. Volume 26 | inglês | — | sem indicação | No Cap. I, há na margem o nº 78. ASSUNTO: classificado pelo editor como **Literatura Inglesa.** |
| 351 Livro | DICKENS, Charles | *The works of Charles Dickens* | London/New York, Chapman and Hall/ Scribner and Welford, 1880. Volume 23 | inglês | — | sem indicação | ASSUNTO: classificado pelo editor como **Literatura Inglesa.** |
| 352 Livro | DICKENS, Charles | *The works of Charles Dickens* | London/New York, Chapman and Hall/ Scribner and Welford, 1880. Volume 24 | inglês | — | sem indicação | ASSUNTO: classificado pelo editor como **Literatura Inglesa.** |
| 353 Livro | DICKENS, Charles | *The works of Charles Dickens* | London/New York, Chapman and Hall/ Scribner and Welford, 1880. Volume 25 | inglês | — | sem indicação | ASSUNTO: classificado pelo editor como **Literatura Inglesa.** |

| LOCALIZAÇÃO E TIPO DO DOCUMENTO | AUTOR | TÍTULO | IMPRENTA (Local, editora, data, volume, edição) | TÍTULO ORIGINAL ESCRITO EM | TRAD.: IDIOMA E AUTOR | AQUISIÇÃO | ANOTAÇÕES MARCAÇÕES DE LEITURAS OBSERVAÇÕES |
|---|---|---|---|---|---|---|---|
| 354 Livro | DICKENS, Charles | *The works of Charles Dickens* | London/New York, Chapman and Hall /Scribner and Welford, 1880. Volume 22 | inglês | — | sem indicação | ASSUNTO: classificado pelo editor como **Literatura Inglesa.** |
| 355 Livro | DICKENS, Charles | *The works of Charles Dickens* | London/New York, Chapman and Hall /Scribner and Welford, 1880. Volume 27 | inglês | — | sem indicação | ASSUNTO: classificado pelo editor como **Literatura Inglesa.** |
| 356 Livro | DICKENS, Charles | *The works of Charles Dickens* | London/New York, Chapman and Hall /Scribner and Welford, 1880. Volume 27 | inglês | — | sem indicação | ASSUNTO: classificado pelo editor como **Literatura Inglesa.** |
| 357 Livro | DICKENS, Charles | *The works of Charles Dickens* | London/New York, Chapman and Hall /Scribner and Welford, 1880. Volume 28 | inglês | — | sem indicação | ASSUNTO: classificado pelo editor como **Literatura Inglesa.** |
| 358 Livro | DICKENS, Charles | *The works of Charles Dickens* | London/New York, Chapman and Hall /Scribner and Welford, 1880. Volume 29 | inglês | — | sem indicação | ASSUNTO: classificado pelo editor como **Literatura Inglesa.** |
| 359 Livro | DICKENS, Charles | *The works of Charles Dickens* | London/New York, Chapman and Hall /Scribner and Welford, 1880. Volume 30 | inglês | — | sem indicação | ASSUNTO: classificado pelo editor como **Literatura Inglesa.** |

| LOCALIZAÇÃO E TIPO DO DOCUMENTO | AUTOR | TÍTULO | IMPRENTA (Local, editora, data, volume, edição) | TÍTULO ORIGINAL ESCRITO EM | TRAD.: IDIOMA E AUTOR | AQUISIÇÃO | ANOTAÇÕES MARCAÇÕES DE LEITURAS OBSERVAÇÕES |
|---|---|---|---|---|---|---|---|
| 360 Livro | ELIOT, George | *Novels of (...)* (Silas Marner) | Edinburgh and London, William Blackwood and sons [s/d]. Volume 2 | inglês | — | sem indicação | • Com ilustrações ASSUNTO: classificado pelo editor como **Literatura Inglesa**. |
| 361 Livro | ELIOT, George | *Novels of (...)* (Scenes of Clerical Life) | Edinburgh and London, William Blackwood and sons [s/data]. Volume 4 | inglês | — | sem indicação | ASSUNTO: classificado pelo editor como **Literatura Inglesa**. |
| 362 Livro | ELIOT, George | *Middlemarch, a study of providencial life by (...)* | Edinburgh and London, William Blackwood and sons, 1885. Volume único | inglês | — | sem indicação | • Consta carimbo de Leitão de Carvalho. ASSUNTO: classificado pelo editor como **Literatura Inglesa**. |
| 363 Livro | FIELDING, Henry | *The history of Amelia* | London, George Routledge and sons [s/data]. Volume único | inglês | — | sem indicação | • Carimbo de Leitão de Carvalho. ASSUNTO: classificado pelo editor como **Literatura Inglesa**. |
| 364 Livro | GOLDSMITH, Oliver | *Le vicaire de Wakefield* | Paris, Garnier, 1877. Volume único | inglês | francês — sem indicação | Livraria Lombaerts | • Acompanha o texto original precedido de informações sobre o autor. ASSUNTO: classificado pelo editor como **Literatura Inglesa**. |
| 365 Livro | JOHNSON, Samuel | *The lives of the english poets* | Paris, Garnier, 1858. Volume 1 | inglês | — | Livraria Lombaerts | ASSUNTO: classificado pelo editor como **Literatura Inglesa**. |
| 366 Livro | JOHNSON, Samuel | *The lives of the english poets* | Paris, Garnier, 1858. Volume 2 | inglês | — | Livraria Lombaerts | ASSUNTO: classificado pelo editor como **Literatura Inglesa**. |
| 367 Livro | LAMB, Charles | *Essais choisis* | Paris, Charpentier, 1880. Volume único | inglês | francês — Louis Depret | Livraria Garnier | • Precedido de um estudo sobre o humor e de informações sobre a obra de Charles Lamb. ASSUNTO: classificado pelo editor como **Literatura Inglesa**. |
| 368 Livro | MILTON, John | *The poetical works. Paradise lost and paradise regained* | Paris, Charpentier, 1850 | inglês | — | — | • Carimbo de Leitão de Carvalho. ASSUNTO: classificado pelo editor como **Literatura Inglesa**. |

| LOCALIZAÇÃO E TIPO DO DOCUMENTO | AUTOR | TÍTULO | IMPRENTA (Local, editora, data, volume, edição) | TÍTULO ORIGINAL ESCRITO EM | TRAD.: IDIOMA E AUTOR | AQUISIÇÃO | ANOTAÇÕES MARCAÇÕES DE LEITURAS OBSERVAÇÕES |
|---|---|---|---|---|---|---|---|
| 369 Livro | MILTON, João | *O paraíso perdido (epopéia de Milton)* | Rio, B. L. Garnier [s/data]. Volume 1. Contém os sete primeiros cantos. | inglês | português — em versos por Antônio José de Lima Leitão | Livraria Porto Alegre (Rio Grande / Pelotas) | • Marcou-se as páginas: 11, 13, 49, 56, 63, 65, 96, 97, 140, 144, 145, 146, 148, 154, 155, 158, 159, 178, 179, 180, 181, 191, 226, 227, 235.<br>• Consta assinatura de J. Pompeu Cavalcanti — Pelotas. 18 Bichat 114 (20-12-1902).<br>ASSUNTO: classificado pelo editor como **Literatura Inglesa.** |
| 370 Livro | MILTON, João | *O paraíso perdido (epopéia de Milton)* | Rio, B. L. Garnier [s/data]. Volume 2. Contém os cinco últimos cantos. | inglês | português — em versos por Antônio José de Lima Leitão | Livraria Porto Alegre (Rio Grande / Pelotas) | • Assinaladas as páginas: 7, 13, 16, 17, 18, 19, 21, 23, 24, 25, 26, 27, 28, 29, 30, 31, 32, 33, 45, 47, 48, 49, 50, 75, 76, 78, 81, 82, 97, 98, 100.<br>• Consta assinatura de J. Pompeu Cavalcanti — Pelotas. 18 Bichat 114 (20-12-1902).<br>ASSUNTO: classificado pelo editor como **Literatura Inglesa.** |
| 371 Livro | MOORE, Thomas | *The poetical works (Collected by himself in five volumes)* | Rio, Garnier, 1842. Volume 1 | inglês | — | Livraria Lombaerts | • Carimbo de Leitão de Carvalho.<br>ASSUNTO: classificado pelo editor como **Literatura Inglesa.** |
| 372 Livro | MOORE, Thomas | *The poetical works (Collected by himself in five volumes)* | Rio, Garnier, 1842. Volume 2 | inglês | — | Livraria Lombaerts | • Carimbo de Leitão de Carvalho.<br>ASSUNTO: classificado pelo editor como **Literatura Inglesa.** |
| 373 Livro | MOORE, Thomas | *The poetical works (Collected by himself in five volumes)* | Rio, Garnier, 1842. Volume 3 | inglês | — | Livraria Lombaerts | ASSUNTO: classificado pelo editor como **Literatura Inglesa.** |
| 374 Livro | MOORE, Thomas | *The poetical works (Collected by himself in five volumes)* | Rio, Garnier, 1842. Volume 4 | inglês | — | Livraria Lombaerts | ASSUNTO: classificado pelo editor como **Literatura Inglesa.** |

| LOCALIZAÇÃO E TIPO DO DOCUMENTO | AUTOR | TÍTULO | IMPRENTA (Local, editora, data, volume, edição) | TÍTULO ORIGINAL ESCRITO EM | TRAD.: IDIOMA E AUTOR | AQUISIÇÃO | ANOTAÇÕES MARCAÇÕES DE LEITURAS OBSERVAÇÕES |
|---|---|---|---|---|---|---|---|
| 375 Livro | MOORE, Thomas | *The poetical works (Collected by himself in five volumes)* | Rio, Garnier, 1842. Volume 5 | inglês | — | Livraria Lombaerts | • ASSUNTO: classificado pelo editor como **Literatura Inglesa.** |
| 376 Livro | | 376 — SHELLEY, Percy Bysshe. *The poetical works*. Unannotated edition, edited with a critical memoir by William Michael Rossetti, illustrated by the Society of Decorative Art London. London, E. Moxon, Son and Company [s/data]. [Lombaerts] | | | | | • Indicamos as referências do catálogo de Massa (1961), pois as 138 páginas iniciais do livro foram destruídas. ASSUNTO: classificado pelo editor como **Literatura Inglesa.** |
| 377 Livro | SHERIDAN, Richard Brinsley | *The dramatic works of right honourable* | London, E. Moxon, Son and Company, 1869 | inglês | — | Livraria Lombaerts | ASSUNTO: classificado pelo editor como **Literatura Inglesa.** |
| 378 Livro | STERNE, Laurence | *The life and opinions of Tristram Shandy* | London, E. Moxon, Son and Company, 1849 | inglês | — | sem indicação | • Consta carimbo de Leitão de Carvalho. ASSUNTO: classificado pelo editor como **Literatura Inglesa.** |
| 379 Livro | STERNE, Laurence | *A sentimental journey through France and Italy* | London, E. Moxon, Son and Company, 1861 | inglês | inglês | — | Livraria Lombaerts |
| 380 Livro | SWIFT, Jonathan | *Opuscules humoristiques* | (1ª trad. francesa) Paris, Poulet-Malassis et de Broise, 1859 | inglês | francês — Leonde Wailly | Livraria de Serafim José Alves | ASSUNTO: classificado pelo editor como **Literatura Inglesa.** |
| 381 Livro | SWIFT, Jonathan | *A tale of a tub written for the universal improvement of mankind* | Dublin, London Reeve and Co., 1889 | inglês | — | sem indicação | • Consta carimbo de Leitão de Carvalho. ASSUNTO: classificado pelo editor como **Literatura Inglesa.** |
| 381 (1) Livro | SWIFT, Jonathan | *Polite conversation in three dialogues* | London, Charles Whittinghan and Co., 1892 | inglês | — | sem indicação | • Artigo intitulado: "Irrefutable essai sur le faculté de l'amae". • p. 244-245 — assinaladas na margem. ASSUNTO: classificado pelo editor como **Literatura Inglesa.** |
| 382 Livro | | Não existe atualmente livro com este número. No catálogo de Massa (1961) o atual número 380 (1) possui o número 382. | | | | | — |

| LOCALIZAÇÃO E TIPO DO DOCUMENTO | AUTOR | TÍTULO | IMPRENTA (Local, editora, data, volume, edição) | TÍTULO ORIGINAL ESCRITO EM | TRAD.: IDIOMA E AUTOR | AQUISIÇÃO | ANOTAÇÕES MARCAÇÕES DE LEITURAS OBSERVAÇÕES |
|---|---|---|---|---|---|---|---|
| 383 Livro | THACKERAY, William | *The english humourist of the Eighteenth century. (A series of lectures delivered in England, Srotland and the United States of America)* | London, Charles Whittingham and Co., 1892 | inglês | — | sem indicação | ASSUNTO: classificado pelo editor como **Literatura Inglesa.** |
| 384 Livro | THACKERAY, William | *Vanity fair, a novel without a hero* | New York, John W. Lovelle Company [s/data] | inglês | — | sem indicação | • Carimbo de Leitão de Carvalho. ASSUNTO: classificado pelo editor como **Literatura Inglesa.** |
| 385 Livro | TENNYSON, Alfred | *The poetical works* | Leipzig, Bernhard Tauchnitz, 1860. Volume 1 | inglês | — | sem indicação | • Carimbo de Leitão de Carvalho. ASSUNTO: classificado pelo editor como **Literatura Inglesa.** |
| 386 Livro | TENNYSON, Alfred | *The poetical works* | Leipzig, Bernhard Tauchnitz, 1860. Volume 2 | inglês | — | Livraria Lombaerts | • Carimbo de Leitão de Carvalho. ASSUNTO: classificado pelo editor como **Literatura Inglesa.** |
| 387 Livro | TENNYSON, Alfred | *The poetical works* | Leipzig, Bernhard Tauchnitz, 1860. Volume 3 | inglês | — | Livraria Lombaerts | • Carimbo de Leitão de Carvalho. ASSUNTO: classificado pelo editor como **Literatura Inglesa.** |
| 388 Livro | TENNYSON, Alfred | *The poetical works* | Leipzig, Bernhard Tauchnitz, 1860. Volume 4 | inglês | — | Livraria Lombaerts | • Carimbo de Leitão de Carvalho. ASSUNTO: classificado pelo editor como **Literatura Inglesa.** |
| 389 Livro | TENNYSON, Alfred | *The poetical works* | Leipzig, Bernhard Tauchnitz, 1860. Volume 5 | inglês | — | Livraria Lombaerts | • Carimbo de Leitão de Carvalho. ASSUNTO: classificado pelo editor como **Literatura Inglesa.** |
| 390 Livro | TENNYSON, Alfred | *The poetical works* | Leipzig, Bernhard Tauchnitz, 1860. Volume 6 | inglês | — | Livraria Lombaerts | ASSUNTO: classificado pelo editor como **Literatura Inglesa.** |

| LOCALIZAÇÃO E TIPO DO DOCUMENTO | AUTOR | TÍTULO | IMPRENTA (Local, editora, data, volume, edição) | TÍTULO ORIGINAL ESCRITO EM | TRAD.: IDIOMA E AUTOR | AQUISIÇÃO | ANOTAÇÕES MARCAÇÕES DE LEITURAS OBSERVAÇÕES |
|---|---|---|---|---|---|---|---|
| 391 Livro | TENNYSON, Alfred | *The poetical works* | Leipzig, Bernhard Tauchnitz, 1860. Volume 7 | inglês | — | Livraria Lombaerts | • Carimbo de Leitão de Carvalho. ASSUNTO: classificado pelo editor como **Literatura Inglesa.** |
| 392 Livro | TENNYSON, Alfred | *Harold* (a drama) | Leipzig, Bernhard Tauchnitz, 1877. Volume único | inglês | — | Livraria Lombaerts | ASSUNTO: classificado pelo editor como **Literatura Inglesa.** |
| 393 Livro | TENNYSON, Alfred | *Queen Mary* (a drama) | Leipzig, Bernhard Tauchnitz, 1876. | inglês | — | Livraria Lombaerts | • Consta carimbo de Leitão de Carvalho. ASSUNTO: classificado pelo editor como **Literatura Inglesa.** |
| 394 Livro | | | Livro não encontrado. Consta do catálogo de J. M. Massa (1961). 394. DARWIN, Ch. La descendance de l'homme et la sélection sexuelle par (...). Traduit de l'anglais par J. M. Moulinié. Tome premier. Préface par Carl Vogt. Paris, C. Reinwald, 1873. [*Lombaerts*]. | | | | — |
| 395 Livro | | | Livro não encontrado. Consta do catálogo de J. M. Massa (1961). 395. DARWIN, Ch. La descendance de l'homme et la sélection sexuelle par (...). Tome second. Paris, C. Reinwald, 1874. [*Lombaerts*]. | | | | — |
| 396 Livro | | | Livro não encontrado. Consta do catálogo de J. M. Massa (1961). 396. DARWIN, Charles. L'origine des espèces au moyen de la sélection naturelle ou la lutte pour l'existence dans la nature par (...). Traduit sur la sixième édition anglaise par Ed. Barbier. Paris, C. Reinwald, 1876. [*Livraria J. G. de Azevedo*]. | | | | |
| 397 Livro | HUXLEY, Th. H | *Physyographie* | Paris, Félix Alcan, 1882. Volume único. | inglês. | francês — trad. e adaptação de G. Lamy | oferta do editor | • Livro bastante manuseado, sem anotações. • Consta carimbo de "Offert par L'editeur." ASSUNTO: classificado pelo editor como **História Natural** |
| 398 Livro | SPENCER, Herbert | *Introduction a la science sociale* | Paris, Germer Baillière, 1878. Volume único, 3ª ed. | inglês | — | Livraria Lombaerts | ASSUNTO: classificado pelo editor como **Ciências Sociais.** |

| LOCALIZAÇÃO E TIPO DO DOCUMENTO | AUTOR | TÍTULO | IMPRENTA (Local, editora, data, volume, edição) | TÍTULO ORIGINAL ESCRITO EM | TRAD.: IDIOMA E AUTOR | AQUISIÇÃO | ANOTAÇÕES MARCAÇÕES DE LEITURAS OBSERVAÇÕES |
|---|---|---|---|---|---|---|---|
| 399 Livro | SPENCER, Herbert | *L'individu contre l'état* | Paris, Ancienne Librairie Germer Baillière/ Félix Alcan, 1888 | inglês | francês — J. Gerschel | Livraria Garnier | ASSUNTO: classificado pelo editor como **Ciências Sociais.** |
| 400 Livro | SPENCER, Herbert | *Principes de sociologie* | Paris, Germer Baillière et Cie., 1878. Volume 1 | inglês | francês — M. E. Cazelles | Livraria Garnier | ASSUNTO: classificado pelo editor como **Ciências Sociais.** |
| 401 Livro | SPENCER, Herbert | *Principes de sociologie* | Paris, Germer Baillière et Cie., 1879. Volume 2 | inglês | francês — M. E. Cazelles | Livraria Garnier | ASSUNTO: classificado pelo editor como **Ciências Sociais.** |
| 401 (2) Livro | WALLACE, Alfred Russel | *La sélection naturelle essais* | Paris, Reinald et Cie., 1872 | inglês | francês — Lucien de Candolle, com autorização do autor | Livraria Garnier | Este Livro está listado no catálogo de Massa sob o número 404. ASSUNTO: classificado pelo editor como **História Natural.** |
| 402 Livro | SPENCER, Herbert | *Principes de biologie* | Paris, Germer Baillière et Cie., 1877. Volume 2 [s/ed.] | inglês | francês — M. E. Cazelles | Livraria Lombaerts | • p. 286-287 — marcação com fita. ASSUNTO: classificado pelo editor como **História Natural.** |
| 403 Livro | SPENCER, Herbert | *Principes de biologie* | Paris, Germer Baillière et Cie., 1877. Volume 1 [s/ed.] | inglês | francês — M. E. Cazelles | Livraria Lombaerts | • "Prefácio" — sublinhado. • p. 71 e 95 — há sublinhados. • p. 97 — marcação com papel. ASSUNTO: classificado pelo editor como **História Natural.** |
| 404 Livro | | O livro que possui esta numeração no catálogo de Massa (1961), atualmente tem o número 401 (2) e foi citado anteriormente. | | | | | — |
| 405 Livro | BAILEY, Thomas | *The queen of Sheba* | New York, Mifflin and Company, Cambridge, The Riverside Press, 1877 | inglês | — | sem indicação | — |

224

| LOCALIZAÇÃO E TIPO DO DOCUMENTO | AUTOR | TÍTULO | IMPRENTA (Local, editora, data, volume, edição) | TÍTULO ORIGINAL ESCRITO EM | TRAD.: IDIOMA E AUTOR | AQUISIÇÃO | ANOTAÇÕES MARCAÇÕES DE LEITURAS OBSERVAÇÕES |
|---|---|---|---|---|---|---|---|
| 406 Livro | BRYCE, James | *The American Comonwealth the party system — public opinion. Illustration and reflection Social Institution* | London/New York, Macmillan and Co., 1889. Volume 1 | inglês | — | Livraria Laemmert | ASSUNTO: classificado pelo editor como **História**. |
| 407 Livro | BRYCE, James | *The American Comonwealth the party system — public opinion. Illustration and reflection Social Institution* | London/New York, Macmillan and Co., 1889. Volume 2 | inglês | — | Livraria Laemmert | ASSUNTO: classificado pelo editor como **História**. |
| 408 Livro | LONGFELLOW, Henry Wadsworth | *The poetical works* | Boston, Ticknor and Fields, 1866. Volume 1 | inglês | — | — | • Livro bastante manuseado. ASSUNTO: classificado pelo editor como **Literatura Americana**. |
| 409 Livro | LONGFELLOW, Henry Wadsworth | *The poetical works* | Boston, Ticknor and Fields, 1866. Volume 2 | inglês | — | — | ASSUNTO: classificado pelo editor como **Literatura Americana**. |
| 410 Livro | LONGFELLOW, Henry Wadsworth | *The poetical works* | Boston, Ticknor and Fields, 1866. Volume 3 | inglês | — | — | ASSUNTO: classificado pelo editor como **Literatura Americana**. |
| 411 Livro | LONGFELLOW, Henry Wadsworth | *The poetical works of Longfellow* | Boston, Ticknor and Fields, 1866. Volume 4 [s/ed.] | inglês | — | — | ASSUNTO: classificado pelo editor como **Literatura Americana**. |
| 412 Livro | LONGFELLOW, Henry Wadsworth | *Poemas da escravidão. [Evangelina: O canto de Hiawatha]* | Rio de Janeiro, Imprensa Nacional, 1887 | inglês | Trad. para o português por Américo Lobo | — | • p. 12 — marcado com papel o poema "Os quatro ventos". ASSUNTO: classificado pelo editor como **Literatura Americana**. |

| LOCALIZAÇÃO E TIPO DO DOCUMENTO | AUTOR | TÍTULO | IMPRENTA (Local, editora, data, volume, edição) | TÍTULO ORIGINAL ESCRITO EM | TRAD.: IDIOMA E AUTOR | AQUISIÇÃO | ANOTAÇÕES MARCAÇÕES DE LEITURAS OBSERVAÇÕES |
|---|---|---|---|---|---|---|---|
| 413 Livro | | | Livro não encontrado. Consta referência do catálogo de Massa (1961). 413. POE, Edgard Allan. The works of (...). Edited by John H. Ingram. Vol. I. Memoirs Tales. Fourth edition complete. Edinburgh, E. A. P. Edition Adam and Charles Black, 1890. | | | | |
| 414 Livro | | | Livro não encontrado. Consta referência do catálogo de Massa (1961). 414. POE, Edgard Allan. The works of (...). Edited by John H. Ingram. Vol. II. Tales continued. Fourth edition complete. Edinburgh, E. A. P. Edition Adam and Charles Black, 1890. | | | | |
| 415 Livro | | | Livro não encontrado. Consta referência do catálogo de Massa (1961). 415. POE, Edgard Allan. The works of (...). Edited by John H. Ingram. Vol. III. Pen Poems and Essays. Fourth edition complete. Edinburgh, E. A. P. Edition Adam and Charles Black, 1890. | | | | |
| 416 Livro | | | Livro não encontrado. Consta referência do catálogo de Massa (1961). 416. WHITTIER, John Greenleaf. The poetical works of (...). Complete in two volumes. Volume I. Boston, Ticknor and Fields, 1866. | | | | |
| 417 Livro | | | Livro não encontrado. Consta referência do catálogo de Massa (1961). 417. WHITTIER, John Greenleaf. The poetical works of (...). Complete in two volumes. Volume II. Boston, Ticknor and Fields, 1866. | | | | |
| 418 Livro | CHARLES, Philarète | Etudes sur L'Allemagne | Paris, Librairie d'Amyot, 1854. Volume único [s/ed.] | francês | — | sem indicação | ASSUNTO: classificado pelo editor como **História.** |

| LOCALIZAÇÃO E TIPO DO DOCUMENTO | AUTOR | TÍTULO | IMPRENTA (Local, editora, data, volume, edição) | TÍTULO ORIGINAL ESCRITO EM | TRAD.: IDIOMA E AUTOR | AQUISIÇÃO | ANOTAÇÕES MARCAÇÕES DE LEITURAS OBSERVAÇÕES |
|---|---|---|---|---|---|---|---|
| 419 Livro | MICHAELIS, H. | *Novo Dicionário da Língua portugueza e Allemã* | Leipzig, F. A. Brockhaus, 1891. Volume 2, [s/ed.] | português/alemão | — | Amelangsche Buchlandlung Berlin | • Consta assinatura de A. Herfursh. • No catálogo de Massa (1961), os dois volumes do dicionário estão registrados com uma única numeração [419]. Atualmente há dois livros com o número [420], o volume 1 de Michaelis e o livro de Adelbert von Chamisso. ASSUNTO: classificado pelo editor como **Dicionário**. |
| 420 Livro | MICHAELIS, H. | *Novo Dicionário da Língua portuguesa e Alemã* | Leipzig, F. A. Brockhaus, 1891. Volume 1, [s/ed.] | alemão/ | português | — | Amelangsche Buchlandlung Berlin ASSUNTO: classificado pelo editor como **Dicionário**. |
| 420 Livro | CHAMISSO, Adelbert von | *Gedichte von Chamisso* | Leipzig, Philipp Reclam, jun [s/data]. Volume único [s/ed.] | alemão | — | sem indicação | Ver observação no número 419. ASSUNTO: classificado pelo editor como **Literatura Alemã.** |
| 421 Livro | | Livro não encontrado. Consta referência do catálogo de Massa (1961). 421. GOETHE. (...) S Werke illustrirt von ersten deutschen Künstlern. Herausgeber H. Dünsten. III Band. Stuttgart und Leipzig, Deutsche Verlags-Anstalt von Ed. Hallberger, (s.d.). | | | | | |
| 422 Livro | | Livro não encontrado. Consta referência do catálogo de Massa (1961). 422. GOETHE. (...) S Werke illustrirt von ersten deutschen Künstlern. Herausgeber H. Dünsten. II Band. Stuttgart und Leipzig, Deutsche Verlags-Anstalt von Ed. Hallberger, (s.d.). | | | | | |

| LOCALIZAÇÃO E TIPO DO DOCUMENTO | AUTOR | TÍTULO | IMPRENTA (Local, editora, data, volume, edição) | TÍTULO ORIGINAL ESCRITO EM | TRAD.: IDIOMA E AUTOR | AQUISIÇÃO | ANOTAÇÕES MARCAÇÕES DE LEITURAS OBSERVAÇÕES |
|---|---|---|---|---|---|---|---|
| 423 Livro | | | Livro não encontrado. Consta referência do catálogo de Massa (1961). 423. GOETHE. (...) S Werke illustrirt von ersten deutschen Künstlern. Herausgeber H. Dünsten. III Band. Stuttgart und Leipzig, Deutsche Verlags-Anstalt von Ed. Hallberg, (s.d.). | | | | |
| 424 Livro | | | Livro não encontrado. Consta referência do catálogo de Massa (1961). 424. GOETHE. (...) S Werke illustrirt von ersten deutschen Künstlern. Herausgeber H. Dünsten. IV Band. Stuttgart und Leipzig, Deutsche Verlags-Anstalt von Ed. Hallberg, (s.d.). | | | | |
| 425 Livro | | | Livro não encontrado. Consta referência do catálogo de Massa (1961). 425. GOETHE. (...) S Werke illustrirt von ersten deutschen Künstlern. Herausgeber H. Dünsten. V Band. Stuttgart und Leipzig, Deutsche Verlags-Anstalt von Ed. Hallberg, (s.d.). | | | | |
| 426 Livro | GOTTHELF, Jeremias | *Uli der Knecht* | Leipzig, Philipp Reclam, jun, 1841. Volume único [s/ed.] | alemão | — | sem indicação | ASSUNTO: classificado pelo editor como **Literatura alemã**. |
| 427 Livro | | | Livro não encontrado. Consta referência do catálogo de Massa (1961). 427. HAMERLING, Robert. Ahasver in Rom. Eine Dichtung in sechs Gesängen von (...). Mit einem Epilog und die Kritiker. Vierzehnte, neu durchgesehene Auflage. Hamburg, Verlag von I. F. Richter, 1885. | | | | |
| 428 Livro | | | Livro não encontrado. Consta referência do catálogo de Massa (1961). 428. HEINE, Heinrich. (...) S Werke illustrit von Wiener Künstlern. Herausgegeben von Heine. Laube. Erster Band. Reisebilder. I, II. Englische Fragmente. Wien, Leipzig, Prag, Verlag von Sigmund Besinger, (s.d.). | | | | |
| 429 Livro | | | Livro não encontrado. Consta referência do catálogo de Massa (1961). 429. HEINE, Heinrich. (...) S Werke illustrit von Wiener Künstlern. Herausgegeben von Heine. Laube. Zweiter Band. Buch der Lieder. Neue Gedichte. Wien, Leipzig, Prag, Verlag von Sigmund Besinger, (s.d.). | | | | |

| LOCALIZAÇÃO E TIPO DO DOCUMENTO | AUTOR | TÍTULO | IMPRENTA (Local, editora, data, volume, edição) | TÍTULO ORIGINAL ESCRITO EM | TRAD.: IDIOMA E AUTOR | AQUISIÇÃO | ANOTAÇÕES MARCAÇÕES DE LEITURAS OBSERVAÇÕES |
|---|---|---|---|---|---|---|---|
| 430 Livro | | Livro não encontrado. Consta referência do catálogo de Massa (1961). 430. HEINE, Heinrich. (...) S Werke illustrirt von Wiener Künstlern. Herausgegeben von Heine. Laube. Dritter Band. Deutschland. Wien, Leipzig, Prag, Verlag von Sigmund Besinger, (s.d.). | | | | | |
| 431 Livro | | Livro não encontrado. Consta referência do catálogo de Massa (1961). 431. HEINE, Heinrich. (...) S Werke illustrirt von Wiener Künstlern. Herausgegeben von Heine. Laube. Vierter Band. Deutschland II. Romancero gegeben. Wien, Leipzig, Prag, Verlag von Sigmund Besinger, (s.d.). | | | | | |
| 432 Livro | | Livro não encontrado. Consta referência do catálogo de Massa (1961). 432. HEINE, Heinrich. (...) S Werke illustrirt von Wiener Künstlern. Herausgegeben von Heine. Laube. Fünfster Band. Novellistische Fragmente. Französische. Zustände. Wien, Leipzig, Prag, Verlag von Sigmund Besinger, (s.d.). | | | | | |
| 433 Livro | | Livro não encontrado. Consta referência do catálogo de Massa (1961). 433. HEINE, Heinrich. (...) S Werke illustrirt von Wiener Künstlern. Herausgegeben von Heine. Laube. Sechster Band. Shakespeare's Mädchen und Frauen. Vermischte Schriften Ludwig Börnes Memoiren das Leben Heine's. Wien, Leipzig, Prag, Verlag von Sigmund Besinger, (s.d.). | | | | | |
| 434 Livro | HUMBOLDT, Wilhelm von | *Briefe von Humboldt* | Stuttgart, Verlag von W. Spemann [s/data]. Volume 1 | alemão | — | sem indicação | ASSUNTO: classificado pelo editor como **Literatura alemã.** |
| 435 Livro | HUMBOLDT, Wilhelm von | *Briefe von Humboldt* | Stuttgart, Verlag von W. Spemann 1891. Volume 2 | alemão | — | sem indicação | ASSUNTO: classificado pelo editor como **Literatura alemã.** |

| LOCALIZAÇÃO E TIPO DO DOCUMENTO | AUTOR | TÍTULO | IMPRENTA (Local, editora, data, volume, edição) | TÍTULO ORIGINAL ESCRITO EM | TRAD.: IDIOMA E AUTOR | AQUISIÇÃO | ANOTAÇÕES MARCAÇÕES DE LEITURAS OBSERVAÇÕES |
|---|---|---|---|---|---|---|---|
| 436 Livro | LESSING | S. Sämmtliche Werke in zwanzig Banden. Herausgegeben und mit Einleitungen versehen von Hugo Göring | Stuttgart, J. G. Gottasche Buchlandlung [s/data] | alemão | — | Livraria Laemmert | ASSUNTO: classificado pelo editor como **Literatura alemã.** |
| 437 Livro | JEAN-PAUL [RICHTER] | Blumen, Frucht und Dornen Stücke, oder Ehestand, Tod und Hochzeit des Armenadvokaten F. St. Siebenkäs von Jean-Paul | Leipzig, Phillipp Reclam, jun. [s/data] | alemão | — | sem indicação | ASSUNTO: classificado pelo editor como **Literatura alemã.** |
| 438 Livro | SACHER-MASOCH, L. | Der Kleine Adam. Sascha und Saschka von Sacher Masoch | Stuttgart, Verlag von W. Spemann [s/data] | alemão | — | sem indicação | • Coleção Spemann. ASSUNTO: classificado pelo editor como **Literatura alemã.** |

| LOCALIZAÇÃO E TIPO DO DOCUMENTO | AUTOR | TÍTULO | IMPRENTA (Local, editora, data, volume, edição) | TÍTULO ORIGINAL ESCRITO EM | TRAD.: IDIOMA E AUTOR | AQUISIÇÃO | ANOTAÇÕES MARCAÇÕES DE LEITURAS OBSERVAÇÕES |
|---|---|---|---|---|---|---|---|
| 439 Livro | SCHILLER | S. Sämmtliche Werke in fünfzehn Banden mit Einlentung von Karl Goedek. Erster Band. Geschichte der Dreissigjährigen Kriegs | Stuttgart, J. G. Cottasche Buchhandlung [s/data] | alemão | — | sem indicação | ASSUNTO: classificado pelo editor como **Literatura alemã**. **Este livro foi erradamente etiquetado com o número 339. Comuniquei o engano e fiz a correção com a concordância do bibliotecario responsável pela B. da ABL.** |
| 440 Livro | GOETHE | Œuvres de Goethe | Paris, Librairie Hachette, 1871. Volume 1 | alemão | francês — Jacques Porchat | sem indicação | ASSUNTO: classificado pelo editor como **Literatura alemã**. |
| 441 Livro | GOETHE | Œuvres de Goethe | Paris, Librairie Hachette, 1870. Volume 2 | alemão | francês — Jacques Porchat | sem indicação | • p. 199 — marcada com fita de leitura. ASSUNTO: classificado pelo editor como **Literatura alemã**. |
| 442 Livro | GOETHE | Œuvres de Goethe | Paris, Librairie Hachette, 1870. Volume 3 | alemão | francês — Jacques Porchat | sem indicação | ASSUNTO: classificado pelo editor como **Literatura alemã**. |

| LOCALIZAÇÃO E TIPO DO DOCUMENTO | AUTOR | TÍTULO | IMPRENTA (Local, editora, data, volume, edição) | TÍTULO ORIGINAL ESCRITO EM | TRAD.: IDIOMA E AUTOR | AQUISIÇÃO | ANOTAÇÕES MARCAÇÕES DE LEITURAS OBSERVAÇÕES |
|---|---|---|---|---|---|---|---|
| 443 Livro | GOETHE | Œuvres de Goethe | Paris, Librairie Hachette, 1869. Volume 4 | alemão | francês Jacques Porchat | — sem indicação | ASSUNTO: classificado pelo editor como **Literatura alemã**. |
| 444 Livro | GOETHE | Œuvres de Goethe | Paris, Librairie Hachette, 1870. Volume 5 | alemão | francês Jacques Porchat | — sem indicação | ASSUNTO: classificado pelo editor como **Literatura alemã**. |
| 445 Livro | GOETHE | Œuvres de Goethe | Paris, Librairie Hachette, 1871. Volume 6 | alemão | francês Jacques Porchat | — sem indicação | • O v.7 desta coleção não foi encontrado, deste volume passaremos ao de número 8. ASSUNTO: classificado pelo editor como **Literatura alemã**. |
| 446 Livro | GOETHE | Œuvres de Goethe | Paris, Librairie Hachette, 1873. Volume 8 | alemão | francês Jacques Porchat | — sem indicação | ASSUNTO: classificado pelo editor como **Literatura alemã**. |
| 447 Livro | GOETHE | Œuvres de Goethe | Paris, Librairie Hachette. Volume 9 | alemão | francês Jacques Porchat | — sem indicação | • p.199 — marcada com fita de leitura. ASSUNTO: classificado pelo editor como **Literatura alemã**. |
| 448 Livro | GOETHE | Œuvres de Goethe | Paris, Librairie Hachette, 1874. Volume 10 | alemão | francês Jacques Porchat | — sem indicação | • Consta carimbo de Leitão de Carvalho. ASSUNTO: classificado pelo editor como **Literatura alemã**. |
| 449 Livro | GOETHE | Conversations de Goethe pendant les dernièeres annés de sa vie (1822-1832) recueillis par Eckermann | Paris, Charpentier [s/data]. Volume 1 | alemão | francês Emile Deletor | — sem indicação | • Precedido de uma introdução por M. Sainte Beuve. ASSUNTO: classificado pelo editor como **Literatura alemã**. |

| LOCALIZAÇÃO E TIPO DO DOCUMENTO | AUTOR | TÍTULO | IMPRENTA (Local, editora, data, volume, edição) | TÍTULO ORIGINAL ESCRITO EM | TRAD.: IDIOMA E AUTOR | AQUISIÇÃO | ANOTAÇÕES MARCAÇÕES DE LEITURAS OBSERVAÇÕES |
|---|---|---|---|---|---|---|---|
| 450 Livro | GOETHE | Conversations de Goethe pendant les dernières années de sa vie (1822-1832) recueillies par Eckermann | Paris, Charpentier [s/data]. Volume 2 | alemão | francês — Émile Delerot | sem indicação | • Marcado com papel na página 41. ASSUNTO: classificado pelo editor como **Literatura alemã.** |
| 451 Livro | GOETHE | Entretiens de Goethe et d'Eckermann | Paris, Collection Hetzel Jung-Treuttel [s/d] | alemão | Primeira trad. para o francês — M. J. N. Charles | Livraria Garnier | ASSUNTO: classificado pelo editor como **Literatura alemã.** |
| 452 Livro | | | Livro não encontrado. Consta referência do catálogo de Massa (1961). 452. GOETHE. Faust. Préface et traduction par H. Blaze de Bury. Paris, A Quantin, 1880. [Lombaerts]. | | | | — |
| 453 Livro | HEINE, Henri | Lettres sur la vie politique, artistique et sociale de la France | Paris, Michel Lévy, 1866 | francês | — | Livraria Garnier | ASSUNTO: classificado pelo editor como **História.** |
| 454 Livro | KLOPSTOCK | La Messiade | Paris, Charpentier, 1865 | alemão | francês Madame Carlowitz | Livraria Garnier | ASSUNTO: classificado pelo editor como **Literatura alemã.** |
| 455 Livro | — | LES NIEBELUNGEN | Paris, Librairie Internationale, 1866 | alemão | francês Émile Lavelaye | Livraria Garnier | ASSUNTO: classificado pelo editor como **Literatura alemã.** |
| 456 Livro | SCHILLER | Œuvres de Schiller | Paris, Hachette, 1859. Volume 1 | alemão | francês Ad. Regnier | sem indicação | ASSUNTO: classificado pelo editor como **Literatura alemã.** |
| 457 Livro | SCHILLER | Œuvres de Schiller | Paris, Hachette, 1869. Volume 2 | alemão | francês Ad. Regnier | sem indicação | ASSUNTO: classificado pelo editor como **Literatura alemã.** |

| LOCALIZAÇÃO E TIPO DO DOCUMENTO | AUTOR | TÍTULO | IMPRENTA (Local, editora, data, volume, edição) | TÍTULO ORIGINAL ESCRITO EM | TRAD.: IDIOMA E AUTOR | AQUISIÇÃO | ANOTAÇÕES MARCAÇÕES DE LEITURAS OBSERVAÇÕES |
|---|---|---|---|---|---|---|---|
| 458 Livro | | | Livro não encontrado. Consta referência do catálogo de Massa (1961). 458. SCHILLER. Œuvres de (...). Traduction nouvelle par Ad. Regnier. III. Théâtre. Paris, Librairie Hachette, 1869. ASSUNTO: classificado pelo editor como **Literatura alemã**. | | | | |
| 459 Livro | | | Livro não encontrado. Consta referência do catálogo de Massa (1961). 459. SCHILLER. Œuvres de (...). Traduction nouvelle par Ad. Regnier. IV. Théâtre. Paris, Librairie Hachette, 1869. ASSUNTO: classificado pelo editor como **Literatura alemã**. | | | | |
| 460 Livro | SCHILLER | Œuvres de Schiller | Paris, Librairie Hachette, 1869. Volume 1 | alemão | francês — Ad. Regnier | sem indicação | • No catálogo de Massa o número 460 é o volume 4 de Schiller. ASSUNTO: classificado pelo editor como **Literatura alemã**. |
| 461 Livro | | | Livro não encontrado. Consta referência do catálogo de Massa (1961). 461. SCHILLER. Œuvres de (...). Traduction nouvelle par Ad. Regnier.VI. Œuvres historiques. Paris, Librairie Hachette, 1871. | | | | — |
| 462 Livro | SCHILLER | Œuvres de Schiller | Paris, Librairie Hachette, 1873. V. 7 | alemão | francês — Ad. Regnier | sem indicação | • Marcado com folha fina na página 215. ASSUNTO: classificado pelo editor como **Literatura alemã**. |
| 463 Livro | SCHILLER | Œuvres de Schiller | Paris, Librairie Hachette, 1873. V. 8 | alemão | francês — Ad. Regnier | sem indicação | ASSUNTO: classificado pelo editor como **Literatura alemã**. |
| 464 Livro | SCHILLER | Œuvres de Schiller | Paris, Librairie Hachette, 1873. | alemão | francês — Ad. Regnier | sem indicação | • Há atualmente dois livros com o número 464. O de Schiller encontra-se na biblioteca da ABL e o de Hartmann encontra-se na sala Machado de Assis (ABL). ASSUNTO: classificado pelo editor como **Literatura alemã**. |
| 464 (sic) Livro | HARTMANN, Edouard de | La religion de l'avenir | Paris, Librairie Germer et Baillière et Cie, 1877, 2ª ed. | alemão | francês — sem referência ao tradutor | Livraria Garnier | ASSUNTO: classificado pelo editor como **Filosofia**. |

| LOCALIZAÇÃO E TIPO DO DOCUMENTO | AUTOR | TÍTULO | IMPRENTA (Local, editora, data, volume, edição) | TÍTULO ORIGINAL ESCRITO EM | TRAD.: IDIOMA E AUTOR | AQUISIÇÃO | ANOTAÇÕES MARCAÇÕES DE LEITURAS OBSERVAÇÕES |
|---|---|---|---|---|---|---|---|
| 465 Livro | HARTMANN, Edouard de | *Le darwinisme (ce qu'il y a de vrai et de faux dans cette theorie)* | Paris, Librairie Germer et Baillière, 1880, 3ª ed. | alemão | francês — Georges Geroult | Livraria Clássica N. Alves | • p. 5 – fita de leitura. • Livro bastante manuseado. ASSUNTO: classificado pelo editor como **Filosofia**. |
| 466 Livro | HARTMANN, Edouard de | *Philosophie de l'inconscient* | Paris, Librairie Germer et Baillière et Cie, 1877. Volume 1 | alemão | francês — D. Nolen | Livraria Clássica N. Alves | • Edição revista pelo autor. • Livro bastante manuseado. ASSUNTO: classificado pelo editor como **Filosofia**. |
| 467 Livro | HARTMANN, Edouard de | *Philosophie de l'inconscient* | Paris, Librairie Germer et Baillière et Cie, 1877. Volume 2, 2ª ed. | alemão | francês — D. Nolen | Livraria Clássica N. Alves | ASSUNTO: classificado pelo editor como **Filosofia**. |
| 468 Livro | HEGEL | *Esthétique* | Paris, Germer Baillière, 1875. Volume 1, 2ª ed. | alemão | francês — Ch. Bernard | Livraria Econômica de J. G. Azevedo | ASSUNTO: classificado pelo editor como **Filosofia** |
| 469 Livro | HEGEL | *Esthétique* | Paris, Germer Baillière, 1875. Volume 2, 2ª ed. | alemão | francês — Ch. Bernard | Livraria Econômica de J. G. Azevedo | ASSUNTO: classificado pelo editor como **Filosofia** |
| 470 Livro | RIBOT, Th. | *La philosophie de Schopenhauer* | Paris, Félix Alcan, 1900. Volume 1, 8ª ed. | francês | — | Livraria Garnier | • Consta carimbo de Leitão de Carvalho. ASSUNTO: classificado pelo editor como **Filosofia**. |
| 471 Livro | RIBOT, Th. | *La philosophie de Schopenhauer* | Paris, Félix Alcan, 1900. Volume 2, 8ª edição | francês | — | Livraria Garnier | ASSUNTO: classificado pelo editor como **Filosofia**. |
| 472 Livro | SCHOPENHAUER, Arthur | *Aphorismen zur Lebensweisheit (Sepaatausgabe aus aus 'Parerga und Paralipomena')* | Leipzig, F. A. Brockhaus, 1886 | alemão | — | sem indicação | ASSUNTO: classificado pelo editor como **Filosofia**. |

| LOCALIZAÇÃO E TIPO DO DOCUMENTO | AUTOR | TÍTULO | IMPRENTA (Local, editora, data, volume, edição) | TÍTULO ORIGINAL ESCRITO EM | TRAD.: IDIOMA E AUTOR | AQUISIÇÃO | ANOTAÇÕES MARCAÇÕES DE LEITURAS OBSERVAÇÕES |
|---|---|---|---|---|---|---|---|
| 473 Livro | SCHOPE-NHAUER, Arthur | *Aphorismes sur la sagesse dans la vie* | Paris, Germer Baillière, 1880 | alemão | Trad. para o francês por J. A. Cantacuzene | sem indicação | ASSUNTO: classificado pelo editor como **Filosofia**. |
| 474 Livro | SCHOPE-NHAUER, Arthur | *S. Briefe an Becker, Frauenstädt, Doss, Lindner und Asher; sowie andere, bisher nicht gesammlte Brede aus den Jahren 1813 bis 1860 herausgegeben von Eduard Grisebach* | Leipzig, Philipp Reclam, jun [s/data] | alemão | — | sem indicação | • Dedicatória: "A Machado de Assis *Festas* J. C. de Abreu. Rio 26.XII.96." ASSUNTO: classificado pelo editor como **Filosofia**. |
| 475 Livro | SCHOPE-NHAUER, Arthur | *Ecrivains et style* | Paris, Félix Alcan, 1905 | alemão | francês — August Dietrich | Livraria Briguiet | • Trata-se da primeira tradução francesa deste livro. • ASSUNTO: classificado pelo editor como **Filosofia**. |
| 476 Livro | | Livro não encontrado. Consta referência do catálogo de Massa (1961). 476. SCHOPENHAUER, Arthur. Essai sur le libre arbitre par (...). Traduit en français pour la première fois. Deuxième édition. Paris, Librairie Germer Baillière et Cie, 1880. [*Livraria classica de N. Alves*]. | | | | | ASSUNTO: classificado pelo editor como **Filosofia**. |
| 477 Livro | SCHOPE-NHAUER, Arthur | *Le monde comme volonté et comme représentation* | Paris, Libraire Perrin, Bucarest, Librarie Sostscheck,[s/d]. V.1 | alemão | francês — J. A. Cantacuzène | Livraria Lombaerts | ASSUNTO: classificado pelo editor como **Filosofia**. |

| LOCALIZAÇÃO E TIPO DO DOCUMENTO | AUTOR | TÍTULO | IMPRENTA (Local, editora, data, volume, edição) | TÍTULO ORIGINAL ESCRITO EM | TRAD.: IDIOMA E AUTOR | AQUISIÇÃO | ANOTAÇÕES MARCAÇÕES DE LEITURAS OBSERVAÇÕES |
|---|---|---|---|---|---|---|---|
| 477 (bis) Livro | SCHOPE-NHAUER, Arthur | *Le monde comme volonté et comme représentation* | Paris, Librairie Perrin, Bucarest, Librairie Sosostscheck, [s/d]. V.2 | alemão | francês — J. A. Cantacu-zène | Livraria Lombaerts | • Esse livro está citado no catálogo de Massa com o número 480. Atualmente há dois livros com o número 477. São os volumes 1 e 2 do livro *Le Monde comme volonté et comme representation*, de Schopenhauer. ASSUNTO: classificado pelo editor como **Filosofia**. |
| 478 Livro | | Livro não encontrado. Consta referência do catálogo de Massa (1961). 478. SCHOPENHAUER. Pensées, maximes et fragments. I — Les douleurs du monde et le mal de la vie. II — L'amour, les femmes, le mariage. III — Aphorismes sur l'homme, la vie, la societé, la politique, l'art, la religion. Traduit, annoté et précédé d'une vie de Schopenhauer par J. Bourdeau. Paris, Librairie Germer Baillière, 1880. [*Laemmer*]. | | | | | ASSUNTO: classificado pelo editor como **Filosofia** |
| 479 Livro | SCHOPE-NHAUER, Arthur | *Sur la religion* | Paris, Félix Alcan, 1906. Volume único | alemão | Francês August Dietrich | — sem indicação | • Trata-se da primeira tradução francesa desse livro. p. 89 — marcada com papel. ASSUNTO: classificado pelo editor como **Filosofia**. |
| 480 Livro | BISMARCK, Fürst | *Vollständige Sammlung der parlamentaris-chen Reden Bismarcks. (seit dem Jahre 1847) Sachlich und chronologisch geordnet mit Einleitungen und Erläuterungen vers ehen von Wilhelm Böhm.* | Stuttgart, Verlag von W. Spemann [s/data]. Volume 1 | alemão | — | sem indicação | • Consta carimbo de Leitão de Carvalho. ASSUNTO: classificado pelo editor como **Filosofia.** |

| LOCALIZAÇÃO E TIPO DO DOCUMENTO | AUTOR | TÍTULO | IMPRENTA (Local, editora, data, volume, edição) | TÍTULO ORIGINAL ESCRITO EM | TRAD.: IDIOMA E AUTOR | AQUISIÇÃO | ANOTAÇÕES MARCAÇÕES DE LEITURAS OBSERVAÇÕES |
|---|---|---|---|---|---|---|---|
| 481 Livro | BISMARCK, Fürst | *Vollständige Sammlung der parlamentarischen Reden Bismarcks. (seit dem Jahre 1847) Sachlich und chronologisch geordnet mit Einleitungen und Erläuterungen versehen von Wilhelm Böhm.* | Stuttgart, Verlag von W. Spemann [s/data]. Volume 2 | alemão | — | sem indicação | • Consta carimbo de Leitão de Carvalho. ASSUNTO: classificado pelo editor como **Filosofia.** |
| 482 Livro | BISMARCK, Fürst | *Vollständige Sammlung der parlamentarischen Reden Bismarcks. (seit dem Jahre 1847) Sachlich und chronologisch geordnet mit Einleitungen und Erläuterungen versehen von Wilhelm Böhm.* | Stuttgart, Verlag von W. Spemann [s/data]. Volume 3 | alemão | — | sem indicação | • Consta carimbo de Leitão de Carvalho. ASSUNTO: classificado pelo editor como **Filosofia.** |

| LOCALIZAÇÃO E TIPO DO DOCUMENTO | AUTOR | TÍTULO | IMPRENTA (Local, editora, data, volume, edição) | TÍTULO ORIGINAL ESCRITO EM | TRAD.: IDIOMA E AUTOR | AQUISIÇÃO | ANOTAÇÕES MARCAÇÕES DE LEITURAS OBSERVAÇÕES |
|---|---|---|---|---|---|---|---|
| 483 Livro | BISMARCK, Fürst | *Vollständige Sammlung der parlamentarischen Reden Bismarcks. (seit dem Jahre 1847) Sachlich und chronologisch geordnet mit Einleitungen und Erläuterungen vers ehen von Wilhelm Böhm.* | Stuttgart, Verlag von W. Spemann [s/data]. Volume 4 | alemão | — | sem indicação | • Consta carimbo de Leitão de Carvalho. ASSUNTO: classificado pelo editor como **Filosofia**. |
| 484 Livro | BISMARCK, Fürst | *Vollständige Sammlung der parlamentarischen Reden Bismarcks. (seit dem Jahre 1847) Sachlich und chronologisch geordnet mit Einleitungen und Erläuterungen vers ehen von Wilhelm Böhm.* | Stuttgart, Verlag von W. Spemann [s/data]. Volume 5 | alemão | — | sem indicação | ASSUNTO: classificado pelo editor como **Filosofia**. |

| LOCALIZAÇÃO E TIPO DO DOCUMENTO | AUTOR | TÍTULO | IMPRENTA (Local, editora, data, volume, edição) | TÍTULO ORIGINAL ESCRITO EM | TRAD.: IDIOMA E AUTOR | AQUISIÇÃO | ANOTAÇÕES MARCAÇÕES DE LEITURAS OBSERVAÇÕES |
|---|---|---|---|---|---|---|---|
| 485 Livro | BISMARCK, Fürst | *Vollständige Sammlung der parlamentarischen Reden Bismarcks. (seit dem Jahre 1847) Sachlich und chronologisch geordnet mit Einleitungen und Erläuterungen versehen von Wilhelm Böhm.* | Stuttgart, Verlag von W. Spemann [s/data]. Volume 6 | alemão | — | sem indicação | • Consta carimbo de Leitão de Carvalho. ASSUNTO: classificado pelo editor como **Filosofia.** |
| 486 Livro | BISMARCK, Fürst | *Vollständige Sammlung der parlamentarischen Reden Bismarcks. (seit dem Jahre 1847) Sachlich und chronologisch geordnet mit Einleitungen und Erläuterungen versehen von Wilhelm Böhm.* | Stuttgart, Verlag von W. Spemann [s/data]. Volume 7 | alemão | — | sem indicação | • Consta carimbo de Leitão de Carvalho. ASSUNTO: classificado pelo editor como **Filosofia.** |
| 487 Livro | BISMARCK, Fürst | *Als Redner [Fünfter Band – 1871 / 1877]* | Stuttgart, Verlag von W. Spemann [s/data] | alemão | — | sem indicação | • Coleção Spemann. ASSUNTO: classificado pelo editor como **História e crítica.** |

| LOCALIZAÇÃO E TIPO DO DOCUMENTO | AUTOR | TÍTULO | IMPRENTA (Local, editora, data, volume, edição) | TÍTULO ORIGINAL ESCRITO EM | TRAD: IDIOMA E AUTOR | AQUISIÇÃO | ANOTAÇÕES MARCAÇÕES DE LEITURAS OBSERVAÇÕES |
|---|---|---|---|---|---|---|---|
| 488 Livro | BISMARCK, Fürst | Als Redner (Neunter Band – 1877/1878) | Stuttgart, Verlag von W. Spemann [s/data] | alemão | — | sem indicação | • Coleção Spemann. ASSUNTO: classificado pelo editor como **História e crítica.** |
| 489 Livro | BISMARCK, Fürst | Als Redner (Zehnter Band, 1879) | Stuttgart, Verlag von W. Spemann [s/data] | alemão | — | sem indicação | • Coleção Spemann. ASSUNTO: classificado pelo editor como **História e crítica.** |
| 490 Livro | BISMARCK, Fürst | Als Redner (Elfter Band, 1880/1881) | Stuttgart, Verlag von W. Spemann [s/data] | alemão | — | sem indicação | ASSUNTO: classificado pelo editor como **História e crítica.** |
| 491 Livro | EBERS, Georg | Eine aegyptische Königtohter, historscher Roman | Stuttgart, Eduard Hallberger, 1875. Volume 1 | alemão | — | sem indicação | ASSUNTO: classificado pelo editor como **História.** |
| 492 Livro | EBERS, Georg | Eine aegyptische Königtchter, historicher Roman | Stuttgart, Eduard Hallberger, 1875. Volume 2 | alemão | — | sem indicação | ASSUNTO: classificado pelo editor como **História.** |
| 493 Livro | EBERS, Georg | Eine aegyptische Königtochter, historscher Roman | Stuttgart, Eduard Hallberger, 1875. Volume 3 | alemão | — | sem indicação | ASSUNTO: classificado pelo editor como **História.** |
| 494 Livro | KLAAR, Alfred | Geschichte des modernen Dramas im Umrissen | Leipzig, G. Freitag, 1883 | alemão | — | Livraria Laemerts | ASSUNTO: classificado pelo editor como **História e crítica.** |

| LOCALIZAÇÃO E TIPO DO DOCUMENTO | AUTOR | TÍTULO | IMPRENTA (Local, editora, data, volume, edição) | TÍTULO ORIGINAL ESCRITO EM | TRAD.: IDIOMA E AUTOR | AQUISIÇÃO | ANOTAÇÕES MARCAÇÕES DE LEITURAS OBSERVAÇÕES |
|---|---|---|---|---|---|---|---|
| 495 Livro | MODEN-WELT | *Zum fünfundzwanzig jährigen Bestehen (1865 — 1890)* | Berlin, den 1. October, 1890 | alemão | — | sem indicação | ASSUNTO: classificado pelo editor como **História e crítica.** |
| 496 Livro | BRACHET, Auguste | *Dictionaire étymologique de la langue française* | Paris, Bibliotêque d'éducation [s/d] | francês | — | Livraria Garnier | ASSUNTO: classificado pelo editor como **Dicionário.** |
| 497 Livro | BRACHET, Auguste | *Grammaire historique de la langue française* | Paris, Bibliotêque d'éducation, J. Htzel et Cie. [s/d] | francês | — | sem indicação | ASSUNTO: classificado pelo editor como **Gramática.** |
| 498 Livro | LITTRE, E. | *Littérature et histoire* | Paris, Librairie Académique Didier, 1875 | francês | — | Livraria Garnier Consta assinatura de Arthur de Oliveira. | ASSUNTO: classificado pelo editor como **Crítica.** |
| 499 Livro | WEISS, J. J. | *Essais sur l'histoire de la littérature francaise* | Paris, Michel Lévy, 1865 | francês | — | Livraria Garnier | ASSUNTO: classificado pelo editor como **Ensaios literários.** |
| 500 Livro | MONTAIGNE, Michel de | *Essais* | Paris, Firmin Didot, 1870 | francês | — | sem indicação | ASSUNTO: classificado pelo editor como **Ensaios filosóficos.** |

| LOCALIZAÇÃO E TIPO DO DOCUMENTO | AUTOR | TÍTULO | IMPRENTA (Local, editora, data, volume, edição) | TÍTULO ORIGINAL ESCRITO EM | TRAD.: IDIOMA E AUTOR | AQUISIÇÃO | ANOTAÇÕES MARCAÇÕES DE LEITURAS OBSERVAÇÕES |
|---|---|---|---|---|---|---|---|
| 501 Livro | RABELAIS | Œuvres de Rabelais | Paris, Garnier [s/d] | francês | — | Livraria Garnier | ASSUNTO: classificado pelo editor como **Ensaios filosóficos.** |
| 502 Livro | BOILEAU-DESPREAUX | Œuvres poétiques | Paris, Librairie Hachette, 1853 | francês | — | Livraria Laemerts | • p. 13, 34 223, 293 — marcadas com pedaços de papel. ASSUNTO: classificado pelo editor como **Poesia francesa do século XVII.** |
| 503 Livro | DESCARTES | Œuvres choises | Paris, Garnier [s/d] | francês | — | Livraria Lombaerts | • Livro bastante manuseado. ASSUNTO: classificado pelo editor como **Filosofia.** |
| 504 Livro | LA BRUYERE | Caractères de Theophraste | Paris, Firmin Didot Frères, fils et Cie, 1869 | grego | francês — Le Bruyère | Livraria Garnier | • Con notas e comentários de Schweghkaeuser. • Consta carimbo de Leitão de Carvalho. ASSUNTO: classificado pelo editor como **Filosofia.** |
| 505 Livro | LA FONTAINE | Œuvres complètes | Paris, Hachette, 1873. Volume 1 | francês | — | sem indicação | Consta carimbo de Leitão de Carvalho. ASSUNTO: classificado pelo editor como **Literatura francesa.** |
| 506 Livro | LA FONTAINE | Œuvres complètes | Paris, Hachette, 1873. Volume 2 | francês | — | sem indicação | • p. 185 — fita de leitura. ASSUNTO: classificado pelo editor como **Literatura francesa.** |
| 507 Livro | LA FONTAINE | Œuvres complètes | Paris, Hachette, 1873. Volume 3 | francês | — | sem indicação | ASSUNTO: classificado pelo editor como **Literatura francesa.** |
| 508 Livro | | Livro não encontrado. Consta referência do catálogo de Massa (1961). 508. LA ROCHEFOUCALD, DE. Réflexions, sentences et maximes morales (...). Œuvres choisies de Vauvenargues. Nouvelle édition. Paris, Garnier, (s.d.). [*Lombaerts*]. | | | | | |
| 509 Livro | PASCAL, Blaise | Lettres écrites à un provincial | Paris, Garnier, 1869 | francês | — | Lombaerts | ASSUNTO: classificado pelo editor como **Literatura francesa.** |

| LOCALIZAÇÃO E TIPO DO DOCUMENTO | AUTOR | TÍTULO | IMPRENTA (Local, editora, data, volume, edição) | TÍTULO ORIGINAL ESCRITO EM | TRAD.: IDIOMA E AUTOR | AQUISIÇÃO | ANOTAÇÕES MARCAÇÕES DE LEITURAS OBSERVAÇÕES |
|---|---|---|---|---|---|---|---|
| 510 Livro | PASCAL, Blaise | *Pensées de Pascal (Précédées de sa vie par Madame Périer)* | Paris, Librairie de Firmin Didot, 1861 | francês | — | Livraria Garnier | ASSUNTO: classificado pelo editor como **Literatura francesa.** |
| 511 Livro | RACINE | *Théâtre* | Paris, Hachette, 1850 | francês | — | sem indicação | ASSUNTO: classificado pelo editor como **Literatura francesa.** |
| 512 Livro | RETZ, Cardinal de | *Mémoires (Adréssés à Madame de Caumartin)* | Paris, Charpentier et Cie., 1871. Volume 1 | francês | — | Livraria de J. G. Azevedo | ASSUNTO: classificado pelo editor como **Memórias.** |
| 513 Livro | RETZ, Cardinal de | *Mémoires (Adréssés à Madame de Caumartin)* | Paris, Charpentier et Cie., 1871. Volume 2 | francês | — | Livraria de J. G. Azevedo | ASSUNTO: classificado pelo editor como **Memórias.** |
| 514 Livro | RETZ, Cardinal de | *Mémoires (Adréssés à Madame de Caumartin)* | Paris, Charpentier et Cie., 1871. Volume 3 | francês | — | Livraria de J. G. Azevedo | • Livro sem capa e sem folha de rosto. ASSUNTO: classificado pelo editor como **Memórias.** |
| 515 Livro | RETZ, Cardinal de | *Mémoires (Adréssés à Madame de Caumartin)* | Paris, Charpentier et Cie., 1871. Volume 5 | francês | — | Livraria de J. G. Azevedo | ASSUNTO: classificado pelo editor como **Memórias.** |
| 516 Livro | BEAUMAR-CHAIS | *Théâtre suivi de ces poésies diverses* | Paris, Garnier [s/data] | francês | — | Livraria Lombaerts | • Consta carimbo de Leitão de Carvalho. ASSUNTO: classificado pelo editor como **Teatro francês.** |
| 517 Livro | CHAMFORT | *Pensées, maximes, anecdotes, dialogues* | Paris, Bruxelles, Michel Lévy Fréres/ Cans et Cie [s/d] | francês | — | Livraria Garnier | • Livro bastante manuseado. ASSUNTO: classificado pelo editor como **Diversos.** |

| LOCALIZAÇÃO E TIPO DO DOCUMENTO | AUTOR | TÍTULO | IMPRENTA (Local, editora, data, volume, edição) | TÍTULO ORIGINAL ESCRITO EM | TRAD.: IDIOMA E AUTOR | AQUISIÇÃO | ANOTAÇÕES MARCAÇÕES DE LEITURAS OBSERVAÇÕES |
|---|---|---|---|---|---|---|---|
| 518 Livro | — | CHEFS—D'OEUVRES DRAMATIQUES DU XVIII SIÈCLE | Paris, Laplace, Sanches et Cie.,1871 | francês | — | Livraria Lombaerts | • Constam entre outros: *Regnard*. Le joueur. Le distrait. Les folies amoureuses. Le légataire universel. *Dancourt*. Le chevalier à la mode. *Bruyes et Palaprat*. L'avocat Patelin. *Lesage*. Crispin, rival de son maître. Turcaret. *D'Allainval*. L'école des bourgeois. *Destouches*. Un philosophe marié. Le glorieux. *Marivaux*. Le legs. Les Fausses confidences. Le jeu de l'amour et du hasard. *Piron*. La métromanie. *Gresset*. Le Méchant. *Favar*. Les trois sultanes. *Barthe*. Les fausses infidélités. *Sedaine*. La philosophie sans le savoir. La gageure imprévue. *Colle*. La partie de chasse d'Henri IV. *Beaumarchais*. Le barbier de Séville. Le mariage de Figaro. *D'Harleville*. Monsieur de Crac. Le vieux célibataire. ASSUNTO: classificado pelo editor como **Teatro.** |
| 519 Livro | CHENIER, André | *Poésies* | Paris, Charpentier, 1866 | francês | — | Livraria da Casa Imperial Fauchon Dupont | ASSUNTO: classificado pelo editor como **Literatura francesa.** |
| 520 Livro | | Livro não encontrado. Consta referência do catálogo de Massa (1961). 520. DESTOUCHES, N. N. Œuvres de J. F. Regnard suivies des œuvres choisies de (...). Paris, Ledentu, 1836. | | | | | |
| 521 Livro | DIDEROT | Œuvres choisies de Diderot | Paris, Garnier, 1880. Volume 1 | francês | — | Livraria Lombaerts | •Consta carimbo de Leitão de Carvalho. ASSUNTO: classificado pelo editor como **Literatura francesa.** |

| LOCALIZAÇÃO E TIPO DO DOCUMENTO | AUTOR | TÍTULO | IMPRENTA (Local, editora, data, volume, edição) | TÍTULO ORIGINAL ESCRITO EM | TRAD.: IDIOMA E AUTOR | AQUISIÇÃO | ANOTAÇÕES MARCAÇÕES DE LEITURAS OBSERVAÇÕES |
|---|---|---|---|---|---|---|---|
| 522 Livro | DIDEROT | Œuvres choisies de Diderot (Précédées de sa vie par Madame de Vandeuil) | Paris, Garnier, 1880. Volume 2 | francês | — | Livraria Lombaerts | • Consta carimbo de Leitão de Carvalho. ASSUNTO: classificado pelo editor como **Literatura francesa.** |
| 523 Livro | — | FRANCE DRAMATIQUE (Théâtre français) | Paris, [s/e] [s/d] | francês | — | sem indicação | Le barbier de Séville. *Beaumarchais*. Misanthropie et repentir *Julie Molle*. Le conteur *L. B. Picard Pinto M. Lemercier*. Les étourdis. *Andrieux*. Marius à Minturnes. *Arnault*. Les héritiers. *Alexandre Duval*. Agamemnon. *Nepomucène Lemercier*. Les projets de mariage. *Alexandre Duval*. L'abbé de l'Epée. *J. N. Bouilly, Bruis et Palaprat. Etienne*. L'assemblée de famille. *F. Riboutte*. Les deux gendres *Etienne*. Les rivaux d'eux-mêmes. *Pigault Lebrun*. Le médisant. *Etienne*. La fille d'honneur. *Alexandre Duval*. Jeanne d'Arc à Rouen. *C. J. L. d'Avrigni*. Marie Stuart. *P. Lebrun*. Le mari et l'amant. *J. C. Vial*. La jeune femme colère. *C. G. Etienne*. Valérie. *Scribe et Melesville*. L'école des vieillards. *Casimir Delavigne*. Le roman. *De la ville de Mirmont*. Le jeune mari. *Mazeres*. Chacun de son côté. *Mazeres*. Henri III. *Alexandre Dumas*. Henri III et sa cour, 1760 ou une matinée de grand seigneur. *Alexandre de Longpré*. Dominique ou le possédé. *D'Epagny et Dupin*. Louis XI. |

246

| LOCALIZAÇÃO E TIPO DO DOCUMENTO | AUTOR | TÍTULO | IMPRENTA (Local, editora, data, volume, edição) | TÍTULO ORIGINAL ESCRITO EM | TRAD.: IDIOMA E AUTOR | AQUISIÇÃO | ANOTAÇÕES MARCAÇÕES DE LEITURAS OBSERVAÇÕES |
|---|---|---|---|---|---|---|---|
| | | | | | | | *Casimir Delavigne. Clotilde. Frédéric Soulié et Adolphe Bossange. Bertrand et Raton. Eugène Scribe. La passion secrète. Eugène Scribe. Une présentation. Alphonse François et N. Fournier. Don Juan d'Austriche, Casimir Delavigne.* ASSUNTO: classificado pelo editor como **Coletânea do teatro francês**. **(Cont. do livro 523)** |
| 524 Livro | LE SAGE | *Histoire de Gil Blas de Santillane* | Paris, Garnier [s/data]. Volume 1 | francês | — | Livraria Lombaerts | ASSUNTO: classificado pelo editor como **Literatura francesa.** |
| 525 Livro | LE SAGE | *Histoire de Gil Blas de Santillane* | Paris, Garnier [s/data]. Volume 2 | francês | — | Livraria Lombaerts | ASSUNTO: classificado pelo editor como **Literatura francesa.** |
| 526 Livro | MALOUET | *Mémoires de Malouet* | Paris, H. Plon et Cie., 1874. Volume 1 | francês | — | Livraria Lombaerts | • Encontrado cartão endereçado à Sra. Bonifácio Gomes da Costa. ASSUNTO: classificado pelo editor como **Literatura francesa.** |
| 526 Livro | MALOUET | *Mémoires de Malouet* | Paris, H. Plon et Cie., 1874. Volume 2 | francês | — | Livraria Lombaerts | • Os dois volumes têm a mesma numeração, tanto no catálogo de Massa quanto na atual Biblioteca de Machado de Assis. ASSUNTO: classificado pelo editor como **Literatura francesa.** |
| 527 Livro | | Livro não encontrado. Também não há o número 527 no catálogo de Massa, entretanto existem dois livros com o número 526. | | | | | — |

| LOCALIZAÇÃO E TIPO DO DOCUMENTO | AUTOR | TÍTULO | IMPRENTA (Local, editora, data, volume, edição) | TÍTULO ORIGINAL ESCRITO EM | TRAD.: IDIOMA E AUTOR | AQUISIÇÃO | ANOTAÇÕES MARCAÇÕES DE LEITURAS OBSERVAÇÕES |
|---|---|---|---|---|---|---|---|
| 528 Livro | MONTESQUIEU | *Lettres persanes suivies de Arsace et Isménie et de pensées diverses* | Paris, Garnier [s/data] | francês | — | Livraria Lombaerts | ASSUNTO: classificado pelo editor como **Literatura francesa.** |
| 529 Livro | PREVOST, Abbé | *Histoire de Manon Lescaut et du Chevalier Des Grieux* | Paris, Garnier, 1877 | francês | — | Livraria Lombaerts | • Consta carimbo de Leitão de Carvalho. • Edição de 100 exemplares. ASSUNTO: classificado pelo editor como **Literatura francesa.** |
| 530 Livro | REGNARD, J. F. | *Œuvres de J. F. Regnard suivies de oeuvres choisies de N. Destouches* | Paris, Ledentu, 1836 | francês | — | sem indicação | • Livro com pé de página rasgado desde a folha de rosto à página 5. ASSUNTO: classificado pelo editor como **Literatura francesa.** |
| 531 Livro | ROUSSEAU, Jean-Jacques | *Les confessions de Jean-Jacques Rousseau* | Paris, Garnier, 1879 | francês | — | Livraria Lombaerts | ASSUNTO: classificado pelo editor como **Filosofia.** |
| 532 Livro | ROUSSEAU, Jean-Jacques | *Petit chefs d'œuvres de Rousseau* | Paris, Garnier [s/data] | francês | — | Livraria Lombaerts | • Consta: *Venant du Contrat Social ou principes du droit politique, discours, lettres d'Alembert, les spectacles, etc.* • Consta carimbo de Leitão de Carvalho. ASSUNTO: classificado pelo editor como **Filosofia.** |
| 532 (sic) Livro | ROUSSEAU, Jean-Jacques | *Emile ou de L'Education* | Paris, Garnier [s/data] | francês | — | Livraria Lombaerts | ASSUNTO: classificado pelo editor como **Filosofia.** |
| 533 Livro | VOLTAIRE | *Lettres choisies de Voltaire par Louis Moland* | Paris, Garnier, 1876. Volume 1 | francês | — | Livraria Lombaerts | ASSUNTO: classificado pelo editor como **Filosofia.** |
| 534 Livro | VOLTAIRE | *Lettres choisies de Voltaire par Louis Moland* | Paris, Garnier, 1876. Volume 2 | francês | — | Livraria Lombaerts | ASSUNTO: classificado pelo editor como **Filosofia.** |

| LOCALIZAÇÃO E TIPO DO DOCUMENTO | AUTOR | TÍTULO | IMPRENTA (Local, editora, data, volume, edição) | TÍTULO ORIGINAL ESCRITO EM | TRAD.: IDIOMA E AUTOR | AQUISIÇÃO | ANOTAÇÕES MARCAÇÕES DE LEITURAS OBSERVAÇÕES |
|---|---|---|---|---|---|---|---|
| 535 Livro | VOLTAIRE | *Romans de Voltaire suivis de ses contes en vers* | Paris, Garnier [s/data] | francês | — | Livraria Lombaerts | ASSUNTO: classificado pelo editor como **Literatura francesa**. |
| 536 Livro | | Livro não encontrado. Consta referência do catálogo de Massa (1961). 536. VOLTAIRE. Romans de (...). Suivis de ses contes en vers. Nouvelle édition. Paris, Garnier, (s.d.). [Lombaerts]. | | | | | |
| 537 Livro | ACKERMANN, L. | *Poésies (Premières poésies. Poésies philosophiques.)* | Paris, Alphonse Lemerre [s/d], 4ª edição. | francês | — | Livraria Clássica de N. Alves | • Fita de leitura no poema intitulado *Promethé* dedicado a *Daniel Stern*. ASSUNTO: classificado pelo editor como **Literatura francesa**. |
| 538 Livro | AMPERE, J.J. | *Histoire littéraire de la France sous Charlemagne et durant les X et XI siècles* | Paris, Librairie Académique Didier, 1870. Volume 1, 3ª ed. | francês | — | sem indicação | ASSUNTO: classificado pelo editor como **História da literatura**. |
| 539 Livro | AMPERE, J.J. | *Histoire littéraire de la France sous Charlemagne et durant les X et XI siècles* | Paris, Librairie Académique Didier, 1870. Volume 2, 3ª edição | francês | — | sem indicação | ASSUNTO: classificado pelo editor como **História da literatura**. |
| 540 Livro | AMPERE, J.J. | *Histoire littéraire de la France sous Charlemagne et durant les X et XI siècles* | Paris, Librairie Académique Didier, 1870. Volume 3, 3ª edição. | francês | — | sem indicação | ASSUNTO: classificado pelo editor como **História da literatura**. |

| LOCALIZAÇÃO E TIPO DO DOCUMENTO | AUTOR | TÍTULO | IMPRENTA (Local, editora, data, volume, edição) | TÍTULO ORIGINAL ESCRITO EM | TRAD.: IDIOMA E AUTOR | AQUISIÇÃO | ANOTAÇÕES MARCAÇÕES DE LEITURAS OBSERVAÇÕES |
|---|---|---|---|---|---|---|---|
| 541 Livro | BALZAC, H. de | Œuvres illustrées (La Comédie Humaine. Première partie. T. Etudes de moeurs). (livre premier) Scenes de la privée. I. | Paris, Editions Calmann-Lévy, 1891. Volume 1 | francês | — | sem indicação | ASSUNTO: classificado pelo editor como **Literatura francesa.** |
| 542 Livro | BALZAC, H. de | Œuvres illustrées (La Comédie Humaine. Première partie. T. Etudes de moeurs). (livre premier) Scenes de la privée. II. | Paris, Editions Calmann-Lévy, 1891. Volume 2 | francês | — | sem indicação | ASSUNTO: classificado pelo editor como **Literatura francesa.** |
| 543 Livro | BALZAC, H. de | Œuvres illustrées de Balzac. | Paris, Editions Calmann-Lévy, 1891. Volume 3 | francês | — | sem indicação | ASSUNTO: classificado pelo editor como **Literatura francesa.** |
| 544 Livro | BALZAC, H. de | Œuvres illustrées de Balzac. | Paris, Calmann-Lévy, 1891. Volume 4 | francês | — | sem indicação | ASSUNTO: classificado pelo editor como **Literatura francesa.** |
| 545 Livro | BALZAC, H. de | Œuvres illustrées de Balzac. | Paris, Calmann-Lévy, 1891. Volume 5 | francês | — | sem indicação | ASSUNTO: classificado pelo editor como **Literatura francesa.** |
| 546 Livro | BALZAC, H. de | Œuvres illustrées de Balzac. | Paris, Calmann-Lévy, 1891. Volume 6 | francês | — | sem indicação | ASSUNTO: classificado pelo editor como **Literatura francesa.** |

| LOCALIZAÇÃO E TIPO DO DOCUMENTO | AUTOR | TÍTULO | IMPRENTA (Local, editora, data, volume, edição) | TÍTULO ORIGINAL ESCRITO EM | TRAD.: IDIOMA E AUTOR | AQUISIÇÃO | ANOTAÇÕES MARCAÇÕES DE LEITURAS OBSERVAÇÕES |
|---|---|---|---|---|---|---|---|
| 547 Livro | BALZAC, H. de | Œuvres illustrées de Balzac. | Paris, Calmann Lévy, 1891. Volume 7 | francês | — | sem indicação | ASSUNTO: classificado pelo editor como **Literatura francesa.** |
| 548 Livro | BALZAC, H. de | Œuvres illustrées de Balzac. | Paris, Calmann Lévy, 1891. Volume 8 | francês | — | sem indicação | ASSUNTO: classificado pelo editor como **Literatura francesa.** |
| 549 Livro | BALZAC, H. de | Œuvres illustrées de Balzac. | Paris, Calmann Lévy, 1891. Volume 9 | francês | — | sem indicação | ASSUNTO: classificado pelo editor como **Literatura francesa.** |
| 550 Livro | BALZAC, H. de | Œuvres illustrées de Balzac. | Paris, Calmann Lévy, 1891. Volume 10 | francês | — | sem indicação | ASSUNTO: classificado pelo editor como **Literatura francesa.** |
| 551 Livro | BALZAC, H. de | Œuvres illustrées de Balzac. | Paris, Calmann Lévy, 1891. Volume 11 | francês | — | sem indicação | ASSUNTO: classificado pelo editor como **Literatura francesa.** |
| 552 Livro | BALZAC, H. de | Œuvres illustrées de Balzac. | Paris, Calmann Lévy, 1891. Volume 12 | francês | — | sem indicação | ASSUNTO: classificado pelo editor como **Literatura francesa.** |
| 553 Livro | BALZAC, H. de | Œuvres illustrées de Balzac. | Paris, Calmann Lévy, 1891. Volume 13 | francês | — | sem indicação | ASSUNTO: classificado pelo editor como **Literatura francesa.** |
| 554 Livro | BALZAC, H. de | Œuvres illustrées de Balzac. | Paris, Calmann Lévy, 1891. Volume 14 | francês | — | sem indicação | ASSUNTO: classificado pelo editor como **Literatura francesa.** |
| 555 Livro | BALZAC, H. de | Œuvres illustrées de Balzac. | Paris, Calmann Lévy, 1891. Volume 15 | francês | — | sem indicação | ASSUNTO: classificado pelo editor como **Literatura francesa.** |
| 556 Livro | BALZAC, H. de | Œuvres illustrées de Balzac. | Paris, Calmann Lévy, 1891. Volume 16 | francês | — | sem indicação | ASSUNTO: classificado pelo editor como **Literatura francesa.** |

| LOCALIZAÇÃO E TIPO DO DOCUMENTO | AUTOR | TÍTULO | IMPRENTA (Local, editora, data, volume, edição) | TÍTULO ORIGINAL ESCRITO EM | TRAD.: IDIOMA E AUTOR | AQUISIÇÃO | ANOTAÇÕES MARCAÇÕES DE LEITURAS OBSERVAÇÕES |
|---|---|---|---|---|---|---|---|
| 557 Livro | BALZAC, H. de | Œuvres illustrées de Balzac. | Paris, Calmann Lévy, 1891. Volume 17 | francês | — | sem indicação | ASSUNTO: classificado pelo editor como **Literatura francesa.** |
| 558 Livro | BALZAC, H. de | Œuvres illustrées de Balzac. | Paris, Calmann Lévy, 1891. Volume 18 | francês | — | sem indicação | ASSUNTO: classificado pelo editor como **Literatura francesa.** |
| 559 Livro | BALZAC, H. de | Œuvres illustrées de Balzac. | Paris, Calmann Lévy, 1891. Volume 19 | francês | — | sem indicação | ASSUNTO: classificado pelo editor como **Literatura francesa.** |
| 560 Livro | BALZAC, H. de | Œuvres illustrées de Balzac. | Paris, Calmann Lévy, 1891. Volume 20 | francês | — | sem indicação | ASSUNTO: classificado pelo editor como **Literatura francesa.** |
| 561 Livro | BAUDELAIRE, Charles | Les fleurs du mal | Paris, Calmann Lévy, 1878 | francês | — | sem indicação | Contém artigos que falam da recepção da primeira edição desta obra. ASSUNTO: classificado pelo editor como **Literatura francesa.** |
| 562 Livro | CHATEAUBRIAND | Atala, René, le dernier des abencérages, les Natchez | Paris, Garnier [s/data] | francês | — | Livraria Garnier | ASSUNTO: classificado pelo editor como **Literatura francesa.** |
| 563 Livro | CHATEAUBRIAND | Lectures choisies | Paris, Garnier, 1896 | francês | — | Livraria Garnier | ASSUNTO: classificado pelo editor como **Literatura francesa.** |
| 564 Livro | CONSTANT, Benjamin | Adolphe (anecdote trouvée dans le papier d'un incomnu) | Paris, Michel Lévy Fréres, 1867 | francês | — | — | ASSUNTO: classificado pelo editor como **Literatura francesa.** |
| 565 Livro | COURIER, P. L. | Œuvres de Courier | Paris, Librairie de Firmin Didot, 1863 | francês | — | Livraria Garnier | ASSUNTO: classificado pelo editor como **Literatura francesa.** |
| 566 Livro | COUSIN, Victor | Du vrai, du beau et du bien | Paris, Le Didier, 1885 | francês | — | Livraria Garnier | Consta assinatura de Franco J. Neto. Paris, 2/02/1858. ASSUNTO: classificado pelo editor como **Filosofia.** |
| 567 Livro | DAUDET, Alphonse | Le nabab | Paris, Charpentier, 1877 | francês | — | Livraria Lombaerts | ASSUNTO: classificado pelo editor como **História de costumes.** |

| LOCALIZAÇÃO E TIPO DO DOCUMENTO | AUTOR | TÍTULO | IMPRENTA (Local, editora, data, volume, edição) | TÍTULO ORIGINAL ESCRITO EM | TRAD.: IDIOMA E AUTOR | AQUISIÇÃO | ANOTAÇÕES MARCAÇÕES DE LEITURAS OBSERVAÇÕES |
|---|---|---|---|---|---|---|---|
| 568 Livro | DOUDAN, X. | *Mélanges et lettres avec une introduction par M. le Comte d'Haussonville* | Paris, Calmann Lévy, 1877. Volume 1, 2. ed. | francês | — | Livraria Garnier | ASSUNTO: classificado pelo editor como **Literatura francesa**. |
| 569 Livro | DOUDAN, X. | *Mélanges et lettres avec une introduction par M. le Comte d'Haussonville* | Paris, Calmann Lévy, 1877. Volume 2, 2. ed. | francês | — | Livraria Garnier | ASSUNTO: classificado pelo editor como **Literatura francesa**. |
| 570 Livro | DOUDAN, X. | *Mélanges et lettres avec une introduction par M. le Comte d'Haussonville* | Paris, Calmann Lévy, 1877. Volume 3, 2. ed. | francês | — | Livraria Garnier | ASSUNTO: classificado pelo editor como **Literatura francesa**. |
| 571 Livro | DOUDAN, X. | *Mélanges et lettres avec une introduction par M. le Comte d'Haussonville* | Paris, Calmann Lévy, 1877. Volume 4, 2. ed. | francês | — | Livraria Garnier | ASSUNTO: classificado pelo editor como **Literatura francesa**. |
| 572 Livro | DUMAS, Alexandre | *Le demi-monde, comédie* | Paris, Michel Lévy, 1855, 6ª ed. | francês | — | Livraria Popular de A. A. da Cruz Coutinho | • Livro bastante manuseado. ASSUNTO: classificado pelo editor como **Literatura francesa**. |
| 573 Livro | FEUILLET, Octave | *Julia de Trécœur et Circe* | Paris, Michel Lévy. 1876. 11ª ed. | francês | — | Livraria Garnier | ASSUNTO: classificado pelo editor como **Literatura francesa**. |
| 574 Livro | FEUILLET, Octave | *Histoire de Sibylle* | Paris, Michel Lévy 1876 | francês | — | Livraria Garnier | ASSUNTO: classificado pelo editor como **Literatura francesa**. |
| 575 Livro | FLAUBERT, Gustave | *Bouvard et Pécuchet. (Œuvre posthume)* | Paris, Charpentier, 1891 | francês | — | Livraria Lachaud | • Consta carimbo de Leitão de Carvalho. ASSUNTO: classificado pelo editor como **Literatura francesa**. |

| LOCALIZAÇÃO E TIPO DO DOCUMENTO | AUTOR | TÍTULO | IMPRENTA (Local, editora, data, volume, edição) | TÍTULO ORIGINAL ESCRITO EM | TRAD.: IDIOMA E AUTOR | AQUISIÇÃO | ANOTAÇÕES MARCAÇÕES DE LEITURAS OBSERVAÇÕES |
|---|---|---|---|---|---|---|---|
| 576 Livro | FLAUBERT, Gustave | Correspondance. Première série (1830-1850) | Paris, Charpentier, 1887 | francês | — | Livraria Lombaerts | • Consta carimbo de Leitão de Carvalho. ASSUNTO: classificado pelo editor como **Literatura francesa**. |
| 577 Livro | | | Livro não encontrado. Consta referência do catálogo de Massa (1961). 577. FLAUBERT, Gustave. *Correspondance*. Deuxième série. 1850-1854. Paris, Charpentier, 1889. [*Lombaerts*]. | | | | |
| 578 Livro | | | Livro não encontrado. Consta referência do catálogo de Massa (1961). 578. FLAUBERT, Gustave. *Correspondance*. Troisième série. 1854-1869. Paris, Charpentier, (s.d.). [*Lombaerts*]. | | | | |
| 579 Livro | | | Livro não encontrado. Consta referência do catálogo de Massa (1961). 579. FLAUBERT, Gustave. *Correspondance*. Quatrième série. 1869-1880. Paris, Charpentier, (s.d.). [*Lombaerts*]. | | | | |
| 580 Livro | | | Livro não encontrado. Consta referência do catálogo de Massa (1961). 580. FLAUBERT, Gustave. *La tentation de Saint Antoine*. Edition définitive. Paris, Charpentier, 1888. [*Lombaerts*]. | | | | |
| 581 Livro | | | Livro não encontrado. Consta referência do catálogo de Massa (1961). 581. FLAUBERT, Gustave. *L'education sentimentale. Histoire d'un jeune homme*. Nouvelle édition. Paris, Charpentier, 1880. [*Lombaerts*]. | | | | |
| 582 Livro | | | Livro não encontrado na ordem. Consta referência do catálogo de Massa (1961). 582. FLAUBERT, Gustave. *Lettres de (...) à George Sand*. Troisième mille. Paris, Charpentier, 1884. [*Livraria Lachaud*]. | | | | Esse livro atualmente tem o n.º 625 |
| 583 Livro | | | Livro não encontrado. Consta referência do catálogo de Massa (1961). 583. FLAUBERT, Gustave. *Madame Bovary. Mœurs de province*. Edition définitive. Paris, Charpentier, 1889. [*Lombaerts*]. | | | | |

| LOCALIZAÇÃO E TIPO DO DOCUMENTO | AUTOR | TÍTULO | IMPRENTA (Local, editora, data, volume, edição) | TÍTULO ORIGINAL ESCRITO EM | TRAD.: IDIOMA E AUTOR | AQUISIÇÃO | ANOTAÇÕES MARCAÇÕES DE LEITURAS OBSERVAÇÕES |
|---|---|---|---|---|---|---|---|
| 584 Livro | | | Livro não encontrado. Consta referência do catálogo de Massa (1961). 584. FLAUBERT, Gustave. *Salammbô*. Edition définitive. Paris, Charpentier, 1880. [*Lombaerts*]. | | | | |
| 585 Livro | | | Livro não encontrado. Consta referência do catálogo de Massa (1961). 585. FLAUBERT, Gustave.*Trois contes*. Septiême édition. Paris, Charpentier, 1880. [*Livraria Lachaud*]. | | | | |
| 586 Livro | FRANCE, Anatole | *L'anneau d'améthyste* | Paris, Calmann Lévy [s/data] | francês | — | sem indicação | • Este livro está sem folha de rosto, o título *L'anneau d'améthyste* está circulado, anotou-se ainda, a lápis, Anatole France e mais o nº 4825. ASSUNTO: classificado pelo editor como **Literatura francesa**. |
| 587 Livro | FRANCE, Anatole | *L'étui de nacre* | Paris, Calmann Lévy, 1892 | francês | — | sem indicação | ASSUNTO: classificado pelo editor como **literatura francesa** |
| 588 Livro | FRANCE, Anatole | *Le crime de Sylvestre Bonnard* | Paris, Calmann Lévy [s/data] | francês | — | Garnier | ASSUNTO: classificado pelo editor como **Literatura francesa**. |
| 589 Livro | | | Livro não encontrado. Conferir referência do catálogo de Massa (1961). 589. GAUTIER. Théophile. *Nouvelles poésies*. Douzième édition revue et corrigée. Paris, Charpentier, 1876. [*Lombaerts*] | | | | |
| 590 Livro | | | Livro não encontrado. Conferir referência do catálogo de Massa (1961). 590. GAUTIER. Théophile. *Premières poésies*. 1830-1845. Paris, Charpentier, 1870. [*Garnier*]. | | | | |
| 591 Livro | | | Livro não encontrado. Conferir referência do catálogo de Massa (1961). 591. GAUTIER. Théophile. *Romans et Contes*. Paris, Charpentier, 1872. [*Lombaerts*]. | | | | |

| LOCALIZAÇÃO E TIPO DO DOCUMENTO | AUTOR | TÍTULO | IMPRENTA (Local, editora, data, volume, edição) | TÍTULO ORIGINAL ESCRITO EM | TRAD.: IDIOMA E AUTOR | AQUISIÇÃO | ANOTAÇÕES MARCAÇÕES DE LEITURAS OBSERVAÇÕES |
|---|---|---|---|---|---|---|---|
| 592 Livro | | | Livro não encontrado. Conferir referência do catálogo de Massa (1961). 592. GOBINEAU, Comte de. Les Pléiades par le (...). Stockolm. Jos. Müller et Cie, Paris, E. Plon et Cie, 1874. [Garnier]. | | | | |
| 593 Livro | LECONTE DE LISLE | Poèmes barbares (Édition définitive revue et considérablement augmentée) | Paris, Alphons Lemerre, 1872 | francês | — | sem indicação | • Dedicatória (página de rosto): "Ao seu presadíssimo Mestre e nobilíssimo amigo Machado de Assis, humildemente offerece os Poemes Barbares, o discípulo admirador e servo Arthur de Oliveira. Rio 22 de agosto de 1878." ASSUNTO: classificado pelo editor como **Literatura francesa**. |
| 594 Livro | MONTEIRO TEIXEIRA, J. A. | Nouveau recueil de poésies en français par Monteiro Teixeira | Madeira, Funchal, 1871. | francês | — | sem indicação | • Com dedicatória a José Feliciano de Castilho: "A José Feliciano de Castilho Mons. Barreto Noronha de gage d'amitié de l'auteur." ASSUNTO: classificado pelo editor como **Literatura**. |
| 595 Livro | MÆTERLINCK, Maurice | Les aveugles (L'intruse - Les aveugles) | Bruxelles, Paul Lacomblez, 1882, 3ª edição | francês | — | sem indicação | ASSUNTO: classificado pelo editor como **Literatura francesa**. |
| 596 Livro | MERIMÉE, Prosper | Carmen | Paris, Calmann Lévy, 1883 | francês | — | Livraria Lombaerts | ASSUNTO: classificado pelo editor como **literatura francesa**. |
| 597 Livro | MERIMÉE, Prosper | Chronique du règne Charles IX | Paris, Charpentier [s/data] | francês | — | Livraria Lombaerts | ASSUNTO: classificado pelo editor como **literatura francesa**. |
| 598 Livro | MERIMÉE, Prosper | Colomba | Paris, Calmann Lévy, 1888 | francês | — | Livraria Lombaerts | ASSUNTO: classificado pelo editor como **literatura francesa**. |
| 599 Livro | MERIMÉE, Prosper | Dernières Nouvelles | Paris, Calmann Lévy, 1881 | francês | — | Livraria Lombaerts | ASSUNTO: classificado pelo editor como **literatura francesa**. |
| 600 Livro | MERIMÉE, Prosper | La double méprise | Paris, Calmann Lévy, 1885 | francês | — | Livraria Lombaerts | ASSUNTO: classificado pelo editor como **literatura francesa**. |

| LOCALIZAÇÃO E TIPO DO DOCUMENTO | AUTOR | TÍTULO | IMPRENTA (Local, editora, data, volume, edição) | TÍTULO ORIGINAL ESCRITO EM | TRAD.: IDIOMA E AUTOR | AQUISIÇÃO | ANOTAÇÕES MARCAÇÕES DE LEITURAS OBSERVAÇÕES |
|---|---|---|---|---|---|---|---|
| 601 Livro | MÉRIMÉE, Prosper | Lettres à une inconnue | Paris, Calmann Lévy, 1880. Volume 1. | francês | — | Livraria Lombaerts | ASSUNTO: classificado pelo editor como **literatura francesa**. |
| 602 Livro | MÉRIMÉE, Prosper | Lettres à une inconnue | Paris, Calmann Lévy, 1880. Volume 2. | francês | — | Livraria Lombaerts | ASSUNTO: classificado pelo editor como **literatura francesa**. |
| 603 Livro | MÉRIMÉE, Prosper | Mosaïque | Paris, Calmann Lévy, 1881. | francês | — | Livraria Lombaerts | ASSUNTO: classificado pelo editor como **literatura francesa**. |
| 604 Livro | MÉRIMÉE, Prosper | Théâtre de Clara Gazul | Paris, Charpentier, 1880 | francês | — | Livraria Lombaerts | ASSUNTO: classificado pelo editor como **Teatro**. |
| 605 Livro | MUSSET, Alfred de | Poésies nouvelles: 1846-1852 | Paris, Charpentier, 1867 | francês | — | Livraria Lombaerts | ASSUNTO: classificado pelo editor como **literatura francesa**. |
| 606 Livro | NODIER, Charles | Souvenirs de Jeunesse suivis de Mademoiselle de Marsanet de la neuvaine de la chandeleur | Paris, Charpentier [s/data] | francês | — | Livraria Lombaerts | ASSUNTO: classificado pelo editor como **literatura francesa**. |
| 607 Livro | PAILLERON, Edouard | Amours et haines | Paris, Calmann Lévy, 1889 | francês | — | sem indicação | ASSUNTO: classificado pelo editor como **literatura francesa**. |
| 608 Livro | QUINET, Edgar | Œuvres complètes. (La revolution précédée de la critique de la Révolution) | Paris, Librairie Germer Baillière [s/data] Volume 1, 8ª ed. | francês | — | Livraria Contemporânea de Faro e Nunes | ASSUNTO: classificado pelo editor como **História**. |
| 609 Livro | QUINET, Edgar | Œuvres complètes. (La revolution précédée de la critique de la Révolution) | Paris, Librairie Germer Baillière [s/d] Volume 2, 8ª ed. | francês | — | Livraria Contemporânea de Faro e Nunes | • Fita de leitura na última página. ASSUNTO: classificado pelo editor como **História**. |

| LOCALIZAÇÃO E TIPO DO DOCUMENTO | AUTOR | TÍTULO | IMPRENTA (Local, editora, data, volume, edição) | TÍTULO ORIGINAL ESCRITO EM | TRAD.: IDIOMA E AUTOR | AQUISIÇÃO | ANOTAÇÕES MARCAÇÕES DE LEITURAS OBSERVAÇÕES |
|---|---|---|---|---|---|---|---|
| 610 Livro | QUINET, Edgar | *Œuvres complètes. (La revolution précédée de la critique de la Révolution)* | Paris, Librairie Germer Baillière [s/data] Volume 3, 8ª ed. | francês | — | Livraria Contemporânea de Faro e Nunes | • Fita de leitura na página 135. ASSUNTO: classificado pelo editor como **História**. |
| 611 Livro | RENAN, Ernest | *Caliban, suite de la tempête* | Paris, Calmann Lévy, 1891 | francês | — | Livraria Garnier | ASSUNTO: classificado pelo editor como **Drama filosófico**. |
| 612 Livro | RENAN, Ernest | *Histoire des origines du Christianisme (vie de Jesus)* | Paris, Calmann Lévy [s/data] Volume 1 | francês | — | Livraria Garnier | ASSUNTO: classificado pelo editor como **História**. |
| 613 Livro | RENAN, Ernest | *Histoire des origines du Christianisme (Saint Paul)* | Paris, Calmann Lévy, 1869. Volume 3. | francês | — | Livraria Garnier | • p. 167, 172, 177 e 176 — estão assinaladas na margem. ASSUNTO: classificado pelo editor como **História**. |
| 614 Livro | RENAN, Ernest | *Histoire des origines du Christianisme (Marc Aurèle et le fin du monde antique)* | Paris, Calmann Lévy, 1881. Volume 7 | francês | — | Livraria Garnier | ASSUNTO: classificado pelo editor como **História**. |
| 615 Livro | RENAN, Ernest | *Histoire du peuple d'Israel* | Paris, Calmann Lévy, 1887. Volume 1. | francês | — | Livraria Garnier | ASSUNTO: classificado pelo editor como **História**. |
| 616 Livro | RENAN, Ernest | *Histoire du peuple d'Israel* | Paris, Calmann Lévy, 1887. Volume 2. | francês | — | Livraria Garnier | ASSUNTO: classificado pelo editor como **História**. |
| 617 Livro | RENAN, Ernest | *Histoire du peuple d'Israel* | Paris, Calmann Lévy, 1887. Volume 3. | francês | — | Livraria Garnier | ASSUNTO: classificado pelo editor como **História**. |
| 618 Livro | RENAN, Ernest | *Histoire du peuple d'Israel* | Paris, Calmann Lévy, 1887. Volume 4. | francês | — | Livraria Garnier | ASSUNTO: classificado pelo editor como **História**. |

| LOCALIZAÇÃO E TIPO DO DOCUMENTO | AUTOR | TÍTULO | IMPRENTA (Local, editora, data, volume, edição) | TÍTULO ORIGINAL ESCRITO EM | TRAD.: IDIOMA E AUTOR | AQUISIÇÃO | ANOTAÇÕES MARCAÇÕES DE LEITURAS OBSERVAÇÕES |
|---|---|---|---|---|---|---|---|
| 619 Livro | RENAN, Ernest | *Histoire du people d'Israel* | Paris, Calmann Lévy, 1887. Volume 5. | francês | — | Livraria Garnier | ASSUNTO: classificado pelo editor como **História**. |
| 620 Livro | RENAN, Ernest | *L'Eclesiaste. traduit de l'hébreu avec une étude sur l'âge et le caractère du livre* | Paris, Calmann Lévy, 1891. 3ª ed. | hebraico | trad. p/ francês por Renan | Livraria Garnier | ASSUNTO: classificado pelo editor como **Livro bíblico de Eclesiastes, com comentários.** |
| 621 Livro | RENAN, Ernest | *Lettres intimes 1842-1845 (Précédés de: Ma Soeur Henriette)* | Paris, Calmann Lévy, 1891. | francês | — | Livraria Garnier | ASSUNTO: classificado pelo editor como **literatura francesa.** |
| 622 Livro | | Livro não encontrado. Conferir referência do catálogo de Massa (1961). 622 — RENAN, Ernest. *Souvenirs d'enfance et de jeunesse par (...). Vingtdeuxième édition.* Paris, Calmann Lévy, 1893. [Garnier] | | | | | |
| 623 Livro | SAND George | *Galerie des femmes* | Bruxelles, Haumann, 1843 | francês | — | Sem indicação | ASSUNTO: classificado pelo editor como **literatura francesa.** |
| 624 Livro | SAND George | *Mauprat* | Paris, Michel Lévy, 1869 | francês | — | Sem indicação | ASSUNTO: classificado pelo editor como **literatura francesa.** |
| 625 Livro | FLAUBERT, Gustave | *Lettres de Flaubert à George Sand* | Paris, Charpentier, 1884. 3ª ed. | francês | — | Livraria Lachaud | ASSUNTO: classificado pelo editor como **correspondências**. Esse livro no catálogo de Massa tem o n.º 582, e aparece duas vezes, uma no local correto e a outra entre os volumes 624 e 625 com o n.º 582 (sic). |
| 626 Livro | SAINTE-BEUVE, C. A. | *Causeries du lundi* | Paris, Garnier, [s/d]. 3ª ed. | francês | — | Livraria Lombaerts | ASSUNTO: classificado pelo editor como **literatura francesa.** No catálogo de Massa esse é o tomo II de Sainte-Beuve. |
| 627 Livro | SAINTE-BEUVE, C. A. | *Causeries du lundi* | Paris, Garnier, [s/d]. V.2. 3ª ed. | francês | — | Livraria Lombaerts | ASSUNTO: classificado pelo editor como **literatura francesa.** No catálogo de Massa esse é o v. 3. |

| LOCALIZAÇÃO E TIPO DO DOCUMENTO | AUTOR | TÍTULO | IMPRENTA (Local, editora, data, volume, edição) | TÍTULO ORIGINAL ESCRITO EM | TRAD.: IDIOMA E AUTOR | AQUISIÇÃO | ANOTAÇÕES MARCAÇÕES DE LEITURAS OBSERVAÇÕES |
|---|---|---|---|---|---|---|---|
| 628 Livro | SAINTE-BEUVE, C. A. | *Causeries du lundi* | Paris, Garnier, [s/d]. V.3. 3ª ed. | francês | — | Livraria Lombaerts | ASSUNTO: classificado pelo editor como **literatura francesa**. No catálogo de Massa esse é o tomo IV |
| 629 Livro | SAINTE-BEUVE, C. A. | *Causeries du lundi* | Paris, Garnier, [s/d]. V.5. 3ª ed. 2 | francês | — | Livraria Lombaerts | ASSUNTO: classificado pelo editor como **literatura francesa**. |
| 630 Livro | SAINTE-BEUVE, C. A | *Causeries du lundi* | Paris, Garnier, [s/d]. V.6. 3ª ed. 2 | francês | — | Livraria Lombaerts | ASSUNTO: classificado pelo editor como **literatura francesa**. |
| 631 Livro | SAINTE-BEUVE, C. A | *Causeries du lundi* | Paris, Garnier, [s/d]. V.7. 3ª ed. | francês | — | Livraria Lombaerts | ASSUNTO: classificado pelo editor como **literatura francesa**. |
| 632 Livro | SAINTE-BEUVE, C. A | *Causeries du lundi* | Paris, Garnier, [s/d]. V.8. 3ª ed. | francês | — | Livraria Lombaerts | ASSUNTO: classificado pelo editor como **literatura francesa**. |
| 633 Livro | SAINTE-BEUVE, C. A | *Causeries du lundi* | Paris, Garnier, [s/d]. V.9. 3ª ed. | francês | — | Livraria Lombaerts | ASSUNTO: classificado pelo editor como **literatura francesa**. |
| 634 Livro | SAINTE-BEUVE, C. A | *Causeries du lundi* | Paris, Garnier, [s/d]. V.10. 3ª ed. | francês | — | Livraria Lombaerts | ASSUNTO: classificado pelo editor como **literatura francesa**. |
| 635 Livro | SAINTE-BEUVE, C. A | *Causeries du lundi* | Paris, Garnier, [s/d]. V.11. 3ª ed. | francês | — | Livraria Lombaerts | ASSUNTO: classificado pelo editor como **literatura francesa**. |
| 636 Livro | SAINTE-BEUVE, C. A | *Causeries du lundi* | Paris, Garnier, [s/d]. V.12. 3ª ed. | francês | — | Livraria Lombaerts | ASSUNTO: classificado pelo editor como **literatura francesa**. |
| 637 Livro | SAINTE-BEUVE, C. A | *Causeries du lundi* | Paris, Garnier, [s/d]. V.13 3ª ed. | francês | — | Livraria Lombaerts | ASSUNTO: classificado pelo editor como **literatura francesa**. |
| 638 Livro | SAINTE-BEUVE, C. A. | *Causeries du lundi* | Paris, Garnier, [s/d]. V.14 3ª ed. | francês | — | Livraria Lombaerts | ASSUNTO: classificado pelo editor como **literatura francesa**. |
| 639 Livro | SAINTE-BEUVE, C. A. | *Causeries du lundi* | Paris, Garnier, [s/d]. V.15. 3ª ed. | francês | — | Livraria Lombaerts | ASSUNTO: classificado pelo editor como **literatura francesa**. No catálogo de Massa esse é o volume 16 |

| LOCALIZAÇÃO E TIPO DO DOCUMENTO | AUTOR | TÍTULO | IMPRENTA (Local, editora, data, volume, edição) | TÍTULO ORIGINAL ESCRITO EM | TRAD.: IDIOMA E AUTOR | AQUISIÇÃO | ANOTAÇÕES MARCAÇÕES DE LEITURAS OBSERVAÇÕES |
|---|---|---|---|---|---|---|---|
| 640 Livro | SAINTE-BEUVE, C. A | *Causeries du lundi* | Paris, Garnier, [s/d]. 3ª ed. | francês | — | Livraria Lombaerts | ASSUNTO: classificado pelo editor como **literatura francesa**. |
| 641 Livro | SAINTE-BEUVE, C. A. | *Portraits Contemporains* | Paris, Michel Lévy Fréres,1870.V1. | francês | — | Livraria Garnier | ASSUNTO: classificado pelo editor como **literatura francesa**. |
| 642 Livro | SAINTE-BEUVE, C. A. | *Portraits Contemporains* | Paris, Michel Lévy Fréres,1870.V2. | francês | — | Livraria Garnier | ASSUNTO: classificado pelo editor como **literatura francesa**. |
| 643 Livro | SAINTE-BEUVE, C. A. | *Portraits Contemporains* | Paris, Michel Lévy Fréres,1870.V3. | Francês | — | Livraria Garnier | ASSUNTO: classificado pelo editor como **literatura francesa**. |
| 644 Livro | SAINTE-BEUVE, C. A. | *Portraits Contemporains* | Paris, Michel Lévy Fréres,1870.V4 | francês | — | Livraria Garnier | • Fita de leitura na página 83. ASSUNTO: classificado pelo editor como **literatura francesa**. |
| 645 Livro | SAINTE-BEUVE, C. A. | *Portraits Contemporains* | Paris, Michel Lévy Fréres,1870.V5 | francês | — | Livraria Garnier | ASSUNTO: classificado pelo editor como **literatura francesa**. |
| 646 Livro | STAËL, Madame de | *Corinne ou l'Italie* | Paris, Garnier [s/data]. | francês | — | Fauchon & Cia. (Rua S. José 94) | • Papel marcando a página 41. • Nova edição revista, com considerações de Mademoiselle Necker de Saussure et M. Sainte-Beuve. ASSUNTO: classificado pelo editor como **literatura francesa**. |
| 647 Livro | STAËL, Madame de | *De la Littérature considérée dans ses rapports avec les institutions sociales* | Paris, Charpentier, 1860 | francês | — | Livraria Garnier | • p. 260 e 269 — dobradas. • p. 225 — papel marcando a página. ASSUNTO: classificado pelo editor como **História da literatura**. |
| 648 Livro | STENDHAL, Henri Beyle | *Armance* | Paris, Michel Lévy, 1877 | francês | — | Livraria Lombaerts | • Consta carimbo de Leitão de Carvalho. • Falta pedaço da página 37. ASSUNTO: classificado pelo editor como **literatura francesa**. |
| 649 Livro | STENDHAL, Henri Beyle | *Correspondance inédite/Précédée d'une introduction* | Paris, Michel Lévy, 1855. V.1. | francês | — | Livraria Lombaerts | • Consta carimbo de Leitão de Carvalho. ASSUNTO: classificado pelo editor como **Correspondências**. |

| LOCALIZAÇÃO E TIPO DO DOCUMENTO | AUTOR | TÍTULO | IMPRENTA (Local, editora, data, volume, edição) | TÍTULO ORIGINAL ESCRITO EM | TRAD: IDIOMA E AUTOR | AQUISIÇÃO | ANOTAÇÕES MARCAÇÕES DE LEITURAS OBSERVAÇÕES |
|---|---|---|---|---|---|---|---|
| 650 Livro | STENDHAL, Henri Beyle | *Correspondance inédite* | Paris, Michel Lèvy, 1855. | francês | — | Livraria Lombaerts | ASSUNTO: classificado pelo editor como **Correspondências.** |
| 651 Livro | STENDHAL, Henri Beyle | *De l'amour* | Paris, Calman Lévy, 1876. | francês | — | Livraria Lombaerts | ASSUNTO: classificado pelo editor como **literatura francesa.** |
| 652 Livro | STENDHAL, Henri Beyle | *L'abbesse de Castro* | Paris, Michel Lévy, 1877. | francês | — | Livraria Lombaerts | ASSUNTO: classificado pelo editor como **literatura francesa.** |
| 653 Livro | STENDHAL, Henri Beyle | *La Chartreuse de Parme* | Paris, Michel Lévy, 1873. | francês | — | Livraria Lombaerts | ASSUNTO: classificado pelo editor como **literatura francesa.** |
| 654 Livro | STENDHAL, Henri Beyle | *Lamiel (Roman inédit)* | Paris, Librairie Moderne, 1899. | francês | — | Livraria Lombaerts | ASSUNTO: classificação pelo editor como literatura francesa. |
| 655 Livro | STENDHAL, Henri Beyle | *Le rouge et le noir* | Paris, Michel Lévy, 1876. V.1 | francês | — | Livraria Lombaerts | ASSUNTO: classificado pelo editor como **literatura francesa.** |
| 656 Livro | STENDHAL, Henri Beyle | *Le rouge et le noir* | Paris, Michel Lévy, 1876. V.2. | francês | — | Livraria Lombaerts | ASSUNTO: classificado pelo editor como **literatura francesa.** |
| 657 Livro | STENDHAL, Henri Beyle | *Mélanges d'art et de Littérature* | Paris, Michel Lévy, 1867. | francês | — | Livraria Lombaerts | ASSUNTO: classificado pelo editor como **Ensaio sobre arte e literatura.** |
| 658 Livro | STENDHAL, Henri Beyle | *Mémoires d'un touriste* | Paris, Michel Lévy, 1877. V.1. | francês | — | Livraria Lombaerts | • p. 61 — marcada com papel. ASSUNTO: classificado pelo editor como **literatura francesa.** |
| 659 Livro | STENDHAL, Henri Beyle | *Mémoires d'un touriste* | Paris, Michel Lévy, 1879. V.2. | francês | — | Livraria Lombaerts | ASSUNTO: classificado pelo editor como **literatura francesa.** |

| LOCALIZAÇÃO E TIPO DO DOCUMENTO | AUTOR | TÍTULO | IMPRENTA (Local, editora, data, volume, edição) | TÍTULO ORIGINAL ESCRITO EM | TRAD.: IDIOMA E AUTOR | AQUISIÇÃO | ANOTAÇÕES MARCAÇÕES DE LEITURAS OBSERVAÇÕES |
|---|---|---|---|---|---|---|---|
| 660 Livro | STENDHAL, Henri Beyle | Œuvres phostumes (Journal de Stendhal 1801-1814) | Paris, Charpentier, 1888. Volume único | francês | — | Livraria Lombaerts | • Fita de leitura na página 397. • Consta carimbo de Leitão de Carvalho. ASSUNTO: classificado pelo editor como **literatura francesa**. |
| 661 Livro | STENDHAL, Henri Beyle | Œuvres phostumes (Nouvelles inédites) | Paris, Michel Lévy, 1855. | francês | — | Livraria Lombaerts | |
| 662 Livro | STENDHAL, Henri Beyle | Œuvres phostumes (vie de Napoleón, fragments) | Paris, Michel Lévy, 1877. | francês | — | Livraria Lombaerts | • Carimbo de Leitão de Carvalho. ASSUNTO: classificado pelo editor como **literatura francesa**. |
| 663 Livro | STENDHAL, Henri Beyle | Promenades dans Rome (seule édition complète de préfaces et de fragments entièrement inédits) | Paris, Michel Lévy, 1873. Volume 1 | francês | — | Livraria Lombaerts | • Carimbo de Leitão de Carvalho. ASSUNTO: classificado pelo editor como **literatura francesa**. |

| LOCALIZAÇÃO E TIPO DO DOCUMENTO | AUTOR | TÍTULO | IMPRENTA (Local, editora, data, volume, edição) | TÍTULO ORIGINAL ESCRITO EM | TRAD.: IDIOMA E AUTOR | AQUISIÇÃO | ANOTAÇÕES MARCAÇÕES DE LEITURAS OBSERVAÇÕES |
|---|---|---|---|---|---|---|---|
| 664 Livro | STENDHAL, Henri Beyle | *Promenades dans Rome (seule édition complète de préfaces et de fragments entièrement inédits)* | Paris, Calmann Lévy, 1873. V.2. | francês | — | Livraria Lombaerts | • Carimbo de Leitão de Carvalho. ASSUNTO: classificado pelo editor como **literatura francesa.** |
| 665 Livro | STENDHAL, Henri Beyle | *Racine et Shakespeare* | Paris, Michel Lévy, 1854. | francês | — | Livraria Lombaerts | • Carimbo de Leitão de Carvalho. • Edição revista e aumentada. ASSUNTO: classificado pelo editor como **História da literatura.** |
| 666 Livro | STENDHAL, Henri Beyle | *Souveniers d'egotisme (Autobiographie et lettres inédites)* | Paris, Charpentier, 1882. | francês | — | Livraria Lombaerts | ASSUNTO: classificado pelo editor como **literatura francesa.** |
| 667 Livro | STENDHAL, Henri Beyle | *Vie de Henri Brulard* | Paris, Charpentier, 1890 | francês | — | Livraria Lombaerts | ASSUNTO: classificado pelo editor como **Autobiografia.** |
| 668 Livro | STENDHAL, Henri Beyle | *Vie de Haydn, de Mozart et de Métastase* | Paris, Michel Lévy, 1872. | francês | — | Livraria Lombaerts | • Carimbo de Leitão de Carvalho. ASSUNTO: classificado pelo editor como **Biografia.** |

| LOCALIZAÇÃO E TIPO DO DOCUMENTO | AUTOR | TÍTULO | IMPRENTA (Local, editora, data, volume, edição) | TÍTULO ORIGINAL ESCRITO EM | TRAD.: IDIOMA E AUTOR | AQUISIÇÃO | ANOTAÇÕES MARCAÇÕES DE LEITURAS OBSERVAÇÕES |
|---|---|---|---|---|---|---|---|
| 669 Livro | STERNE, Daniel | Esquisses morales. Pensées, reflexions et maximes. | Paris, J. Techner, 1859. 3ª ed. | francês | — | Livraria Lombaerts | ASSUNTO: classificado pelo editor como **Pensamentos e reflexões.** |
| 670 Livro | | | Livro não encontrado. Conferir referência do catálogo de Massa (1961). 670 — TAINE, H. De L'Idéal dans l'art. Paris, Germer Baillière, 1867. [Livraria Luso-brasileira de A. A. Lopez do Couto] | | | | |
| 671 Livro | TAINE, H. | Histoire de la littérature anglaise | Paris, Libraire Hachette, 1877. V.1. | francês | — | Livraria Clássica de N. Alves | • Consta carimbo de Leitão de Carvalho. ASSUNTO: classificado pelo editor como **História da literatura.** |
| 672 Livro | TAINE, H. | Histoire de la littérature anglaise | Paris, Libraire Hachette, 1877. V.2. | francês | — | Livraria Clássica de N. Alves | • Consta carimbo de Leitão de Carvalho. ASSUNTO: classificado pelo editor como **História da literatura.** |
| 673 Livro | TAINE, H. | Histoire de la littérature anglaise | Paris, Libraire Hachette, 1877. V.3. | francês | — | Livraria Clássica de N. Alves | • Consta carimbo de Leitão de Carvalho. ASSUNTO: classificado pelo editor como **História da literatura.** |
| 674 Livro | | | Livro não encontrado. Conferir referência do catálogo de Massa (1961). 674 — TAINE, H. Histoire de la littérature anglaise. Tome quatrième. Quatrième édition revue et augmentée. Paris, Librairie Hachette, 1878. [Livraria Clássica de N. Alves] | | | | — |
| 675 Livro | TAINE, H. | Histoire de la littérature anglaise | Paris, Hachette, 1878. V.5. et complementaire | francês | — | Livraria Clássica de N. Alves | • Consta carimbo de Leitão de Carvalho. ASSUNTO: classificado pelo editor como **História da literatura.** |
| 676 Livro | TAINE, H. | Les origines de la France contemporaine (L'Ancien Régime) | Paris, Hachette, 1878. V.1. 7ª ed. | francês | — | Livraria Garnier | • Consta carimbo de Leitão de Carvalho. ASSUNTO: classificado pelo editor como **História.** |

| LOCALIZAÇÃO E TIPO DO DOCUMENTO | AUTOR | TÍTULO | IMPRENTA (Local, editora, data, volume, edição) | TÍTULO ORIGINAL ESCRITO EM | TRAD.: IDIOMA E AUTOR | AQUISIÇÃO | ANOTAÇÕES MARCAÇÕES DE LEITURAS OBSERVAÇÕES |
|---|---|---|---|---|---|---|---|
| 677 Livro | TAINE, H. | *Les origines de la France contemporaine (La Révolution)* | Paris, Hachette, 1878. 7ª ed. V.2 | francês | — | Livraria Garnier | • Consta carimbo de Leitão de Carvalho. ASSUNTO: classificado pelo editor como **História**. |
| 678 Livro | TAINE, H. | *Nouveaux essais de critique et d'histoire* | Paris, Hachette, 1866. | francês | — | Livraria Garnier | • Consta carimbo de Leitão de Carvalho. ASSUNTO: classificado pelo editor como **Ensaio de crítica e história**. |
| 679 Livro | TAINE, H. | *De l'ideal dans l'art* | Paris, Germer Ballière, 1867. | francês | — | Livraria Luso-brasileira de A. A. Lopes do Couto | • Fita de leitura pa página 140/141. ASSUNTO: classificado pelo editor como **Ensaio sobre arte**. |
| 680 Livro | TAINE, H. | *Philosophie de l'art* | Paris, Germer Ballière, 1872. | francês | — | Livraria Garnier | ASSUNTO: classificado pelo editor como **Filosofia da arte**. |
| 681 Livro | TAINE, H. | *L'idealisme anglais – étude sur Carlyle* | Paris, Libraire Germer et Baillière, 1864. | francês | — | Livraria Garnier | ASSUNTO: classificado pelo editor como **Crítica**. |
| 682 Livro | TAINE, H. | *Sa vie et sa correspondance de jeunesse* | Paris, Hachette, 1902. V.1 | francês | — | Livraria Garnier | ASSUNTO: classificado pelo editor como **Literatura francesa**. |
| 683 Livro | TAINE, H. | *Sa vie et sa correspondance (le critique et le philosophe)* | Paris, Hachette, 1904. V.2 | francês | — | Livraria Garnier | ASSUNTO: classificado pelo editor como **Literatura francesa**. |
| 684 Livro | TAINE, H. | *Sa vie et sa correspondance (l'historien)* | Paris, Hachette, 1905. V. 3 | francês | — | Livraria Garnier | ASSUNTO: classificado pelo editor como **Literatura francesa**. |
| 685 Livro | THIERS, M. A. | *Histoire de la Révolution* | Paris, Furne Jouvet et Cie, 1866. V.1. | francês | — | Livraria Lombaerts | ASSUNTO: classificado pelo editor como **História**. |

| LOCALIZAÇÃO E TIPO DO DOCUMENTO | AUTOR | TÍTULO | IMPRENTA (Local, editora, data, volume, edição) | TÍTULO ORIGINAL ESCRITO EM | TRAD.: IDIOMA E AUTOR | AQUISIÇÃO | ANOTAÇÕES MARCAÇÕES DE LEITURAS OBSERVAÇÕES |
|---|---|---|---|---|---|---|---|
| 686 Livro | THIERS, M. A. | *Histoire de la Révolution* | Paris, Furne Jouvet et cie, 1866. V.2 | francês | — | Livraria Lombaerts | ASSUNTO: classificado pelo editor como **História**. |
| 687 Livro | THIERS, M. A. | *Histoire du Consulat* | Paris, Lheureux et Cie, 1865. | francês | — | Livraria Lombaerts | ASSUNTO: classificado pelo editor como **História**. |
| 688 Livro | THIERS, M. A. | *Histoire de L'Empire* | Paris, Lheureux et Cie, 1865. V. 1. | francês | — | Livraria Lombaerts | • Edição ilustrada. ASSUNTO: classificado pelo editor como **História**. |
| 689 Livro | THIERS, M. A. | *Histoire de L'Empire* | Paris, Lheureux et Cie. 1865. V. 2. | francês | — | Livraria Lombaerts | ASSUNTO: classificado pelo editor como **História**. |
| 690 Livro | THIERS, M. A. | *Histoire de L'Empire* | Paris, Lheureux et Cie. 1865. V.3. | francês | — | Livraria Lombaerts | ASSUNTO: classificado pelo editor como **História**. |
| 691 Livro | THIERS, M. A. | *Histoire de L'Empire* | Paris, Lheureux et Cie. 1865. V.4. | francês | — | Livraria Lombaerts | ASSUNTO: classificado pelo editor como **História**. |
| 692 Livro | THIERS, M. A. | *Atlas de l'histoire de consulat et de l'Empire dressé et dessiné sous la direction de Thiers* | Paris, Lheureux, 1866. | francês | — | Livraria Lombaerts | ASSUNTO: classificado pelo editor como **Atlas histórico**. |
| 692 Livro | THIERS, M. A. | *Atlas de l'histoire de consulat et de l'Empire dressé et dessiné sous la direction de Thiers* | Paris, Lheureux, 1866. | francês | — | Livraria Lombaerts | • No catálogo de Massa só está registrado um dos Atlas ilustrados. ASSUNTO: classificado pelo editor como **Atlas histórico**. |
| 693 Livro | VICTOR HUGO | *Hernani* | Paris, J. Hetzel [s/d] | francês | — | Livraria Garnier | ASSUNTO: classificado pelo editor como **Literatura francesa.** |

| LOCALIZAÇÃO E TIPO DO DOCUMENTO | AUTOR | TÍTULO | IMPRENTA (Local, editora, data, volume, edição) | TÍTULO ORIGINAL ESCRITO EM | TRAD.: IDIOMA E AUTOR | AQUISIÇÃO | ANOTAÇÕES MARCAÇÕES DE LEITURAS OBSERVAÇÕES |
|---|---|---|---|---|---|---|---|
| 694 Livro | VICTOR HUGO | *La légende des siècles* | Paris, Hachette, 1875. Première série | francês | — | Livraria Garnier | ASSUNTO: classificado pelo editor como **Literatura francesa**. |
| 695 Livro | VICTOR HUGO | *La légende des siècles* | Paris, Calmann Lévy, 1877. V.1. Nouvelle série. | francês | — | Livraria Garnier | • Fita de leitura na página 266/267. ASSUNTO: classificado pelo editor como **Literatura francesa**. |
| 696 Livro | VICTOR HUGO | *La légende des siècles* | Paris, Calmann Lévy, 1877. Volume 2 | francês | — | Livraria Garnier | • Consta carimbo de Leitão de Carvalho. ASSUNTO: classificado pelo editor como **Literatura francesa**. |
| 697 Livro | VICTOR HUGO | *Les contemplations. Autrefois 1830-1843* | Paris, Hachette, 1872 | francês | — | Livraria Garnier | ASSUNTO: classificado pelo editor como **Literatura francesa**. |
| 698 Livro | VICTOR HUGO | *Les contemplations. Aujourd'hui 1843-1856* | Paris, Hachette, 1872 | francês | — | Livraria Garnier | ASSUNTO: classificado pelo editor como **Literatura francesa**. |
| 699 Livro | VICTOR HUGO | *Les orientales, les feuilles d'automne, les chants du crépuscule.* | Paris, Hachette, 1875. Nouvelle édition. | francês | — | Livraria Garnier | ASSUNTO: classificado pelo editor como **Literatura francesa**. |
| 700 Livro | VICTOR HUGO | *Odes et ballades* | Paris, Hachette, 1873 | francês | — | Livraria Garnier | ASSUNTO: classificado pelo editor como **Literatura francesa**. |
| 701 Livro | VINOT, Gustave | *Poèmes et fantasies (1867-1873)* | Paris, Librairie des Bibliophiles, 1873 | francês | — | Livraria Garnier | ASSUNTO: classificado pelo editor como **Literatura francesa**. |
| 702 Livro | | Livro não encontrado. Consta referência do catálogo de Massa (1961). 702 — LA FONTAINE. *Fábulas de (...)* ilustradas por Gustave Doré. Tomo I, Lisboa, David Corazzi. Rio de Janeiro, José de Mello, 1886. *Ao Exmo. Sr. Machado de Assis testemunha de muita consideração de José de Mello. 27.6.88"* | | | | | — |

| LOCALIZAÇÃO E TIPO DO DOCUMENTO | AUTOR | TÍTULO | IMPRENTA (Local, editora, data, volume, edição) | TÍTULO ORIGINAL ESCRITO EM | TRAD.: IDIOMA E AUTOR | AQUISIÇÃO | ANOTAÇÕES MARCAÇÕES DE LEITURAS OBSERVAÇÕES |
|---|---|---|---|---|---|---|---|
| 703 Livro | | | Livro não encontrado. Consta referência do catálogo de Massa (1961). 703 — LA FONTAINE. *Fábulas de (...)* ilustradas por Gustave Doré. Tomo II, Lisboa, David Corazzi. Rio de Janeiro, José de Mello, 1886. | | | | |
| 704 Livro | BARINE, Arvède | *Les grands écrivains français. Alfred de Musset* | Paris, Hachette, 1893 | Francês | — | Livraria Garnier | ASSUNTO: classificado pelo editor como **Biografia.** |
| 705 Livro | MIGNET, M. | *Rivalité de François Ier et de Charles-Quint* | Paris, Librairie Académique Didier, 1875. Volume 1 | francês | — | Livraria Garnier | ASSUNTO: classificado pelo editor como **História.** |
| 706 Livro | MIGNET, M. | *Rivalité de François Ier et de Charles-Quint* | Paris, Librairie Académique Didier, 1875. Volume 2 | francês | — | Livraria Garnier | ASSUNTO: classificado pelo editor como **História.** |
| 707 Livro | ROCQUAIN, Félix | *L'esprit révolutionnaire avant la révolution. 1715-1789* | Paris, E. Plon et Cie., 1878 | francês | — | Livraria Escolástica de N. Alves d'Oliveira | ASSUNTO: classificado pelo editor como **História.** |
| 708 Livro | ROSEBERY, Lord | *Napoleon, the last phase* | London, Arthur L. Humpreys, 1900 | inglês | — | sem indicação | Dedicatória: "A Machado de Assis lembrança de uma passagem em Londres. Novembro de 1900. Graça Aranha." ASSUNTO: classificado pelo editor como **História.** |

| LOCALIZAÇÃO E TIPO DO DOCUMENTO | AUTOR | TÍTULO | IMPRENTA (Local, editora, data, volume, edição) | TÍTULO ORIGINAL ESCRITO EM | TRAD.: IDIOMA E AUTOR | AQUISIÇÃO | ANOTAÇÕES MARCAÇÕES DE LEITURAS OBSERVAÇÕES |
|---|---|---|---|---|---|---|---|
| 709 Livro | | ANNUAIRE DE LA PRESSE FRANÇAISE ET DU MONDE POLITIQUE — 1893 (dir. Henri Avenel) | Paris; Henri Avenel, 1893 | francês | — | sem indicação | ASSUNTO: classificado pelo editor como **História**. |
| 709 bis Livro | | ANNUAIRE DE LA PRESSE FRANÇAISE ET DU MONDE POLITIQUE — 1893 (dir. Henri Avenel) | Paris, Henri Avenel, 1893 | francês | — | sem indicação | No catálogo de Massa, este item tem o número 710. ASSUNTO: classificado pelo editor como **História**. |
| 710 | Não há documento com este número. | | | | | | |
| 711 Livro | | *CONGRÈS INTERNATIONAL DES AMERICANISTES. Compte rendu de la première session. Nancy, 1875* | Nancy/Paris, G. Grepinleblon/ Maisonneuve, 1875. Volume 1 | francês | — | Livraria Garnier | • Fita de leitura na página 45. ASSUNTO: classificado pelo editor como **Anais de Congresso**. |

| LOCALIZAÇÃO E TIPO DO DOCUMENTO | AUTOR | TÍTULO | IMPRENTA (Local, editora, data, volume, edição) | TÍTULO ORIGINAL ESCRITO EM | TRAD.: IDIOMA E AUTOR | AQUISIÇÃO | ANOTAÇÕES MARCAÇÕES DE LEITURAS OBSERVAÇÕES |
|---|---|---|---|---|---|---|---|
| 712 Livro | | *CONGRÈS INTERNATIONAL DES AMERICANISTES. Compte rendu de la première session. Nancy, 1875* | Nancy / Paris, G. Gupinleblon/Maisonneuve, 1875. Volume 2 | francês | — | Livraria Garnier | ASSUNTO: classificado pelo editor como **Anaes de Congresso.** |
| 713 Livro | | *Revue des deux mondes* | Paris [s/editora], 1852. Volume 4 | francês | — | Livraria Garnier | • Inúmeras marcações nas páginas: com palito — 132, 686, 975; com papel — 245, 457, 501, 509, 935. ASSUNTO: classificado pelo editor como **Diversos.** |
| 714 Livro | BURGGRAEVE, Dr. | *La surveillance maternelle ou hygiène thérapeutique de la première enfance d'aprés la méthode dosimétrique* | Gand, chez l'auteur, 1887 | francês | — | sem indicação | • Fita de leitura na página 19. ASSUNTO: classificado pelo editor como **Medicina.** |
| 715 Livro | LALLEMAND, Charles | *Tunis et ses environs* | Paris, Maison Quantin, 1890 | francês | — | sem indicação | • Livro bastante manuseado. ASSUNTO: classificado pelo editor como **Atlas histórico.** |
| 716 | | Livro não encontrado. Consta referência do catálogo de Massa (1961). 716 — GOGOL, Nikolas W. *Altväterishe Leute und andere Erzählungen von (...)*. Gogol Deutsch von Julius Meixner. Collection Spemann. Stuttgart, Verlag von W. Spemann [s/d] | | | | | — |
| 717 Livro | CHASSIN, Charles Louis | *Alexandre Pitoefi le poète de la Révolution hongroise* | Bruxelles/Paris, A. Lacroix van Meenen et Cie./Pagnerre, 1860 | francês | — | Livraria Garnier | • Consta assinatura de Arthur de Oliveira. ASSUNTO: classificado pelo editor como **Biografia.** |

| LOCALIZAÇÃO E TIPO DO DOCUMENTO | AUTOR | TÍTULO | IMPRENTA (Local, editora, data, volume, edição) | TÍTULO ORIGINAL ESCRITO EM | TRAD.: IDIOMA E AUTOR | AQUISIÇÃO | ANOTAÇÕES MARCAÇÕES DE LEITURAS OBSERVAÇÕES |
|---|---|---|---|---|---|---|---|
| 718 Livro | SIENKIENWICZ, H. | *Sans dogme* | Paris, Calmann Lévy, 1895 | polonês | francês Conte A. Vodzinski | sem indicação | • Dedicatória a Machado assinada por Rymkiewicz: <br>• "A l'eminent écrivain brésilien Machado de Assis. Humble souvenir de Bronislaw Rymkiewicz. Rio de Janeiro, abril de 1900." <br>ASSUNTO: classificado pelo editor como **Ensaio sobre religião**. |

**Observação:** os livros que se seguem não foram catalogados por Massa. Estavam dispersos em outras coleções da Academia Brasileira de Letras. Decidimos listá-los, pois que são todos dedicados a M. da Assis.

| | | | | | | | |
|---|---|---|---|---|---|---|---|
| s/nº (I) | CASTRO, Alf. | *De sonho em sonho* | Fortaleza, Livraria Araújo, 1906 | português | — | sem indicação | • Dedicatória do autor a Machado de Assis. <br>ASSUNTO: classificado pelo editor como **Literatura brasileira**. |
| s/nº (II) | BANDEIRA Jr., Antonio Francisco | *A indústria no Estado de São Paulo* | São Paulo, Diário Oficial, 1901 | português | — | sem indicação | • Dedicatória do autor a Machado de Assis. <br>ASSUNTO: classificado pelo editor como **História da indústria em São Paulo**. |
| s/nº (III) | FONTES, Hermes | *Apotheoses* | Rio, Typographia Brazil, 1908 | português | — | sem indicação | • Dedicatória do autor a Machado de Assis. <br>ASSUNTO: classificado pelo editor como **Literatura brasileira**. |
| s/nº (IV) | HORTA, Francisco Eugênio Brant | *Lyrae Carmen* | Rio, Typographia Brazil, 1905 | português | — | sem indicação | • Dedicatória do autor a Machado de Assis. <br>ASSUNTO: classificado pelo editor como **Literatura brasileira**. |

| LOCALIZAÇÃO E TIPO DO DOCUMENTO | AUTOR | TÍTULO | IMPRENTA (Local, editora, data, volume, edição) | TÍTULO ORIGINAL ESCRITO EM | TRAD.: IDIOMA E AUTOR | AQUISIÇÃO | ANOTAÇÕES MARCAÇÕES DE LEITURAS OBSERVAÇÕES |
|---|---|---|---|---|---|---|---|
| s/nº (V) | PÓVOA, Pessanha | *Annos acadêmicos. São Paulo (1860-1864)* | Rio, Typographia Perseverança, 1870 | português | — | sem indicação | • Dedicatória do autor a Machado de Assis. ASSUNTO: classificado pelo editor como **História e crítica.** |
| s/nº (VI) | POE, Edgar | *Les poèmes* | Paris, Leon Vanier, 1889 | inglês | trad. de Mallarmé | sem indicação | • Dedicatória de Emiliano de Menezes a Machado de Assis. ASSUNTO: classificado pelo editor como **Literatura americana.** |
| s/nº (VII) | THEÓPHILO, Rodolfo | *Os brilhantes* | Fortaleza, Assis Bezerra, 1906 | português | — | sem indicação | • Dedicatória do autor a Machado de Assis. ASSUNTO: classificado pelo editor como **Literatura brasileira.** |
| s/nº (VIII) | LOPES, Oscar | *Medalhas e legendas* | Rio, Cia. Typographica do Brasil, 1906. | português | — | sem indicação | • Dedicatória do autor a Machado de Assis. ASSUNTO: classificado pelo editor como **Literatura brasileira.** |
| s/nº (IX) | GARÇÃO, Meyer | *Excelsior* | Porto, Livraria Chardron de Bello & Irmãos, 1907 | português | — | sem indicação | • Dedicatória do autor a Machado de Assis. ASSUNTO: classificado pelo editor como **Literatura portuguesa.** |
| s/nº (X) | FIGUEIREDO, Anthero | *Partindo da terra* | Paris/Lisboa, Guillard, Aillaud & Cia, 1897 | português | — | sem indicação | • Dedicatória do autor a Machado de Assis. ASSUNTO: classificado pelo editor como **Literatura portuguesa.** |
| s/nº (XI) | COSTA, D. Antonio | *José de Castilho. O heroe do Mondego.* | Lisboa, Imprensa Nacional, 1872 | português | — | sem indicação | • Dedicatória do autor a Machado de Assis. ASSUNTO: classificado pelo editor como **Biografia.** |

| LOCALIZAÇÃO E TIPO DO DOCUMENTO | AUTOR | TÍTULO | IMPRENTA (Local, editora, data, volume, edição) | TÍTULO ORIGINAL ESCRITO EM | TRAD.: IDIOMA E AUTOR | AQUISIÇÃO | ANOTAÇÕES MARCAÇÕES DE LEITURAS OBSERVAÇÕES |
|---|---|---|---|---|---|---|---|
| s/n° (XII) | OLIVEIRA, Dias de | Aerolithes | Rio, Typographia Perseverança, 1867 | português | — | sem indicação | • Dedicatória do autor a Machado de Assis. ASSUNTO: classificado pelo editor como **Literatura brasileira.** |
| s/n° (XIII) | FONSECA, Domingos Joaquim | Manoel Beckmann (Drama histórico em verso em seis actos) | Pernambuco, Typographia Apollo, 1888 | português | — | sem indicação | • Dedicatória do autor a Machado de Assis. ASSUNTO: classificado pelo editor como **Literatura brasileira.** |
| s/n° (XIV) | SALDANHA, Mal. Duque de | A voz da natureza ou o poder, sabedoria e bondade de Deus, manifestados na creação, na conexão do mundo inorgânico com o mundo orgânico na adaptação da natureza exterra dos vegetais e à constituição moral e physica do homem | Londres, W. Knowles, 1874 | português | — | sem indicação | • Dedicatória do autor a Machado de Assis. ASSUNTO: classificado pelo editor como **Considerações gerais.** |
| s/n° (XV) | CUNHA, Mendes | Poemas da carne | S. Paulo, Typ. Alberico Ramos Moreira, 1896 | português | — | sem indicação | • Dedicatória do autor a Machado de Assis. ASSUNTO: classificado pelo editor como **Literatura brasileira.** |

# MACHADO DE ASSIS, LEITOR DE OSSIAN

*Ana Lucia de Souza Henriques*

No levantamento das obras que restaram da biblioteca de Machado de Assis, foram encontrados dois volumes de poemas intitulados *Poesie di Ossian: antico poeta celtico*, publicados em 1817. Trata-se de uma tradução do inglês para o italiano de poemas atribuídos a Ossian, um bardo celta que teria vivido na Escócia no século III.

O texto original dessa obra, segundo o escocês James Macpherson (1763-1796) teria sido por ele coletado durante sua pesquisa de campo pelo noroeste de seu país em agosto de 1760, na tentativa de recuperar um antigo poema épico escocês. Macpherson, que já colecionava poemas antigos em gaélico, havia publicado, um mês antes, *Fragments of Ancient Poetry*, obra em que traduzia para o inglês quinze pequenos poemas. No *Prefácio* dessa obra, menciona que grande parte da poesia celta ainda estava por ser coligida, inclusive um poema épico escocês. O sucesso de *Fragments* foi imediato e a idéia de que existiria um poema épico de fundação agradou imensamente a pessoas importantes como Adam Fergusson, David Hume e Hugh Blair. A possível descoberta de tal obra viria satisfazer interesses nacionalistas e estabelecer uma herança literária escocesa.

Assim, nas terras altas escocesas e nas ilhas que visitou, Macpherson contou com ajuda de muitas pessoas que recitavam canções ou mostravam manuscritos de textos antigos e também falavam de lendas que lhes haviam sido transmitidas pelos seus antepassados.

Como conseqüência dessa coleta, foram publicadas, em 1762-63, duas obras com poemas "traduzidos" da obra de Ossian, poeta cego que teria vivido no século III. Ossian é tomado pelos escoceses como o último vestígio de uma cultura perdida. Seus poemas tratam dos feitos heróicos de Fionn[1] e sua gente. Macpherson fez desse o tema do épico *Fingal*, procurando assim resgatar uma sociedade distante, que ele queria como aquela que guardasse toda a pureza e vigor dos antigos habitantes da Caledônia, ou seja da Escócia.

Essas obras teriam rápida repercussão internacional e causariam também longas polêmicas quanto à autenticidade de seus textos. Muitos acreditavam na hipótese de Macpherson ser o autor dos mesmos, e não seu tradutor, como afirmava. O primeiro poema a ser publicado, em 1761, é *Fingal: um poema épico em seis livros — junto com vários outros poemas compostos por Ossian, o filho de Fingal* (*Fingal: An Ancient Epic Poem in Six Books — Together with Several Other Poems Composed by Ossian the Son of Fingal*). Devido ao grande sucesso, um mês após essa primeira publicação, foi lançada uma segunda edição, idêntica à primeira. *Fingal* foi seguido de *Temora*, publicada em 1763, sendo o título completo da obra: *Temora: um poema antigo em oito livros — junto com vários outros poemas compostos por Ossian, o filho de Fingal* (*Temora: An Ancient Epic Poem in Eight Books — Together with Several Other Poems Composed by Ossian the Son of Fingal*).

Apesar da excelente receptividade, essas duas publicações tiveram preços elevados. Em 1765, porém, seria lançada uma edição mais "popular" desses dois volumes, sob o título de *As obras de Ossian* (*The Works of Ossian*). Segundo Howard Gaskill, que em 1996 organizou a publicação de *The Poems of Ossian and Related Works*, a nova edição continha mais de 400 revisões textuais, que podiam variar desde pequenas alterações até a supressão de uma nota ou até a sua completa substituição por uma outra. Além disso, Gaskill informa que a edição de 1765 trazia como apêndice o ensaio *Uma dissertação crítica* (*A Critical Dissertation*) de Hugh Blair, escrito dois anos antes, em defesa da autenticidade das traduções de Macpherson. Esse texto passou a ser incluído em várias das edições subseqüentes à de 1765, constituindo um elemento vital na recepção dessa obra.

A julgar pela maneira criteriosa e detalhada com que o escocês Hugh Blair desenvolve seu argumento a favor da existência do antigo

---

[1] Chamado de *Fingal* por Macpherson. Cf. *Edinburgh Review*. 1805, vol. VI, 429.

bardo e também em relação a sua genialidade e seu estilo — próprios de quem vivera no século III –, podemos concluir que as discussões a respeito da originalidade da obra ossiânica começaram logo após as primeiras publicações das "traduções" de Macpherson.

Os debates em torno dessa questão foram tão abrangentes e duradouros que, mais tarde, em 1797, um comitê presidido por Henry Mackenzie foi apontado pela *Highland Society of Edinburgh*, para "investigar a natureza e autenticidade dos *Poemas* de Ossian" (MACKENZIE, 1805, 433). Macpherson não parece ter-se importado em apresentar os originais ou testemunhas que o defendessem da acusação de haver forjado tais textos, permitindo dessa forma que os debates entre seus opositores e defensores continuassem mesmo após a sua morte, em 1796. No texto de advertência que precede a primeira edição de *Fingal*, Macpherson esclarece que fora aconselhado a publicar os originais completos, pois assim poderia satisfazer seus leitores de uma maneira melhor do que se simplesmente deixasse os textos em uma biblioteca pública. No entanto, segundo suas palavras, por falta de interessados em adquirir essa edição — que seria organizada por assinatura — deixara de lado a idéia, acreditando não haver necessidade para tal.

David Hume também apresentaria algumas sugestões para uma investigação que pudesse ser conclusiva em torno da questão relativa à autenticidade da tradução dos poemas originais em gaélico. Em uma de suas ponderações, ele diz que o manuscrito contendo parte do poema *Fingal* estaria, segundo Macpherson, em poder da família Clanronald. Julgava então que o texto original deveria ser apresentado a pessoas de crédito que pudessem compará-lo às traduções e comprovar ou não a fidelidade do trabalho realizado por Macpherson em relação aos textos em gaélico (MACPHERSON, 1805, vol. VI, 434).

Malcolm Laing, que pertencia ao grupo que não acreditava na autenticidade das traduções, organizaria uma edição comentada dos *Poemas de Ossian* (*Poems of Ossian*), publicada em 1805, onde as notas acrescentadas ao texto servem para questionar de forma implacável aquelas traduções, buscando mostrar os poemas como escritos por Macpherson. No mesmo ano, Walter Scott escreve um artigo para a revista *Edinburgh Review* a respeito dessa edição e, em sua conclusão, deixa evidente que o autor já ocupava, naquele momento, um lugar de destaque entre os escritores escoceses. No parágrafo final, conclui Scott:

> *Nunca acreditamos em Ossian da maneira exagerada como o queria Macpherson, porém acalentamos durante muito tempo a crença de que grande parte de sua tradução, talvez mais da metade, fosse respaldada por um original autêntico. (...) Mas o resultado das investigações da Comissão, pelo qual, embora muita poesia antiga tenha sido coletada, não se recobra sequer um poema do decantado poeta Ossian; a confissão de Macpherson, quando deixa de lado Ossian e fala de si mesmo, de seu próprio gênio e de seus progressos — e, finalmente, esse seu trabalho elaborado, onde mais de mil semelhanças, coincidências e plágios são apontados, nos obriga a reconhecer que os poemas de Ossian, na tradução de Macpherson, guardam a mesma relação com as lendas originais que a* Tragedy of Douglas *com a* Ballad of Gil Morris. *Mas, enquanto somos levados a renunciar à idéia agradável de que Fingal existira e Ossian compusera, podemos deleitar nossa vaidade com o fato de que um remoto e quase bárbaro canto da Escócia produziu um bardo, no século XVIII, capaz não apenas de causar uma forte impressão em todos os homens sensíveis à beleza poética, mas também de dar um novo tom a toda a poesia européia.* (SCOTT, 1805, vol. VI, 461-462)

Ao finalizar o texto dessa maneira, Scott torna flagrante seu grande entusiasmo em relação à obra de Macpherson. Assim, vários são os escritores escoceses que apreciariam essa obra, levados não só por sua beleza, mas também por seus interesses nacionalistas, pois tinham consciência da importância para a literatura escocesa do "descobrimento" de um poema épico de fundação composto por um bardo celta do século III, Ossian, mesmo sabendo que a base histórica do poema, defendida por James e John Macpherson, fosse altamente questionável. Como sabemos, Sir John Macpherson — que não tem nenhum parentesco com James Macpherson — fornece dados históricos com o intuito de fundamentar a versão da origem escocesa para os heróis dos poemas "traduzidos" por James Macpherson. Na versão por eles apresentada, a região das terras altas da Escócia (*Highlands*) não dependia culturalmente da Irlanda, mas sim o contrário. Essa idéia de uma tradição cultural independente, junto com a criação de novas tradições, todas tidas como antigas, vai sendo estabelecida a partir do século XVIII, de tal modo que, aos poucos, iria servir de base para a construção de uma identidade nacional delineada por novas antigas tradições, a ser assumida em toda a Escócia.

Fiona Stafford, na introdução que escreve para a já mencionada edição dos poemas de Ossian, organizada por Howard Gaskill, afirma que o sucesso alcançado pelas "traduções" de Macpherson, não levando em consideração a dimensão política, deve-se principalmente ao fato de ele ter conseguido combinar dois ideais estéticos aparentemente contraditórios. Ou seja, a tradicional visão neoclássica da epopéia como a mais elevada forma de poesia com a originalidade, a individualidade e a composição espontânea, características que aproximam suas "traduções" de um público leitor moderno que admira não apenas a coragem e a austeridade como virtudes primitivas, mas também a melancolia do poema *Elegy Written in a Country Churchyard*, de Thomas Gray.[2] Ainda segundo Fiona Stafford, mesmo que *Fingal* possa não ser uma tradução direta de poemas em gaélico que tivessem permanecidos intactos desde o século III, não devemos considerá-lo como uma imitação ou algo forjado, devido ao fato peculiar de que Macpherson se encontra na confluência entre duas culturas muito diferentes. Em primeiro lugar, por ser proveniente das terras altas da Escócia, um *Highlander*, ele possui a liberdade de tomar como fonte histórias que pertencem à tradição oral e recriar, a partir delas, suas próprias versões. Em relação a diferentes versões de determinadas poesias, Stafford lembra que era comum nas terras altas atribuírem-se poemas a Ossian sem que houvesse muita preocupação relacionada às questões de transmissão e apropriação. Em segundo lugar, a formação universitária de Macpherson faz com que ele compartilhe a idéia de seus patronos de que a poesia antiga escocesa composta em gaélico teria sobrevivido como o resultado da geografia local. Essa poesia teria semelhanças com aquelas da Grécia de Homero. Assim, Stafford conclui que o

---

[2] Em uma carta escrita para Horace Walpole em abril de 1760, logo após a publicação de *Fragments*, Thomay Gray afirma estar encantado com os poemas de origem celta contidos nessa publicação. (Apud: TOYNBEE, Paget & WHIBLEY, eds. 1935, v. II, 664-665.)

Ossian de Macpherson é um texto que não pertence nem à cultura gaélica nem à cultura inglesa, e só pode ser entendido como uma tentativa de mediação entre as duas (GASKILL, 1999, xiv e xv).

A respeito do sucesso alcançado pelos poemas de Ossian na "tradução" de Macpherson, podemos dizer que não foram só os escoceses que se deixaram encantar com essa obra. Madame de Staël e Ferdinand Wolf também o compararam a Homero (Cf. HOBSBAWM & RANGER, 1995, 18). Em sua correspondência sobre poemas antigos, Johann Gottfried Herder se refere a Ossian, lembrando que essas composições devem ser consideradas "o encantamento, a mola motriz, a eterna canção herdada e a canção de alegria do povo" (ROSENFELD, 1991, 34). Herder acredita que sejam "setas do selvagem Apolo", unindo "almas e memórias" (TOYNBEE, & WHIBLEY, 1935, v. II, 664-665). A repercussão de seus poemas foi mesmo muito abrangente, a julgar pelas diversas traduções que desde então receberam — para o italiano, francês, alemão, polonês, russo, espanhol, português e húngaro, dentre outras.

A edição, em dois volumes, que pertenceu a Machado de Assis é uma tradução feita a partir da "tradução" de Macpherson. No volume I, textos introdutórios discutem a origem dos antigos habitantes da Escócia. Um deles, *Raciocínio em torno do povo da Caledônia (Ragionamento preliminare intorno i caledoni)*, tem como fonte de dados históricos a introdução de Macpherson. O outro, *Raciocínio histórico-crítico em torno da controvérsia sobre a autenticidade dos poemas de Ossian (Ragionamento storico-critico intorno le controversie sull'autenticità dei poemi di Ossian)* apresenta opiniões contrastantes sobre a questão, o que demonstra a ampla repercussão, também na Itália, dessa controvérsia. Além dos dois textos que acabamos de mencionar, o editor ainda inclui a dissertação de Hugh Blair, a que nos referimos anteriormente.

Quanto às traduções da obra de Ossian (ou Macpherson?) para a língua portuguesa, podemos afirmar que existem apenas fragmentos traduzidos, tanto em Portugal quanto no Brasil, segundo estudo realizado por Eugênio Gomes e publicado no *Correio da Manhã*, em 29 de outubro de 1958 sob o título "Ossian no Brasil". Gomes encontrara traduções de fragmentos de alguns poemas ossiânicos feitas em Portugal por Bocage, Almeida Garrett e Soares Passos. No Brasil, dois de seus tradutores foram José Bonifácio de Andrada e Silva, antes do Romantismo, e, mais tarde, no período romântico, Francisco Otaviano.

Eugênio Gomes ainda lembra que Ossian também ficou conhecido, de forma indireta, através de uma peça de grande sucesso intitulada *Oscar, Filho de Ossian*, escrita por Arnault. O crítico comenta que tal foi o sucesso da peça que o ator João Caetano foi perpetuado em uma estátua numa cena de grande dramaticidade no papel de Oscar. Trata-se do momento em que, delirando, Oscar reconhece a sua espada e exclama: "É minha!". Eugênio Gomes relaciona esta frase com o capítulo 51 das *Memórias Póstumas de Brás Cubas*, para o qual ela serve de título, sendo também repetida pelo personagem mais de uma vez. Mesmo admitindo que não haja qualquer indicação, o crítico vê nessa frase um eco da representação dramática de *Oscar* (GOMES, 1961, 14).

Em 1843, Francisco Otaviano, então com dezessete anos, traduziu da versão para língua inglesa feita por Macpherson *Os Cantos de Selma*, com o intuito de publicá-los em uma revista literária que não chegou a se concretizar. Naquela ocasião, o jovem tradutor escrevera também um prefácio, onde é abordada a questão da autenticidade da obra de Ossian, comparando-o a Homero. A esse respeito, afirma:

> *Homero e Ossian são poetas irmãos pelo gênio e pelo destino: o cego de Smyrna e o filho do nobre Fingal perpetuam as glórias das nacionalidades helênica e céltica, memorando em belos versos os combates de épocas heróicas, e inspirando a emulação nas almas ardentes; assim Alexandre tinha sempre a Ilíada em sua tenda e Napoleão os poemas gaélicos.*
>
> *A crítica moderna pôs em dúvida a personalidade de ambos os poetas, o grego e o celta. Teriam eles dado o nome apenas ao complexo de uma literatura, ou existiram realmente como gênios criadores? Mau grado os célebres prolegômenos de Wolf, pretendendo demonstrar que a epopéia grega fora um trabalho coletivo: mau grado a contestação do Dr. Johnson à autenticidade dos cânticos erses ou gaélicos de Macpherson, não posso arrancar de minha alma a crença profunda na existência real e no engenho divino do vate da Grécia e do bardo da Caledônia.* (OTAVIANO, 1872, iv)

Mais tarde, em 1857, a tradução de Francisco Otaviano seria publicada numa edição que contou com apenas sete exemplares destinados a leitores previamente escolhidos, dentre os quais, podemos destacar José de Alencar. Serve de introdução ao exemplar que coube ao autor de *Iracema* uma carta de Salvador de Mendonça, que relata a história de como e porquê se dera aquela edição dos *Cantos de Selma*, apresentando também o prefácio que citamos há pouco, escrito por Otaviano em 1843.

José de Alencar refere-se ao bardo escocês em três de suas cartas (sexta, sétima e oitava) sobre *A Confederação dos Tamoios*, mencionando-o como um dos grandes poetas cuja poesia retrata as coisas de seu país. Em sua oitava e última carta, refere-se a Macpherson como aquele que *pintara* o poeta celta. Em seu texto, Alencar afirma:

> *Macpherson, que pintou Ossian, o velho bardo e cego, vibrando as cordas de sua harpa sobre um rochedo da Escócia, que cantou os guerreiros de Morven e de Lochlin; soube achar entre as brumas do céu da pátria o tipo dessa beleza ideal, suave e melancólica, como a flor pálida que nasce entre as fendas da rocha no meio dos frocos de gelo.* (ALENCAR, 1960, 911)

Considerando o que afirma, podemos perceber que Alencar também deveria estar ciente da polêmica em torno da autenticidade dos originais traduzidos por Macpherson, pois a julgar pelo que diz fica-nos a impressão de que Ossian seria uma criação de Macpherson. Já no fim de sua vida, Alencar traduziu *Temora*, da obra de Ossian (ou Macpherson?).

Em 06 de fevereiro de 1866, na *Semana Literária* (ASSIS, 1973, vol. III, 860), seção do Diário do Rio de Janeiro, Machado de Assis comenta o livro *Cantos e Fantasias*, de Fagundes Varela, dentre suas apreciações, menciona a paráfrase de um poema de Ossian intitulada *Colmal: paráfrase ossiânica*, feita por Fagundes Varela. O cronista elogia Varela por ter conseguido parafrasear *o velho bardo tanto quanto é possível*. Em 10 de outubro de 1864, em uma crônica também publicada no Diário do Rio de Janeiro, o romancista demonstrará conhecer o bardo celta ao escrever: "Casta filha do céu, que vês tu na planície? perguntei-lhe como no poema de Ossian" (JACKSON, 1953, v. 2, 192).

Também Álvares de Azevedo se referiu à poesia atribuída a Ossian, empregando a expressão "veio a poesia nebulosa e a poesia

Ossiânica" (AZEVEDO, 1962, 434) no Prefácio de *O Conde Lopo*. Na abertura de *Idéias Íntimas* se refere à tristeza do bardo celta e de sua poesia[3] e utiliza como epígrafe para o poema *Crepúsculo nas Montanhas* versos dos *Cantos de Selma*.[4] N'*O Poema do Frade*, o poeta menciona o nome do herói celta. Na terceira estrofe do primeiro canto, ele escreve:

> *Como das grutas de Fingal na bruma*
> *Do norte a ventania se derrama* (AZEVEDO, 1962, 350)

Além disso, em 14 de agosto de 1849, num discurso proferido na sessão acadêmica em comemoração do aniversário da criação dos cursos jurídicos no Brasil, Azevedo fala de Ossian quando aborda a questão do amor literário, demonstrando ser um bom conhecedor da história do poeta celta:

> *E Ossian, o bardo-rei de Morven, cego também, cego como Homero e como depois tinha de sê-lo o tenebroso Poeta do Paraíso Perdido, despertando nos saguões mudos dos desertos paços reais de Selma, pelo rugir do embate das armaduras férreas de encontro às muralhas, às bafagens do vento da noite e dependurando a harpa do muro, a cantar, solitário ancião com as cãs derramadas em ondas marmóreas, sobre a trave dela! os cânticos de guerra dos homens do passado, entre as trevas espessas da alta noite; ou nos serros geosos do Inisfail aos albores nevoentos dos sombrios luares de inverno e os olhos cegos erguidos sob o tríplice anadema da fronte sobranceira de rei, poeta ancião e como perguntar às nuvens fantásticas do céu ensombrado, encasteladas nas alturas, histórias dos Clãs de Inistora, Erim e Tura e dos valentes pares de Fingal e Oscar, aí dormidos em torno, de sono de pálpebras púmbleas sob o ervaçal deserto e frio das urzes da montanha?* (CASTELLO, 1961, 103)

---

[3] "Ossian o bardo é triste como a sombra / que seus cantos povoa". In: AZEVEDO, Álvares de. 1962, 170.
[4] "Pálida estrela, casto olhar da noite,/ diamante luminoso na fronte azul do/ crepúsculo, o que vês na planície?" In: AZEVEDO, Álvares de. 1962, 82.

Como vimos, a obra ossiânica "traduzida" por Macpherson teve grande repercussão na Europa durante a segunda metade do século dezoito e durante as primeiras décadas do dezenove. No Brasil dos oitocentos, a poesia atribuída ao bardo celta igualmente se faz presente em diversas referências de autores pré-românticos e românticos. A controvérsia em torno da questão de Macpherson ser o tradutor ou o autor dos poemas de Ossian vem, desde suas primeiras publicações até os dias de hoje, sendo considerada de forma variada por diferentes críticos. Daí podermos compreender a presença da obra do bardo celta na biblioteca de Machado de Assis.

Em anexo, apresentamos a tradução de Francisco Otaviano, intitulada *Os Cantos de Selma*, em edição de apenas sete exemplares, publicada em 1872.

## Referências

ALENCAR, José de. *Obras completas*. 1960. V. 4.
ALVES, Ivia. "Reflexos da presença de Ossian no romantismo brasileiro, através da visão de Eugênio Gomes". In: MARTINS FILHO, Plínio, ed. *Limites*: 3ª Congresso da Abralic. Anais, V. 1. São Paulo: USP, 1995, 747-749.
ASSIS, Machado de. *Obras completas*. Rio de Janeiro: José Aguilar, 1973. V. 3.
AZEVEDO, Álvares. *Poesias completas*. São Paulo: Edição Saraiva, 1962.
GASKILL, Howard, ed. *The Poems of Ossian and Related Works*. Edinburgh: Edinburgh University Press, 1996.
GOMES, Eugênio. *Machado de Assis: influências inglesas*. Rio de Janeiro: Pallas S. A., 1976.
_____. "Ossian e Alencar". *O Estado de S. Paulo*. São Paulo: 6 out. 1956. Suplemento Literário, 3.
_____. "Ossian no Brasil". *Correio da Manhã*. Rio de Janeiro: 29 de mar. 1958, 1º Caderno, 9 e 12.
_____. Shakespeare no Brasil. Rio de Janeiro: MEC, 1961.
HOBSBAWN, Eric J & TERENCE, Ranger, eds. *The Invention of Tradition*. Cambridge: Cambridge University Press, 1995.
JACKSON, W. M., ed. *Machado de Assis*: *Chronicas*. Rio de Janeiro, 1953, V. 2.
OTAVIANO, Francisco. *Os Cantos de Selma*. Rio de Janeiro: Tipografia da República, 1872.

*POESIE di Ossian: antico poeta celtico*. Pisa: Presso Nicolò Capurro. 1817. 4 tomos, 2 v.

ROSENFELD, Anatol, org. *Autores pré-românticos alemães*. São Paulo, E.P.U., 1991.

TOYNBEE, Paget & WHIBLEY, eds. *Correspondence of Thomas Gray*. 1935, V. II, 664-665.

VARELA, Fagundes. *Obras completas*. São Paulo: Edições Cultura, 1943.

SCOTT, Walter. The Lay of the Last Minstrel: a Poem. *The Edinburgh Review or Critical Journal*, V. VI, art. XV, Apr./Jul. 1805 — printed for Archibald Constable & Co. (Edinburgh) and Longman Hurst Rees and Orme (London), 1-20.

MACKENZIE, Henry. "Report of the Committee of the Highland Society on the Poems of Ossian". *The Edinburgh Review or Critical Journal*, v. VI, art. XV, Apr./Jul. 1805 — printed for Archibald Constable & Co. (Edinburgh) and Longman Hurst Rees and Orme (London).

MACPHERSON, J. "The Poetical Works of James Macpherson Esq.; with Notes and Illustrations", by Malcolm Laing Esq. *The Edinburgh Review or Critical Journal*, V. VI, art. XV, Apr./Jul. 1805 — printed for Archibald Constable & Co. (Edinburgh) and Longman Hurst Rees and Orme (London), 429-462.

*ANEXO*
*OTAVIANO, F. Os Cantos de Selma.*
*Rio de Janeiro: Tipografia da República, 1872.*

# I

Alva estrela, diamante luminoso,
Do crepúsculo à fonte irradiando,
Porque teu puro olhar fitas no vale?
O estrépito do dia
Cessou; os ventos de dormir começam:
Ouve-se apenas da torrente o eco:
As vagas beijam límpidas a rocha:
E o turbulento inseto,
Da flor em derredor, colhe perfumes
E burburinha no ar silencioso.

Que vês no vale, estrela cintilante?
Mas lá descambas do horizonte à margem:
Para acolher-te abrem o seio as ondas,
E do céu te deslizas,
Nas águas mergulhando a argêntea coma.

## II

Astro silencioso, que desmaias.
Adeus! O bardo agora se ilumina
Do imaginoso engenho à chama ardente.
Ei-la! derrete da velhice os gelos
E aclara as sombras dos heróis antigos
Em torno de seu chefe, o nobre Fingal.
Aí vejo erguer-se os meus rivais, os bardos,
O majestoso Ryno, Ullin sagrado,
Alpino harmonioso
E a terna, a melancolia Minnona.

Oh! já não voltam mais, é lei do tempo,
Dias que foram, dias em que o zéfiro
Da primavera semelhar soubemos,
Quando doces murmuram na colina
Meneando com mimo a flor que nasce

Então do Selma nos festins saudosos
Do canto disputavam o prêmio.
Foi nessas festas que a gentil Minnona,
Os olhos baixos, úmidos de prantos,
Que à memória brotavam do passado,
Com voz melodiosa
Fez palpitar os chefes que a escutavam.
Em triste endecha nos contou a história
Dos amores de Salgar e de Colma,
Que sob a terra jazem
O último dormir dormindo juntos.

Salgar, em vão, promessa lhe fizera
De volver a seu lado antes da noite.
Mas a noite desceu: sobre a colina
Colma, desamparada, se lamenta.

## III

### O LAMENTO DE COLMA

*(Cântico de Minnona)*

"Que negra noite! neste escuro outeiro
Eis-me só, confrangida pelo susto.
Cobrem o céu as nuvens da procela,
Mugem os ventos da montanha em roda.
Ouço o escorrer das águas pela rocha,
      Sozinha, abandonada,
Nada restou que me dê abrigo.
"Astro da noite, ó lua, ergue-te ao menos,
Deixa do monte o verde-negro seio.
Entretecei o céu, alvas estrelas.
Benéfico luar me leve ao pouso
Solitário, em que o amante fatigado
      Por ventura descanse,
Arco no chão, rafeiros seus ao lado.

"Ai! mesquinha de mim! desamparada,
Aqui a noite passarei: reboam
Mais forte ainda os ventos e os regatos,
Oh! porque tardas, Salgar? a torrente,
O alcantil, a árvore, te acusam:
Eis-me aqui: onde estás? responde, amigo.
      Em vão! que me não ouves,
Ou não posso te ouvir se me respondes.

"O irmão, o pai, deixei por ti, fugi-os:
A guerra desuniu nossas famílias,
Mas nossos corações, embora, se unem.
Cessai, torrentes, serenai, ó ventos,
Deixai que o amado minha voz escute.
      Salgar? eu, que te chamo,
Eu, tua Colma que te espera: oh! corre.

"Consoladora lua, enfim, despontas!
Brilha no vale a onda: descerrados,
Cinzentos, das montanhas vejo os topes;
Mas onde estais, que te não vejo, Salgar?
Onde teus cães, das sarças escosidos?
   Ai de mim, desgraçada!
De companhia não terei o amante.

"Oh! céu! que hei visto! nas estivas próximas
Sangue... dois corpos... meu irmão... meu Salgar!
Mortos! seus ferros roxeados ainda...
Cruel irmão, porque lhe deste a morte?
Salgar, porque ao irmão a luz roubaste?
   Fios de minha vida,
Porque, um ao outro, vos cortastes, ímpios?

"Meus cânticos, voai por estes bosques.
Era Salgar — do outeiro o mais formoso;
E meu irmão a destra sanguinosa
Da morte em campo meio de batalha.
Falai, amigos, respondei-me às vozes.
   Em vão! — que para sempre
A língua é muda, o coração gelado.

"Sombras queridas, do alto dos rochedos
Assaz hei destemor para escutar-vos
Dizei-me a gruta onde pousais agora.
São mudos! nem sequer ouço um suspiro
Deles, no meio do estrupir dos ventos!
   De vez em vez apenas
Meus ais sentidos me devolve o eco.

"Eis-me aqui, pois, a sós com minha mágoa;
A nova aurora me achará penando.
Vinde, dos mortos levantar o túmulo,
Fiéis amigos; mas deixai que o entre,
Primeiro que o fecheis, a infeliz Colma:
Breve sonho, desfez-se-me a existência;
   Quero dormir com eles
Ao som do arroio que da serra côa.

"Quando o outeiro, alta noite, em véus se oculte,
Envolvida em vapor na asa dos ventos
Aqui virei chorar de ambos a morte:
O caçador, pousando na cabana,
Silencioso escutará meu canto,
    E enternecido e triste
Verterá sobre os dois piedosa lágrima."

## IV

Assim cantou Minnona. As faces belas
O virgíneo rubor subira a espaços.
Almas em dor e pálpebras em pranto.
    Colma choramos todos.
Então ergue-se Ullin: na harpa sonora.
    Despertou melodias
De Alpino, o feiticeiro, nas toadas,
    De Ryno, todo ardores.
O túmulo de há muito os recebera
E a real Selma lhes perdera às vezes.

Ullin um dia, ao regressar da caça,
    Ouvira os dois carpindo
De um bravo herói a prematura morte.
Esse bravo — de Fingal tinha os brios,
De Oscar o braço temeroso e bardido.
Era Morar... Do irmão ouvindo o nome,
    Minnona levantou-se,
E como a lua, que à tormenta foge,
E da nuvem no seio esconde o rosto,
Desapareceu dali... A harpa feriu-se
    E começou a nênia.

## V

## A NÊNIA DO HOMEM FORTE

*(Cântico de Ullin)*

*Ryno*

"Em meio vai o dia: a chuva e o vento
    Chegaram a findar:
As nuvens desunidas se dispersam
    E voam pelo ar:
A luz do sol percorre os verdes topes
    No eterno vaguear:
Vão no pedrento vale águas do monte.
    Cor de sangue, rolar.

"Quanto me apraz o trepidar do arroio!
Porém me agrada mais a voz de Alpino,
O velho bardo que pranteia os mortos.

"Porque vens só, ó filho da harmonia,
    Com tão mago gemer?
Porque suspiras, qual suspira o vento
    Na floresta a correr,
Ou como a vaga em solitária praia
    Nas lapas a bater?"

*Alpino*

"São meus prantos, ó Ryno, pelos mortos:
Saúdo os habitantes do sepulcro.
Hoje garboso tu te ostentas, moço,
E inveja causas da planície aos filhos:
Mas amanhã quem sabe se o estrangeiro
    Não chorará piedoso
Sobre o túmulo teu? então no outeiro
Não se verá vestígio de teus passos,
E livremente correrá nas matas
    O cervo que te há medo!

Oh! Morar! semelhavas na carreira
    O gamo da colina;
E mais terrível do que tu não era
    O meteoro inflamado.
Nem a cólera tua a tempestade
    Nos funestos efeitos
Vencer podia, e do combate em meio
    Mais luzia o teu ferro
Do que raio lampeja pela várzea.

"Era tua voz qual engrossado arroio,
    Que estrepitoso corre
Depois da chuva, ou qual o surdo ronco
Do furacão que ameaça ao longe.
Quantos heróis nas guerras imolaste!
Mas no regresso, tão sereno e calmo,
Eras o sol depois de uma procela,
Plácida como a lua era tua alma,
Quando os ventos nos ares emudecem.

"E hoje dormes no asilo mortuário!
Bastam três passos para medir o espaço
Que encerra quem há pouco era tão grande.
Quatro pedras de musgo tapeçadas
Formam o só moimento que dos homens
Te encomenda à memória. Sobranceira
Uma árvore, já seca, desfolhada
  — Única! — aponta ao caçador o túmulo
    De Morar o temido!

"Nem amante, nem mãe, sequer deixaste
Para carpir-te... Mas que velho é este?
Bastão, que o apoia, roça-lhe os cabelos
Embranquecidos pela idade; os olhos
Roxos estão de pranto que verteram:
Vem caminhando a passos vacilantes...

"Ó Morar! é teu pai: não possuía
Outro filho varão: ouvira ansioso

Falar dos teus triunfos no combate
E dos contrários em derrota feitos.
Oh! porque ignorou teu fado inimigo?
Chora, pai infeliz! embalde choras;
Dorme teu filho bem profano sono
Em leito entrado pela terra abaixo:
    Não há mais despertá-lo
Nem por milagre do clamor paterno.

"Quando virá um matutino raio
As sombras dissipar, findar-te o sono?
Adeus, mancebo intrépido, valente
    Como os heróis antigos:
Não ver-te-há mais o campo de batalha,
    E a sombra da floresta
Não te refletirá o elmo luzido.
Filhos, que perpetuem os teus feitos,
Não os tens, mas nos cânticos de Alpino
Teu nome e glória transporão os tempos!"

## VI

Esta canção de morte confrangeu-nos.
    Do coração, — mais longo,
Mais sentido que os nossos, — um suspiro
    Ouviu-se ao nobre Armino,
Reminiscências de seu caro filho
Em flor colhido na manhã da vida!
Carmor, que cerca do ancião se achava,
"Armino (diz-lhe), porque assim suspiras?
"Entristeceu-te porventura a lenda
    "Do feiticeiro bardo?
"Nossas almas são cordas que respondem
"Da melodia às vibrações: semelham
"O vapor que do lago ao céu se eleva
    "E no vale se espalha
"Umedecendo as flores e a campina:
"Mas apenas desponta o sol nascente,
"O ligeiro vapor se desvanece.
    "Deixa, pois, a tristeza,
"Ilustre chefe dos ilhéus de Gorma."

## VII

### PAI EM ORFANDADE

*Cântico de Armino*

*Armino*

"Ouve, Carmor; assaz no peito hei mágoas:
Tu és feliz, que os filhos não perdeste,
O bravo Colgar e a gentil Anyra
São de teus olhos o enxergar contínuo:
    Teus ramos reverdecem,
E eu! — vivo só, — de minha raça o último!

"Bem sombrio é teu leito, ó minha Daura,
E bem profundo o sono que lá dormes.
Oh! quando ao terno pai que por ti chama,
    Despertando risonha,
Farás ouvir o doce de teus cantos?

    "Os murmúrios do outono
Reboem pela selva solitária;
Jorre do monte furioso o arroio,
    E as procelas do norte
Estalem, verguem o carvalho anoso.
Ó lua, pousa um pouco sobre o vale
Teu olhar melancólico: a minha alma
    Recorda a noite horrível
Em que foi morto o meu valente Arindal.
    Em que a donosa Daura,
Como uma estrela que nos céus desmaia,
Soltou do peito o extremo adeus à vida.

"Ó minha filha! tão serena e linda
Como o astro da noite na colina,
Excedias a neve na brancura,
    E o respirar do zéfiro
Da voz suave na expressão tão meiga!

Quem há que ao meu Arindal igualasse
No despedir da flecha nos combates?
Vapor sombrio sobre o mar pairando
Era o seu varonil volver dos olhos,
    E no escudo brilhante,
Qual a nuvem o raio, tinha a morte.

"Armar, guerreiro célebre, por Daura
De amores estranhado, requestou-ma
E alegres o festim aparelhamos.
Mas, por desgraça, outrora em luta franca
Caíra um filho de Odegal ferido
De minha filha pelo bravo noivo.
Urdiu atroz vingança o irmão do morto:
Toma o trajo de velho marinheiro,
Simula sisudez, à praia abica
    Em pescareja barca,
E à minha Daura sossegado fala:
"Filha do nobre Armino, oh! de entre as virgens
    A mais perfeita e bela!
"Não avistas além, do mar em meio,
"Aquela rocha, a um lado sombreada
    "Por árvore frondosa
"Que ajoujam belos e vermelhos pomos?
"Armar te espera lá: mandou-me às pressas
"Para levar-lhe sua Daura amada."

"A mal aconselhada o segue. Chegam.
Chama o seu Armar: só responde o eco.
    "Meu Armar, meu esposo,
"Oh! porque assim me deixas solitária,
    "Expirando de medo?
"Escuta, escuta, é Daura que te chama."
Entanto o vil traidor dali regressa
E em terra salta com sorriso infame.
Ouvia-se o gritar de minha filha:
    "Ó Armino, ó Arindal,
"Ai! mesquinha de mim! que me abandonam!"

"Lá desce Arindal da colina oposta,
Fatigado da caça. Ao lado as flechas
Tinem: de sua destra pende o arco:
Cinco libréos de companhia o seguem.
Ei-lo que dá com os olhos no embusteiro,
Corre após, já o alcança, a um roble o amarra,
Quebra-lhe os ossos no apertar dos laços
E o deixa no estertor e nos ronquidos.
Então entra o batel e as ondas corta:
    Vai dar à irmã socorro.

"Mas, oh! crime da sorte! Armar que chega,
    Não sabedor do caso,
Acusa Arindal, transportado em raiva,
    E a flecha que despede
Vai de meu filho descoser o peito.
Cai-lhe da mão o remo: a dura rocha
    Recebe-lhe o cadáver.
A misérrima Daura ainda houve lágrimas
Para chorar seu piedoso amigo.

"Das ondas no embater lá vai o esquife
Desfeito e roto em fugidias tábuas.
Armar delira: a nado se arremessa,
Quer com Daura morrer, se não salvá-la.
Porém o vento muge, o mar se encrespa,
    E no enroscar das vagas,
Some-se envolto o nadador vencido.

"Só, sobre a rocha, já votada à morte,
Minha filha gemia. Horrível transe!
Eu tinha ouvidos para ouvir-lhe as vozes,
Falido em forças para dar-lhe auxílio!
Em pé, na praia, a noite toda estive:
Vi-a por vezes ao clarão da lua,
    E seus tristes lamentos,
Voz de fantasmas, me coavam n'alma.
Zunia o vento e a chuva redobrava.
Antes da aurora clarear os montes,

    Sua voz foi morrendo,
E por extremo se extinguiu nos ares,
Como o da brisa murmurar saudoso
Que entre a folhagem volteando expira.
    Eis-me aqui só, sem filhos!
De um o valor perdi, do outro as graças.
De ambos o orgulho nos meus velhos anos.

"Desde essa noite horrível e medonha,
Sempre que a tempestade os montes desce,
Sempre que o norte as ondas encapela,
    Vou na praia sentar-me
E ao longe enxergo o fúnebre rochedo.
Às vezes, quando a lua ao recolher-se
Bruxuleia no pálido crepúsculo.
Eu vejo além as sombras de meus filhos
Que conversam conversa de finados.
Sim, ó Carmor, assaz no peito hei mágoas,
Pois vivo só, de minha raça o último!"

## VIII

### EPÍLOGO

Assim os bardos, renovando as lendas,
Enfeitiçavam da velhice os dias
Ao nobre Fingal: das colinas longes
Vinham os bravos escutar seus cantos
     E em derredor de Ossian,
O chefe trovador, batiam palmas.

Mas agora o torpor da velha idade
A voz me enrouqueceu, gelou-me o sangue.
Às vezes diante mim nos ares vagam
     As sombras dos cantores;
Escuto seus fantásticos poemas,
Mas a memória foge-me traidora,
E os anjos me sussurram tristemente:
"A lira dependura dos salgueiros,
     "Cantor do velho tempo:
     "Em breve dormirás o eterno sono
     "Em teu leito de vermes:
"E quem sabe se um bardo no futuro
"Memorará teu nome com saudade?"
Além! Além! passe, anos tristonhos;
E já que sois os ecos do sepulcro,
Ele deve estar perto, vinde abri-lo.
     Vinde abri-lo e levai-me.

Eu sou demais na geração presente:
Os meus irmãos, filhos da harmonia
Repousam todos na mansão dos mortos.
Após eles, — só eu na terra existo, —
Como um sussurro na cavada rocha
Em meiga noite quando os ventos calam,
Enquanto o nauta, mar em fora, ao longe
Enxerga ainda as árvores da pátria
E a pátria mesmo que se vai sumindo!...

# MACHADO DE ASSIS, LEITOR DE LAWRENCE STERNE

*Maria Elizabeth Chaves de Mello*

No texto introdutório "Ao leitor", das *Memórias póstumas de Brás Cubas*, Machado de Assis apresenta o livro que será lido:

> *Trata-se, na verdade, de uma obra difusa na qual eu, Brás Cubas, se adotei a forma livre de um Sterne, ou de um Xavier de Maistre, não sei se lhe meti algumas rabugens de pessimismo.* (ASSIS, 1971, v. II, 513)

Muitas são as publicações referentes à influência de Lawrence Sterne na obra do autor de *Brás Cubas*, baseadas, não somente nessa afirmação, como, principalmente, nas semelhanças entre as narrativas dos dois romancistas. Entretanto, indo pesquisar na biblioteca de Machado na Academia Brasileira de Letras, percorrendo os seus inúmeros livros, deparamo-nos com a surpresa de encontrar dois volumes de Sterne em inglês, absolutamente intactos, sem nenhuma anotação, nenhuma dobra, nenhuma assinatura do proprietário, páginas impecáveis, apenas amareladas pelo tempo. São eles: *The Life and Opinions of Tristram Shandy* (Collection of British Authors, vol. CLIII, Tauchnitz Edition, Leipzig, 1849) e *A Sentimental Journey* (Collection of British Authors, vol. 544, Tauchnitz Edition, 1861), contendo uma página com uma foto de Sterne — aliás, a única página solta, com ar de ter sido manuseada. Pesquisando no catálogo da biblioteca, encontramos um Sterne inédit. *Le Koran oeuvres posthumes complètes*, (Paris, Librairie nouvelle, 1853), tradução de Alfred Hédouin. Edição acompanhada de notas e com uma foto de Sterne. A única assinatura seria de Arthur de Oliveira. Segundo *The Dictionary of National Biography*, esta obra é apócrifa e seu verdadeiro autor seria Richard Griffith. Diante dos poucos dados que pudemos obter, caberia a pergunta: teria Machado realmente lido Sterne? Se o fez, sua leitura teria sido a de traduções? Ou seu conhecimento do autor de *Tristram Shandy* limitar-se-ia a esse texto apócrifo e, ainda por cima, traduzido para o francês? Podemos, realmente, confiar no acervo da biblioteca de Machado de Assis da Academia Brasileira de Letras? Ou há aí muito mais material de indagação do que pensáramos ao iniciar essa pesquisa? Em que medida isso poderia mudar os rumos dos estudos sobre as famosas influências inglesas de Machado?

Na verdade, o que podemos observar é que, lúcido em relação à sociedade em que vivia, Machado de Assis também o era no que se referia ao papel do artista no seu mundo. Leitor em primeira mão ou não de Sterne, é irresistível a comparação entre os dois autores, pois a obra machadiana é toda composta de reflexões sobre a função da ficção, exatamente como o fazia o autor inglês.

E aí caberia o questionamento que gostaríamos de fazer. Tendo notícia do estilo – ou da *maneira*, como ele prefere dizer – de Sterne, Machado teria tomado impulso para a grande revolução da literatura brasileira que decide fazer a partir de *Brás Cubas*. Se ele só leu o autor de *Tristram Shandy* em texto apócrifo, nossa reflexão torna-se mais interessante, pois abre-se um espaço maior e mais rico para pensar sobre a questão do imaginário em sua obra. De qualquer maneira, o que temos de concreto, é que ele comunica ao leitor que vai escrever como Sterne, acrescentando a este a famosa *tinta da melancolia*, que seria, então, a sua diferença em relação ao reverendo inglês. Ou seja, ao mesmo tempo em que confessa a filiação, acrescenta a questão do *pessimismo*, que já vai se delineando como de capital importância: residiria aí a sua transgressão ao modelo? E o que seria esse modelo? Em que Sterne poderia ter motivado Machado, a ponto de receber uma referência ao seu nome logo na abertura de *Memórias póstumas de Brás Cubas?*

Em *The Life and Opinions of Tristram Shandy* o narrador, ao mesmo tempo em que se desdobra para contar a sua narrativa, adotando os procedimentos que, mais tarde, também serão usados por Machado, não consegue avançar nela. "É uma fuga constante diante do assunto prometido: a vida de Tristram Shandy" (FLUCHÈRE, 1961, 228).

Na verdade, podemos afirmar que existem tantos séculos XVIII quantos são os autores que dele falam, embora a sua simples evocação provoque, no imaginário de qualquer indivíduo ocidental de instrução mediana, uma série de idéias mais ou menos definidas: *século das luzes, Enciclopédia, século dos filósofos, Revolução Francesa, ascensão da burguesia, Revolução Industrial;* poucas são as épocas mais ricas e tumultuadas da História Ocidental. E, já que mencionamos duas revoluções, não nos custa nada acrescentar mais uma: a *revolução do romance*. Obras como as de Defoe, Richardson, Sterne, Rousseau, Laclos, Diderot e Sade emanam desse período, em que a Europa atravessa uma profunda mutação, momento de revolução teórica das concepções morais, políticas, religiosas e sociais da burguesia européia, como bem mostra Paul Hazard, no seu texto *La crise de la conscience européenne*. (HAZARD, 1953) Assim, os romances do século XVIII nos aparecem, ao mesmo tempo, como de criação e de crítica:

> *Cabe ao século das luzes a glória incomparável e indescritível de ter realizado a tarefa de unir, com perfeição igual, a obra crítica à obra criadora, conferindo a cada uma as virtudes da outra.* (CASSIRER, 1958)

Ou seja, em todos esses textos podemos ter certeza de que vamos encontrar questionamentos das convicções, ideologias e idéias vigentes naquele momento. Por outro lado, com o desenvolvimento científico e tecnológico que o *século das luzes* conheceu, a crença no progresso e o entusiasmo com tudo o que possa dele derivar propiciam uma grande mudança na própria concepção de História, que passa, doravante, a ser levada a sério, considerada como ciência. Essa valorização provoca, entre o público leitor, uma reação de desprezo por toda escrita que não possa se relacionar com a verdade, com a ciência, com a História. Conscientes disso, os escritores tentam fazer com que os seus romances também sejam considerados verdade histórica, pretensão que aparece em muitas obras da época. Tentar inverter essa concepção de romance, reagir a ela, é das transgressões mais importantes realizadas pela literatura que se afasta da estética clássica. Para estudá-la, nada melhor do que analisar a produção de Lawrence Sterne, *The Life and Opinions of Tristram Shandy*.

De fato, desde o título, essa obra está bem longe da pretensão à verdade, pois o leitor é levado a se perguntar, no primeiro contato com o livro, o que seria mais importante, se a história ou as opiniões. Se decidir pela primeira, ele descobre que *Tristram Shandy* não é um romance no sentido que estabelecera a tradição de Richardson e Fielding. Se decidir pelas opiniões, verá que sua natureza, sentido e intenções podem ser emitidas por Tristram Shandy (narrador e personagem), pelos outros personagens e pelo autor implícito (o próprio Sterne, na medida em que ele se distingue de Tristram e seus personagens). Na verdade, o narrador, ao mesmo tempo em que se desdobra para contar a sua narrativa, não consegue avançar "É uma fuga constante diante do assunto prometido: a vida de Tristram Shandy". (FLUCHÈRE, 1961, 228). Visto desde o iníco como um enigma literário, o segredo de *Tristram Shandy* parece residir no papel desempenhado pelo próprio narrador–personagem.

> *A sua pretensão dupla – que se conhece, sem se conhecer – vem, simplesmente, tornar explícito o que é patente na nossa experiência do princípio ao fim: que, sob certos aspectos, ele está a dar-nos um romance como os outros e sob outros aspectos, não. Grande parte do livro compõe-se de Tristram falando das suas tarefas de escrita e da sua relação retórica com o leitor.* (BOOTH, 1970, 237)

Assim, o caráter de aventura, que o leitor acreditara ter a primazia no texto, vai perdendo terreno, durante a leitura, para o caráter de metaromance do livro. Estamos diante de algo novo, que modifica completamente as relações autor/obra e obra/leitor e que consiste na base do desenvolvimento da teoria de Wolfgang Iser, segundo a qual o trabalho literário tem dois pólos, um artístico e outro estético, o primeiro se referindo ao texto criado pelo autor, enquanto o segundo seria obra do leitor. Neste sentido, a obra só existe na convergência texto/leitor, quando ela receberá o seu sentido e poderá cumprir a sua função, de acordo com a acolhida que lhe for feita (ISER, 1978, 235). De acordo com a visão de Iser, o leitor

> *... não pode se abster de tal interação; ao contrário, a atividade estimulada por ele conduzi-lo-á ao texto e induzi-lo-á a criar condições necessárias à efetivação daquele texto.* (ISER, 1978, 9-10)

Poderíamos afirmar, portanto, que a obra de Sterne induz a uma consciência aguda do leitor, desmontando a impessoalidade e objetividade do discurso com pretensões a histórico que se fazia. Com todos esses procedimentos, o livro produziu um choque no *horizonte de expectativas* (KOSELLECK, 1979) dos seus leitores, que o classificaram de desordeiro e confuso. A crítica da época fica perplexa com uma obra que se recusa a parecer verossímil, que não *cola* na História, privilegiando a imaginação, propondo a seu público uma atitude de reflexão sobre o ficcional, enfim, reagindo ao prestígio da História em detrimento da ficção, que dominava o século XVIII europeu. Entretanto, se analisarmos a tradição literária a que se filia Sterne, veremos que a sua obra pode se inserir em três gêneros de bastante prestígio naquele momento: romance cômico, coletânea de ensaios filosóficos e sátira. A modernidade de *Tristram Shandy* situar-se-ia simplesmente na combinação desses três parâmetros tradicionais. Assim, a luta de Tristram para contar uma história dá ao livro uma forma de enredo, que seria inadmissível em Montaigne, por exemplo; por outro lado, esta luta do escritor perturba a própria ação cômica que o narrador pretende relatar. E, apesar da sátira ser aí abundante, ela não existe como finalidade última. Segundo Wayne Booth,

> ... *o contar desta história é, em si, cômico, principalmente porque nada existe na natureza do seu tema, quando visto como material para um romance cômico convencional, que requisitasse toda essa complexidade. O caos é todo obra dele. Sterne e o leitor estão sempre conscientes da existência de uma cronologia de acontecimentos simples e clara, que poderia facilmente contar-se em cem páginas.* (BOOTH, 1980, 245)

Poderíamos deduzir, portanto, que o narrador está diante do tempo que não pára, ameaçando com a sua fugacidade o esforço do artista para reproduzir fielmente o mundo sem cair no caos. Encontra-se, assim, na impossibilidade total de escapar às leis do funcionamento da inteligência, conservando-lhe a sua inimitável e preciosa originalidade. Trata-se, pois, de uma obra em que o exercício da reflexão em relação ao objeto literário tem mais valor do que os acontecimentos narrados. A idéia central do livro pode ser resumida pela indagação sobre as causas do paradoxo entre um destino sem grandeza e a imensa atividade intelectual que a narrativa desse mesmo destino provoca...

Um século depois, no Brasil, a ficção tinha dois caminhos a escolher, seguindo a importação do romance europeu: ou era leve e superficial, ou procurava esconder o seu caráter de ficção.

> Daí a voga do romance de costumes, da poesia que se justifica por sua eloqüência ou fluente sentimentalidade ou pela indignação dos seus bons sentimentos e, mais atualmente, do romance-reportagem. O escritor se prende à realidade – externa dos fatos ou interna dos sentimentos – para esconder o estigma da ficção. (COSTA LIMA, 1984, 256-7)

Tendo Machado sido leitor de Sterne (no original ou em traduções, pouco importa), a sua obra é toda composta de reflexões sobre a função da ficção diante do vazio da sociedade do seu tempo. Assim, passa a recusar as duas estéticas predominantes da sua época – a romântica e a realista —, consciente de que a retórica então predominante foge à reflexão, ou seja:

> A literatura e a arte em geral eram tão ornamentais do ponto de vista do público real, quanto a política era não representativa dos grupos sociais. (COSTA LIMA, 1984, 251)

Assim, para refletir sobre a ficção, era preciso "matar" o escritor adequado ao horizonte de expectativas do público da época, morte que tem a sua alegoria em *Memórias póstumas de Brás Cubas*, que inicia a sua série de grandes romances e no qual o narrador-personagem só escreve o livro depois de morto:

> Suposto o uso vulgar seja começar pelo nascimento, duas considerações me levam a adotar diferente método: a primeira é que eu não sou propriamente um autor defunto, mas um defunto autor, para quem a campa foi outro berço; a segunda é que o escrito ficaria assim mais galante e mais novo. (ASSIS, 1971, v. I, 513)

Impossível não pensar em *Tristram Shandy*, tentando contar a sua própria história sem jamais consegui-lo. Com Machado, estamos na presença de um autor defunto, relatando a sua autobiografia e decidindo começá-la pela própria morte. A partir de *Brás Cubas,* nosso autor exercerá um estilo cada vez mais próximo do de Sterne, em momentos inesquecíveis da literatura brasileira. São muitos os pontos em comum entre os dois autores; ambos saltam de um assunto para o outro, do particular para o geral, do abstrato para o concreto e vice-versa, do real para o imaginário e deste para o onírico, etc. Estas mudanças ocorrem às vezes vertiginosamente, outras vezes com um cômico aparato lógico, rindo-se da lógica, ou mostrando a existência efetiva de uma estranha incoerência entre as coisas que as pessoas menos avisadas julgam distantes e desconexas. E tudo pontuado por uma conversa permanente com o leitor, como é o caso do narrador machadiano no capítulo CXIX de *Dom Casmurro,* que só contém as seguintes frases:

> *A leitora, que é minha amiga e abriu hoje este livro com o fim de descansar da cavatina de ontem para a valsa de hoje, quer fechá-lo às pressas, ao ver que beiramos um abismo. Não faça isso, querida; eu mudo de rumo.* (ASSIS, 1971, v. I, 925)

Ou do capítulo "O velho diálogo de Adão e Eva", em que a página em branco oferece ao receptor a pluralidade de leituras possíveis, demonstrando a consciência do romancista de que o texto ficcional contém "vazios" e "negações", que revelam "a assimetria fundamental entre texto e leitor, que origina a comunicação no processo de leitura" (ISER, 1979, 91).

O leitor deve preencher esses vazios e isso vai acontecendo na medida em que ele próprio (leitor) vai mudando. Se forma uma representação e sente dificuldade em preencher com ela um "vazio", ou se o texto lhe mostra que ela não é adequada, deve abandoná-la e adotar uma outra. É assim que ele vai se tornando capaz de experimentar alguma coisa que não estava no seu horizonte de expectativas. Os "vazios" e "negações" potencializam, então, a sua atividade imaginativa.

Assim, se Sterne, diante de um horizonte de expectativas de uma literatura moralizante e historicizante, antecipa-se à estética da modernidade, lançando a questão do leitor sem que este possa ser ou se considerar detentor da resposta correta; se Machado de Assis subordina, em sua forma discursiva, a História ao imaginário, de maneira a que uma proporção mínima do seu público o perceba... a que conclusões pode chegar o crítico que quer estudar o comportamento dos dois autores diante da questão do ficcional?

Talvez a solução esteja com Sterne, cuja ficção independente da História seria a única possibilidade de reagir ao "veto ao ficcional", estudado por Luiz Costa Lima (1984, 123); talvez a chave esteja com Machado que, com sua ficção corrosiva, consegue abrir *buracos* na História, embora consciente de que esta tentativa de pouco vai adiantar, já que, enquanto romancista, ele não tem poderes para mexer com a sociedade e o público, que nem sequer o entendem. Daí viria a *tinta da melancolia* que, aliada à *pena da galhofa,* produziram as mais importantes reflexões sobre o romance feitas dentro do próprio romance na literatura brasileira...

Parodoxo e drama do intelectual burguês, que pensa o mundo sem conseguir modificá-lo, que critica a sociedade e a sua classe social, embora continue pertencendo a ela, sua única salvação possível é a ficção, única saída para passar adiante uma visão lúcida do mundo. Poucos são os que o entendem, tanto na sua época como nos dias de hoje. Mas isto já estava previsto, como podemos perceber ainda nas primeiras páginas das *Memórias póstumas de Brás Cubas,* mais precisamente, na advertência ao leitor, em que é dito:

> *Que Stendhal confessasse haver escrito um de seus livros para cem leitores, cousa é que admira e consterna. O que não admira, nem provavelmente consternará, é se este outro livro não tiver os cem leitores de Stendhal, nem cinqüenta, nem vinte, e quando muito, dez. Dez? Talvez cinco.* (ASSIS, 1971, v. I, 513)

Ou seja, consciente de que a sua ficção crítica não será entendida pelo seu leitor, Machado se contenta com os poucos que o puderem compreender. Assim fazendo, ele estaria lançando a semente para a liberdade da literatura com que sonhava, embora tenha que se servir de subterfúgios para lançá-la. E, como semente, ela seria em pequena quantidade, poucos leitores a compreendê-lo, mas que pudessem, a partir da sua obra, refletir sobre essas questões. Os outros, aqueles que o aplaudem sem compreendê-lo – e que são a grande maioria – só fazem atestar a ineficácia de qualquer tentativa de atuação na sociedade por parte dos homens de letras. Machado se consola em lhes dar "piparotes", sabendo que quase nunca será entendido, rindo ironicamente de quem o aplaude pelo que ele não é principalmente. E reservando para os *cinco leitores,* os *happy few* a que se referia Stendhal, a responsabilidade de pensar nas questões abordadas pela sua obra, de maneira a tentar mudar alguma coisa neste país.

Talvez ele não acreditasse de fato nessa mudança, feita por tão pequena minoria intelectual, com tão reduzido poder de atuação. Talvez achasse que os "cinco" não seriam capazes de fazer coisa alguma para mudar o que percebem, através de seus textos, de errado no sistema. Talvez essa descrença explicasse o tão decantado *pessimismo* em seus livros. Mas isso já seria matéria para um próximo trabalho...

## *Referências*

ASSIS, Machado de. *Obra completa.* Rio de Janeiro: Nova Aguilar, 1971. V. I.
BOOTH, Wayne. *A retórica da ficção.* Lisboa: Editora Arcádia, 1980.
CALVINO, Ítalo. *Por que ler os clássicos.* São Paulo: Companhia das Letras, 1993.
CASSIRER, Ernst. *La Philosophie des Lumières.* Paris: Fayard, 1958.
COSTA LIMA, Luiz. *Dispersa demanda.* Rio de Janeiro: Francisco Alves, 1981.
_____. *O controle do imaginário.* São Paulo: Editora Brasiliense, 1984.
DARNTON, Robert. *O grande massacre de gatos.* Rio de Janeiro: Graal, 1984.
HAZARD, Henry. *La Crise de la conscience européenne.* Paris: Fayard, 1953.
ISER, Wolfgang. *The Act of Reading.* Baltimore & London: The John Hopkins University Press, 1974.
KOSELLEK, Reinhart. *Le Règne de la critique.* Paris: Les Éditions de Minuit, 1979.
JAUSS, Hans Robert. *Pour une esthétique de la réception.* Paris: Gallimard, 1978.
STERNE, Lawrence. *The Life and Opinions of Tristram Shandy.* New York/London: W.W. Norton & Company, Inc., 1980.

# MACHADO DE ASSIS, LEITOR (AUTOR) DA REVISTA DO INSTITUTO HISTÓRICO E GEOGRÁFICO BRASILEIRO

*João Cezar de Castro Rocha*

O título deste capítulo não pode deixar de provocar um ligeiro sorriso no freqüentador dos textos machadianos. Afinal, conhecemos a célebre frase de Machado de Assis, em resposta a um amigo que, chegado de viagem, vangloriava-se do muito que aprendera e das aventuras que vivera na Europa: "também já fui a Petrópolis".[1] Desse modo, ironizava a necessidade de viajar a terras distantes em busca de novidades. Pelo contrário e bem ao gosto de Xavier de Maistre, Machado sempre soube tirar proveito de viagens ao redor do quarto.

Aliás, o mesmo Xavier de Maistre recordado, juntamente com Laurence Sterne, no prólogo, "Ao leitor", das *Memórias póstumas de Brás Cubas*.[2] Ilustres companhias para um propósito bem definido: adotar a "forma livre"; fórmula machadiana para a inversão produzida no tratamento do tempo no romance brasileiro. Forma livre que exige leitores atentos, sobretudo porque o tempo "é um tecido invisível", conforme lemos em *Esaú e Jacó*, e, na tessitura do texto machadiano,

---

[1] Devemos a Flora Süssekind a seguinte descrição da irônica afirmação do escritor: "Esta história já foi contada por Alfredo Pujol e, mais tarde, repetida por Raimundo de Magalhães Júnior num artigo sobre as poucas viagens empreendidas ao longo de sua vida por Machado de Assis. (...) Ramos Paz, há tempos fora do país, voltara e dedicava-se a contar aventuras e descrever maravilhas, ouvidas com interesse por todos, inclusive um atento Machado de Assis. Até que, concluída a narrativa de viagem do amigo cheio de pose, um comentário agridoce machadiano lhe teria servido de arremate inesperadamente desapaixonado" (SÜSSEKIND, 1990, 260-61).
[2] Eis a menção: "Trata-se, na verdade, de uma obra difusa, na qual eu, Brás Cubas, se adotei a forma livre de um Sterne, ou de um Xavier de Maistre, não sei se lhe meti algumas rabugens de pessimismo" (ASSIS, 1881, 513).

suas formas se multiplicam e se complexificam. A metáfora se encontra em *Esaú e Jacó*, num contexto que se refere precisamente à descontinuidade típica da narrativa do segundo Machado:

> *O salto é grande, mas o tempo é um tecido invisível em que se pode bordar tudo, uma flor, um pássaro, uma dama, um castelo, um túmulo. Também se pode bordar nada. Nada em cima do invisível é a mais sutil obra deste mundo, e acaso do outro.* (ASSIS, 1904, 976)[3]

Não surpreende, pois, a perplexidade de Capistrano de Abreu, geralmente considerado o introdutor de modernas técnicas historiográficas no cenário intelectual brasileiro.[4] Em carta ao próprio autor, reconhecia: "Em São Paulo, por diversas vezes, eu e Valentim Magalhães nos ocupamos com o interessante e esfíngico X. Ainda há poucos dias ele me escreveu: 'O que é *Brás Cubas* em última análise? Romance? Dissertação moral? Desfastio humorístico?' – Ainda o sei menos eu" (ABREU, 1881, 373). A desorientação do historiador é compreensível: enquanto *tecido* invisível, o tempo machadiano é antes de tudo *texto*. E texto que avança ou recua por saltos, maiores ou menores, mas sempre desconcertantes do ponto de vista do padrão de uma escrita linear porque dócil à cronologia "natural" dos fatos. Aliás, a invisibilidade do tecido parece sugerir que não há propriamente fatos para serem *vistos*, mas somente eventos para serem narrativamente organizados.

De forma indireta, mas nem por isso menos aguda, Oliveira Vianna sugeriu uma alternativa à perplexidade de Capistrano de Abreu. No prefácio a *O ocaso do Império*, obra que lhe foi encomendada pelo Instituto Histórico e Geográfico Brasileiro, como parte das celebrações

---

[3] Para uma inteligente análise dessa metáfora, ver, de Dirce Côrtes Riedel, "Um tecido invisível", in *Metáfora. O espelho de Machado de Assis*. Rio de Janeiro: Francisco Alves, 1979, 81-87. Consulte-se, da mesma autora, *O tempo no romance machadiano*. Rio de Janeiro: Livraria São José, 1959.

[4] "(...) ele é o historiador que talvez tenha melhor encarnado entre nós o ideal da busca 'moderna' da verdade, dedicando-se incansavelmente à tarefa de procurar documentos inéditos, ocupando-se da sua tradução e publicação, tentando estabelecer a autenticidade dos seus autores, cuidando, portanto, de estimular e promover a pesquisa das fontes históricas por todos os meios que estivessem ao seu alcance". Ricardo Benzaquen de Araujo. "Ronda noturna: narrativa, crítica, e verdade em Capistrano de Abreu". *Estudos Históricos*, 1, 1988, 33.

do centenário do nascimento de Pedro II, Oliveira Vianna enfrentou delicado problema: por onde começar? Problema tanto mais delicado se recordarmos a solução encontrada por Oliveira Lima em *Aspectos da literatura colonial brasileira*. Inicialmente "intentado (...) e publicado como uma introdução a um trabalho sobre o Romantismo no Brasil" (LIMA, 1894, 55), mas como os antecedentes históricos eram muitos e, afinal, ligavam-se todos na cadeia sempre linear do tempo e, sobretudo, no círculo sempre leal à afirmação da nacionalidade, o livro principia a referida introdução pelo desembarque dos portugueses nas costas brasileiras. Nesse impossível retorno à origem, encontra-se o verdadeiro desafio do historiador. Mais precisamente, o desafio consiste em reconhecer que estamos diante de um falso problema, pois só se pode determinar a origem de um processo após a definição do resultado a que se deseja chegar. Considerando esse impulso, torna-se mais fácil valorizar a percepção de Oliveira Vianna:

> *Esta pesquisa das causas primeiras poderia me levar, de inferência em inferência, muito longe – porque a lógica do historiador é como aquele hipopótamo de uma fantasia de Machado de Assis: tem a fome do infinito e tende a procurar a origem dos séculos. Era preciso evitar este inconveniente, fatal antes de tudo aos leitores. Resolvi então procurar um ponto do nosso espaço histórico, tal que me permitisse, sem penetrar as origens remotas, determinar e isolar as causas mais aparentes do grande acontecimento.* (VIANNA, 1925, 6)

Nessa passagem, Vianna revela uma reflexão bastante avançada. Como profeta do passado, o historiador deve encontrar alento e não desânimo no potencial paradoxo explicitado por Vianna. No capítulo VII de *Memórias póstumas de Brás Cubas*, "O delírio", o narrador vê-se arrebatado por um hipopótamo que pretende conduzi-lo a uma improvável viagem – "nós vamos à origem dos séculos" (ASSIS, 1881, 520). No final do capítulo, Brás parece despertar do delírio e o hipopótamo deve contentar-se com a irônica alquimia: aparece transformado no gato do personagem, que brinca "à porta da alcova, com uma bola de papel..." (*IDEM*, 524). É esse o limite de todo historiador, pois, dedicado à busca da origem, não pode senão vislumbrá-la a partir de um processo já encerrado, desenrolando retrospectivamente eventos cujo desfecho já é conhecido. Noutras palavras, o ofício do historiador explicita o dilema de toda narrativa, cuja organização costuma principiar pelo fim, literalmente. Ora, como estudar as origens do "ocaso do Império" sem considerar que a própria determinação da tarefa sublinha o resultado a que se deve chegar?[5] Se o Império conheceu seu ocaso, então, como não principiar o relato pela série de problemas que "inevitavelmente" levariam ao declínio de fato ocorrido? Esse limite, porém, é justamente o que torna o trabalho do historiador interessante, já que deve obrigá-lo a reconhecer o caráter problemático de qualquer reconstrução narrativa. Não desejamos, porém, insinuar que o historiador seja um ficcionista constrangido. Fazê-lo representaria uma precipitação semelhante à crença positivista na relação fiel de *fatos*, embora, nesse caso, estivéssemos advogando a onipresença da ficcionalidade: a mesma ingenuidade, porém em direção oposta.[6] Em ambos os casos, faltaria uma reflexão mais cuidadosa que, sem deixar de anotar a semelhança, reconhecesse diferenças entre as narrativas do historiador e do ficcionista.[7]

Retornemos à obra machadiana. Como sabemos, sua geografia antes apresenta uma paisagem mental do que representa a natureza tropical – contrariando, desse modo, a determinação de um Ferdinand Denis, segundo a qual a originalidade da literatura brasileira seria mais bem encontrada na descrição de sua natureza.[8] No sempre citado "Notícia da atual literatura brasileira. Instinto de nacionalidade", como se intuísse o teor de certas críticas que muito mais tarde lhe seriam diri-

---

[5] De fato, uma tarefa. Recordemos as palavras do autor: "Deu-me o nosso Instituto Histórico, de que sou parte mínima, a incumbência de, na comemoração que ele fez do centenário do nascimento de D. Pedro II, historiar os últimos dias do seu grande reinado" (VIANNA, 1925, 5).
[6] Luiz Costa Lima já demonstrou a ingenuidade dessa hipótese. Ver "Aproximação de Jorge Luis Borges". *O fingidor e o censor. No* Ancien Régime, *no Iluminismo e hoje*. Rio de Janeiro: Forense Universitária, 1988, 257-306.
[7] Para a valorização do estudo da narrativa como meio privilegiado para o aprofundamento desse problema, ver Dirce Côrtes Riedel. *Colóquio UERJ. Narrativa. Ficção e história*. Rio de Janeiro: Imago, 1988. Ver ainda W. J. T. Mitchell (org.). *On Narrative*. Chicago and London: The University of Chicago Press, 1981.
[8] Sobre a importância de Ferdinand Denis na constituição do ideal da literatura brasileira associado à exuberância da natureza tropical, ver Maria Helena Rouanet. *Eternamente em berço esplêndido. A fundação de uma literatura nacional*. São Paulo: Siciliano, 1991.

gidas, Machado escreveu (para a posteridade): "O que se deve exigir do escritor, antes de tudo, é certo sentimento íntimo, que o torne homem do seu tempo e do seu país, ainda quando trate de assuntos remotos no tempo e no espaço" (ASSIS, 1873, 804). Por sua vez, a história em Machado de Assis não é um conjunto disciplinado de fatos, teleologicamente ordenados numa seqüência linear, mas texto, ou seja, uma forma narrativa determinada. E, no seu caso, com um alto grau de indeterminação no que se refere ao tratamento do tempo. Anotemos a agudeza da intuição. Para o autor, o simples acúmulo de fatos não é suficiente para sustentar o discurso do historiador, ele depende sempre de uma decisão narrativa. Como vimos, a escrita de uma obra como *O ocaso do Império* principia sempre pela pergunta: por onde começar, que fato-origem escolher? Pergunta que se desdobra em outras: qual o tom a ser adotado na narração dos fatos? Como ordená-los a fim de desvelar a "lição" da história? Como o leitor terá percebido, estamos aproximando a intuição machadiana da sistematização realizada por Hayden White em *Metahistória*, cujo profundo impacto, especialmente para a teoria literária, deveu-se à relação estabelecida entre os fatos e sua articulação discursiva; articulação essa determinada pelo protocolo lingüístico privilegiado consciente ou inconscientemente pelo historiador.[9] Em termos mais próximos à crítica literária, o historiador organiza narrativamente os fatos, ou seja, seleciona-os a partir de uma interpretação que, em si mesma, já implica uma forma inicial de organização. Assim, se o historiador julga que a queda da Monarquia representou antes um equívoco do que um avanço, o modo narrativo revelará seu juízo. Pelo contrário, caso considere a Proclamação da República um sinal de progresso, o modo narrativo não deixará de evidenciar sua posição. É nesse sentido que Oliveira Vianna demonstra sofisticada compreensão das

---

[9] "(...) propus que o estilo de um historiador determinado pode ser caracterizado em termos do protocolo lingüístico por ele empregado para prefigurar o campo histórico antes de impor a esse campo diversas estratégias 'explicativas' usadas para elaborar uma 'história' (*story*) a partir da crônica de eventos contidas no registro histórico". Hayden White. *Metahistory. The Historical Imagination in Nineteenth-Century Europe.* Baltimore & London: The Johns Hopkins University Press, 1975, 426. Para uma discussão das idéias de Hayden White, ver o debate entre Luiz Costa Lima e Ricardo Benzaquen de Araujo. In Dirce Côrtes Riedel. *Colóquio UERJ. Narrativa. Ficção e história.* Rio de Janeiro: Imago, 1988, especialmente 112-119.

*Memórias póstumas de Brás Cubas*, respondendo indiretamente à perplexidade de Capistrano de Abreu, ao sugerir que os fatos apenas se tornam visíveis na moldura narrativa escolhida pelo historiador. E não deve ser uma simples coincidência que tanto a dificuldade de Capistrano de Abreu quando a agudeza de Oliveira Vianna tenham sido estimuladas pelo romance de Machado de Assis, como se sua ficção apresentasse difíceis desafios à narrativa histórica tradicional

Portanto, o sintagma "Machado de Assis: leitor da *Revista do Instituto Histórico e Geográfico*" recorda a estrutura de um paradoxo, pois associa simultaneamente elementos contraditórios. Ora, as noções machadianas de tempo e espaço dificilmente seriam subscritas pelos membros do Instituto. Criado em 1838, o Instituto recebeu missão muito clara: estabelecer a base para a pesquisa e a reunião de documentos relativos à história pátria, a fim de permitir a escrita da história nacional.[10] Os trabalhos do Instituto Histórico e Geográfico conheceram essas duas fases. Num primeiro momento, bastava a coleta indiscriminada de dados: cartas do território nacional; certidões de batismo de tribos indígenas, na forma de relatórios, algumas vezes assinados por Gonçalves Dias e Gonçalves de Magalhães; descrições de viagens às províncias pouco visitadas, pois, ao contrário de Machado de Assis, que já podia orgulhar-se ironicamente de apenas ter "viajado a Petrópolis", não era possível limitar-se à cidade imperial. Afinal, dada a ausência de registros, as viagens se tornavam prioritárias, pois, sobretudo, eram viagens de autoconhecimento. Viagens ao interior do país, a fim de retratar o território e nomear suas gentes. Viagens ao exterior, a fim de descobrir em arquivos europeus documentos atinentes à história nacional. O primeiro artigo dos "Estatutos do Instituto Histórico e Geográfico Brasileiro", publicado no Tomo I de sua *Revista*, não deixa margem a dúvidas:

---

[10] Para uma análise da função ideológica do Instituto Histórico e Geográfico, ver o ensaio de Manuel Salgado Guimarães. "Nação e civilização nos trópicos: o Instituto Histórico e Geográfico Brasileiro e o projeto de uma história nacional", *Estudos Históricos*, 1, 1988, 6-27. Para uma análise da estrutura institucional do Instituto, assim como dos anos de sua formação, ver Lúcia Maria Paschoal Guimarães. *Debaixo da imediata proteção imperial: O Instituto Histórico e Geográfico Brasileiro (1838-1889)*. Revista do IHGB, Ano 156, n° 388, 1995, 459-613.

> *O Instituto Histórico e Geográfico Brasileiro tem por fim coligir, metodizar, publicar ou arquivar documentos necessários para a história e geografia do Império do Brasil.* (REVISTA DO IHGB, Tomo I, 1, 1839, 22)

Num segundo momento, o material coligido deveria ser transformado no tesouro mais cobiçado pelo homem de letras oitocentista: a escrita da história nacional. Em 1849, a própria *Revista* anunciou o princípio da transição. Durante a inauguração das novas instalações do Instituto, sintomaticamente localizadas no próprio Paço Imperial, num deslocamento cujas conseqüências são claras, Pedro II cobrou: "(...) é de mister que não só reunais os trabalhos das gerações passadas, ao que vos tendes dedicado quase unicamente, como também, pelos vossos próprios, torneis aquela a que pertenço digna realmente dos elogios da posteridade" (*REVISTA DO IHGB*, Tomo XII, 1849, 552). Convocação a que Francisco Adolfo Varnhagen responderia prontamente publicando sua *História Geral do Brasil* (1854-1857). Aliás, desde seus primórdios, o Instituto contou com total apoio de Pedro II. Uma circunstância cuja peculiaridade não escaparia ao típico narrador machadiano: um Império ainda incerto, um Imperador adolescente e um Instituto Histórico e Geográfico com a tarefa de ancorá-los numa sólida tradição, a bem da verdade inexistente. Para desempenhar esta delicada tarefa, os membros do Instituto não mediram esforços e a publicação da *Revista Trimestral*, editada pela primeira vez em 1839, buscava pavimentar o incerto caminho. A deliberação que deu origem ao Instituto é bastante explícita e se encontra no primeiro ensaio do primeiro tomo da *Revista*. Trata-se, portanto, de uma declaração de princípios, um complemento ao conteúdo dos estatutos:

> *Sendo inegável que as letras, além de concorrerem para o adorno da sociedade, influem poderosamente na firmeza de seus alicerces, ou seja pelo esclarecimento de seus membros, ou pelo adoçamento dos costumes públicos, é evidente que (...) são as letras de uma absoluta e indispensável necessidade, principalmente aquelas que, versando sobre a história e geografia do país, devem ministrar grandes auxílios à pública administração e ao esclarecimento de todos os Brasileiros.*
> (REVISTA DO IHGB, Tomo I, 1, 1839, 5-6)

Para este esclarecimento, como vimos, a *Revista* possuía seções constantes: biografias de brasileiros ilustres; relatórios sobre populações indígenas; memórias históricas acerca de fatos relevantes para a nacionalidade; edição de mapas do território na maior parte ainda desconhecido; reprodução de documentos encontrados em arquivos europeus. Uma outra vez, estamos diante de uma situação que propiciaria farto material para a corrosiva ótica machadiana, pois o esforço de reunião do material revela, por contraste, a insuficiência da tradição que deveria estar na base de um tal Instituto. Talvez essa circunstância auxilie no entendimento da intrigante constelação identificada por Lúcia Guimarães nos trabalhos de seus membros, em aparência orientados por:

> (...) uma Memória que 'esqueceu' deliberadamente o passado imediato do Império, onde se situava sua gênese – a Independência – para privilegiar as 'recordações' dos tempos remotos da colônia (...) Por que o hiato? (...) Direcionados para a Memória, os idealizadores da Academia não se ocuparam da História. (GUIMARÃES, L.: 1995, p. 457)[11]

É como se num caso como o brasileiro, dada a precariedade das origens históricas, se compreendidas como índice de afirmação *autônoma* da nacionalidade, a complexa relação entre a narrativa do historiador e a do ficcionista se tornasse ainda mais delicada. Retorno, pois, à pergunta: Machado de Assis, leitor da *Revista do Instituto Histórico e Geográfico Brasileiro*? Antes de sugerir uma resposta, devo mencionar dados mais concretos. Em sua biblioteca, ou o que dela temos hoje acesso através do acervo preservado na Academia Brasileira de Letras, o autor possuía uma respeitável coleção das *Revistas*. Na verdade, desde o primeiro tomo, publicado em 1839, embora em sua segunda edição, de 1856. 42 volumes compõem a coleção machadiana das *Revistas do Instituto*, cobrindo o período de 1839 a 1875. Destes 42 volumes, somente 11 possuem alguma forma de anotação, ou seja, desde claras anotações de leitura a simples traços, sugerindo um interesse especial por uma passagem, além de palavras sublinhadas. Em alguns casos, apenas determinados artigos estão assinalados no índice, mas o texto correspondente não apresenta nenhuma anotação. De imediato, queremos chamar a atenção do leitor

---

[11] Na seqüência, a autora afirma "a existência sistemática de um descompasso entre o pretenso discurso sobre a História e a sua escrita efetiva, ou seja, a sua prática" (GUIMARÃES, 1995, 457).

para cautelas metodológicas indispensáveis. Em primeiro lugar, a coleção machadiana não se encontra completa, possuiu outros donos e, desde sua transferência para a Academia Brasileira de Letras, outros usuários muito provavelmente — como Jean-Michael Massa adverte em seu ensaio "A biblioteca de Machado de Assis".[12] Logo, não é uma tarefa fácil determinar se as anotações foram de fato resultado de leitura do próprio Machado de Assis. Em segundo lugar, mesmo que contássemos com a biblioteca perfeitamente conservada e de fato tivéssemos certeza de que eventuais anotações foram produzidas por Machado, ainda assim não poderíamos estabelecer *nenhuma* relação imediata entre eventuais leituras e a obra do autor. Portanto, o que segue deve ser lido com reservas e representa mais uma especulação do que um "diagnóstico" preciso das leituras de Machado de Assis.

Nos textos mais anotados, o interesse do autor se concentra em tópicos referentes à história econômica e, de forma ainda mais precisa, a questões relativas tanto à cunhagem de moeda quanto à circulação de ouro como padrão monetário setecentista e, por fim, à progressiva substituição do ouro por moedas. O texto mais anotado da coleção é a "Instrução para o Visconde de Barbacena, Governador e Capitão Geral da Capitania de Minas Gerais"; texto que se encontra no tomo VI, do ano de 1844. Em meio a interessantes observações sobre costumes da capitania, é ao que denominaríamos história monetária que o leitor Machado de Assis volta sua atenção. O mesmo torna a ocorrer no tomo XV, editado em 1852, cujo texto "Instruções para o Governo da Capitania de Minas Gerais" foi anotado nas passagens relativas à circulação de ouro. No entanto, a maior parte das *Revistas* não apresenta nenhum sinal claro de consulta constante, sequer mesmo de consulta eventual. Por exemplo, o tomo XI, publicado em 1848, apresenta o índice assinalado em dois artigos, mas, no corpo dos respectivos textos, não encontramos nenhuma marca de leitura. Claro que também não se trata de uma "prova" definitiva, pois é possível que diversos textos tenham sido lidos superficialmente; daí, a ausência de qualquer tipo de anotação.

Na verdade, estudar Machado de Assis, leitor da *Revista do Instituto*, não parece muito promissor – por isso, nesse capítulo, fomos levados a refletir menos sobre esse tema do que sobre as implicações do

---

[12] Ver nesse volume, 23-24.

texto machadiano para a compreensão da complexa relação entre a narrativa da história e da literatura. E é aqui que o paradoxo que anunciei é um falso paradoxo. Não surpreenderemos na imaginação ficcional machadiana um paralelo comparável ao descoberto por Valéria de Marco em relação a José de Alencar, no seu livro *A perda das ilusões: o romance histórico de José de Alencar* (1993). Além de demonstrar que episódios tratados em *O guarani* haviam sido objeto de debate erudito nas páginas da *Revista*, a autora anotou uma "coincidência" intrigante. No tomo XVII, de 1854, Joaquim Norberto de Souza publicara um artigo que tinha como objetivo central a análise do papel histórico de Dom Antônio de Mariz; futuro personagem do romance alencariano. Alencar, portanto, podemos imaginar, dialogava mais ativamente com os textos da *Revista*, buscando assim atrair seu público.[13] Logo, a pergunta sobre Alencar, leitor da *Revista do Instituto* certamente teria uma inflexão mais visível, até porque no prefácio a *Sonhos d'Ouro* (1872), intitulado "Benção paterna", o próprio romancista explicitou o elo entre sua produção ficcional e a escrita da história brasileira.[14] Aliás, Flora Süssekind já sugeriu a proximidade entre o romance histórico de Alencar e o projeto historiográfico de Varnhagen.[15] Talvez seja mesmo sintomático que

---

[13] Devemos porém reconhecer o esforço de John Gledson em demonstrar uma possível conexão entre a leitura da *Revista* e a elaboração de matéria ficcional por Machado de Assis. Ver "A History Lesson: Machado de Assis's 'Conto de escola' ". *Portuguese, Brazilian and African Studies (presented to Clive Willis on his Retirement)*. T.F. Earle e Nigel Griffin (orgs.). Warminster: Aris and Phillips, 1995, 217-26; especialmente 219, nota 5. Esse ensaio se encontra traduzido nesse volume, ver 353-372.

[14] Eis as passagens decisivas:
"O período orgânico [da literatura brasileira] conta já três fases.
A primitiva, que se pode chamar aborígene, são as lendas e mitos da terra selvagem e conquistada; são as tradições que embalaram a infância do povo (…).
Iracema pertence a essa literatura primitiva (…).
O segundo período é histórico: representa o consórcio do povo invasor com a terra americana (…).
É a gestação lenta do povo americano, que devia sair da estirpe lusa, para continuar no novo mundo as gloriosas tradições de seu progenitor. Esse período colonial terminou com a independência.
A ele pertencem O guarani e As minas de prata. (…)
A terceira fase, a infância de nossa literatura, começada com a independência política, ainda não terminou; espera escritores que lhe dêem os últimos traços e formem o verdadeiro gosto nacional (…)". (ALENCAR, 1872, 132)

[15] "Crítica severa e compromisso com o mapeamento de origens, além de 'imparcialidade', como a que se reclama em *As minas de prata*, que associariam esse narrador-historiador de Alencar ao historiador-juiz da *História geral do Brasil*, de Varnhagen" (SÜSSEKIND, 1990, 197); ver ainda nota 66 desse capítulo.

a referência mais explícita feita por Machado de Assis à *Revista do Instituto*, utilizada como fonte para sua criação, relacione-se ao poema histórico *O Almada*, hoje em dia justamente esquecido.[16]

Antes de avançar nessa linha, devemos chamar a atenção do leitor para a instigante hipótese de John Gledson: "Quero sustentar que Machado, como muitos outros romancistas do século XIX, desejava retratar a natureza e o desenvolvimento da sociedade em que vivia" (GLEDSON, 1986, 16). Gledson procura mostrar como os romances, a partir de *Memórias póstumas de Brás Cubas*, incluindo a coleção de contos *Relíquias de casa velha* (1885), compõem um vasto painel que acompanha as transformações da sociedade brasileira de 1840 à passagem para o século seguinte – nesse caso, Machado teria abraçado o ideal alencariano de apresentação da história brasileira através da ficção, embora de forma menos ambiciosa, pois não se tratava da totalidade dessa história, mas de acontecimentos relativos ao Segundo Reinado e à Proclamação da República.[17] Para o argumento que propomos, porém, frisamos três aspectos. Em primeiro lugar, tal projeto não ocupou a superfície do texto machadiano, que nunca ofereceu uma auto-intepretação semelhante à "Benção paterna". Em segundo lugar, como Gledson também sugere, Machado teria alterado sensivelmente sua técnica narrativa ao tratar de períodos diferentes (*IDEM*, 19-20). Vale dizer, mesmo se aceitarmos a hipótese, precisamos matizá-la, já que a escrita de Machado não representa a história, mas a apresenta de acordo com protocolos lingüísticos próprios. E uma outra vez se insinua a proximidade entre a intuição machadiana e a análise de Hayden White da historiografia oitocentista. Por fim, Machado concentrou sua reflexão na história que lhe era contemporânea e, ao fazê-lo, contrariava radicalmente a orientação dominante no Instituto Histórico e Geográfico Brasileiro. No incisivo questionamento de Lúcia Guimarães: "Como explicar que uma entidade, que se dizia voltada para o 'esclarecimento de todos os brasileiros', protelasse a divulgação de documentos importantíssimos sobre determinados fatos e personagens da história pátria recente, alegando aguardar o juízo do 'tribunal da posteridade' acerca dos mesmos?" (GUIMARÃES, 1995, 457). Ora, o projeto machadiano sem dúvida caminhava a contra-

---

[16] Devo a Glória Vianna a menção ao poema *O Almada*. Ver Assis, III, 319.
[17] Para uma apresentação geral dessa hipótese, ver John Gledson. *Machado de Assis. Ficção e história*, especialmente 16-22.

pelo dessa prudente deliberação e contaminava a história contemporânea com sua irônica percepção dos processos estruturais negligenciados pela narrativa oficial, quase exclusivamente interessada no elogio da formação do Estado. Entendamos o impulso subjacente à leitura de Gledson, ou seja, promover a superação definitiva da velha ressalva ao Machado "alienado" no tocante à vida nacional.[18] No entanto, é necessário superar esse maniqueísmo preservando a complexidade intrínseca à obra do autor de *O alienista*. Demonstrar a presença da realidade brasileira em sua obra, conquanto possa constituir tarefa relevante, cumpre apenas metade do caminho. Os passos seguintes devem evidenciar tanto a distância crítica suposta no olhar machadiano em relação a essa mesma realidade quanto a forma propriamente literária desse olhar.[19] Talvez seja essa obsessão com o aspecto nacional o fator que mais tem prejudicado a recepção internacional da obra de Machado, uma vez que tal debate somente pode interessar a especialistas em cultura brasileira.

Isto quer dizer que o tema deste capítulo é uma impossibilidade? Não: afirmá-lo somente nos situaria na outra margem do rio. Podemos, porém, inverter a direção da pergunta e, assim, fecundá-la. Ao invés de perguntarmos exclusivamente por Machado de Assis, leitor da *Revista*, devemos indagar como ler os textos da *Revista* após o contato com a obra machadiana, especialmente no que se refere à relação do historiador com a ordenação narrativa dos fatos selecionados. Na busca da obra invisível de Pierre Menard, Borges intuiu uma nova técnica de leitura: "la técnica del anacronismo deliberado y de las atribuciones erróneas. (...) Esa técnica puebla de aventuras los libros más calmosos. Atribuir a Louis Ferdinand Céline o a James Joyce la *Imitación de Cristo* ¿no es una suficiente renovación de esos tenues avisos espirituales?" (BORGES, J. L.: 1944, 450). A sugestão de Borges, autor-leitor como Machado, abre uma perspectiva mais interessante.

Conforme propôs Silviano Santiago, Machado, como o escritor latino-americano em geral, talvez tenha sido um leitor-autor; ocupando

---

[18] Estímulo evidenciado na passagem: "é coisa do passado remoto (ou deveria sê-lo) criticá-lo por não refletir a realidade local" (GLEDSON, 1986, 23).

[19] Sem dúvida, temos em vista os trabalhos fundamentais de Roberto Schwarz, *Ao vencedor as batatas*, cujo subtítulo sugere um autêntico programa de estudos: "Forma literária e processo social nos inícios do romance brasileiro", e *Um mestre na periferia do capitalismo. Machado de Assis*.

o entre-lugar de uma escrita que deliberadamente se confunde com o ato de leitura.[20] Noutras palavras, não se trata de limitar nossa reflexão ao fato concreto de que Machado efetivamente leu certos textos de algumas *Revistas do Instituto*, mas, muito pelo contrário, trata-se de ler esses mesmos textos com uma pressuposição nova: *lê-los como se Machado de Assis fosse o seu autor*. Lembremos o último capítulo das *Memórias póstumas de Brás Cubas* – o capítulo "Das negativas", que conclui o livro com a frase: "Não tive filhos, não transmiti a nenhuma criatura o legado da nossa miséria" (ASSIS, 1881, 639). Sabemos que a coleção das *Revistas do Instituto* buscava superar uma negativa tão radical, pois seu esforço pretendia criar e transmitir uma história comum. Tarefa sempre mais difícil porque, como o autor reconheceu em carta a José Veríssimo, "[n]ão temos ainda a massa de leitores necessária para essa espécie de publicações. A *Revista Trimestral* do Instituto Histórico vive por circunstâncias especiais, ainda assim irregularmente, e ignorada do grande público" (ASSIS, M. de: 1883, 1038). Ora, na ausência tanto do denominador comum prévio – e, portanto, ordenador da narrativa – quanto do público constituído – e, portanto, capaz de estabelecer sólida base consensual –, como não recorrer à ficção de sua existência, a fim mesmo de criar aquele denominador e essa base?

Reinhart Koselleck já lembrou que, toda vez que o historiador ignora um fato ou o desdobramento de fatos bem atestados, ele necessariamente recorre à ficção. Mais ainda, ele relativizou a oposição entre *res fictae* e *res factae*, sugerindo que a análise de sonhos pode constituir uma valiosa fonte de estudos para o historiador (KOSELLECK, 1979, esp. 216-218 ). Aliás, a hipótese inicial que orienta o trabalho do historiador quando, pela primeira vez, ele se encontra diante de uma massa de documentos, não possui, ao menos parcialmente, o caráter de uma ficção a ser comprovada ou refutada pelos documentos a serem decodificados a partir da hipótese inicial? Uma outra vez, não estamos propondo um apagamento de fronteiras entre as narrativas do historiador e do ficcionista. No seminal *A filosofia do "como se"*, Hans

---

[20] "O escritor latino-americano é o devorador de livros de que os contos de Borges nos falam com insistência. Lê o tempo todo e publica de vez em quando". Silviano Santiago. O entre-lugar do discurso latino-americano". In *Uma literatura nos trópicos. Ensaios sobre dependência cultural*. São Paulo: Perspectiva, 1978, 27.

Vaihinger já assinalara a diferença: enquanto hipóteses devem ser empiricamente confirmadas, a fim de serem validadas, ficções são formas de articulação de idéias que dispensam ulterior confirmação (VAIHINGER: 1911, XXLII). Cumpre-nos, por isso mesmo, explicitar nosso entendimento. É verdade que, segundo a definição de Wolfgang Iser, ambas as narrativas empregam os dois procedimentos centrais dos atos de *fingir*, isto é, os atos de *seleção* de elementos do real e *combinação* desses elementos num relato determinado.[21] Portanto, nenhuma narrativa se confunde com a realidade, constituindo-se antes numa imagem parcial da mesma. Contudo, somente os textos ficcionais costumam exercitar o ato de fingir que estabelece a distinção básica entre a narrativas do historiador e a do ficcionista, qual seja, *o desnudamento de sua ficcionalidade*; recordando a sutil distinção já proposta por Vaihinger entre hipótese e ficção.[22] Essa diferença implica outra fundamental, qual seja, a própria recepção dos textos. Por mais que se possa mostrar o vínculo entre a obra de Machado e a realidade que lhe era contemporânea, ainda assim deve-se levar em consideração que o ato de leitura de *Memórias póstumas de Brás Cubas* é muito diverso do ato de leitura de uma obra de Capistrano de Abreu, como a própria reação do historiador, leitor de Machado, parece sugerir com alguma ênfase.[23] Aliá., esse esforço somente não pode ser considerado ocioso em virtude da equivocada tradição crítica relativa à "alienação" do escritor. Contudo, e numa inesperada ironia hermenêutica, tal tradição, à revelia de si mesmo e motivada por razões evidentemente equivocadas, ao menos possui o mérito de problematizar o vínculo entre contexto e texto — precaução essa fundamental num autor como Machado de Assis.

Esta reflexão permite a releitura de alguns textos do historiador oficial do Segundo Reinado. Vejamos, pois, ainda que brevemente, determi-

---

[21] Wolfgang Iser. *O fictício e o imaginário. Perspectivas de uma antropologia literária*. Rio de Janeiro: EdUERJ, 1996, especialmente capítulo I, 16-23.

[22] Em relação ao desnudamento da ficcionalidade e sua relevância na reflexão de Wolfgang Iser, ver, na obra citada, especialmente, 23-26.

[23] Não dispomos de espaço nesse capítulo para levar avante essa discussão. Mas não queremos deixar de indicar a importância da "história contrafactual", cuja operação supõe a incorporação do "como se", definidor da ficcionalidade, ao trabalho de reconstrução do passado. Ver Niall Ferguson (org.). *Virtual History. Alternatives and Counterfactuals*. London: Papermac, 1997. Recomendamos sobretudo a introdução de Ferguson, "Virtual History: Towards a 'Chaotic' Theory of the Past", 1-90.

nados esforços do Visconde do Porto Seguro sob essa ótica. Em 1840, n'*O Panorama*, e posteriormente no *Diário de Rio de Janeiro*, Varnhagen publicou a *Crônica do descobrimento do Brasil*, acrescentando, ao documento propriamente dito, ou seja, à *Carta* de Pero Vaz de Caminha, elementos ficcionais relativos às circunstâncias de sua escrita.[24] Assim, ao lado de trechos extraídos da *Carta*, o historiador "informava" o leitor da própria gênese de sua elaboração: "Corria já quase ao fim o quarto da prima: – Pero Vaz na sua câmara recostado com o cotovelo no coxim e o rosto na palma da mão, ideava o escrever uma carta ao seu rei" (Apud SÜSSEKIND, 1990, 185). Noutras passagens, descrevem-se as emoções e as vicissitudes de Caminha durante o processo de escrita da *Carta*.[25] Nesse caso, história e literatura parecem ter suas fronteiras temporariamente suspensas, embora a intenção pragmática de Varnhagen – tornar acessível para um público mais amplo a "certidão de batismo" da nacionalidade – favoreça uma recepção pouco afeita à perspectivização de verdades, efeito característico do ato de desnudamento da ficcionalidade.

Poucos anos após esse exercício ficcional, numa dura crítica ao *Compêndio de História do Brasil*, de José Ignácio de Abreu e Lima, publicada na *Revista do Instituto Histórico e Geográfico*, Varnhagen relevou porém um aspecto – o que merece destaque precisamente pela aspereza das ressalvas à obra resenhada. A obra de Abreu e Lima apresentava retratos ilustrativos de personagens da história brasileira. No entanto, tais representações, muitas vezes, tinham por base a imaginação do desenhista. Varnhagen decide enfrentar a difícil questão: seria aceitável publicar retratos fictícios, a fim de presentificar importantes figuras da história nacional? Entenda-se a dúvida: dada a inexistência de qualquer documento que objetivamente pudesse ser tomado como legítima forma de representação de personagens históricos, seria um recurso válido, ainda assim, ilustrar o texto? Ora, essa representação seria necessariamente ficcional; fator que, na concepção oitocentista do ofício histórico, comprometeria a legitimidade do trabalho. Varnhagen principia enumerando as ressalvas que a obra tinha despertado:

---

[24] Flora Süssekind realizou uma brilhante análise do procedimento do historiador. Ver *O Brasil não é longe daqui*, 182-187.

[25] Em seu romance, *Memorial do Paraíso* (1991), Silvio Castro atualizou criativamente esse processo, atraves da escrita do diária de Caminha, desenvolvendo ficcionalmente as lacunas do conhecimento histórico.

> *Embora os retratos inventados como o do chefe índio Camarão (aliás Poty), e o de Henrique Dias (...) desagradem a opinião dos mais severos, que, crendo com fé viva na importância do passado reduzido à escrita (que se chama história), assentam se não devem assim despoetizar a crença, preferindo antes o uso de bustos cegos, quando o fim que se pretende é o de substancializar ou materializar a memória dos homens célebres.* (REVISTA DO IHGB, Tomo VI, 1, 1844, 61)

O raciocínio é simples: com a reprodução de bustos cegos, ou seja, com a representação do nada, o historiador conquistaria a confiança do leitor nas demais informações, pois essas contariam com a segurança dispensada pelas fontes primárias. No entanto, Varnhagen discorda dessa crítica, embora o faça com um argumento que parece ignorar o verdadeiro problema: "Em todo o caso achamos nós que bem merece do país quem apresenta tais modelos de perfeição, que vão levar por toda a parte provas vivas dos seus progressos artísticos" (*IDEM, IBIDEM*). Nem tanto uma questão de progressos artísticos, mas, ante tantas negativas que compõem a tradição brasileira, como repreender o uso quase ingênuo de retratos inventados? Como não recorrer à ficção? Ao menos, os personagens não são fictícios – ou assim esperamos... Nesse contexto, em que as hipóteses parecem confundir-se perigosamente às ficções, reler a historiografia oitocentista com olhos de ressaca é o verdadeiro desafio representado pela figura de Machado de Assis, leitor, ou seja, autor da *Revista do Instituto Histórico e Geográfico*.

## *Referências*

ABREU, Capistrano de. "Cartas de Capistrano de Abreu a Machado de Assis". In José Honório Rodrigues (org.). *Correspondência de Capistrano de Abreu*, Vol. III. Rio de Janeiro: Civilização Brasileira, 1977 [1881].

ALENCAR, José de. *O guarani*. São Paulo: Ática, 1992 [1857].

ARAUJO, Ricardo Benzaquen de. "Ronda noturna: narrativa, crítica, e verdade em Capistrano de Abreu". *Estudos Históricos*, 1, 1988.

ASSIS, Machado de. "Notícia da atual literatura brasileira. Instinto de nacionalidade". In Afrânio Coutinho (org.). *Obra completa*, Vol. III. Rio de Janeiro: Nova Aguilar, 1979 [1873].

_____. *Memórias póstumas de Brás Cubas*. In Afrânio Coutinho (org.). *Obra completa*, Vol. I. Rio de Janeiro: Nova Aguilar, 1979 [1881].
_____. *Epistolário*. In Afrânio Coutinho (org.). *Obra completa*, Vol. III. Rio de Janeiro: Nova Aguilar, 1979 [1883].
_____. *Esaú e Jacó*. In Afrânio Coutinho (org.). *Obra completa*, Vol. I. Rio de Janeiro: Nova Aguilar, 1979 [1904].
BORGES, Jorge Luis. "Pierre Menard, autor de Quijote". In *Obras completas*, Vol. I. *Ficciones*. Buenos Aires: Emecé, 1989 [1944].
CASTRO, Silvio. *Memorial do Paraíso. O romance do descobrimento do Brasil*. Porto Alegre: LPM, 1999 [1991].
FERGUSON, Niall (org.). *Virtual History. Alternatives and Counterfactuals*. London: Papermac, 1997.
GLEDSON, John. *Machado de Assis. Ficção e história*.
São Paulo: Paz e Terra, 1986.
_____. "A History Lesson: Machado de Assis's 'Conto de escola'". *Portuguese, Brazilian and African Studies (presented to Clive Willis on his Retirement)*. T.F. Earle e Nigel Griffin (orgs.). Warminster: Aris and Phillips, 1995.
GUIMARÃES, Lúcia Maria Paschoal. *Debaixo da imediata proteção imperial: O Instituto Histórico e Geográfico Brasileiro (1838-1889)*. *Revista do IHGB*, Ano 156, n° 388, 1995.
GUIMARÃES, Manuel Salgado. "Nação e civilização nos trópicos: o Instituto Histórico e Geográfico Brasileiro e o projeto de uma história nacional", *Estudos Históricos*, 1, 1988.
ISER, Wolfgang. *O fictício e o imaginário. Perspectivas de uma antropologia literária*. Rio de Janeiro: EdUERJ, 1996 [1991].
KOSELLECK, Reinhart. "Terror and Dream: Methodological Remarks on the Experience of Time During the Third Reich". In *Futures Past. On the Semantics of Historical Time*. Massachusetts: The MIT Press, 1985 [1979].
LIMA, Oliveira. *Aspectos da literatura colonial brasileira*.
Rio de Janeiro: Francisco Alves/INL, 1984 [1894].
MARCO, Valéria de. *A perda das ilusões: o romance histórico de José de Alencar*. Campinas: UNICAMP, 1993.
MITCHELL, W. J. T. (org.). *On Narrative*. Chicago and London: The University of Chicago Press, 1981.
*Revista do Instituto Histórico e Geográfico Brasileiro*, Tomo I, 1, 1839.
*Revista do Instituto Histórico e Geográfico Brasileiro*, Tomo VI, 1, 1844.

RIEDEL, Dirce Côrtes. *O tempo no romance machadiano.*
   Rio de Janeiro: Livraria São José, 1959.
\_\_\_\_\_. *Metáfora. O espelho de Machado de Assis.*
   Rio de Janeiro: Francisco Alves, 1979.
\_\_\_\_\_. *Colóquio UERJ. Narrativa. Ficção e história.*
   Rio de Janeiro: Imago, 1988.
ROUANET, Maria Helena. *Eternamente em berço esplêndido. A fundação de uma literatura nacional.* São Paulo: Siciliano, 1991.
SANTIAGO, Silviano. *Uma literatura nos trópicos. Ensaios sobre dependência cultural.* São Paulo: Perspectiva, 1978.
SCHWARZ, Roberto. *Ao vencedor as batatas. Forma literária e processo social nos inícios do romance brasileiro.* 3ª. ed. São Paulo: Livraria Duas Cidades, 1988.
\_\_\_\_\_. *Um mestre na periferia do capitalismo.* Machado de Assis. 2ª. ed. São Paulo: Livraria Duas Cidades, 1991.
SÜSSEKIND, Flora. *O Brasil não é longe daqui. O narrador, a viagem.* São Paulo: Companhia das Letras, 1990.
VAIHINGER, Hans. *The Philosophy of 'As If'. A System of the Theoretical, Pratical and Religions Fictions of Mankind.* New York: Harcort, Braxe & Company, 1925 [1911].
VIANNA, Oliveira. *O ocaso do império.* São Paulo, Melhoramentos, s/d [1925].
WHITE, Hayden. *Metahistory. The Historical Imagination in Nineteenth-Century Europe.* Baltimore & London: The Johns Hopkins University Press, 1975 [1973].

# O LAPSO OU UMA PSICOTERAPIA DE HUMOR

*Ivo Barbieri*

Quando me propus estudar os títulos relacionados com Psiquiatria, hoje ainda existentes no acervo restante da Biblioteca de Machado de Assis, eu tinha em mente identificar possíveis fontes de inspiração e, depois, cotejar textos da ficção machadiana com modalidades de discursos expositivos, concebidos à época dentro do rigor metodológico exigido das ciências naturais. Mais do que conseqüência da onda avassaladora do cientificismo positivista, o século XIX tardio buscou na Psicologia uma síntese que coroasse todos os empreendimentos da inteligência teórica testada na *práxis* histórica, cuja ambição totalizante se pode ler no primeiro parágrafo do manual de Siciliani (1880):

> *Vou expor algumas idéias a respeito de uma ciência que todos, hoje, consideram como o fundamento do saber filosófico positivo, e donde procedem as leis e os princípios geradores da sociedade civil, da história, da arte, das religiões, da mitologia, da filologia, como também, do conjunto das disciplinas jurídicas e morais: a psicologia.*
> (SICILIANI, 1880, 1)

A guinada no percurso literário de Machado de Assis, verificada na década de oitenta, parece coincidir com o persistente interesse do autor pelas novidades trazidas ao domínio do conhecimento por estudiosos que, sondando os enigmas da alma humana, a vinham constituindo como fronteira privilegiada de pesquisa e experimentação. A *convicção científica* com que Simão Bacamarte faz a paródia da presunção psiquiátrica, vigente no tempo de elaboração do conto, é modelo emblemático da atitude do narrador machadiano diante da nova tendência. O *corpus,* porém, se alarga bastante se acrescentarmos ao protagonista d'*O alienista*, o Quincas Borba das *Memórias póstumas de Brás Cubas,* o Rubião do *Quincas Borba*, e mais o alferes Jacobina do conto "O espelho", o cônego Matias d'"O cônego ou metafísica do estilo", e o doutor Jeremias Halma d'"O lapso", conjunto de narrativas, a que se poderiam acrescentar muitas outras figuras menos óbvias.

O mote instigador deste trabalho, portanto, provém do narrador machadiano que reincidentemente bate na mesma tecla. N'*O alienista,* por exemplo, diz ter o seu protagonista mergulhado inteiramente no estudo e na prática da medicina, nesta tendo-lhe chamado especialmente a atenção: "o recanto psíquico, o exame da patologia cerebral"; em "O espelho", escancara o tema no subtítulo – "uma nova teoria da alma humana" e, n'"O cônego"*,* concentrando o seu elã satírico contra o profetismo dogmático então vigente, sentencia bem ao jeito do conhecido humor machadiano: "As filosofias queimarão todas as doutrinas anteriores, ainda as mais definitivas, e abraçarão esta psicologia nova, única verdadeira, e tudo estará acabado" (ASSIS, 1962, 270). No pico da crise de invenção literária que acomete o protagonista, o texto penetra na intimidade do personagem e, conduzindo o leitor pelos labirintos do seu inconsciente que, surpreendido em estado de ebulição, revela-se, numa visão extraordinariamente rica, como fonte geradora de linguagem e sede de articulação do pensamento consciente. Em todas essas ficções, o estudo de anomalias psíquicas vem envolto em considerações filosóficas que tanto fazem a crítica ao monismo idealista de um Schopenhauer, de um Hartmann ou de um Wundt quanto ao pragmatismo positivista da ciência *fin de siècle*. A idéia fixa de Brás Cubas, o humanitismo de Quincas Borba-Rubião, as hipóteses psiquiátricas do alienista da Casa Verde, a teoria das duas almas, a interior e a exterior, do Alferes Jacobina reduzem ambições pretensamente cientificistas à caricatura de proclamações dogmáticas e extravagantes. Em franca oposição ao que pregava a retórica otimista da época, a mordacidade crítica do narrador machadiano desmonta o aparato de verdades científicas que as mascaravam e abala no leitor os fundamentos de certezas em que assentavam o valor gnoseológico e a eficácia positiva que elas prometiam.

Ao examinar os títulos relacionadas com o assunto e constantes do acervo existente na Academia Brasileira de Letras, denominado Biblioteca de Machado de Assis, encontrei as seguintes obras:

*Philosophie de l'inconscient,* de Édouard von Hartmannn, 1877.
*Prolégomènes à la psichogénie moderne,* de Pierre Siciliani, 1880.
*L'Homme selon la science* e *La vie psychique des bêtes,* ambos da autoria do Dr. Louis Bûchner, e ambos editados em 1881.
*Les maladies de la mémoire,* de Th. Ribot, 1881.
*Physiographie,* de Th. H. Huxley, 1882.

Além de escassa, a relação é decepcionante pela ausência de autores do XIX, fundamentais na constituição da Psiquiatria. A proximidade nas datas de publicação dessas obras que, excetuado Hartmann, são todas dos três primeiros anos da década de oitenta, poderia sugerir a hipótese de um interesse recente de Machado de Assis pelo assunto, coincidindo, assim, com o início do período que, obediente à cronologia bibliográfica, a historiografia literária convencionou chamar de segunda fase ou de maturidade do autor. A hipótese, porém, esbarra em algumas dificuldades que recomendam muita cautela em relação ao acervo remanecente da Biblioteca de Machado de Assis. É problemática a exclusividade de obras em francês, sobretudo das traduzidas do inglês e do italiano, línguas de que Machado possuía pleno domínio, sem a contrapartida dos títulos nas línguas originais. Pesam mais ainda, contra a autenticidade do acervo, duas observações que fiz. A primeira diz respeito ao título *Essais choisis,* de Charles Lamb, traduzido para o francês por Louis Depret e datado de 1880. Em "O Lapso", conto que vou analisar mais adiante, Machado refere-se a esse ensaísta inglês, e o cita no original ao fazer alusão às duas grandes raças humanas – a dos homens que emprestam, e a dos que pedem emprestado, – "a primeira contrasta pela tristeza do gesto com as maneiras rasgadas e francas da segunda, the open, trusting, generous manners of the other" (ASSIS, 1962, 270). A citação foi tirada do ensaio *Two Races of Men,* que faz parte do conjunto *Essays of Elia* publicado entre 1823-1833 e que não consta do acervo. A outra observação se refere à sátira de Jonathan Swift, *A Tale of a Tube Written for the Universal Improvement of Mankind,* cuja edição constante do acervo data de 1889. Ora, como demonstrou Eugênio Gomes (GOMES, 1949, 30-37), o texto swiftiano está na base da elaboração d'*O alienista,* que é de 1881 e, portanto, não pode ter sido da edição remanescente que Machado se serviu. Mas, como a minha pesquisa está ainda muito no começo, não devo avançar mais. Acredito, porém, que essas duas observações são suficientes para alertar acerca das precariedades do acervo, não só em vista das perdas que ele sofreu, mas também quanto aos acréscimos que a ele podem ter sido feitos.

A Biblioteca de Machado de Assis é mais um caso a ilustrar escandalosamente o descaso das instituições e dos intelectuais brasileiros em relação ao patrimônio cultural do país. Desse descaso, não escapam nem mesmo monumentos de máxima estatura como é o caso de que se trata. Mas, apesar dessas e outras ressalvas que ainda se venham a fazer, o acervo é utilíssimo aos estudiosos da obra machadiana. A mim particularmente interessam, mais do que a biblioteca em si, os indícios que nela encontro da maneira como Machado lia os autores de sua preferência, existentes ou não no acervo, e cujas pistas podem ser rastreadas nos casos em que a comprovação é possível. E como isso parece mais viável a partir da identificação das pegadas que o texto-fonte deixa nos seus escritos, penso que o primeiro passo seria a elaboração de um dicionário com todas as citações que ocorrem em seus textos. A análise de tal levantamento e o registro da freqüência com que compareçam determinados autores formariam a base que se expandiria à medida que se fossem reconhecendo incidências mais mascaradas e apenas indiretamente indiciadas. Na impossibilidade constatada hoje de recuperação da biblioteca material, seria essa a via autêntica de reconstituição da biblioteca virtual de Machado.

Mas, no ponto em que nos encontramos, o acervo remanescente é bastante útil para a realização de trabalhos parciais. Consultá-lo com o objetivo de identificar fontes de interlocução da ficção machadiana, pode render bons frutos. Lendo, por exemplo, *Les maladies de la mémoire,* de imediato, me dei conta do uso que dele fez Machado ao escrever o conto "O lapso". Particularmente o capítulo III do livro de Ribot, "Les amnésies partielles", parece ter sido fonte direta de inspiração para a sátira machadiana. Com fundamento na *independência relativa das diversas formas de memória,* Ribot desenvolve, nesse capítulo, uma curiosa teoria a respeito das falhas parciais da memória, ressaltando o parcelamento de suas funções em vez de afirmar a existência de uma faculdade unitária como fazia a psicologia clássica. De acordo com essa perspectiva, seria natural que, no estado mórbido, uma forma desaparecesse enquanto outras continuassem intactas. Assim, o lapso que danificasse determinado campo semântico ou tal ou qual subconjunto específico de gestos comportamentais, ficaria restrito a essa área, não afetando em nada as demais atividades mnemônicas. Antes de referir uma série de casos de amnésias parciais, o autor adverte que só o esquecimento de signos, isto é, as várias formas de afasia, pode ser metodicamente estudado. Entende-se bem a razão: é que falhas num sistema coeso seriam sensivelmente demonstráveis perante exigências de caráter positivo. No entanto, os problemas relativos à classificação desses casos em grupos definidos e a dificuldade de saber que aspectos da linguagem são alterados nas diferentes modalidades de amnésia não poderiam ser resolvidos sem o conhecimento sistêmico da estrutura e funcionamento da linguagem. As curiosidades e constatações interessantes dos psicopatologistas de então, por isso, só seriam respondidas satisfatoriamente bem mais tarde, com o advento e avanço da lingüística. Foi preciso esperar algumas décadas desde Ribot até que um Roman Jakobson, partindo das observações de ilustres psicólogos, e em plena vigência do estruralismo, dividisse os afásicos em dois grandes grupos – o daqueles que apresentam problemas no eixo da seleção ou substituição de signos e o daqueles que padecem de deficiência na linha da combinação ou encadeamento sintático (JAKOBSON, 1962, 43-67). Carecendo da sistematicidade que os conhecimentos lingüísticos alcançariam mais tarde, Ribot ateve-se à gênese e evolução de alguns casos isolados, trazidos mais como ilustrações do que como comprovações de suas teses.

Não é difícil apontar várias analogias de detalhe entre o texto de Ribot e o conto de Machado. E aqui sem forçar a barra e sem nenhum anacronismo. O exemplar de *Les maladies de la memoire* existente no acervo da Academia Brasileira de Letras é de 1881, enquanto "O lapso" foi publicado pela primeira vez em 17 de abril de 1883 na *Gazeta de Notícias* e posteriormente editado em livro em 1884 como o segundo conto das *Histórias sem data*.

Para dar conta do curioso caso de Tomé Gonçalves, personagem que esquece de pagar aos seus devedores, Machado inventou o Dr. Jeremias Halma, uma figura estranha, misto de médico e charlatão, de cientista e profeta, que explica o personagem não como portador de uma falha moral e sim como afetado de uma deficiência mental.

> Há uma doença especial (...), um lapso de memória; o Tomé Gonçalves perdeu inteiramente a noção de pagar. Não é por descuido, nem de propósito que ele deixa de saldar as contas; é porque esta idéia de pagar, de entregar o preço de uma cousa, varreu-se-lhe da cabeça. (ASSIS,1962, 378)

Mais adiante, retomando a narrativa em suas mãos, o narrador complementa o diagnóstico.

> O lapso do infeliz era completo; tanto a idéia de pagar, como as idéias correlatas de credor, dívida, saldo, e outras tinham-se-lhe apagado da memória, constituindo-lhe assim um largo furo no espírito. (ASSIS,1962, 378)

Combinando Pascal e Ribot, a fala do Dr. Jeremias verte para a linguagem ficcional, criticamente deformado, o discurso cientificista. De acordo com a terminologia psicopatológica do autor de *Les maladies*, Tomé Gonçalves padece de uma "desordem da memória", definida como "uma forma de amnésia parcial", que se manifesta através do sintoma da afasia, "variando esta segundo as condições que a produzem" (RIBOT, 1881, 120). *L'aphasie est tantôt permanente, tantôt transitoire,* assegura Ribot. Mas, para felicidade das três ou quatro dezenas de credores que recorreram aos bons serviços do sábio estrangeiro, que "sabe cousas que nunca lembram ao diabo" (ASSIS, 1962, 377), Dr. Jeremias diagnostica como curável a doença de Tomé Gonçalves. A leitura em paralelo dos dois textos, o do ficcionista e o do psicólogo, produz o efeito de um diálogo intertextual gerador de espaço semântico contraditório pois que, articulado à base de unidades lexicais convergentes, gera significados divergentes. É que táticas e estratégia divergem de um para outro texto. Enquanto a exposição do psicólogo apresenta-se com a gravidade de quem pretende ter alcançado uma nova verdade científica e, para enunciá-la, necessita elaborar um discurso coeso e convincente, a narrativa do ficcionista desmascara, sob a aparência de falsa seriedade, a inconsistência da construção monolítica e presunçosa. Imitando a forma retórica do discurso pseudo-científico, Machado inverte-lhe o sentido, bem ao gosto da paródia estilística. A inversão de sentido ocorre mesmo nos detalhes que parecem corresponder-se ponto a ponto no confronto do texto de Ribot com a fala de Jeremias. Confira-se o exemplo (bem picante segundo Ribot) de um velho que, estando com a mulher e se imaginando estar ao lado de "uma dama a quem dedicara outrora todas as suas noites", repetia-lhe constantemente: "Querida, não posso ficar mais tempo com você; preciso voltar para junto da minha mulher e dos meus filhos". (RIBOT, 1881, 116). Cotejando o exemplo ilustrativo da tese de Ribot com um dos grandes casos contados pelo Dr. Jeremias, o da dama catalã que"a princípio confundia o marido com um licenciado Matias, alto e fino, quando o marido era grosso e baixo" (ASSIS, 1962, 378), saltam simultaneamente à vista semelhanças e contrastes entre os dois relatos. A confusão entre marido e amante, motivada pela amnésia e comum a ambos, produz no contexto da narrativa ficcional efeito contrário ao intencionado por Ribot. Ao passo que o texto do psicólogo neutraliza o picante da anedota com a capa de uma linguagem fria, o ficcionista acentua maliciosamente o picante anedótico sublinhando os traços físicos que distinguem, de maneira inconfundível, marido e amante. Obviamente, a teoria científica do lapso fica confinada ao ridículo quando avulta a mordacidade crítica do mestre da ficção.

A citação já é expediente de que Machado se serve reiteradamente como recurso crítico. Em "O lapso", tanto a epígrafe tirada do livro de Jeremais (XLLL,1,2) como a alusão à imagem do abismo retirada do contexto dos pensamentos de Pascal e deslocado para o de Tomé Gonçalves dão a medida das radicais transformações a que Machado submete os seus autores preferidos. A passagem é exemplar porque nela se cruzam, parodiados, o texto pascaliano e o texto sagrado: "e [o abismo era] tão profundo que cabiam nele mais de sessenta credores que se debatiam lá embaixo com o ranger de dentes da Escritura" (ASSIS, 1962, 379). A transgressão ao original e sua distorção parodística alcançam efeito máximo.

Já apontei em outro trabalho (BARBIERI, 1998, 52-61) o sentido satírico-crítico do uso machadiano da taxionomia transformando em paródia o gosto classificatório da ciência positiva do XIX. Em "O lapso", esse tópico retorna de modo caricaturado na já citada referência ao ensaio de Lamb, – o que propõe a divisão da humanidade em duas raças: *a dos homens que emprestam, e a dos que pedem emprestado.* Essas referências ajudam à compreensão da maneira como Machado lia e como se servia de textos lidos no ato de escrever os seus. Descontextualizando categorias e enunciados, emenda-os em novos contextos, construindo novos textos, os seus, sobre as ruínas de textos desmoronados. O leitor ruminante, com sete estômagos no cérebro a que o narrador se refere em *Esaú e Jacó,* era ele mesmo, máquina ativíssima de trituração de discursos alheios, cujos detritos eram reagenciados em elaborações discursivas de sentido inverso ou oposto às intenções do texto fonte. Comparando a epígrafe de "O lapso" – *E vieram todos os oficiais... e o resto do povo, desde o pequeno até ao grande. E disseram ao profeta Jeremias: Seja aceita a nossa súplica na tua presença,* – com a fonte donde provém (*1. E vieram todos os oficiais de guerra, e Joanan, filho de Carée, e Josias, filho d'Osaias, e o resto do povo, desde o pequeno até ao grande.// 2. E disseram ao profeta Jeremias: Seja aceita a nossa súplica na tua presença, e faze oração por nós ao Senhor teu Deus por todo este resto do povo, porque de muitos temos ficado poucos, assim como nos vêem teus olhos*)[1] – vê-se que o corte tanto dos nomes bíblicos quanto o do Senhor Deus, suprimindo toda marca do sagrado, profanam (tornam profano) o texto bíblico adequando-o, com perfeição, ao contexto satírico-crítico da narrativa ficcional. Acrescente-se a esse procedimento a coincidência de nome entre o pro-

---

[1] O texto bíblico de que se utilizava Machado foi traduzido da vulgata latina para o português por Antônio Pereira de Figueiredo. Londres: Oficina de Harrison e filhos, 1866. A 2ª ed. é da Garnier, 1881.

feta bíblico e o cientista-psiquiatra do conto, e se terá completado o circuito dessacralizador do procedimento machadiano. Com toda propriedade, cabe a tais textos a aplicação do termo *contra-dição* pois recorrentemente contradizem outras dicções. O texto segundo não reproduz o texto primeiro que, nele não se reconhecendo como o mesmo, contribui para produzir o outro.

Como o humanitismo de Quincas Borba, como as hipóteses "psiquiátricas" do alienista Simão Bacamarte, a teoria do lapso de memória do Dr. Jeremias Halma e o seu método terapêutico desarticulam os discursos da ciência e da filosofia cultuados como fetiches no declínio do XIX. Graças ao Dr. Jeremias, no clímax da narrativa, quando Tomé Gonçalves fica curado do lapso e paga a todos os seus credores, o texto escorrega de passagem no que diziam as mulheres: "Parece cousa de feitiçaria" (ASSIS, 1962, 380). *Feitiçaria* entra aqui como signo indiciador, termo-denúncia do irracionalismo que irrompe das camadas retóricas de um discurso pretensamente racionalista e eficaz. De maneira muito semelhante ao final d'*O alienista,* o desfecho d'"O lapso" aponta para uma única vítima. Se lá era o alienista que, depois de diagnosticar a loucura em levas e levas de itaguienses, se declara a si mesmo como o único louco em Itaguaí e, ato contínuo, interna-se na Casa Verde, aqui é o Dr. Jeremias que sobra como o único credor, depois de ter curado Tomé Gonçalves da amnésia e este ter pago todas as suas dívidas.

É preciso, porém, ressaltar a grande divergência entre as práticas terapêuticas aplicadas por Simão Bacamarte e as aplicadas por Jeremias Halma. Enquanto o alienista recolhe os "loucos" na Casa Verde, onde são tratados longe do contato e dos olhos da sociedade, o "psiquiatra" do lapso desdobra a sua terapia em dois procedimentos distintos: primeiro, aplica-lhes uma droga milagrosa que restaura em suas mentes o paradigma lingüístico danificado, curando-os da afasia parcial; segundo, exercita-os com vista à recuperação dos gestos perdidos que, forma de amnésia mais rara segundo Ribot e, portanto, mais renitente, exige terapia intensiva e repetitiva: "O médico levava o doente às lojas de sapatos, para assistir à compra e venda da mercadoria, e ver uma e muitas vezes a ação de pagar" (ASSIS, 1962, 380). O método é plenamente eficaz, segundo a narrativa, pois que "tudo foi pago". Como facilmente se percebe, Dr. Jeremias atua em contraponto relativamente a Bacamarte. Contra a segregação social dos loucos, que são internados na Casa Verde, os afásicos demandam, como prática curativa, estreitamento de contato e convívio social. Se ambos se aproximam ao objetivarem a reeducação, separam-se, no entanto, nos procedimentos e resultados visados. Num caso, a exclusão é exigida para apagar gestos interpretados como sintomas patológicos; no outro a integração propicia a reaprendizagem dos rituais esquecidos. O alienista, sublevando toda uma comunidade, provoca reação política que perturba a ordem e apatia reinantes. O psicoterapeuta Jeremias, apaziguando os ânimos dos credores exaltados, restabelece a tranqüilidade social ao mesmo tempo que restaura a confiança nos negócios. As duas narrativas formam assim um par simétrico e, postas em confronto, reciprocamente se iluminam. O parentesco dos dois relatos reforça a atitude irônica de Machado frente a ciência e o mal que ela pretende sanar. Virando pelo avesso o discurso cientificista, o ficcionista leva o leitor a desconfiar tanto da retórica quanto da lógica que se apresentam como detentoras de verdades absolutas. Na reviravolta final das duas narrativas aqui consideradas, desmoronam tanto a teoria psicológica quanto a terapia psiquiátrica professadas e praticadas pelos dogmáticos Simão Bacamarte e Jeremias Halma e, por ricochete, alcança-se a autoridade das fontes onde foram bebidas as idéias ficcionalizadas em figuras tão extravagantes. Ao fim e ao cabo, o alcance de tão pomposas descobertas fica circunscrito ao âmbito do anedótico. Nasce daí a inevitável indagação quanto à validade de um saber que, tratando e curando o mal de Tomé Gonçalves, que é a exceção, condena ao mesmo mal os sessenta credores – a regra – que, pagos, se olvidam de saldar a dívida contraída com o seu benfeitor. Feitas devidamente as contas, o débito agora é muito maior, sobrando ainda a oceânica e incorrigível credulidade humana, de que os espertos sabem sempre tirar proveito para divertimento apenas de alguns – os bem dotados do espírito de humor.

*Referências*

SICILIANI, Pierre. *Prolégomènes à la psichogénie moderne.*
 Trad. do italiano por A. Herzen. Paris: Germer Baillière, 1880.
MACHADO de ASSIS. *Obra completa.* Afrânio Coutinho (org.).
 Rio de Janeiro: José Aguilar, 1962. V. II.
GOMES, Eugênio. "Swift". In: *Espelho contra espelho.*
 São Paulo: Progresso Editorial, 1949.
JAKOBSON, Roman. "Deux aspects du langage et deux types d'aphasie".
 In: *Essais de linguistique générale.* Paris: Minuit, 1962.
RIBOT, T. *Les maladies de la mémoire.* Paris: Germer, 1881.
BARBIERI, Ivo. "*O alienista:* a razão que enlouquece". *Revista Brasileira.*
 Rio de Janeiro, Academia Brasileira de Letras, fase VII – jan-fev-mar.
 1998 – ano IV nº 14.

# MACHADO DE ASSIS, ESTUDIOSO DE LÍNGUA

*Claudio Cezar Henriques*

A crítica Lúcia Miguel Pereira certa vez afirmou que via no *Memorial de Aires* Machado de Assis "encarnado no seu sósia Aires" (272). Pois em seu último livro, na página que se refere ao dia 13 de fevereiro, Machado registra a seguinte afirmação:

> *Quero dizer que, cansado de ouvir e de falar a língua francesa, achei vida nova e original na minha língua, e já agora quero morrer com ela na boca e nas orelhas.* (1971, v. 3, 182)

A quantidade de livros franceses na biblioteca de Machado seria uma pista a confirmar a tese da ensaísta? Se considerarmos o estágio atual do conjunto sob a guarda da Academia Brasileira de Letras, confirmaremos a presença majoritária de livros em francês não só no acervo mas também nos títulos ligados à área de língua e lingüística, a saber:

1) *La linguistique*, de Abel Hovelacque. Obra em 2ª edição (Editora Reinwald et Cie., Paris, 1877) que integra uma coleção intitulada *Bibliothèque des sciences contemporaines*.
O livro não registra nenhuma anotação ou marcação de leitura.
2) *La science du langage*, de M. Max Muller, com tradução de M. Georges Harris e M. Georges Perrot. Obra em 2ª edição (Editora A. Durand et Pedone Lauriel, Paris, 1867).
Constam no livro algumas marcações (p. 22, 23, 27, 29, 30 e 31), destacando-se a sublinha num trecho da página 27: *"Nous avons à etudier le langage et non pas les langues"*.

*3) La vie du langage*, de W. D. Whitney, professor de sânscrito e de filologia comparada em Yale, EUA. Obra em 1ª edição (Editora Germer Baillière, Paris, 1875).

Constam do livro várias anotações em francês, nas páginas 29, 41, 230, 244, 245, 246, 247 e 256. Na página 41 está anotado "errado" em referência a todo um parágrafo. Na página 244, está sublinhada a palavra "initiative" e, ao lado, está escrito "imitative". Na página 245, há um comentário na margem da direita, onde se lê: *"J'en discorde profondément"*. Nas páginas 246 e 247, há duas anotações nas margens.

*4) Ensaio sobre alguns synonymos da língua portuguesa*, de D. Francisco S. Luiz. Obra em 4ª edição – tomos I e II (Editora Typographia da Academia Real das Sciencias, Lisboa, 1828).

No índice do tomo I, constam marcações em 25 vocábulos: abrogar, affeites, apressurado, azo, bens allodiaes, confine, envelhentado, esguardar, exorar, expugnar, glossario, hardimento, indemnidade, inopia, ledice, obsecrar, onzena, oppugnar, primévo, saraiva, sociavel, soêr, sofisma, soportar e velho.

No índice do tomo II, constam 20 marcações: a-eito, a-fio, agro, aluguer, apocryfo, a-reio, a's-cégas, astre, astroso, banca-rôta, beatificação, cenotafio, crer a alguem, crer em alguem, crebro, de préssa, de repente, desastrado, de subito, detracção.

*5) Dictionaire étymologique de la langue française – cours complet d'histoire de la langue française*, de Auguste Brachet. Obra em 5ª edição (Editora Bibliothèque d'Éducation, Paris, s/d).

O livro não registra nenhuma anotação ou marcação de leitura.

*6) Grammaire historique de la langue française – cours complet d'histoire de la langue française*, de Auguste Brachet. Obra em 10ª edição (Editora Bibliothèque d'Éducation, Paris, s/d).

O livro não registra nenhuma anotação ou marcação de leitura.

Além destes livros, há ainda dois volumes do *Novo dicionário da língua portuguesa e alemã*, de H. Michaelis (Leipzig: F. A. Brockhaus, 1891), sem anotações ou marcações.

Em suas crônicas – mais do que em sua obra de ficção – Machado teceu considerações a respeito de sua relação com a língua e a literatura ou ainda sobre conteúdos lingüísticos e literários propriamente ditos, fazendo menção a livros e autores. Estudar os possíveis vínculos entre os livros dessa biblioteca, a obra de nosso maior escritor e suas opiniões sobre os temas ligados à língua é tarefa que se afigura como interessante desafio. Sobretudo no caso de se estabelecer o inevitável pressuposto da excelência de linguagem do autor e a pertinência de suas intervenções metalingüísticas.

Como, por exemplo, numa crônica onde diz que "há nas palavras uma significação gramatical que, salvo o caso da pessoa escrever como fala e falar mal, entende-se perfeitamente" (*A Semana*: 8 dez. 1895). Ou então em "Instinto de nacionalidade", onde afirma que não há dúvida que as línguas se aumentam e alteram com o tempo e com as necessidades dos usos e costumes e que a este respeito a influência do povo é decisiva. Conclui haver, portanto, certos modos de dizer, locuções novas, que de força entram no domínio do estilo e ganham direito de cidade, embora advirta que não lhe parece aceitável "a opinião que admite todas as alterações da linguagem, ainda aquelas que destroem as leis da sintaxe e a essencial pureza do idioma", pois "a influência popular tem um limite; e o escritor não está obrigado a receber e dar curso a tudo o que o abuso, o capricho e a moda inventam e fazem correr. Pelo contrário, ele exerce também uma grande parte de influência a este respeito, depurando a linguagem do povo e aperfeiçoando-lhe a razão" (*Novo Mundo*: 24 mar. 1873).

A biblioteca da Academia não inclui o *Dicionário Morais*, obra de referência à qual Machado alude em algumas de suas crônicas. Numa delas, da série *Bons Dias*! (22 mar. 1889), o escritor trata de neologismos e estrangeirismos e traça uma crítica ao "Sr. Castro Lopes, ilustre latinista brasileiro". Refere-se Machado ao fato de a palavra *desempeno* (proposta por Castro Lopes para substituir o termo francês *à-plomb*) não ser um neologismo, porque "lá a pôs no seu dicionário o nosso velho patrício Morais". Machado ainda se reporta, nessa mesma crônica, a Rebelo da Silva, escritor português que à época era respeitado por sua linguagem castiça, de boa tradição vernácula, e a quem qualifica como "homem de boas letras". Machado afirma que Rebelo da Silva usara a forma *aprumo* dando "nossa fisionomia ao galicismo". Digamos a respeito que a origem de *aprumo* é a mesma da palavra francesa, ou seja, provém igualmente do latim *plumbu* (chumbo), tendo como primeira ocorrência em nossa língua o séc. XVIII. Também está consignada no *Morais* com o mesmo sentido, que Machado explica como indicativo da "posição tesa e desempenada da pessoa". Camilo já a empregara em *Anos de prosa*: "Da lua não pode ser! – disse ele por fim, com a energia e aprumo de Galileu, à saída do cárcere".

O usuário cuidadoso do idioma se mostra, outra vez, nas Notas às *Poesias coligidas*. Destaquemos daí seu argumento para a construção *amar + infinitivo* em "E amam dizer aos solitários ecos". Antes que lhe imputem a crítica de galicismo ou de forma irregular, Machado transcreve como abonação um trecho de Filinto Elísio, importante poeta árcade português, conhecido por seu virtuosismo e preocupação purista, e outro de Gonçalves Dias.

"Amam contar os velhos..." (F. Elísio)
"Amavam contemplar-te os de Itajuba
 Impávidos guerreiros", (G. Dias, *Os Timbiras*).

Outra passagem que nos interessa está nas "Notas" aos *Papéis avulsos*, onde Machado explica por que *reproche* não é galicismo (nem *reprochar*). Ele a empregara duas vezes: na "Advertência" aos *Papéis avulsos* ("Deste modo, venha donde vier o reproche...") e em *O alienista* ("Não ousava fazer-lhe nenhuma queixa ou reproche"). Novamente, Machado cita o *Dicionário Morais* e menciona autores lá transcritos que abonam o vocábulo como vernáculo. E termina a defesa com aguçado comentário fonoestilístico: "Resta a questão de eufonia. *Reproche* não parece mal soante. Tem contra si o desuso. Em todo caso, o vocábulo que lhe está mais próximo no sentido, *exprobração*, acho que é insuportável. Daí a minha insistência em preferir o outro, devendo notar-se que não o vou buscar para dar ao estilo um verniz de estranheza, mas quando a idéia o traz consigo" (1971, v. 2, 364).

Mencionemos, ademais, o passo inicial de uma outra crônica da série *Bons Dias!* (20 abr. 1889), no qual define que "a principal vantagem dos estudos de língua, é que com eles não perdemos a pele, nem a paciência, nem, finalmente, as ilusões". Ou ainda algumas passagens reveladoras do escritor que, fazendo uso da terminologia gramatical, manuseia esse conhecimento com perícia e senso de humor:

Em *Velhas histórias* (1971, v. 2, 571):
"Sim, minha senhora, as palavras têm sexo. (...) Amam-se umas às outras. E casam-se. O casamento delas é o que chamamos estilo".

No conto "Teoria de medalhão" (1971, v. 2, 293):
"(...) o adjetivo é a alma do idioma, a sua posição idealista, metafísica. O substantivo é a realidade nua e crua, é o naturalismo do vocabulário".

Em *Crônicas de Lélio* (9):
"Às vezes uma só expressão viva e substancial dá força a um período inteiro; outras vezes uma idéia frouxa ou cansada ganha muito com o vocábulo em que se traduz".

Em *A Semana* (12 mai. 1895):
"... era talvez ocasião de falar da escritura fonética. O fonetismo é um calmante. (...) as folhas, os anais, as leis, as proclamações, e finalmente os versos e romances, dirão pelo aspecto das palavras o período a que pertencem, auxiliando assim a história e a crítica".

Em *Memórias póstumas* (1971, v. 1, 536):
"Viver não é a mesma coisa que morrer; assim o afirmam todos os joalheiros desse mundo, gente muito vista na gramática".

Em *Esaú e Jacó* (1971, v. 1, 983):
"Todas as línguas vão dar ao Céu".

Em discurso na Academia Brasileira de Letras (7 dez. 1897):
"A Academia (...) buscará ser, com o tempo, a guarda da nossa língua. Caber-lhe-á então defendê-la daquilo que não venha das fontes legítimas, – o povo e os escritores – não confundindo a moda, que perece, com o moderno, que vivifica".

Machado de Assis também fez às vezes de lexicógrafo, como em *Diálogos e reflexões de um relojoeiro* (Apud Andrade, 298), onde se lê: "É coisa certa que a ignorância da língua e o amor da novidade dão certo sabor a vocábulos inventados ou descobertos." Ou como na crônica de *A Semana* (30 jul. 1893), em que trata do emprego do verbo *quedar* com o sentido novo de *cair, sofrer queda*: "Notai que o que legitima um vocábulo destes é a sua espontaneidade. Eles nascem como as plantas da terra. Não são flores artificiais de academias, pétalas de papelão recortadas em gabinetes, nas quais o povo não pega. Ao contrário, as geradas naturalmente é que acabam entrando nas academias".

Como bem disse Vittorio Bergo (277), Machado "não foi um escritor alheio aos estudos gramaticais" e "sua aplicação a eles contribuiu, com seu gênio, cultura e capacidade de análise, para que ele erigisse imperecível monumento de arte literária". Não restam dúvidas de que esses estudos lhe serviram de sustentação teórica em suas intervenções metalingüísticas e, não sendo possível estabelecer maiores confirmações documentais sobre a formação filológica de Machado de Assis, caberia então averiguar que livros dessa área fizeram parte de sua leitura. Da biblioteca que lhe pertenceu, como vimos, restam apenas sete obras dessa área. De suas consultas como freqüentador de bibliotecas públicas do Rio de Janeiro, quase nada se pode afirmar ainda. Restam-nos, então, indagações sobre que dicionários, além do confessado Morais, e que outras obras fizeram parte de sua biblioteca pessoal e virtual.

Ainda em relação a suas preocupações com os temas da área lingüístico-gramatical, lembremo-nos também de que os eminentes filólogos João Ribeiro e Silva Ramos foram seus confrades na *Revista Brasileira*, em cuja redação se reunia o grupo de ilustres intelectuais que acabaria por engendrar a criação da Academia Brasileira de Letras. Aliás, outro dado a despertar desejo de investigação está contido numa carta de Machado a Joaquim Nabuco (de 14 de maio de 1897), a qual cita a proposta de Lúcio de Mendonça de "que a Academia cuide de organizar um dicionário etimológico, fazendo emendas segundo regras que indica". Conclui o remetente: "O João Ribeiro opõe-se ao contraprojeto, e as nossas três sessões têm sido interessantes e são acompanhadas na imprensa e no público".

Confortemo-nos, por fim, com as próprias palavras de Machado, que nos diz no conto *Curiosidade* (1956, 133): "em certos casos, quando fazemos uma pergunta, só desejamos ouvir uma resposta; e, se não a ouvimos, parece-nos que ou não nos responderam ou responderam-nos mal."

## *Referências*

ALENCAR, Mário de. "Notas de leitura de Machado de Assis". *Revista da Academia*, 1 e 3. Rio de Janeiro: ABL, 1910-1911: 137-45 & 91-7.

ANDRADE, Gentil de, org. *Pensamentos e reflexões de Machado de Assis.* Rio de Janeiro: Civilização Brasileira, 1990.

ASSIS, J. M. Machado de. *Contos sem data.* Rio de Janeiro: Civilização Brasileira, 1956.

\_\_\_\_\_. *Crônicas de Lélio.* Rio de Janeiro: Civilização Brasileira, 1958.

\_\_\_\_\_. *Obra completa.* 3 v. Rio de Janeiro: José Aguilar, 1971.

BERGO, Vittorio. "Machado de Assis e a gramática". *In:* SOCIEDADE Brasileira de Língua e Literatura. *Estudos Universitários de Lingüística, Filologia e Literatura — homenagem ao Prof. Dr. Sílvio Elia.* Rio de Janeiro: Tempo Brasileiro, 1990, 265-78.

CUNHA, Antônio Geraldo da. *Dicionário etimológico da língua portuguesa.* rio de Janeiro: Nova Fronteira, 1989.

HENRIQUES, Claudio Cezar. "Quando se fala de Machado". *Literatura: esse objeto do desejo.* Rio de Janeiro: EdUERJ, 1997. 133-9 & 164-9.

LUFT, Celso Pedro. *Dicionário de literatura portuguesa e brasileira.* Porto Alegre: Globo, 1969.

MONTELLO, Josué. *O Presidente Machado de Assis.* São Paulo: Martins Editora, 1961.

MORAIS SILVA, António de. *Grande dicionário da língua portuguesa.* Lisboa: Editorial Confluência, 1951.

PEREIRA, Lucia Miguel. *Machado de Assis: estudo crítico e biográfico.* Belo Horizonte & São Paulo: Itatiaia & EdUSP, 1988.

SOUSA, Galante de. *Bibliografia de Machado de Assis.* Rio de Janeiro: MEC & INL, 1955.

\_\_\_\_\_. *Fontes para o estudo de Machado de Assis.* Rio de Janeiro: MEC & INL, 1958.

TÁTI, Miécio. *O mundo de Machado de Assis.* Rio de Janeiro: Secretaria Municipal de Cultura, 1995.

Colaborou, no levantamento e na conferência das anotações dos livros pertencentes à Academia Brasileira de Letras, a bolsista Vera Lúcia Caetano da Silva, do Centro Filológico Clóvis Monteiro (Instituto de Letras – UERJ).

# UMA LIÇÃO DE HISTÓRIA: "CONTO DE ESCOLA" DE MACHADO DE ASSIS

*John Gledson*

"Conto de escola", primeiramente publicado na *Gazeta de Notícias* do Rio de Janeiro em 1884, e depois na coletânea *Várias histórias* (1896), é uma das narrativas curtas mais famosas de Machado, presente em muitas antologias. Acima de tudo, parece efetiva em sua simplicidade. O narrador resume a mensagem no final:

> *E contudo a pratinha era bonita e foram eles, Raimundo e Curvelo, que me deram o primeiro conhecimento, um da corrupção, outro da delação: mas o diabo do tambor...* (ASSIS, 1962, 554)

É uma história, então, sobre a iniciação de uma criança no sórdido mundo adulto, em que serviços "ilegais" podem ser comprados – como Raimundo compra o conhecimento do narrador Pilar, para ser aprovado em uma matéria que ele não tinha conseguido aprender – e em que Curvelo os delata ao mestre-escola Policarpo, que é também pai de Raimundo. A história, com seus pequenos detalhes – a palmatória com seus "cinco olhos do diabo", a moeda de prata usada como suborno, que é "do tempo do rei" (isto é, de D. João VI), o papagaio que a criança vê à distância através da janela da escola, o próprio mestre-escola furioso, aspirando rapé enquanto avidamente lê seu jornal em classe –, parece, e na verdade é, justificada como obra de arte, simplesmente pelo realismo vívido e autêntico e por sua efetiva dramatização de uma moral explícita. Ela parece precisar de pouca ou nenhuma interpretação.

Um dos temas do conto – a relação freqüentemente traumática entre adultos e crianças – é comum em Machado, e de fato é o assunto de algumas de suas melhores e mais populares histórias: "Missa do galo", "Uns braços" e "O caso da vara", por exemplo, para não mencionar *Dom Casmurro*. Se os críticos viram alguma coisa na história, foi para especular sobre um possível conteúdo autobiográfico (MIGUEL-PEREIRA, 1949, 27-8.) De fato, é bem possível que a experiência pessoal tenha tido um papel na escolha do local, que é muito próximo ao Morro do Livramento, nos limites do centro do Rio de Janeiro, onde Machado foi criado. Ele pode muito bem ter freqüentado uma escola como esta; contudo, além do fato de que isto nos diz pouco sobre a história, não pode ser simples reminiscência, já que, em maio de 1840, quando a história acontece, Machado não tinha nem um ano de idade.

Eu proponho mostrar que há um outro nível possível de sentido, intencional da parte de Machado, que certamente não contradiz as verdades óbvias enunciadas acima, mas que dá à história um interesse dramático suplementar, e nos diz mais sobre um dos personagens (Policarpo) do que poderíamos pensar ser possível à primeira vista. Este outro nível possível de sentido também revela a história como parte de uma especulação contínua, que Machado manteve em grande parte de sua vida de escritor, sobre a natureza da história e das instituições políticas do Brasil no século XIX.[1]

A data (maio de 1840) a que se alude acima não é fortuita. Embora as histórias freqüentemente mencionem as datas de eventos relatados, raramente o fazem com tal precisão:

> *O ano era de 1840. Naquele dia – uma segunda-feira do mês de maio – deixei-me estar alguns instantes na Rua da Princesa a ver onde iria brincar amanhã.*

Mais tarde, recebemos esta descrição do mestre-escola:

---

[1] Grande parte do meu argumento sobre este assunto pode ser encontrada nos meus livros *Machado de Assis: Impostura e realismo*. São Paulo: Companhia das Letras, 1991; *Machado de Assis: Ficção e história*. Rio de Janeiro: Paz e Terra, 1986. Num artigo mais recente, levo o argumento para alguns contos de *Papéis avulsos*: "A história do Brasil em *Papéis avulsos* de Machado de Assis", in *A história contada: capítulos de história social da literatura no Brasil*. Sidney Chalhoub e Leonardo Affonso de M. Pereira (orgs.) Rio de Janeiro: Nova Fronteira, 1998, 15-33.

> *Afinal cansou e tomou as folhas do dia, três ou quatro, que ele lia devagar, mastigando as idéias e as paixões. Não esqueçam que estávamos então no fim da Regência, e que era grande a agitação pública.*

A referência a maio de 1840 é cuidadosamente escolhida.[2] A Regência estava acabando, em um sentido muito específico: este era o mês em que a seção do Partido Liberal primeiramente propôs a antecipação da Maioridade de D. Pedro II, que faria dezoito anos somente em 1843, mas que foi de fato proclamado maior de idade, quando ainda tinha quatorze anos, em 23 de julho de 1840.[3]

Será isto apenas realismo histórico, sem diferença essencial de dizer-nos que a escola era "um sobradinho de grade de pau" e que ficava na Rua do Costa? O narrador certamente pensa que sua história e a de Dom Pedro II não têm nada a ver uma com a outra. A citação continua:

> *Policarpo tinha decerto algum partido, mas nunca pude averiguar esse ponto. O pior que ele podia ter, para nós, era a palmatória. E essa lá estava, pendurada do portal da janela, à direita, com os seus cinco olhos do diabo. Era só levantar a mão, despendurá-la e brandi-la, com a força do costume, que não era pouca. E daí, pode ser que alguma vez as paixões políticas dominassem nele a ponto de poupar-nos uma ou*

---

[2] A "segunda-feira", entretanto, não parece ter a mesma referência exata. O dia da publicação nos jornais da proposta de dar maioridade a Dom Pedro foi quinta-feira (14 de maio de 1840). Foi neste dia que a iniciativa "foi para a população do Império verdadeira novidade e causou geral expectação" (SOUSA, Otávio Tarqüínio de. A maioridade (revolução parlamentar de 22 de julho de 1840). In *Três golpes de estado (História dos fundadores do Império VIII)*. Belo Horizonte/ São Paulo: Itatiaia/EDUSP, 1988, 107-66.

[3] Há muitos relatos deste processo histórico. Os que achei mais esclarecedores e úteis são aqueles de Tristão de Alencar Araripe (ARARIPE, 1881), uma visão excelente e clara do processo que tem o interesse adicional de ser uma fonte provável, já que Machado a teria muito provavelmente lido antes de escrever "Conto de escola" – o Instituto tinha grande prestígio e Machado tinha muitos números de sua *Revista* em sua biblioteca. O relato moderno básico de eventos é o de SOUZA (1988). O mais recente e estimulante relato do contexto político como um todo, bem como dos próprios eventos, pode ser encontrado no capítulo 7 ("O triunfo da tradição 1837-1842") do excelente livro de Roderick J. Barman (1988). Embora Barman prefira usar o termo "nativista" para descrever o partido que se tornou conhecido como dos Liberais, prefiro o termo (quase) contemporâneo, que Alencar Araripe, por exemplo, prefere. Foi nesta época que os diferentes grupos na política brasileira começaram a adotar rótulos políticos.

*outra correção. Naquele dia, ao menos, pareceu-me que lia as folhas com muito interesse; levantava os olhos de quando em quando, ou tomava uma pitada, mas tornava logo aos jornais, e lia a valer.*

No entanto, devemos evitar ficar satisfeitos com a ignorância do narrador ou com suas conclusões sobre a relação entre as emoções políticas de Policarpo e a atitude dele com seus alunos. De fato, quem esteja acostumado com a malícia de Machado suspeitará que a sugestão de que suas paixões o impediriam de puni-los visa a encaminhar o leitor na direção errada. Existe algum meio seguro de deduzir suas verdadeiras opiniões, a despeito do narrador? Quaisquer que sejam elas, eram convicções fortes, como se sugere aqui. Mais tarde, recebemos uma pista vital:

*E ele não podia ver nada, estava agarrado aos jornais, lendo com fogo, com indignação...* (grifo meu)

Ele está furioso com o desenlace dos acontecimentos, então, e – é razoável supor – com a própria idéia da Maioridade antecipada. Como foram os liberais que decidiram tomar o poder, usando o artifício de propor a Maioridade, será que isto significa que ele era um conservador? É possível, mas parece pouco provável, dada a sua classe social. O magistério não era uma ocupação lucrativa ou mesmo muito respeitada naquela época, como a figura de Ludgero Barata em *Memórias póstumas de Brás Cubas*, embora de um período um pouco anterior, indica – como indica a roupa empobrecida, descrita no início da história.[4] O que dá uma pista maior e mais específica da verdade é sua ação violenta, atirando pela janela a moeda com a qual seu filho tentou subornar o narrador. Como foi mencionado, é uma moeda de prata "do tempo do rei":

*Policarpo bradou de novo que lhe desse a moeda, e eu não resisti mais, meti a mão no bolso, vagarosamente, saquei-lha e entreguei-lha. Ele examinou-a de um e outro lado, bufando de raiva; depois estendeu o braço e atirou-o à rua.*

---

[4] *Memórias póstumas de Brás Cubas*, capítulo 13; cf. SCHWARZ (1991, 9).

A moeda, pode-se imaginar, tinha a efígie do rei nela; muito curiosamente, pelo menos em certo sentido, ela pertence a Policarpo, porque Raimundo a recebeu de sua mãe.[5] A ação, em sua raiva autodestrutiva, parece simbólica: simboliza um frustrado e reprimido ódio à Monarquia. Policarpo – podemos supor – tem simpatia pelos republicanos, e, sendo ele mesmo liberal ou não, está furioso com aquela facção do Partido Liberal que decidiu usar a monarquia para seus próprios objetivos.

O que Machado pensava, não tanto sobre a monarquia brasileira (uma questão complexa para a qual esta história fornece apenas uma pequena parte da resposta), mas sobre a Maioridade de 1840? O evento aparece no capítulo XXXI de *Dom Casmurro*, em que Capitu está curiosa para saber o que era isto, e – por razões pessoais que não são muito difíceis de imaginar – "achou que o Imperador fizera muito bem em querer subir ao trono aos quinze anos" (ASSIS, V. 1, 840) — Bento tem quinze anos no início da narrativa. O que se menciona aqui é o momento mais famoso do processo, quando Pedro II teria dito: "Quero já". Estas palavras têm, é claro, um papel legitimador vital na história (ou, mais precisamente, no mito) da Maioridade, já que deixam implícito que, de algum modo ela era real, uma "expressão verdadeira" do desejo de governar de Pedro e também de sua maturidade.[6]

---

[5] Pode ser também – embora se deva admitir que o ponto é levemente contraditório, pois implicaria uma certa nostalgia pelo "tempo do rei" – que Policarpo seja um dos pobres que, como freqüentemente acontece na história do Brasil, perderam tudo em um dos períodos de inflação do país; neste caso, na década de vinte dos oitocentos (Cf. BARMAN, 140 e 149). O papel-moeda substituiu as moedas metálicas das quais a pratinha é um exemplo. Sabe-se que os "tempos do rei" foram um objeto de saudades nostálgicas algo tradicional, mais tarde naquele século, a ilustração mais óbvia disto sendo as *Memórias de um sargento de milícias*, de Manuel Antônio de Almeida (1854-5).

[6] A importância destas duas palavras é atestada pela atitude de alguns historiadores modernos. SOUZA, por exemplo, gasta cinco páginas para discutir a questão de terem sido ou não pronunciadas, concluindo pela afirmativa, embora com tantas ressalvas, que acaba minando muito da importância implícita da frase (isto é, a maturidade do imperador). BARMAN (209), de modo sensato, não se compromete, percebendo que a frase tem uma importância mítica que torna quase irrelevante seu *status* como fato. Ainda parece difícil argumentar contra o relato do próprio Dom Pedro, publicado como apêndice à "Notícia" (1881) de Alencar Araripe. O imperador estava presente, quando o trabalho foi lido, e fez comentários para o autor, precisamente sobre a questão do "Quero já", que

Uma visão bem diferente é apresentada em *Casa velha*, que Machado publicou em *A Estação* somente dois anos após "Conto de escola".[7] Em poucas palavras, nesta história, passada em 1839, a possibilidade de colocar o imperador no trono é vista como uma reação da oligarquia conservadora à ameaça de ruína e secessão no país, especialmente diante da Guerra dos Farrapos no Rio Grande do Sul. Como exclama o Coronel Raimundo:

> *Dessem-lhe cinqüenta homens – vinte e cinco que fossem – e se ele em duas horas não pusesse o imperador no trono, e os ministros na rua, estava pronto a perder a vida e a alma.* (ASSIS, 1962, v. 2, 558)

Há, de fato, vários modos de ver a Maioridade, e eles têm implicações para a nossa visão do Império como um todo. Em suma, Machado adota diferentes perspectivas em diferentes obras: nenhuma

---

Alencar Araripe incorporou em uma nota interessante, que merece ser citada parcialmente. Mantive sua ortografia, como curiosidade. A passagem relevante do artigo estabelece: "Com efeito pessoa familiar do imperador revelou-lhe a existencia do plano, e provocou uma declaração da sua parte. A pessoa assim commissionada não se demorou em ennunciar, que o Imperador não ezitára em manifestar 'que queria a maioridade, e dezejava que ella fosse logo realizada, estimando muito que a idéa partisse dos Andradas e seos amigos'". Alencar Araripe prossegue: "Quando lia este periodo da prezente memoria, no Instituto istorico e geografico, S.M. observou não ser exacta a circunstancia aqui referida; e finda a leitura, dice-me, que se não recordava de ter sido jamais provocado por pessoa alguma do paço para enunciar-se ácerca da projetada declaração da maioridade. Reflexionei, que a minha asserção fundava-se nas actas do *club maiorista*, seguindo eu na expozição dos sucessos os documentos contemporaneos. S.M. replicou, que, sem contestar o acordo da expozição com os documentos, a verdade era, que nenhuma recordação tinha de que alguem fizesse declarações sobre a maioridade, manifestando dezejos de ver essa providencia realizada; pois, sendo então de annos juvenis, preocupava-se com os seos estudos, e não cuidava da politica militante do paiz; lembrando-se assim de ouvir conversar no paço sobre o assunto da maioridade, a respeito da qual apenas pronunciou-se, quando dia 22 de Julho a commissão do senado, e o Regente forão ao paço na quinta da Boa-vista. Acrecentou S.M., que n'essa ocazião, depois de ouvir á commissão e ao Regente, consultando particularmente com o seo tutor, o Marquez de Itanhaem, e com o seu aio, e aceitando os conselhos de ambos, declarára, que aceitava o governo." Acho que qualquer leitor concordará que estas palavras têm um ar de verdade. O "Quero já" é provavelmente uma invenção contemporânea (isto é, a mentira data de 1840), e muito mais sintomática por causa disto.

[7] Cf. "*Casa velha*", primeiro capítulo de GLEDSON, John. *Machado de Assis: ficção e história*. Rio de Janeiro: Paz e Terra, 1986.

é mais ou menos "verdadeira" do que a outra. *Casa velha* a vê como uma reação à ameaça de desintegração nacional; "Conto de escola" como uma questão de lutas e traições partidárias intestinas; *Dom Casmurro* como um mito útil: estas são as perspectivas de 1839, maio de 1840, e 1857, respectivamente (e do Coronel Raimundo, Policarpo e Capitu).

Parece mais do que provável, então, que Policarpo seja um adversário da monarquia: um Republicano ou pelo menos um daqueles conhecidos na época como "liberais exaltados".[8] O Partido Liberal dividia-se entre os "moderados", que desencadearam o processo que levou à Maioridade, e os "exaltados", que não queriam ter nada a ver com a Maoridade, ou mesmo, em muitos casos, com a monarquia.

Agora conseguimos saber o que o narrador não pode descobrir: as opiniões políticas de Policarpo. Podemos, ao mesmo tempo, rejeitar sua intuição de que as paixões políticas desviam Policarpo de punir seus alunos. Neste caso, de qualquer modo, o inverso é verdadeiro. As palavras que usa quando bate nas duas crianças não parecem ajustar-se totalmente a elas:

> *Chamou-nos sem-vergonhas, desaforados, e jurou que se repetíssemos o negócio, apanharíamos tal castigo que nos havia de lembrar para todo o sempre. E exclamava: Porcalhões! tratantes! faltos de brio!*

A última frase parece especialmente enquadrar-se na *outra* situação, refletindo a raiva dos "exaltados" em relação aos "moderados" covardes, que tinham comprometido seus supostos princípios em busca do poder.

Como esta interpretação da perspectiva política do mestre-escola afeta nossa visão da história? Primeiramente, acredito que lhe dá uma maior coerência, em um sentido familiar aos leitores de Machado. Mais de uma vez, ele mostra como, em uma escala social, se devolve a humilhação recebida, não aos que a causaram, porém aos mais desamparados

---

[8] Referindo-se à revolta em Minas, em 1842, Machado usou o termo em um episódio de uma versão anterior de *Quincas Borba*, publicada em *A Estação*. Cf. ASSIS, Machado de. Ed. Comissão Machado de Assis. Quincas Borba: Apêndice. Rio de Janeiro: INL, 1970, 97.

ou fracos. Esta é uma "lei" que opera em todos os níveis da sociedade – o do banqueiro em *Quincas Borba*, que humilha Palha, tendo sido ele mesmo humilhado por um ministro antes (ASSIS, 1962, v. 1, 558), ou o de Prudêncio, o ex-escravo em *Memórias póstumas de Brás Cubas*, que compra um escravo para vingar-se das chicotadas recebidas quando criança (ASSIS, 1962, v. 1, 580). Ela é, de fato, a teoria da bola de bilhar de Brás Cubas (Capítulo 42), de acordo com a qual

> ... *pela simples transmissão de uma força, se tocam os extremos sociais, e se estabelece uma cousa que podemos chamar – solidariedade do aborrecimento humano.* (ASSIS, 1962, v. 1, 580)

Pelo menos, esta é a teoria de Brás. Podemos também pensar que "solidariedade" dificilmente é um substantivo apropriado para descrever algo que tão ostensivamente mostra sua ausência.

Seguindo este padrão, são eventos políticos que fornecem a causa original das emoções de Policarpo, que então descarregam-se acidentalmente em um objeto diferente: seu próprio filho.

Antes de considerar as implicações da relação entre pai e filho, é interessante considerar a posição do próprio mestre-escola: é de total frustração, o que, acredito, Machado pensava ser necessariamente típico de pessoas com tal perspectiva, nos primeiros anos do Império.[9] Ele tinha experiência própria destas coisas, tendo sido um liberal idealista no final dos anos 50 e início dos 60, e tendo mais ou menos abandonado a publicação de quaisquer opiniões políticas claramente definidas, não importa por que razões, depois de 1868.[10] Nas palavras de Paulo Mercadante:

---

[9] Em *Esaú e Jacó*, há um episódio que ilustra a mesma situação, embora de um ponto de vista oposto. Depois da proclamação da República em 15 de novembro de 1889, o banqueiro Santos teme que a mudança de regime signifique revolução. O Conselheiro Aires é mais sábio, e conta a história de um homem que, durante a Regência, embora fosse Republicano, não permitia que se insultasse o Imperador: "Eu sou *ré*, mas não permito que faltem ao respeito a este menino!" (ASSIS, 1962, v. 1, 1029). Este respeito contraditório é a cópia invertida da violência "desviada" de Policarpo: em nenhum dos dois casos há o desejo ou o modo de remover o objeto real de desaprovação.

[10] Cf., por exemplo, MASSA, Jean-Michel. *A juventude de Machado de Assis*. Rio de Janeiro: Civilização Brasileira, 1971, 577.

> Entre essa gente próspera das fazendas e a massa dos escravos, mestiços e cafusos, vegetava nos centros urbanos uma parcela reduzida de homens livres. Estes dispunham de modos de pensar correspondentes a estratos sociais inferiores, sem validade pública.[11]

O silêncio frustrado de Policarpo, reduzido a grunhidos e gestos, é o resultado direto de sua falta de "validade pública". Isto não quer dizer, obviamente, que Policarpo é "bom demais para este mundo"; não é isso, evidentemente. É, sem dúvida, de certa maneira trágico que ele somente possa descarregar sua raiva sobre um símbolo, como a moeda, ou sobre seu filho; mas "bufando de raiva" atrás de seus "três ou quatro" jornais, ele também fica mais ridículo, e uma figura muito típica de Machado: uma pessoa para quem a política é um fim em si mesmo, um entorpecente ou, para usar uma metáfora menos banal, uma coceira que deve ser continuamente coçada.[12] Sua posição, de fato, é típica daqueles que não têm verdadeira independência – podemos mesmo supor que ele seja inferior a sua mulher, que tem a caixa de moedas, herdada do pai dela, da qual provém a "pratinha" do suborno.

Pode esta interpretação do "Conto de escola" ser levada adiante? Do jeito que está, ela dá à história um nível maior de realismo – e dá a um dos personagens uma motivação oculta, consistente com um dos padrões favoritos de enredo machadianos (a teoria da bola de bilhar) –, mas parece ter pouco a ver com o assunto explícito da história: a "corrupção" e a "traição" do desfecho. Qualquer conexão real entre estes dois níveis parece de fato ser impedida pela natureza da própria teoria da bola de bilhar (pelo menos como é exposta por Brás Cubas), que demanda um grau de acaso no processo causal: o ressentimento é descarregado no que quer que esteja à mão.

Um fator, entretanto, sugere que Machado pretendia que especulássemos sobre as ligações entre o tema político e a iniciação da criança no mundo adulto: Raimundo é filho de Policarpo. É pouco provável que Machado nos apresentasse esta relação simplesmente para o

---

[11] MERCADANTE, Paulo. *A consciência conservadora no Brasil*. Rio de Janeiro: Nova Fronteira, 1983, 103-4. Grifos meus.
[12] A imagem é de *Esaú e Jacó* de novo, e descreve Batista (ASSIS, 1962, v. 1).

momento do castigo ficar mais pungente; seria um sentimentalismo espúrio, completamente inapropriado. Podemos admitir que ela enfatiza o caráter autodestrutivo do dilema de Policarpo, mas será que não pode ter outras implicações, em um contexto no qual uma criança está prestes a assumir o trono no Brasil? Se tem, podemos esperar que estas implicações surgirão de paralelos temáticos entre as situações histórica e ficcional; parece-me que as potencialidades de qualquer conexão causal já foram esgotadas.

A ligação mais óbvia e relevante é o tema da liberdade das crianças, e pode ser que Machado dê uma pista disto em uma expressão estranha que usa perto do final da história, quando o narrador sai no dia posterior ao castigo: "saí de casa, como se fosse trepar ao trono de Jerusalém". É claro que, como o tema é apresentado, "Conto de escola" é sobre a limitação e o solapamento de uma liberdade que o narrador entretanto vislumbra, na pipa ziguezagueante que vê através da janela da escola, ou nos dias de vadiagem por causa dos quais ele apanha de seu pai. De um mundo de liberdade (mas também de violência direta) ele está prestes a passar para outro de *trocas*: de ameaças, de promessas e de subornos. A situação familiar, e a da escola que se sobrepõe a ela, pode prontamente ser vista como tendo um paralelo com a sociedade, que se afastava da guerra civil, movendo-se em direção à paz e ao compromisso – à Conciliação, de fato – do Segundo Reinado, resumida na palavra final do título do famoso "panfleto" histórico [1855] de Justiniano José da Rocha como "transação".[13] Esta mudança foi vista por Machado – e não somente por ele, é claro – como crucial entre os anos 30 e 50, entre a guerra civil e a euforia trazida pelo *boom* econômico e a estabilidade política resultante dele.[14] Aqui (se nos preparamos para ver um paralelo entre a História e o conto) os termos da mudança são bem diferentes, e consistentes com o que encontramos em Rocha: da repressão evidente a uma corrupção ardilosa, em

---

[13] O panfleto de Rocha (*Ação, reação, transação*) pode ser convenientemente lido em MAGALHÃES Jr., Raymundo. *Três panfletários do Segundo Reinado*. São Paulo: Nacional, 1956. Foi um texto fundamental no oitocentos para a compreensão da história do Brasil, e Machado cita ou parodia seu título mais de uma vez.

[14] Não há espaço aqui para entrar em pormenores sobre este assunto. Mais detalhes podem ser encontrados em GLEDSON, 1991, Capítulo 3.

que a força, usada ou contida, está sempre presente. O ato do Imperador, ascendendo com aparente espontaneidade ao trono dos Braganças, também resume a questão: o que parece ser um ato de maturidade política é de fato o resultado de distorções – da força e da corrupção – presentes no sistema.

A história termina com o narrador vadiando novamente, seguindo um grupo de fuzileiros que passam por ele, no seu caminho para a escola. O som do tambor o afasta de considerações mais sérias ("E contudo a pratinha era bonita..."). Quaisquer implicações posteriores devem aparecer sem a intervenção de um narrador, em detalhes textuais aparentemente acidentais. Um último exemplo aparece aqui:

> *Olhei para um e outro lado; afinal, não sei como foi, entrei a marchar também ao som do rufo, creio que cantarolando alguma coisa: Rato na Casaca...*

Não fui capaz de descobrir uma canção com este nome; é, obviamente, quase certo que exista ou tenha existido uma, e seria interessante conhecer mais sobre ela. Não tendo este conhecimento, contudo, é tentador interpretar o próprio título. A "casaca" é uma vestimenta sempre associada com os políticos do Império; a associação com o rato parece implicar pouco respeito por eles, se não implica corrupção efetiva ou traição. Mesmo hoje em dia, "virar casaca" é uma expressão comum para descrever um político que muda de partido, normalmente por motivos desonestos.

Obviamente, o narrador não pode estar consciente de tudo isto. As histórias de Machado freqüentemente inserem detalhes políticos e históricos – como os que analisamos aqui – em referências oblíquas, cujas peças o leitor tem de juntar e montar, freqüentemente contra o sentido da narrativa, pelo menos como o narrador o compreende. Isto não é somente a obscuridade pela obscuridade, mas deriva de uma situação complexa, em que a repressão tem um papel mais ou menos disfarçado, mas primariamente em que é difícil para as opiniões liberais – se o adjetivo algo vago puder ser usado – obterem o que Mercadante chama de "validade pública". O trabalho de detetive que tem de ser feito para descobrir as opiniões de Policarpo não tem por objetivo dar ao leitor um quebra-cabeça para resolver: ele é uma função daquelas próprias opiniões e do contexto em que elas encontravam uma expressão, por mínima que fosse. Assim também se explica o narrador, criança "inocente", que não pode ver a verdade, embora possa ver seus indícios. Esta é uma história sobre as distorções implícitas naquela situação de censura informal. Um tipo de "validade" – que poderia ser chamado de realismo – é algo que Machado exige em sua própria ficção, seja no nível do enredo, da descrição ou da própria voz narrativa.

Tradução: José Luís Jobim
Revisão: John Gledson

## *Referências*

ASSIS, Machado de. *Obras Completas*. Rio de Janeiro: Aguilar, 1962. 3 v.
ARARIPE, Tristão de Alencar. "Notícia sobre a maioridade".
    *Revista do IHGB*, n. 44, 1881: 167-209.
BARMAN, Roderick J. *Brazil: the Forging of a Nation 1798-1852*.
    Stanford: Stanford University Press, 1988.
GLEDSON, John. *Machado de Assis: impostura e realismo*.
    São Paulo: Companhia das Letras, 1991.
\_\_\_\_\_. *Machado de Assis: Ficção e história*.
    Rio de Janeiro: Paz e Terra, 1986.
MAGALHÃES Jr., Raymundo. *Três panfletários do Segundo Reinado*.
    São Paulo: Nacional, 1956.
MASSA, Jean-Michel. *A juventude de Machado de Assis*.
    Rio de Janeiro: Civilização Brasileira, 1971.
MERCADANTE, Paulo. *A consciência conservadora no Brasil*.
    Rio de Janeiro: Nova Fronteira, 1983.
MIGUEL-PEREIRA, Lúcia. *Machado de Assis*. São Paulo: Gráfica, 1949.
SCHWARZ, Roberto. *Machado de Assis: um mestre na periferia do capitalismo*.
    São Paulo: Duas Cidades, 1991.

# MACHADO DE ASSIS, MEMBRO DO CONSERVATÓRIO DRAMÁTICO BRASILEIRO E LEITOR DO TEATRO FRANCÊS

*José Luís Jobim*

Quando se associou ao Conservatório Dramático Brasileiro, Machado de Assis tinha 23 anos e, embora estivesse longe de ser a unanimidade nacional em que se transformaria na sua maturidade, já fazia carreira como crítico teatral, o que talvez explique o convite para ser membro daquela instituição. Assim, entre 1862 e 1864, Machado escreveu dezesseis pareceres para o Conservatório.

Em nosso trabalho, buscaremos de forma sintética esclarecer o que pretendia ser e o que efetivamente era o CDB, bem como o sentido da atuação de Machado naquele órgão. Como caso exemplar, enfocaremos o parecer sobre a peça de Émile Augier *Les lionnes pauvres*, por razões que se esclarecerão ao longo de nosso texto.

## *O Conservatório Dramático Brasileiro: retrospecto histórico*

Se quiséssemos definir o que foi o Conservatório Dramático Brasileiro, talvez pudéssemos afirmar que foi a instituição responsável pela censura durante grande parte do século XIX. No entanto, esta afirmação não seria de todo correta, pois o Conservatório pretendia também ser uma agência formadora e propagadora do bom gosto estético, como demonstram seus artigos orgânicos, aprovados em 24 de abril de 1843.

Nestes artigos, os fundadores dizem desejar "promover os estudos dramáticos, e melhoramento da cena brasileira por modo que esta se torne a escola dos bons costumes e da língua", estabelecendo, logo no primeiro artigo:

*1º.– O Conservatório Dramático terá por seu principal instituto e fim primário – animar e exercitar o talento nacional para os assuntos dramáticos e para as artes acessórias – corrigir aos vícios da cena brasileira, quanto caiba na sua alçada – interpor o seu juízo sobre as obras, quer de invenção nacional, quer estrangeiras, que ou já tenham subido à cena, ou que se pretendam oferecer às provas públicas, e finalmente dirigir os trabalhos cênicos e chamá-los aos grandes preceitos da Arte, por meio de uma análise discreta em que se apontem e combatam os defeitos, e se indiquem os métodos de os emendar".* (SOUSA, 1960, 44)

Ora, a referência aos "vícios da cena brasileira", que num ambiente censório poderia remeter pura e simplesmente à "moral e bons costumes", como mais tarde se fará, acaba amainada por uma declarada aspiração a "dirigir" a produção dramática para os "grandes preceitos da Arte", através dos pareceres emitidos. Ou seja, este artigo manifesta a pretensão de exercer um papel de formação estética absolutamente estranho às instituições censoriais mais recentes.

Em documento dirigido ao Imperador, para pleitear a aprovação dos artigos orgânicos do Conservatório, produziu-se o seguinte argumento:

*Senhor. A Arte Dramática é por certo uma das mais belas e das mais úteis e a necessidade de dar-lhe alguma direção no Brasil, que seja conducente aos fins a que se ela propõe na emenda dos costumes, na pureza da linguagem e na escola do bom gosto é tão óbvia que não carece de demonstração.* (BIBLIOTECA NACIONAL, 1843, 1)

Já o decreto nº 425, de 10 de julho de 1845, que criou as normas para a censura, estabelece que

*Nenhuma peça será apresentada ao chefe da polícia para a sua aprovação (...) que não vá acompanhada da censura do Conservatório Dramático Brasileiro, em qualquer sentido que seja, sem o que não lhe porá o visto.* (SOUSA, 1960, 55)

Isto significa que a censura já era um caso de polícia, pois, de acordo com artigo 11 deste decreto, se a peça não tivesse o visto do chefe de polícia, o teatro seria fechado. Significa também que o Conservatório ficava como acessório àquela instância policial. Assim, não admira que, embora ele tenha tido entre seus membros literatos do calibre de Martins Pena, Araújo Porto Alegre e Machado de Assis, sua atuação tenha sido profundamente marcada por essa função acessória.

## *Os pareceres[1] e as idéias sobre teatro*

Quanto aos pareceres exarados por Machado, podemos observar que, embora eles expressem de fato preocupações estéticas, estas terminam sendo subalternas em relação ao julgamento sobre o conteúdo moral das peças. Mas é importante assinalar desde logo dois pontos que buscaremos desenvolver em nossa argumentação:

1) Ao presumir uma função moralizadora para o teatro – que, por outro lado, exige que o teatro também seja moralizado –, Machado está adotando um ponto de vista que não é apenas seu, mas de toda uma escola francesa de realismo teatral, que vê a cena como meio de disseminação dos valores burgueses oitocentistas.

2) Machado crê também numa função estética para o Conservatório, que implicaria, por exemplo, a possibilidade de interferir na formação de dramaturgos, através dos pareceres.

Dito isto, passemos à argumentação mais longa, começando por dizer que, já como crítico, o bruxo do Cosme Velho antecipava as características do futuro parecerista. Isto porque, além do aspecto literário e artístico, as críticas teatrais de Machado de Assis n'"O Espelho" já apresentavam preocupação com o cunho moral das peças, fato que Raimundo Magalhães Júnior considera "naturalíssimo numa revista destinada a ser lida, principalmente, por moças e donas de casa". (MAGALHÃES JÚNIOR, 1981, 114)

---

[1] Os textos dos pareceres de Machado de Assis aqui citados aparecem conforme a edição de Galante de Sousa (1956). Apenas atualizei a ortografia.

Em 16 de dezembro de 1861, respondendo a uma provocação de Antônio Joaquim de Macedo Soares, Machado expõe suas idéias sobre a finalidade do teatro:

> Cumpre que o povo não saia do teatro sem levar consigo alguma moralidade austera e profunda. A arte só, a arte pura, a arte propriamente dita, não exige tudo isso do poeta; mas no teatro não basta preencher as condições da arte. (MAGALHÃES JÚNIOR, 1981, 169)

Contudo, para que não se pense que Machado expressava posições singulares e únicas sobre este assunto, é relevante lembrar, com João Roberto Faria, que o realismo teatral de origem francesa tem como um de seus pressupostos a crença na força regeneradora e moralizadora do teatro, pondo-o a serviço das virtudes e dos deveres do homem, e usando o palco como tribuna a favor dos valores éticos burgueses (FARIA, 1993). Faria chama a atenção para a expressão "fotografia moral", cunhada por Paul de Saint-Victor, observando que esta se ajusta perfeitamente a todas as comédias realistas: "Retratar a realidade, criticá-la e tentar melhorá-la por meio de pinceladas moralizantes são as características básicas desse tipo de peça teatral." Assim, não é de admirar que Alexandre Dumas Filho, outro expoente da escola realista, afirme: "Toda literatura que não tem em vista a perfectibilidade, a moralização, o ideal, o útil é, em uma palavra, uma literatura raquítica e malsã, nascida morta." (FARIA, 1993, 42)

Se tomarmos como exemplo três textos publicados em 1859, em que alinhava uma série de idéias sobre teatro e sobre o Conservatório Dramático Brasileiro, talvez possamos entender melhor como Machado já expressava opiniões assemelhadas às que emitirá no futuro, entre 1862 e 1864, na condição de membro daquela instituição. Para começar, ele assinala que "basta a boa vontade de um exame ligeiro sobre a nossa situação artística para reconhecer que estamos na infância da moral", e que a iniciativa em arte dramática deve ter um objetivo:

> A iniciativa, pois, deve ter uma mira única: a educação. Demonstrar aos iniciados as verdades e as concepções da arte; e conduzir os espíritos flutuantes e contraídos da platéia à esfera dessas concepções e dessas verdades. (ASSIS, 1979, 790)

Nestes textos, os pressupostos moralizadores do teatro realista são virtualmente encampados por Machado:

> *O teatro é para o povo o que o Coro era para o antigo teatro grego: uma iniciativa de moral e civilização. Ora, não se pode moralizar fatos de pura abstração em proveito das sociedades; a arte não deve desvairar-se no doido infinito das concepções ideais, mas identificar-se com o fundo das massas; copiar, acompanhar o povo em seus diversos movimentos, nos vários modos de sua atividade.*
>
> *Copiar a civilização existente e adicionar-lhe uma partícula, é uma das forças mais produtivas com que conta a sociedade em sua marcha de progresso ascendente.* (ASSIS, 1979, 791)

No que diz respeito ao Conservatório Dramático Brasileiro, é interessante observar nestes textos o tratamento que lhe dá Machado, antes de ser seu membro. Primeiramente, ele estabelece que as finalidades desta instituição consistem de certa forma naquelas que efetivamente já se encontram contempladas nos seus artigos orgânicos. Contudo, reclama que, ao preencher apenas a primeira de suas funções, o Conservatório acaba deixando a desejar:

> *Dois são, ou devem ser, os fins desta instituição: o moral e o intelectual. Preenche o primeiro na correção das feições menos decentes das concepções dramáticas; atinge ao segundo analisando e decidindo sobre o mérito literário – dessas mesmas concepções.*
>
> *(...)*
>
> *Preenchendo o primeiro dos dois alvos a que deve atender, o Conservatório em vez de se constituir em corpo deliberativo, torna-se uma simples máquina, instrumento comum, não sem ação, que traça os seus juízos sobre as linhas implacáveis de um estatuto que lhe serve de norma.*
>
> *Julgar uma composição pelo que toca às ofensas feitas à moral, às leis e à religião, não é discutir-lhe o mérito puramente literário, no pensamento criador, na construção cênica, no desenho dos caracteres, na disposição das figuras, no jogo da língua.*
>
> *Na segunda hipótese há mister de conhecimentos mais amplos, e conhecimentos que possam legitimar uma magistratura intelectual. Na*

*primeira, basta apenas meia dúzia de vestais e duas ou três daquelas fidalgas devotas do rei de Mafra. Estava preenchido o fim.*

*Julgar do valor literário de uma composição, é exercer uma função civilizadora, ao mesmo tempo que praticar um direito do espírito: é tomar um caráter menos vassalo, e de mais iniciativa e deliberação.* (ASSIS, 1979, 795)

O primeiro parecer de Machado, em 1862, é sobre *Clermont ou a mulher do artista*. O que inicialmente chama a atenção dos olhos acadêmicos contemporâneos é a ausência completa de referências biobibliográficas sobre o autor da peça examinada. Preenchendo esta lacuna, descobrimos tratar-se de Eugène Scribe.[2]

Esta peça em dois atos foi representada pela primeira vez no *Gymnase dramatique*, em 30 de março de 1838. No primeiro ato, vemos o pintor Clermont, que se casou com uma mulher bela e de família nobre, a qual está sendo cobiçada pelo Visconde de Réthel. Para mantê-la no padrão de vida a que ela estava acostumada, Clermont trabalha dia e noite, muito além do que suas condições físicas lhe permitiriam. Mas Hermance, sua esposa, quando descobre que o marido está sacrificando a saúde para dar-lhe luxo, protesta e propõe quitar todas as dívidas acumuladas, vendendo os bens adquiridos, inclusive para pagar o Visconde, que tem uma promissória de 20.000 francos a receber de Clermont. No entanto, no fim do primeiro ato, o pintor perde a visão, supostamente por tê-la forçado demais com trabalho excessivo.

Quando se inicia o segundo ato, é-nos dado a conhecer que um médico alemão faz operações para curar cegueira, mas elas custam uma fortuna; Clermont jamais poderá pagar, porque não pode mais pintar. Mas eis que sua mulher – que ele suspeitava estar traindo-o com o Visconde – secretamente se dedica à atividade de cantora lírica, e junta dinheiro para a operação. E tudo isto com a ajuda do próprio Visconde!

Em seu parecer sobre a peça, Machado faz observações não somente sobre ela, mas também sobre a sua tradução e o nosso meio teatral. Sobre a tradução, diz ele:

---
[2] Encontramos o referido volume na Biblioteca François Mitterrand (Paris). Para os pesquisadores interessados, a referência naquela instituição é BN, Impr. [yf-1113 (36).

> Se a peça nada vale por si, a tradução veio torná-la mais inferior ainda se é possível. Não só a construção da frase portuguesa se ressente do idioma original, mas ainda há vocábulos disparatadamente traduzidos. Entre outros, ocorre-me o verbo — demander — traduzido na acepção de pedir, em vez de perguntar que é a que cabe na ocasião (cena 6ª do 2º ato) (...).(SOUZA, 1956, 178)

Conferindo a fala de Clermont (*"tu le peux...j'ai tant de choses à te demander et a te raconter..."* "você pode... eu tenho tanta coisa a lhe perguntar e a lhe contar..." [SCRIBE, 1838, 730]), no contexto da peça, podemos observar que realmente perguntar seria a melhor opção do tradutor.

Mas Machado não se contenta em ficar apenas no nível do texto. Na seqüência de seu parecer, aproveita para conclamar o governo à intervenção:

> Clermont ou a mulher do artista *é uma dessas banalidades literárias que constituem por si o repertório quase exclusivo dos nossos teatros.*
> (...)
> *Pena é que os nossos teatros se alimentem de composições tais, sem a menor sombra de mérito, destinadas a perverter o gosto e a contrariar a verdadeira missão do teatro. Compunge deveras um tal estado de cousas a que o governo podia e devia pôr termo iniciando uma reforma que assinalasse ao teatro o seu verdadeiro lugar.* (SOUZA, 1956, 178-179)

Observe-se que, ao conclamar o governo a fazer *uma reforma que assinalasse ao teatro o seu verdadeiro lugar*, de alguma forma Machado ecoava a pretensão declarada nos artigos orgânicos do Conservatório, de *dirigir os trabalhos cênicos e chamá-los aos grandes preceitos da Arte*. No entanto, nem os *os grandes preceitos da Arte*, nem o *verdadeiro lugar* são explicitados, embora se empreguem estas expressões como se o sentido delas fosse auto-evidente e consensual, e não algo a ser esclarecido.

Ao concluir seu parecer, Machado produz uma argumentação que se repetirá, com pequenas variações, em vários pareceres subseqüentes, e que deixará clara a subalternidade dos critérios estéticos:

> *Sinto deveras ter de dar o meu assenso a esta composição por que entendo que contribuo para a perversão do gosto público e para a supressão daquelas regras que devem presidir ao teatro de um país de modo a torná-lo uma força de civilização. Mas como ela não peca contra os preceitos da nossa lei, não embaraçarei a exibição cênica de Clermont ou a mulher do artista, lavrando-lhe todavia condenação literária e obrigando pelas custas autor e tradutor.*
>
> R.º 16 de março de 1862
> Machado de Assis (SOUZA, 1956, 179)

Aí fica claro que a "condenação literária" não é impedimento para a encenação da peça. Se alguma dúvida pudesse haver sobre isso, o parecer sobre a peça *A caixa do marido e a charuteira da mulher* a dissiparia:

> *A comédia em um ato* A caixa do marido e a charuteira da mulher, *assinada modestamente por três iniciais, parece obra de obscura paternidade, que não quer aparecer e recolhe-se no mistério. Quem lê a comédia vê logo que é ela uma péssima tradução de francês, deturpada evidentemente, sem forma portuguesa nem de língua nenhuma.*
> *Disse comédia, quando ela é farsa, pela indicação do frontispício e pelo contexto. É farsa grotesca, sem graça, lutando a grosseria com o aborrecimento. Se estivesse nas minhas obrigações a censura literária, com certeza lhe negaria o meu voto; mas não sendo assim, julgo que pode ser representada em qualquer teatro.*
>
> Rio, 12 de janeiro de 1862
> Machado de Assis (SOUZA, 1956, 188-189)

No parecer de 8 de janeiro de 1863, em que julga os dramas *Espinhos de uma flor* e *O filho do Erro*, Machado explicita o seu dever, na função de censor, na sentença sobre a primeira peça:

> *Apesar de toda a simpatia que me inspiram os moços laboriosos não posso conceder a licença que se pede para este drama cujo autor procura adquirir um nome na literatura dramática. Louvo-lhe os esforços, aplaudo-lhe os conseguimentos, mas não me é dado sacrificar os princípios e o dever.*

> *Ora o dever manda arredar da cena dramática todas aquelas concepções que possam perverter os bons sentimentos e falsear as leis da moral.* (SOUZA, 1956, 191)

E se alguma dúvida ainda pudesse pairar sobre o fato de que não é a má qualidade literária que é impedimento para a encenação de uma peça, mas sim a sua qualidade "moral", podemos ver o contraste naquele mesmo parecer entre as sentenças sobre os dramas *Espinhos de uma flor* e *O filho do Erro*. Sobre a segunda, declara Machado:

> *Quanto ao* Filho do erro, *se é defeituoso literariamente falando, não me parece fora das condições legais e morais. Acho que se pode representar.* (SOUZA, 1956, 192)

No entanto, também é importante assinalar que Machado procura cumprir o papel de incentivador e orientador estético. Seus pareceres com freqüência contêm análises dos textos lidos e observações sobre o estilo e a técnica dos autores apreciados, além de, no caso de peças traduzidas, elogios ou reparos ao trabalho do tradutor. Veja-se, por exemplo, o parecer de 20 de junho de 1863 (o grifo é meu):

> *Li o drama* O Anel de Ferro, *por Arcires. É mais um esforço de nossa nascente literatura dramática. Se não é uma obra completa em absoluto acusa boas qualidades da parte do autor, revela um talento a quem não falta senão o estudo dos mestres e a reflexão precisa para a reprodução dos caracteres. Estes acham-se um tanto confusos, às vezes; outras vezes, um tanto contraditórios. A mão do autor não é firme, e vê-se bem que ela vacila muitas vezes em certas cenas mal trazidas e mal provadas.*
>
> *Entretanto o autor tem paixão suficiente para dar vida às suas concepções; resta-lhe adquirir os meios de saber empregá-la de maneira a não ferir o efeito e a verossimilhança. Seu diálogo é bem travado e quase sempre natural. O estilo é desigual e pouco castigado, e não é difícil encontrar certas expressões de um gosto menos puro.*
>
> *Estas observações têm por fim indicar de passagem no autor os escolhos a evitar erro futuro, e se as faço com liberdade, faço-as também com a convicção de que o talento do autor pode sem dúvida triunfar dos defeitos de hoje e tomar conscienciosamente o caminho do progresso.* (SOUZA, 1956, 189)

A seguir, analisaremos mais detidamente o parecer de Machado sobre *As leoas pobres*, de Émile Augier, pois este merece uma atenção particular, pelas razões que veremos.

## Machado, Augier e As leoas pobres

Poderíamos começar esta seção com uma breve informação histórica sobre Émile Augier, mas esta informação talvez não nos desse os parâmetros com que sua época o avaliava. Assim, preferimos começar com o verbete que Vapereau escreveu sobre ele, em sua famosa obra, que teve edições sucessivas no oitocentos (1858 [1ª ed.], 1861, 1863, 1865, 1870, 1873, 1880, 1881, 1882, 1886, 1893, 1895).[3]

No comentário de Vapereau sobre as peças de Augier[4], o que salta à vista é a moralidade. Vejamos alguns exemplos:

> Sobre *La Cigüe* (1844):
> La Cigüe, *que é talvez a obra mais completa do autor, é, sob a forma de um elegante pastiche dos costumes antigos, uma lição de moral dada à indiferença egoísta e à velhice dos jovens da nossa época.*

> Sobre *L'aventurière* (1848). Esta peça teria sido reescrita em 1860:
> *para daí extrair, com mais interesse, uma lição mais forte. Observava-se nela uma tendência para essa moralidade literária fácil de satisfazer que dá recompensa à virtude, assim como essa exaltação dos costumes burgueses que devia dar ao poeta tantas simpatias.*

---

[3] Utilizamos a seguinte edição: *Dictionaire universel des contemporains contenant toutes les personnes notables de la France et des pays étrangers avec leur noms, prénoms, surnoms et pseudonymes, le lieu et la date de leur naisance, leur famille, leurs débuts, leur profession, leurs fonctions sucessives, leurs grades et titres, leurs actes publics, leurs oeuvres, leurs écrits et les indications bibliographiques qui s'y rapportent, les traits caracteristiques de leur talent etc.* De G. Vapereau, agregé de Philosophie, antigo governador, inspetor geral da instrução pública. 5. Ed. totalmente reformulada e consideravelmente aumentada. Paris: Hachette, 1880.

[4] Limitamos nosso escopo a 1862, ano do parecer de Machado sobre *As leoas pobres*.

Sobre *Gabrielle* (1849):

> *O último verso, muito fora da intriga e do caráter da heroína, era aceito como a moral e o resumo de toda a peça: – Oh, pai de família, oh poeta, eu te amo!* (VAPEREAU, 1880, 88-89)

É importante assinalar que a *Académie* deu a *Gabrielle* o prêmio *Montyon*, dividido com *La fille d'Eschyle*, de Joseph Autran, e que, no ano posterior a esta peça, Augier foi condecorado com a *Legion d'honneur*, assim como no ano da encenação de *Les lionnes pauvres* (1858) entrou para a Academia Francesa. Em 27 de julho de 1870, mediante decreto imperial, ele foi nomeado senador, "por serviços prestados por suas produções literárias" (VAPEREAU, 1880, 90). Embora este decreto não tenha sido promulgado, devemos considerá-lo, junto com os outros índices de prestígio, como um indicador seguro de sua acolhida junto ao público da época.

Assim, João Roberto Faria está coberto de razão quando considera Émile Augier, juntamente com Ponsard, um dos mais importantes representantes da *École du Bon Sens*:

> *Em suas peças, a razão e o dever, a lei e a consciência pública são valores bastante encarecidos. Ao contrário dos românticos, que tinham exaltado o indivíduo, proclamando os direitos soberanos da paixão, e abalado os alicerces da família, ambos defenderam a superioridade da instituição social, a família, o interesse coletivo. De um modo geral, em suas peças não há lugar para os sentimentos desvairados. Mesmo nas questões do amor, é sempre a razão que dirige o coração e coíbe as explosões sentimentais. Com essas características, as peças de Ponsard e Augier conquistaram o público burguês de seu tempo, que via seus valores éticos serem elegantemente dramatizados no palco.* (FARIA, 1993, 7-8)

Na verdade, o próprio Vapereau já assinalava: "M. É. Augier, lors de ses débuts, était consideré (...) comme un des chéfs de l'école du bon sens." ["O Senhor E. Augier, quando começou (...) era considerado um dos chefes da escola do bom senso."] (VAPEREAU, 1880, 90)

Assim, quando Machado de Assis formulou seu parecer sobre *As leoas pobres*, para o Conservatório Dramático Brasileiro, ele estava falando de um dos autores mais prestigiados de sua época. E ainda há um aspecto que torna mais relevante seu parecer sobre esta peça: ela foi pivô de um embate entre seus autores (Émile Augier e Edouard Foussier) e a censura francesa da época, que a vetou duas vezes. Observe-se que Machado adota posição diametralmente oposta à dos censores franceses. Comecemos, então, pelo seu parecer.

> *Julgo no caso de obter licença para ser representada a comédia* As leoas pobres *de Emilio Augier e Ed. Foussier, cuja tradução tenho presente.*
>
> *E se me é dado aduzir uma consideração direi que não só peças como esta devem ser sempre licenciadas, mas ainda que seria deplorável o caso em que o julgador por intolerância de escola fosse levado a pôr-lhe interdito.*
>
> *O objeto tomado como base de estudo na presente comédia é um fato sobejamente verdadeiro: o adultério venal. Não assuste a frase como aí vai escrita. A castidade da linguagem, o recato das situações, desafiam ao mais severo espírito, e eu próprio, sempre disposto contra as pinturas contemporâneas do vício na cena, não achei através dos cinco atos um ponto único em que pudesse julgar a peça suscetível de modificação.*
>
> *É simples a razão desta vitória dos autores das* Leoas Pobres. *Sempre que o poeta dramático limita-se à pintura singela do vício e da virtude, de maneira a inspirar, esta a simpatia, aquele o horror, sempre que na reprodução dos seus estudos tiver presente a idéia que o teatro é uma escola de costumes e que há na sala ouvidos castos e modestos que o ouvem, sempre que o poeta tiver feito esta observação, as suas obras sairão irrepreensíveis no ponto de vista da moral.*
>
> *Tanto nesse ponto de vista, como no ponto de vista literário, parece-me esta peça das melhores do teatro moderno. A concepção, o desenvolvimento, as situações, tudo me parece perfeitamente conduzido por essa lógica dramática tantas vezes expulsa da cena em despeito dos protestos e dos clamores. Verdade nos caracteres e naturalidade nas situações, creio em que são as qualidades principais desta peça para cuja representação assino licença, ou antes aconselho como me compete.*
>
> Rio, 24 de novembro de 1862
> Machado de Assis (SOUZA, 1956, 188)

Se já observamos antes que Machado adota posição diametralmente oposta à dos censores franceses, liberando a peça sem problemas, acrescentaremos agora que os argumentos levantados por ele a favor da obra também não coincidem com os do dramaturgo francês. Mas vamos por etapas.

Começaremos por dizer que a primeira edição em livro da peça (1858) tem, logo após a folha de rosto, um agradecimento "A Sua Alteza Imperial Sr. Príncipe Napoleão", nos seguintes termos:

> *Sem vossa alta intervenção,* Les lionnes pauvres *não teria visto a luz do dia.*
> *Esta dedicatória não é mais que um frágil testemunho de nossa gratidão.*
> *Não valeria a pena oferecê-lo, se não encerrasse uma homenagem mais digna de Vossa Alteza Imperial; mas nossa peça deu a vós a ocasião de defender e de salvar em princípio a liberdade da arte: é ela que aqui nós colocamos sob vossa proteção.*[5]

Por que começar o livro com tal agradecimento? Porque *Les lionnes pauvres* percorreu um longo caminho, antes de chegar à cena. Primeiramente, ao ser apresentada à comissão de censura, foi vetada. Então, os autores recorreram ao ministro, sob cuja influência se procedeu a um novo exame da peça, depois de os dramaturgos terem feito algumas modificações no original. Quando os censores confirmaram em segunda instância a proibição, o ministro se declarou impotente para liberar a obra. Aí, declara Augier: "Para sair desta situação, não nos restou outra alternativa a não ser a prerrogativa imperial e o recurso a sua graça." (AUGIER & FOUSSIER, 1858, IX) Este percurso tortuoso, narrado na primeira edição, não aparece publicado nas obras completas de 1889, embora permaneçam a dedicatória e o prefácio.

Na verdade, o prefácio é de extrema importância, pois tanto nos informa sobre os procedimentos da censura na época quanto produz uma argumentação consistente contra estes próprios procedimentos. Nele, Augier começa afirmando que, depois que sua peça ganhou o

---

[5] *Les lionnes pauvres*. Peça em cinco atos. De Em. Augier & Ed. Foussier. Paris: Michel Lévy Frères, Libraires-éditeurs, 1858. Esta dedicatória, assim como o prefácio da primeira edição, a que tive acesso na Biblioteca François Mitterrand (Paris), permanecem, pelo menos até a edição das *Obras completas* que possuo, o que atesta a importância que Augier atribuiu a ambos. Cf. AUGIER, E. *Théâtre complet*. Paris: Calmann Lévy éditeur, 1889. V. IV.

processo diante do público e da imprensa, sente-se à vontade para falar sem paixão dos obstáculos que a obra teve de ultrapassar, antes de chegar aos seus "juízes naturais", os espectadores.

Diz ele que a resistência obstinada que a obra encontrou no seio da comissão de censura não era um fato isolado que pudesse passar em branco: "C'est tout un système." ["É todo um sistema."] (AUGIER & FOUSSIER, 1858, VII) Em seguida, apresenta sua opinião sobre a função dos censores:

> *Pour formuler sur-le-champ les deux termes de ma pensée, la censure manquerait autant à son devoir en désarmant la comédie qu'en tolerant qu'elle tournât ses armes contre la société.*
>
> [*Para formular imediatamente os dois termos do meu pensamento, a censura faltaria tanto ao seu dever ao desarmar a comédia quanto ao tolerar que ela voltasse suas armas contra a sociedade.*] (AUGIER & FOUSSIER, 1858, VII)

Diz ele que a censura só se preocupa em evitar que a comédia volte suas armas contra a sociedade, mas não que ela sirva como uma arma a seu favor.

Tratar-se-ia de uma singular contradição, que poderia ser observada também na maioria dos que falam sobre a comédia: os censores reconhecem a potência do teatro para fazer o mal, mas recusam a de fazer o bem. Augier ironiza esta situação, afirmando ser necessário escolher entre reconhecer a potência para o bem e o mal ou negá-la para ambos. (AUGIER & FOUSSIER, 1858, VII) Se os adversários do teatro dizem que ele nunca corrigiu ninguém, para ser coerentes, deveriam acrescentar que também nunca perverteu ninguém, sendo somente um "jogo inocente", um divertimento pueril sobre o qual o Estado não teria de exercer o controle. Contudo, afirma Augier, se o Estado exerce este controle, é porque não vê as coisas assim, e "Ele [o Estado] tem razão." (AGUIER & FOUSSIER, 1858, VIII)

Embora afirme que não gostaria de superestimar o papel social da literatura, o dramaturgo francês acredita que há na estrutura das sociedades uma espinha dorsal tão importante para a economia geral quanto a espinha dorsal para o indivíduo: são os costumes. É por aí que as nações se mantêm, mais ainda que por seus códigos e constituições. A prova disto estaria no fato de que no dia seguinte das revoluções, durante o interregno das leis, os costumes se manteriam. Isto porque os costumes parecem bastar a si próprios; eles escapam à ação governamental; não há decreto nem ordenação que possa reformá-los ou transformá-los. Assim, a força do teatro estaria justamente no fato de poder ser um meio de influência sobre os costumes:

> *Vocês se lembram das belas experiências do Sr. Flourens sobre a vida dos ossos? Ele demonstrou que eles se renovavam constantemente, ao pintá-los sob a ação de uma alimentação colorante. Será que nós poderíamos chamar a literatura de alimentação colorante do espírito público? E a parte mais ativa, se não for a mais nutritiva da literatura, não seria o teatro? Os inimigos da emancipação intelectual declararam-lhe uma guerra especial, e eu não quero outra prova de sua eficácia. Com efeito, não é ele a forma do pensamento mais perceptível e mais impressionante? Relaciona-se diretamente com a multidão; seus ensinamentos, bons ou ruins, chegam ao destinatário direta e violentamente. Vocês dizem que ele não corrigiu ninguém: eu gostaria que fosse assim; mas a mesma objeção poderia opor-se aos livros de moral e à eloqüência da cátedra; aliás, o objetivo não é o de corrigir todo o mundo; o vício individual não pode ser suprimido, mas podemos suprimir o seu contágio; e de todas as ferramentas do pensamento humano, o teatro é a mais poderosa, é tudo o que tenho a dizer.*
>
> *É, portanto, um instrumento ao mesmo tempo precioso e perigoso, de tal maneira que é, pelo menos, tão importante não enfraquecê-lo quanto orientá-lo bem. Freqüentemente, concordo, o perfeito meio termo é difícil de manter. Mas, como o inconveniente de impedir o bem é igual à vantagem de impedir o mal, eu gostaria que, na dúvida, a comissão de censura se abstivesse, tanto mais que por trás dela há uma censura muito mais garantida do que a sua, que é a do público.* (AGUIER & FOUSSIER, 1858, VIII)

Augier considera que, como em caso de "erro" dos censores a culpa recairá sobre eles, por conseqüência eles sempre decidem pelo veto, quando há dúvida ou ambigüidade. Ele também refuta a pretensão dos censores a evitar que o teatro revele os malefícios da sociedade, dizendo que, se a simples revelação das coisas ruins gerasse mais coisas ruins, então a *Gazette des tribunaux*, em que se revelavam os piores crimes julgados nos tribunais – inclusive divulgando os métodos dos criminosos, e possibilitando a sua imitação –, seria pior.

Na verdade, a idéia de Augier sobre isto é expressa na própria peça pelo personagem Pommeau, na seguinte passagem:

> SÉRAPHINE, *bruscamente a Bordognon*
> *O senhor irá ao* Gymnase, *na próxima sexta-feira, Senhor Frédéric?*
> BORDOGNON
> *Se o permitem, senhoras, iremos. Tenho um camarote. Mas as senhoras não sabem ao que se expõem... a peça, dizem, é um pouco salgada!*
> POMMEAU
> *Bah! O espetáculo não é feito para senhoritas.*
> THÉRÈSE
> *Mas existem certas feridas sociais que seria mais sábio esconder.*
> POMMEAU
> *Para que a gangrena se instale nelas? De jeito nenhum! Podemos expô-las à luz do dia, mas encostando nelas o ferro em brasa. A verdadeira função da comédia não é a de encorajar o vício escondendo o seu segredo, mas a de enfraquecê-lo desmascarando-o.*[6]

Que perigo veriam os censores no fato de que o teatro condensa as idéias que "flutuam no ar"? Uma doença não estaria já meio curada, quando se identificam o local, as causas e os efeitos dela? (AUGIER & FOUSSIER, 1858, p. X)

Augier argumenta serem as atribuições dos censores simples e claras: impedir o teatro de ofender o pudor do público e de falar de assuntos políticos, sendo a primeira tarefa relacionada à "decência", e a segunda à "ordem pública". Contudo, o dramaturgo francês considera que eles acabam extrapolando de sua função:

> (...) *comme protecteurs de la décence, ils se sont immiscés dans les questions de morale et de philosophie; comme protecteurs de l'ordre*

---

[6] AUGIER & FOUSSIER, 1858, 16. É importante assinalar que na edição das obras completas de 1889 (AUGIER, E. *Théâtre complet*. Paris: Calmann Lévy éditeur, 1889. V. IV.), este trecho é reformulado e toda a referência à função do teatro é suprimida.

*public, ils ne veulent plus qu'on siffle dans les rangs; ils se croient responsables de la chute des pièces, et de cette responsabilité se font un droit de collaboration, revisant le style, rayant certains mots qui on encouru leur disgrâce, donnant des conseils dans l'intérêt de l'ouvrage, imposant des dénouements de leur cru... et quels dénouements!*

[(...) como protetores da decência, eles se imiscuíram nas questões de moral e de filosofia; como protetores da ordem pública, não querem mais que se assobie nas fileiras de cadeiras; eles acreditam serem responsáveis pela decadência das peças, e, por causa dessa responsabilidade, sentem-se no direito de colaboração, revisando o estilo, cortando certas palavras que incorreram em desgraça, dando conselhos *no interesse da obra*, impondo desenlaces por sua própria conta ... e que desenlaces!][7]

Assimiladas as observações de Augier sobre a censura e os censores de sua época, cabe agora a pergunta curiosa: – Será que Machado como censor incorreu em algum dos procedimentos condenados por Augier?

É o que veremos a seguir.

## *Machado parecerista: retomando procedimentos condenados por Augier*

Machado de Assis, como parecerista do Conservatório, também adota os procedimentos (revisar estilo, fazer substituir palavras e dar outro desfecho) de que reclama Augier. Da revisão de estilo já falamos anteriormente, de modo que cabe agora dar exemplos dos outros procedimentos. Ei-los:

1) Supressão de palavras.

No parecer (20/03/1862) sobre a comédia intitulada *Finalmente*, prescreve Machado:

---

[17] Augier dá exemplos de tentativas patéticas de intervenção no texto de *Les lionnes pauvres*. Cf. Cf. AUGIER & FOUSSIER, 1858, XI-XII.

> (...) *o meu escrúpulo leva-me a aconselhar a supressão de uma expressão de Azevedo na 2.ª cena. É a seguinte resposta ao criado:* – *Ela disse que o alecrim havia de me fazer bem à cabeça... amarga zombaria!*
>
> *A frase isolada nada tem de repreensível; mas se nos lembrarmos que Azevedo está persuadido de que os ramalhetes de Augusto são dirigidos a sua mulher acharemos equívoco na expressão.* (SOUZA, 1956, 179)

2) Alterações no desfecho e no corpo do texto

No parecer (28/07/1862) sobre o drama original português de Cesar de Lacerda intitulado *Mistérios sociais*, diz Machado:

> *No desenlace da peça Lucena ( o protagonista ) casa com uma baronesa. A teoria filosófica não reconhece diferença entre dois indivíduos que como aqueles tinham as virtudes no mesmo nível; mas nas condições de uma sociedade como a nossa, este modo de terminar a peça deve ser alterado. Dois expedientes se apresentam para remover a dificuldade: o primeiro, é não efetuar o casamento; mas neste caso haveria uma grande alteração no papel da baronesa, supressão de cenas inteiras, e até a figura da baronesa se tornaria inútil no correr da ação. Julgo que o segundo expediente é melhor e mais fácil: o visconde, pai de Lucena, teria vendido no México sua amante e seu filho, pessoas livres; este traço tornaria o ato do visconde mais repulsivo; Lucena, dar-se-ia sempre como legalmente escravo. Este expediente é simples. Na penúltima cena e penúltima página, Lucena depois das suas palavras:* Ainda não acabou; *diria:* Uma carta de minha mãe dava-me parte de que éramos, perante a lei, livres, e que entre a prostituição e a escravidão ela resolveu guardar silêncio e seguir a escravidão cujos ferros lhe deitara meu pai.
>
> *As outras alterações que julgo devem ser feitas não afetam a ação mas o diálogo; deixo-as indicadas na peça com traços a lápis. Na página 39 depois das palavras de Lucena:* – a falta de certo pundonor; *acrescente-se:* – a dos escravos. *Na página 78 vai indicada outra supressão. Na página 136 há uma grande supressão, e o diálogo ficará arranjado do seguinte modo:* – Depois das palavras de Lucena: pagamento da parte do roubo *acrescente-se:* Entre esses objetos haviam (sic) alguns escravos. *A frase traçada na página 74 deve ser substituída por esta:* Olá temos mulher! (SOUZA, 1956, 187)

Assim, por tudo o que pudemos observar ao longo de nossa argumentação, não podemos deixar de assinalar, para terminar, que, embora seja um aspecto muito pouco estudado da carreira de Machado de Assis, sua atuação no Conservatório Dramático Brasileiro certamente merece maior atenção por parte dos pesquisadores de nossa literatura.

## *Referências*

ASSIS, Machado de. *Obra completa.*
   Rio de Janeiro: Nova Aguilar, 1979. V. III.
AUGIER, Em. & FOUSSIER, Ed. *Les lionnes pauvres.* Piéce en cinq actes.
   Paris: Michel Lévy Frères, Libraires-éditeurs, 1858.
AUGIER, E. *Théâtre complet.* Paris: Calmann Lévy éditeur, 1889. V. IV.
BIBLIOTECA NACIONAL. Documento datado de 12 de março de 1843,
   catalogado na seção Manuscrito. Referência 4,3,30.
FARIA, João Roberto. *O teatro realista no Brasil*: 1855-1865.
   São Paulo: EDUSP/Perspectiva, 1993.
MAGALHÃES JÚNIOR, R. *Vida e obra de Machado de Assis.*
   Rio de Janeiro: Civilização Brasileira/ MEC, 1981. V. 1.
SCRIBE, Eugène. *Clermont ou une femme d'artiste.* Comédie-vaudeville en 2
   actes, par MM. Scribe et Émile Vander-Burch. Paris: J.-M. Barba, 1838.
SOUZA, José Galante de. *O teatro no Brasil.* Tomo I.
   Rio de Janeiro: Instituto Nacional do Livro, 1960.
_____. "Machado de Assis, censor dramático". *Revista do Livro*, n. 3-4.
   Rio de Janeiro: Instituto Nacional do Livro, 1956.
VAPEREAU, G. *Dictionaire universel des contemporains contenant toutes les personnes notables de la France et des pays étrangers avec leur noms, prénoms, surnoms et pseudonymes, le lieu et la date de leur naisance, leur famille, leurs débuts, leur profession, leurs fonctions succesives, leurs grades et titres,leurs actes publics, leurs oeuvres, leurs écrits et les indications bibliographiques qui s'y rapportent, les traits caracteristiques de leur talent etc.* Par G. Vapereau, agregé de Philosophie, ancien préfet, inspecteur général de l'instruction publique. 5. Ed. entièrement refondue et considerablement augmenté. Paris: Hachette, 1880.

markgraph

Rua Aguiar Moreira, 386 - Bonsucesso
Tel.: (21) 3868-5802   Fax: (21) 2270-9656
e-mail: markgraph@domain.com.br
Rio de Janeiro - RJ